Almut und Frank Rother

Korsika

Natur und Kultur
auf der ›Insel der Schönheit‹

Menhirstatuen, pisanische Kirchen und genuesische Zitadellen

DuMont Buchverlag Köln

Die Farb- und Schwarzweiß-Photographien (außer Abb. 1, 91, 107) stammen von Frank Rother und
  wurden exklusiv für dieses Buch ausgewählt.
Die Figuren auf den Seiten 2, 18, 31, 132 und 320 zeichnete Almut Rother.

Umschlagvorderseite: Golf von Porto, mit dem Wachtturm aus pisanischer Zeit
Vordere Umschlagklappe: Romanisch-pisanische Kirche San Michele von Murato, 12. Jahrhundert
Umschlagrückseite: Im Tal der Restonica
Frontispiz S. 2: Menhirstatue in Filitosa

© 1982 DuMont Buchverlag, Köln
8. Auflage 1990
Alle Rechte vorbehalten
Satz: Boss-Druck, Kleve
Druck und buchbinderische Verarbeitung: C & C Offset Printing Co., Ltd.

Printed in Hong Kong   ISBN 3-7701-1186-9

Kunst-Reiseführer in der Reihe DuMont Dokumente

Zur schnellen Orientierung – die wichtigsten Orte und Landschaften Korsikas auf einen Blick:

(Auszug aus dem ausführlichen Ortsregister S. 347 ff.)

In der vorderen Umschlagklappe: Übersichtskarte von Korsika

In der hinteren Umschlagklappe: Touristische Karte von Korsika

Inhalt

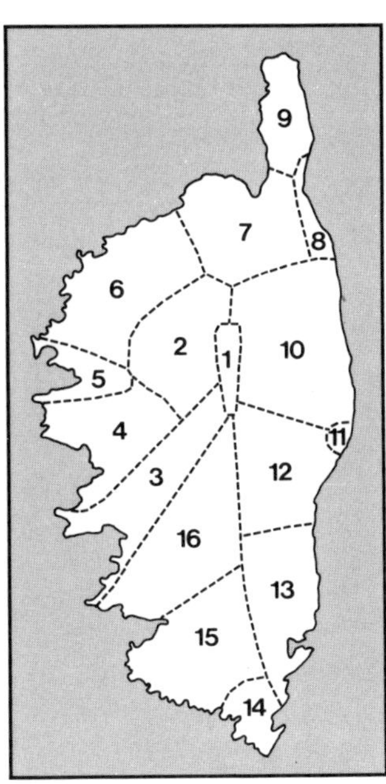

*Die Zahlen zeigen die Lage der Gebiete, die in den Kapiteln 1–16
behandelt werden*

Vorwort

›Kalliste‹ – die ›schöne‹ oder ›schönste‹ Insel – nannten schon die Griechen die Insel Korsika. Für die Franzosen ist sie die ›Ile de Beauté‹ – die ›Insel der Schönheit‹.

Diese stolze und liebevolle Verehrung einer Insel macht neugierig. Was erwartet den Reisenden auf Korsika? Zum einen Ruhe und Frieden in einer einsamen heroischen Landschaft der Berge, Täler, Wälder und Meeresbuchten, aber auch schöpferische Unruhe, die Freude am Entdecken und Erleben von Landschaften und Menschen, von vergessenen Kulturen, vielleicht auch die Eroberung eines Berggipfels oder die Strapazen tagelanger Bergwanderungen abseits jeder menschlichen Behausung.

Schon der Auftakt der Reise, eine mehrstündige Schiffspassage auf dem Mittelmeer, gehört zum Geheimnisvollen dieser wie aller Inseln. Wir lassen Gewohntes zurück und öffnen uns ganz dem Neuen, Unvorhergesehenen. Das Element des Wassers ist dabei für den Menschen schon das Fremde und Abenteuerliche an sich.

Korsika ist eine Insel, die für den perfekt organisierten Urlaub glücklicherweise kaum etwas bietet. Der Individualreisende, der das ›echte‹ Korsika sucht und auf eigene Faust die Insel kennenlernt, sei es mit dem Auto oder zu Fuß, der wird begeistert sein und sicher gerne wiederkommen. Die meisten Besucher Korsikas kommen mit Recht wegen der landschaftlichen Vorzüge der Insel, als Badegäste oder Wanderer, und sie werden den Reiz der kulturellen Sehenswürdigkeiten erst bei näherem Hinschauen erkennen. Kein Wunder! Galt Korsika doch lange Zeit hindurch als barbarische Insel ohne Kultur, heimgesucht von Kriegen und von der Tragik der Blutrache und des Banditentums. Erst seit den fünfziger Jahren unseres Jahrhunderts haben die Archäologen und Kunsthistoriker die Insel entdeckt und Erstaunliches ausgegraben oder restauriert, seien es die eindrucksvollen Menhirstatuen und Kultbauten der Megalithkultur, die kostbaren Gefäße der antiken Nekropole Aleria, die jahrhundertelang dem Verfall preisgegebenen romanischen Kirchen und Kapellen mit geheimnisvollem Skulpturenschmuck oder die naiv anmutenden Fresken in manch abseits gelegener Friedhofskapelle. Neben diesen und anderen Kulturdenkmälern nehmen die naturkundlichen Aspekte dieser Insel einen breiten Raum in diesem Buch ein, geht es doch gerade darum, die landschaftlichen Voraussetzungen für die geschichtliche, kulturelle und künstlerische Entwicklung zu verstehen.

Die sechzehn Kapitel der Landschaften, Städte und Sehenswürdigkeiten sind so zusammengestellt, daß der Reisende sich leicht mit Hilfe der Karten orientieren und seine Ausflüge entweder von einem festen Ferienstandort aus organisieren oder bei einer Inselrundreise die einzelnen Ziele leicht selbst auswählen kann. Eine vollzählige Nennung und Beschreibung aller Orte konnte und sollte nicht angestrebt werden. Zwar wurden alle bedeutenden Kunstdenkmäler und die eindrucksvollsten Landschaften berücksichtigt, darunter auch viele weniger bekannte Stätten; doch der Reisende wird sicherlich an vielen weiteren Orten verweilen und ›seine‹ Meeresbucht, ›seinen‹ Gebirgsbach oder malerischen Dorfwinkel entdecken. Auch dem Wanderer werden in diesem Buch lohnende Ziele vorgestellt; ein spezieller Wander- und Bergführer kann aber nicht erwartet werden. Dafür stehen dem Interessenten die erprobten und ausgearbeiteten Routen bekannter Autoren zur Verfügung.

Die Schreibweise der Orts-, Berg- und Flußnamen orientierte sich in den ersten beiden Auflagen in den meisten Fällen an der Michelin-Karte; bei den romanisch-pisanischen Kirchen wurde die italienische Form benutzt, bei prähistorischen Fundstätten neben der italienischen auch die korsische Schreibweise. Da die vor einigen Jahren neu erschienenen amtlichen topographischen Karten (1 : 50 000 und 1 : 25 000) die korsische Schreibweise berücksichtigen, wurde auch in dieser Neuauflage des Führers eine Umstellung vorgenommen. Notwendig war zugleich eine Korrektur mancher Höhenangaben. Um der korsischen Schreibweise der Ortsnamen gerecht zu werden, stehen im Landschaftsteil dieses Buches die korsischen Ortsnamen in eckigen Klammern hinter den geläufigeren französischen bzw. italienischen Namen.

Wir danken allen, die zu diesem Buch Auskünfte und Unterlagen beitrugen. Unser besonderer Dank gilt dem Französischen Fremdenverkehrsamt in Frankfurt/Main für die freundliche Unterstützung und Hilfe, den Herren Robert Liger, Maxime Vitu und Henri Cames sowie M. François Fozzani, Délégué Régional, Secrétaire Général du C.R.T. in Ajaccio. Für fachliche Beratung danken wir Mme. Janine Firroloni, Centre Archéologique de Levie, M. Paul Nebbia, Conservateur du Musée Départemental de la Préhistoire Corse de Sartène, M. Jean Claude Ottaviani, Conservateur du Musée d'Archéologie d'Aleria und Herrn Bert Schneider, Pirmasens.

Wertvolle Hinweise für die vorliegende Neuauflage gaben uns die Herren Eco Moulijn, Den Haag und Hans Schymik, Aalen. Außerdem konnten wir die Ergebnisse unserer letzten Korsikareise im Sommer 1983 verwerten und das Buch stark erweitern.

Der vorliegende Führer ist die Summe aus eigenen Erkundungen und Erfahrungen mehrerer ausgedehnter Reisen sowie eines umfangreichen Studiums der wissenschaftlichen Literatur. Die Autoren orientierten sich vor allem an den Werken von Erik Arnberger (Geographie), Wendelin Klaer (Geologie), Hartmut Lücke (Politik, Wirtschaft, ländliche Architektur), Paul Arrighi, Ferdinand Gregorovius, W. Hörstel, Lotte Komma (Geschichte), Roger Grosjean (Archäologie, Filitosa), F. L. Virili und J. Grosjean (Torreanische Architektur), Jean und Laurence Jehasse (Archäologie von

Aleria), Geneviève Moracchini-Mazel (mittelalterliche Kunst und Architektur), Michel Fabrikant und Hans Schymik (Bergwandern).

Zum Schluß wünschen wir den alten und neuen Freunden der ›Insel der Schönheit‹ eine anregende Lektüre und bitten um korrigierende Mitteilungen, falls die in unserer schnellebigen Zeit stattfindenden Veränderungen auf Korsika oder neue wissenschaftliche Entdeckungen und Erkenntnisse berücksichtigt werden sollten.

Bergisch Gladbach, im März 1985   Almut und Frank Rother

I Naturlandschaft der Insel Korsika

Lage und Größe, landschaftliche Gliederung und geologischer Aufbau

Die Insel Korsika (kors., ital. Corsica, franz. la Corse) gehört zu Frankreich und ist mit 8722 qkm nach Sizilien (25 461 qkm) und Sardinien (24 089 qkm) die drittgrößte Insel des westlichen Mittelmeerraumes; sie besitzt schätzungsweise 250 000 Einwohner (1990)[1] und ist damit nur dünn besiedelt (29 Einwohner/qkm gegenüber 248 Einwohner/qkm der Bundesrepublik Deutschland). Korsika liegt zwischen dem 41. und 43. Grad nördlicher Breite (Rom, Barcelona) und dem 8. und 10. Grad östlicher Länge (Bremen, Stuttgart, Genua), ist in seiner Form einer Ellipse ähnlich und mißt von Norden (Cap Corse) nach Süden (Capo Pertusato; Farbt. 34) 183 km, von Westen (Capo Rosso) nach Osten (Phare d'Alistro) 83 km; der Umfang der Küstenlinie beträgt dank der vielen Buchten etwa 1000 km.

Die Insel wird im Norden vom Ligurischen Meer, im Osten und Süden vom Tyrrhenischen Meer, im Westen vom westlichen Mittelmeer und im Süden von der nur 12 km breiten Straße von Bonifacio begrenzt, welche Korsika von Sardinien trennt. Die Entfernung zur italienischen Küste beträgt 83 km (Livorno), zur französischen Küste 180 km (Nizza).

Mit Recht nannte schon der deutsche Geograph Friedrich Ratzel (1844–1904) die Insel Korsika ein ›Gebirge im Meer‹: nur 25 km von der Küste entfernt erheben sich die Gipfel des Monte Cinto in 2706 m Höhe, weitere zwanzig Gipfel des Hauptkammes sind höher als 2000 Meter. Mit ihrer großen Reliefenergie und einer mittleren Höhe von 568 m ist Korsika damit die gebirgigste Insel des Mittelmeeres (Sizilien 441 m, Sardinien 344 m).

Die ältere geologische Forschung sah in Korsika und Sardinien – ebenso wie in den kristallinen Teilen Kalabriens, Siziliens und des toskanischen Archipels – den Rest eines versunkenen Kontinents (»Tyrrhenische Masse«); heute betrachtet man die beiden Inseln als Reste eines »autochthonen variskischen Gebirges« des späten Erdaltertums, das den Charakter eines vom Meer überfluteten Zwischengebirges einnimmt, umrandet von den im Tertiär entstandenen alpinen Faltengebirgen, den Alpen, Pyrenäen, dem Apennin und dem nordafrikanischen Atlasgebirge (nach E. Arnberger,

W. Klaer). Somit haben viele geologische Zeitalter das Relief Korsikas geformt und eine Vielfalt von Landschaften auf engem Raum geschaffen. Der erste Eindruck vom Relief Korsikas ist eine verwirrende und unübersichtliche Anordnung von Bergen und Tälern, genauere Reliefanalyse ergibt jedoch, daß die Gebirgszüge sich zu einem großräumigen Inselskelett ordnen. Die höchsten Gipfel, der Monte Cinto (2706 m), die Punta Artica (2327 m), der Monte Rotondo (2622 m), der Monte d'Oro (2389 m), der Monte Renoso (2352 m) und der Monte Incudine (2134 m), liegen jeweils durch ein tiefeingeschnittenes Tal getrennt, bilden die Hauptwasserscheide und ziehen sich in Form eines langgestreckten S durch die Insel. In der oberen nordwestlichen Rundung dieses S liegt das Quellgebiet der Flüsse Golo und Tavignano, die neben weiteren Flüssen (Fium Alto, Bravone, Fium Orbu und Travo) nach Osten dem Meer zufließen, während in der größeren südöstlich gelegenen unteren Rundung des S die Flüsse Liamone, Gravona, Prunelli, Taravo, Rizzanèse und Ortolo entspringen, die in die Buchten der Westküste münden. Aus dem zentralen Hauptkamm springen zahlreiche Seitenkämme nach Westen und Osten vor. Diese Gebirgssträhnen, die jeweils von einem der oben erwähnten Gipfel gekrönt werden, streichen im Korsischen Massiv (so wird der stärker herausgehobene Südwestteil der Insel bezeichnet) fast parallel zueinander, und zwar, bei nur geringer Abweichung im Nordwestteil Korsikas, in Südwest-Nordost-Richtung, also in variskischer Richtung.

Ein tektonischer Grabenbruch, der sich von der Mündung des Regino östlich von L'Ile-Rousse über Ponte Leccia und Corte bis nach Solenzara erstreckt, zerschneidet die Insel in zwei ungleich große und geologisch völlig unterschiedlich aufgebaute Räume, nämlich in das westkorsische kristalline Massiv und das ostkorsische Massiv aus größtenteils kristallinen Schiefern.

Den weitaus größeren Südwestteil Korsikas nimmt das westkorsische Urgesteinmassiv ein, mit seinen schroffen, zackigen Gipfeln und Graten, den tiefeingeschnittenen, schluchtartigen Tälern, den steilen Hängen und den häufig nur mühsam erreichbaren Pässen (kors. bocca) sowie den zahlreichen Karseen als Überbleibsel der pleistozänen Vergletscherung (Lac du Monte Rotondo, 2321 m; Lac Cinto, 2189 m; Lac de Nino, 1743 m; Lac de Capitello, 1930 m; Lac de Melo (Abb. 70), 1711 m; Lac de Creno, 1310 m). Nach Südwesten verlieren die Grate nur langsam an Höhe, so daß wir oftmals in Küstennähe noch Gipfel über 1000 Meter finden, wie z. B. am Golf von Porto den Capu a Vetta (1282 m) und den Capu d'Orto (1294 m). Die Gebirgsketten stoßen kilometerweit halbinselartig ins Meer vor; zwischen ihnen dringt das Meer weit ein, und so reiht sich an der korsischen Riasküste Golf an Golf und Kap an Kap (z. B. Golf von Galéria, Girolata; Farbt. 8, Porto; Farbt. 2, Sagone, Ajaccio, Valinco u. a.). Trotzdem ist diese stark gegliederte Küstenregion ausgesprochen verkehrsfeindlich und weist, abgesehen von Ajaccio, eine ausgeprägte Siedlungsungunst auf, weil auf dieser Inselseite das Hinterland für eine wirtschaftliche Entwicklung fehlt.

Das Korsische Massiv ist vorwiegend aus Graniten variskischen Alters aufgebaut (Umschlagvorderseite), die in ihrer mineralogischen Zusammensetzung wechseln

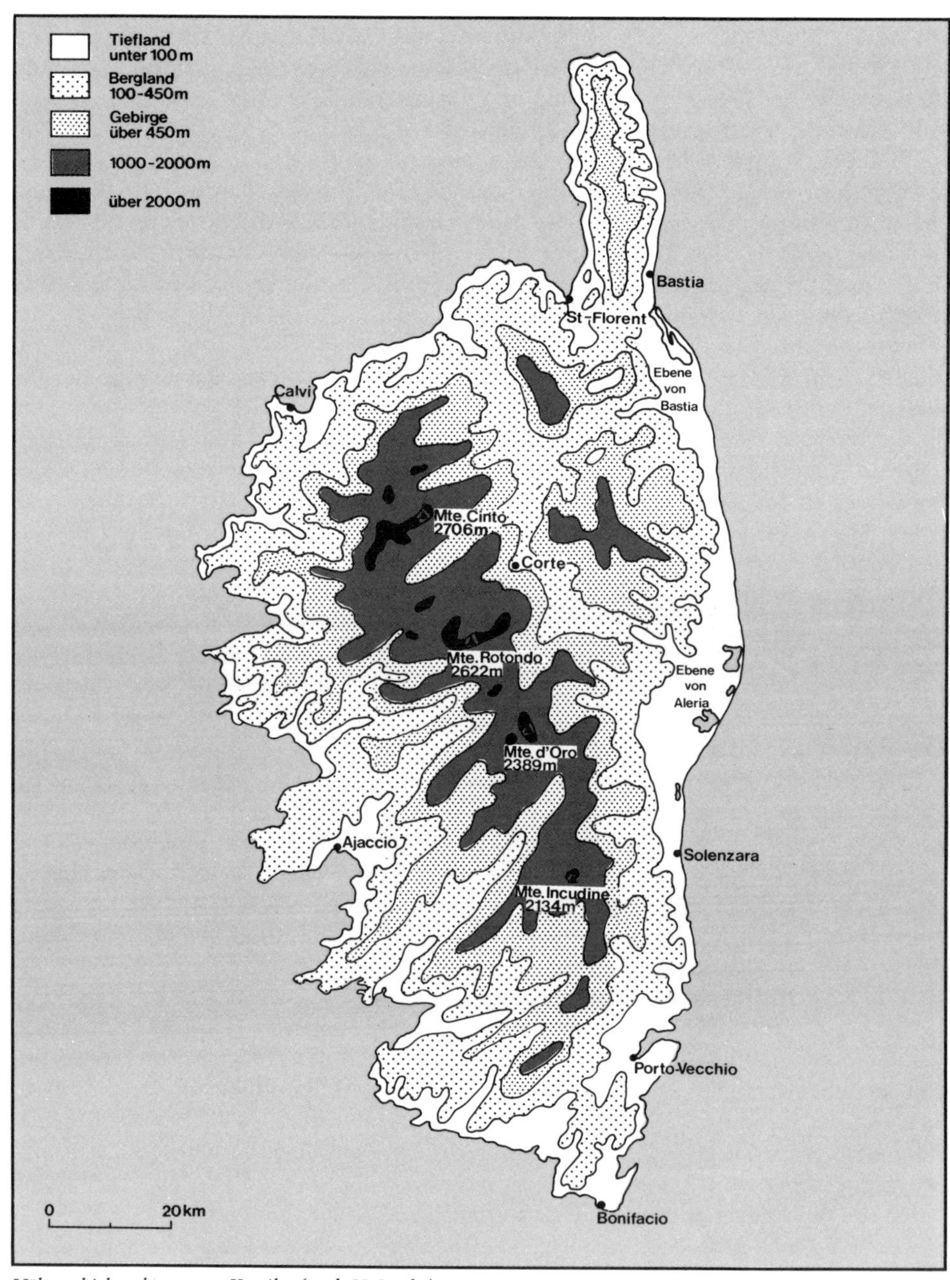

Höhenschichtenkarte von Korsika (nach H. Lücke)

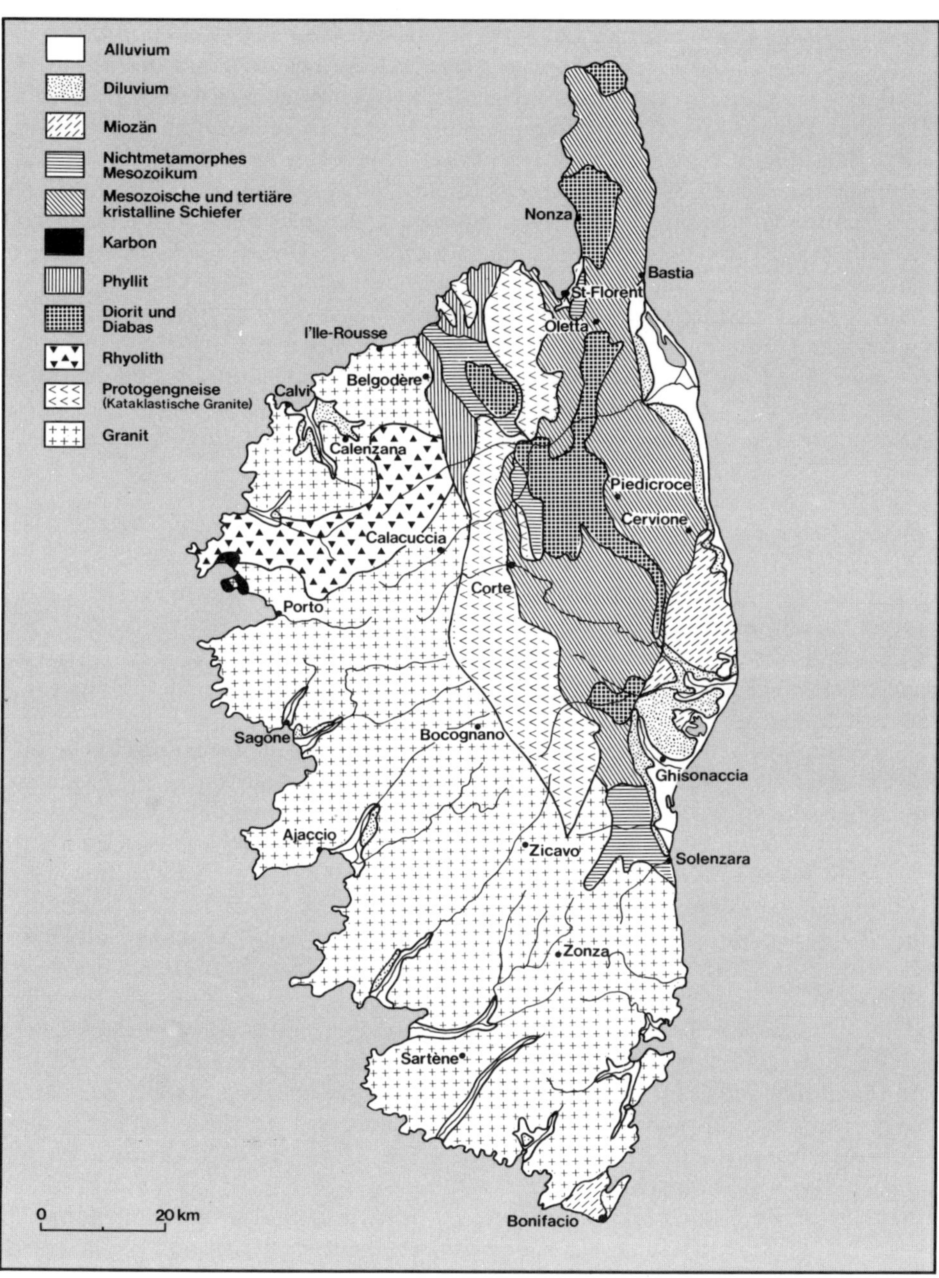

Geologische Karte Korsikas (nach E. Arnberger)

(Granit, Diorit, Granulit u. a.). Der ›granite normale‹ ist ein Gestein von mittlerer Korngröße, etwa zu 25% aus Quarz, zu 60 bis 65% aus Feldspäten und zu einem Restanteil aus dunklem Glimmer mit gelegentlichen Beimengungen von Hornblende bestehend. Der Gehalt an Quarz kann im Verhältnis zum Feldspatanteil steigen und fallen. Biotitglimmer ist am häufigsten vertreten; Hornblendegranite sind seltener, kommen aber z. B. an den gletschergeschliffenen Südabhängen des Monte Rotondo großräumiger vor. Ist außer dem Biotit auch noch der helle Muskowitglimmer anwesend, so wird das Gestein als Granulit bezeichnet. Dieser Zweiglimmergranit kommt vor allem am 2313 m hohen Massiv der Punta alle Porte vor (nach W. Klaer).

Außer den Graniten ist im Korsischen Massiv nur noch ein porphyrisches Gesteinsmaterial (Rhyolith) erwähnenswert. Dieses dunkelrote Ergußgestein baut im wesentlichen die höchsten Gebirge Korsikas auf, den Monte Cinto, die Punta Minuta, die Paglia Orba (Konglomeratscholle aus porphyrischen Geröllen, den Capu Tafunatu sowie die westlichen Ausläufer des Grates bis hin zur Insel Gargalo nördlich des Golfes von Porto.

Das Relief des Hochgebirges bestand im wesentlichen schon im Tertiär, doch während der pleistozänen Kaltzeiten bedeckten zahlreiche Gletscher das korsische Hochgebirge und formten tiefeingeschnittene Kerbtäler zu breiten Trogtälern um (ein schönes Beispiel ist das obere Restonica-Tal; Farbt. 4, Abb. 33); der Frostverwitterung und Abtragung jener Zeit sind die Gipfel und scharfen Grate zu verdanken, die bis heute kaum überformt wurden. Somit ist die heutige Hochgebirgswelt Korsikas, welche Bergsteiger und Wanderer erfreut, das Ergebnis der eiszeitlichen Verwitterung und Abtragung.

Das ostkorsische Massiv ist nur etwa halb so groß wie das westkorsische Urgesteinmassiv, geologisch jünger, vor allem aber ganz anders entstanden in seiner Gesteinszusammensetzung. Mit Höhen bis zu 1767 m (Monte San Petrone) ist das Bergland der Castagniccia ein typisches Mittelgebirgsland, das sich nordwärts im Cap Corse mit Höhen bis zu 1307 m (Monte Stello) fortsetzt. Die Bergformen sind sanfter, abgerundeter und bewaldet, die Täler flacher und breiter. Zusammen mit der intermontanen Senke von Corte war die Castagniccia schon immer eine Kernlandschaft korsischer Kultur und ein bevorzugtes Siedlungsgebiet. Als Zwischenstufe hat das Bergland gleichsam Anteil an Küsten- und Gebirgszone.

Dieser Nordosten Korsikas besteht aus einer unteren, metamorphen Decke, den ›schistes lustrés‹ (Glanzschiefer; Farbt. 1), vorwiegend aus Phylliten, Kalkschiefern und Marmoren aufgebaut, und einer oberen, nichtmetamorphen Decke der Trias- und Kreideformation aus Kalken und Konglomeraten, die in tertiärer Zeit im Zusammenhang mit der alpidischen Gebirgsbildung von Osten auf das Korsische Massiv aufgeschoben wurden (nach W. Klaer).

Östlich des Berglandes breitet sich ein in Terrassen zum Meer abfallendes, bis zu 12 km breites Küstentiefland aus, das überwiegend aus alluvialen und pleistozänen Ablagerungen aufgebaut ist. Da die meisten Flußmündungen versandet oder ins Meer vorgeschoben sind, bilden sich Sandbänke, Lidos und Lagunen (franz. étang), also der typische Formenschatz einer Ausgleichsküste. Diese beginnt südlich von Bastia und erstreckt sich über 90 km bis Solenzara (z. B. Etang de Biguglia, Etang de Diane, Etang d'Urbino). Das schwache Gefälle der östlichen Ebene sowie das reichliche Schwemmland mit überdurchschnittlich guten Böden eignet sich besonders für die landwirtschaftliche Nutzung; schon die römischen Kolonisten haben hier Ackerbau betrieben. Im Mittelalter und in der Neuzeit mußte das Küstentiefland aber häufig gegen feindliche Seeangriffe verteidigt werden. Außerdem versumpfte es und mußte wegen der Malariagefahr als Siedlungsplatz aufgegeben werden. Erst nach dem Zweiten Weltkrieg konnte das Küstentiefland erneut landwirtschaftlich genutzt werden, nachdem die Malariagefahr mit amerikanischer Unterstützung erfolgreich bekämpft worden war.

Außer den kristallinen Gesteinen Westkorsikas, den Schiefern Ostkorsikas und den Alluvionen der östlichen Küstenebene gibt es noch kleinere Gebiete mit tertiären Ablagerungen. An der Südspitze der Insel bei Bonifacio bildet ein jungtertiärer Kalksandstein ein 70 m hohes Plateau, das meerwärts als weiß leuchtende Steilküste abbricht (Farbt. 34, 35).

Als Ergebnis dieser landeskundlichen Gliederung Korsikas müssen wir regionale Disparitäten zwischen dem insgesamt 86% der Inselfläche ausmachenden Gebirgs- und Bergland und dem Küstentiefland mit nur 14% Flächenanteil feststellen. Vor allem die unterschiedlichen agrar-ökologischen Voraussetzungen bestimmen die unterschiedliche Landnutzung auf Korsika ganz wesentlich. Während sich das Küstentiefland im Zusammenhang mit einer bewegten Geschichte agrarisch und demographisch vom Gunst- zum Ungunstraum entwickelte (allerdings mit einer Inwertsetzung in den letzten Jahrzehnten), verharrten die innerkorsischen Berglandschaften in traditionellen Lebens- und Wirtschaftsformen, die man auch heute noch weitgehend antrifft (nach H. Lücke).

Felsformen auf Korsika –
Felsburgen, Glockenberge, Opferkessel und Tafonifelsen

Im Granitmassiv Westkorsikas steht der Reisende immer wieder überrascht vor den mächtigen Felsburgen und phantastisch geformten Riesenhohlblöcken, welche für die Klimamorphologen interessante Studienobjekte darstellen.

Felsburgen kommen auf Korsika sehr häufig vor, vorwiegend in tieferen und mittleren Höhenlagen (1000–1500 m). Größtenteils sind sie frei von mächtigeren Verwitterungsdecken, stehen einzeln oder zu vielen geschart, bald auf Kämmen, an Hängen oder auch auf größeren Verebnungsflächen. Felsburgen kommen häufig eng vergesellschaftet mit den erheblich größeren Felskuppeln und Glockenbergen vor; wo die großen Felskörper auftreten, werden sie von einer Unzahl viel kleinerer Felsburgen

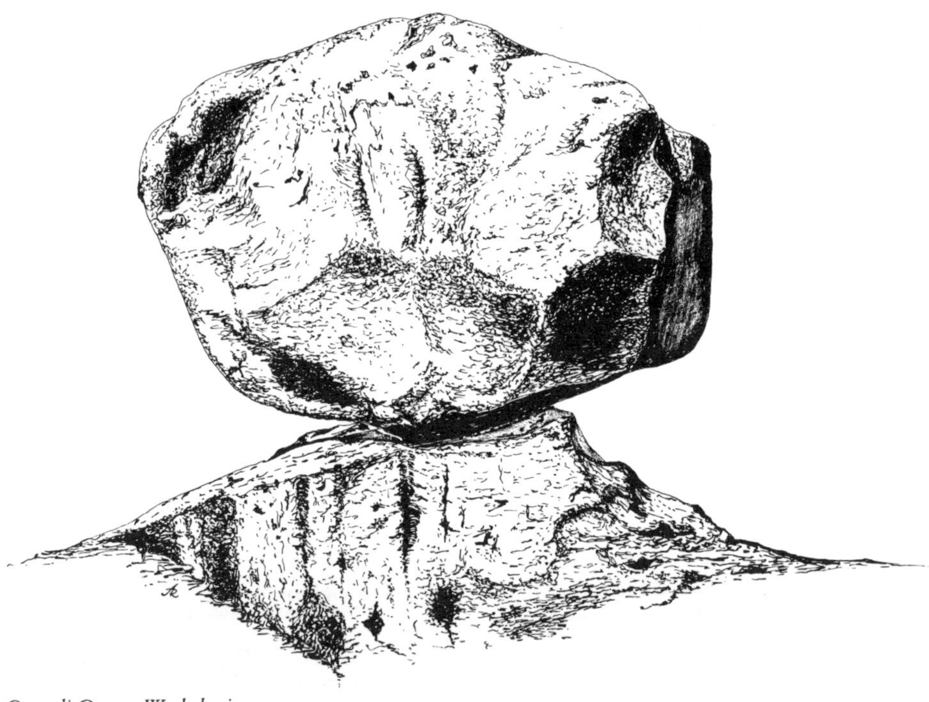

Omu di Cagna, Wackelstein

umsäumt. Eine der schönsten und größten Felsburgen auf Korsika ist der Monte Quieta (150 m) im Süden der Insel bei der Ortschaft Viagenti, etwa 20 km nordwestlich von Bonifacio. Weitere Riesenfelsburgen sind der 2 km südwestlich des Monte Quieta gelegene Monte Milese (164 m) und der 6 km östlich davon gelegene Monte Scopeto (182 m).

Felsburgen sind nicht oberflächlich durch Verwitterung und Abtragung entstanden, sondern zum größten Teil verborgen unter einer mächtigen Verwitterungsschicht des anstehenden Gesteins. Winterliches Sickerwasser drang entlang von Klüften in das anstehende Granitgestein ein und verdunstete wieder aufgrund der starken sommerlichen Hitze, wobei Eisenverbindungen frei wurden, die an den Kluftflächen widerständige, eisenhaltige Krusten bildeten, welche die weitere Zersetzung der ellipsoidförmigen Granitblöcke verhinderten. Mit der Zeit werden dadurch sogenannte Wollsackblöcke aus dem Gesteinszusammenhang herausgeschält – bei sehr großem Kluftabstand haushohe, kantengerundete Monolithe –, die nach Abtragung des lockeren Granitgruses als Felsburgen das umliegende Gebiet weit überragen. Jetzt können auch die atmosphärischen Einflüsse auf das Gestein einwirken: Insolation, Zermürbung des Gesteins durch Temperaturschwankungen und die Abspülung durch Regengüsse führen den unaufhaltsamen Zerstörungsprozeß fort.

Eine Besonderheit einiger Felsburgen sind die sogenannten *Wackelsteine*. Diese Riesenblöcke mit einer oft nur sehr kleinen Auflagerungsfläche scheinen gefährlich auf ihrem Sockel zu schweben und können in schwingende Bewegung versetzt werden. Wie die Wollsackblöcke sind sie unter der Erdoberfläche entstanden und herauspräpariert worden. Ein besonders schönes Beispiel für einen Wackelstein ist der Omu die Cagna (1217 m). Das Studium zahlreicher Felsburgen auf Korsika ergab, daß es sich hierbei um morphologisch sehr widerstandsfähige Gesteinspartien handelt. Es scheint sicher, daß die Vorgänge einer tiefgründigen Verwitterung und Isolierung der Wollsackblöcke nur in einem feuchteren Vorzeitklima unter einem mehr oder weniger dichten Waldkleid stattfanden; die Vegetationsdecke konnte die Niederschläge speichern, die damit für eine nachhaltig in die Tiefe wirkende chemische Verwitterung während einer großen Zeit des Jahres sorgten. W. Klaer geht davon aus, daß die Mehrzahl der Felsburgen in ihrer Entwicklung mit großer Sicherheit bis ins jüngste Tertiär zurückreicht.

Neben den Felsburgen bestimmen **Blockfelder** und **Blockmeere** das Landschaftsbild, eine umfangreiche Ansammlung von eng aneinandergelagertem Blockmaterial, meist unterhalb von Felsburgen und Felsruinen. Die Blöcke wurden vom abfließenden Regenwasser aus den verwitterten Grusmassen herausgespült und freigelegt. Eines der schönsten Blockmeere auf Korsika liegt am Südabhang des Monte Tritore oder am Berghang der Montagne de Cagna.

Typisch für Granitgebiete ist auch die **Abschuppung** oder **Schalenablösung** (Desquamation) parallel zum Berghang. Mehrere Dezimeter mächtige Abschuppungen, manchmal auch nur wenige Zentimeter starke Schuppen kommen vor, oft liegen sie dachziegelartig übereinander. Verantwortlich für diese Schalenbildung sind Temperaturschwankungen und Austrocknung. Bei Erwärmung dehnt sich das Gestein ein Stück weit felseinwärts aus, bei Abkühlung zieht es sich zusammen und lockert damit das Gefüge des Felsens parallel zur Oberfläche. Die rasche Austrocknung nach den Regenfällen führt dazu, daß sich kapillar aufsteigende salzhaltige Lösungen oberflächlich anreichern, wobei die obere Schale des Felsens verfestigt, die tiefer liegende Zone gelockert wird. Dadurch kommt es schließlich zum Abspringen größerer Schalen. Neben diesen physikalischen und chemischen Verwitterungsvorgängen sind bei der schalenförmigen Abschuppung sicherlich auch noch Druckentlastungen wesentlich. Sobald nach Abtragung von Deckgebirge der Überlagerungsdruck nachläßt, streben die Gesteinsmassen eine Ausdehnung an. Im Idealfall zerfallen homogene Gesteine zu kugeligen Gebilden, was Erfahrungen im Tunnelbau und Steinbruchbetrieb bestätigen.

Druckentlastung, tageszeitliche Temperaturschwankungen in den höheren Lagen und periodische Trockenheit scheinen also bei der Schalenablösung zusammenzuwirken. Durch die Druckentlastung werden die Schalen vorgezeichnet, durch Salzanreicherung gelockert und durch Temperaturgegensätze schließlich abgelöst. Bergmassive von ursprünglich kantigem Aussehen können durch diese Vorgänge die Idealform rundlicher Bergkuppen annehmen.

Werden die anfallenden Schuttmassen laufend beseitigt, dann entstehen sogenannte **Helm-** oder **Glockenberge.** Wir treffen auf sie im mittleren Abschnitt der oberen Verwitterungszone zwischen 1300 und 1900 m. Bei einem Rundblick vom Monte Rotondo, Monte d'Oro oder von der Punta alle Porte fallen einem neben einer Reihe von bizarren Spitzen, Gipfeln und Graten in etwas niedrigerer Lage abgerundete Bergkappen und zugerundete Bergrücken mit daraufsitzenden helmartigen Felskuppeln besonders ins Auge. Als ein Musterbeispiel dieser Bergform gilt der Monte Tritore (Dreiturm); durch zwei tiefe Einkerbungen, die sich im Laufe der Zeit durch Verwitterung immer tiefer einfraßen, wurde seine Felskuppe dreigeteilt. W. Klaer vermutet, daß auch die Helm- oder Glockenberge bis ins Tertiär zurückreichen; Glätte und Ausgeglichenheit der äußeren Form ermöglichten es, daß sie die Eiszeiten überdauerten.

Wo ebene Granitplatten von ihrer Verwitterungsdecke entblößt sind, breiten sich an manchen Stellen napf-, wannen- oder kesselartige Vertiefungen aus, deren Böden mit Wasser oder Verwitterungsrückständen bedeckt sind. Diese charakteristischen Lösungsformen werden **Opferkessel** genannt; sie kommen in ähnlicher Form auch als Lochkarren im Kalkgestein vor. Der Name geht zurück auf eine frühere Deutung, als man diese Vertiefungen fälschlich als künstlich geschaffen angesehen hat, besonders wenn ›Blutrinnen‹ zum Rande der ›Opfersteine‹ führten oder die Hohlformen untereinander verbanden.

Günstige Ansatzpunkte für die Entstehung dieser Hohlformen sind entweder Schnittpunkte von Haarrissen oder Vertiefungen, die durch Herauswittern von Mineraleinschlüssen entstanden. Die häufig zu beobachtende Unterschneidung der Seitenwände dürfte durch sich ausdehnendes winterliches Eis bedingt sein.

Der Granitkomplex Korsikas ist vor allem aber ein klassisches Verbreitungsgebiet von Hohlblöcken, der sogenannten **Tafonifelsen** (Farbt. 3, Abb. 93). Eingehende Untersuchungen dieser klimamorphologischen Erscheinungen in neuerer Zeit stammen von W. Klaer (auf Korsika) und H. Wilhelmy (auf Elba). Jeder von Höhlungen durchsetzte Gesteinsblock wird von der korsischen Bevölkerung ›pietra tafonata‹ genannt, und deshalb hat sich auch in der wissenschaftlichen Literatur die Bezeichnung Tafoni (Sing. Tafone; korsisch: tafonare = durchlöchern) nach dem bedeutendsten Forschungsgebiet durchgesetzt. Die Höhlungen der Granitblöcke sind (nach Beobachtungen von B. Popov) ellipsoid- oder kugelförmig. Alle Hohlblöcke besitzen seitliche Öffnungen nach außen, charakteristisch sind baldachinartige Überhänge oder flache Höhlungen auf Kluftflächen an der Unterseite der aufliegenden Blöcke, schließlich Hohlblockskelette von phantastischem Aussehen, die an Tiergestalten erinnern. Kopfgroße Höhlungen mit dünnen Trennwänden, aber auch hintereinander angelegte grabkammergroße Räume sind häufig. Der Boden der Höhlungen ist stets nach der Öffnung hin geneigt und damit frei von Gesteinsschutt. An den Höhlendecken können meist weitere Nebentafoni auftreten, die durch rippenartige Vorsprünge voneinander getrennt sind. In fast allen Tafonifelsen schälen sich an den Deckenwänden und an den oberen Teilen der Seiten- und Rückwände größere oder kleinere konkave Gesteinsplatten ab, die durchschnittlich 3–5 mm dick sind und einen Durchmesser von 5–30 cm haben; bei der geringsten Berührung stürzen die Gesteinsscherben ab. Die glatten Tafoni-Innenwände sind gewöhnlich von etwas blasserer Farbe als die rauheren Felsoberflächen, die durch Eisenoxidausscheidungen rot gefärbt sein können. Die Untersuchungen von W. Klaer auf Korsika bestätigen und ergänzen Popovs Beobachtungen, daß flachgewölbte Tafoni besonders an der Unterseite dicker Felsplatten vorkommen. Die Aushöhlung großer Felsplatten beschleunigt darüber hinaus auch die schon erwähnte Abschalung. Wie Popov, so führt auch Klaer die Abschuppungsvorgänge im Innern der Tafoni auf Volumenschwankungen an der Gesteinsoberfläche infolge häufiger und kurzfristiger Temperaturschwankungen zurück, eine Erklärung der Tafoni, die H. Wilhelmy nicht teilt, denn, so folgert er, die Tafoni müßten dann an der Gesteinsoberfläche zu finden sein, weil dort die Temperaturschwankungen größer seien als an den Auflageflächen der Blöcke, wo die Hohlräume jedoch tatsächlich vorkommen. Auch müßten Tafoni in Wüsten mit extremen Temperaturschwankungen am häufigsten verbreitet sein, was aber nicht der Fall sei. Wilhelmy ließ Stücke von den Rippen zwischen den einzelnen Höhlungen auf ihre chemische Umsetzung untersuchen, wobei sich bestätigte, daß bisher die Bedeutung der chemischen Verwitterung für die Tafonibildung unterschätzt worden war. Durch den Wechsel starker nächtlicher Betauung und kräftiger Sonnenbestrahlung scheiden sich an der Oberfläche der Blöcke Eisenoxidhydrate ab. Diese bilden Hartkrusten, hinter denen sich dann die unregelmäßigen Höhlungen in das Gestein hineinfressen. Schließlich zerfallen auch die Krusten, und übrig bleiben die Hohlskelette. Damit ist der starke Anteil der chemischen Verwitterung an der Tafonibildung als sicher anzusehen.

Die Verbreitung der Tafonifelsen auf Korsika erstreckt sich über den gesamten granitischen Inselbereich. Großartig ausgebildet sind die Riesenhohlblöcke in den Calanche von Piana (Farbt. 3, Umschlagvorderseite), im Norden am Zufahrtsweg zur Kapelle Notre-Dame de la Serra bei Calvi (Abb. 93), im Süden am Cap de Roccapina, im Tal des Golo in der Scala di Santa Regina, bei Calacuccia oder im AitoneTal bei Evisa. Ihr Vorkommen beschränkt sich aber nicht nur auf die küstennahe Zone, sondern man kann Tafonifelsen auch in größeren Höhen beobachten. In 1200 m Höhe in der Montagne de Cagna und am Monte Tritore in 1500 m Höhe sind sie ebenso gut ausgebildet wie auf dem westlichen zur Punta alle Porte führenden Bergrücken oberhalb des Lac de Creno in 1700 m Höhe. Sogar in 2100 m Höhe trifft man sie gelegentlich auf den Bergzügen an, die den Lac de Nino umschließen. Allerdings ist ein klares Abnehmen der Tafoniformen über der 1500 m-Höhengrenze festzustellen. Es gibt dort nicht nur weniger, sie sind auch unvollkommener ausgeformt.

Daß der Prozeß der Tafonierung sehr langsam vor sich geht, konnte W. Klaer auf Korsika nachweisen. Er stieß auf tafonierte Blöcke mit den Öffnungen nach oben, die nur durch ein Abgleiten und Umkippen durch Bodenrutschungen in einer der pleistozänen Kaltzeiten erfolgt sein konnte. So reicht die Bildung mindestens bis in das letzte Interglazial (etwa 150 000 bis 190 000 Jahre vor heute), vielleicht sogar bis ins jüngste Tertiär zurück.

Mittelmeerklima und Hochgebirgsklima

Dank seiner Lage im Mittelmeer besitzt Korsika das typische mediterrane Klima mit heißen, trockenen Sommern und milden, feuchten Wintern; doch durch unterschiedliche Höhenlagen, Windverhältnisse und geographische Breite treten große Abweichungen auf. Je nach Höhenlage unterscheidet man Mittelmeerklima (bis 200 m), eine Übergangszone (200 bis 1000 m), gemäßigtes Klima (1000 bis 1500 m) und alpines Klima (über 1500 m). Der küstennahe Bereich hat ein ausgesprochen sommertrockenes Klima, und die mittleren Temperaturmaxima erreichen im Juli und August bei Ajaccio fast 30 °C. Die Winter sind in dieser Zone dagegen gemäßigt, die mittleren Temperaturminima des kältesten Monats liegen immerhin noch 5–7 °C über dem Gefrierpunkt; nur ganz selten kommt es in diesem Bereich zu Frost. Erst bei Höhenlagen um 1000 m beginnen die mittleren Temperaturminima des kältesten Monats unter Null zu sinken. Mit zunehmender Höhe nehmen die Temperaturen zusehends ab. Über 1500 m sinken die mittleren Temperaturwerte während der Wintermonate weit unter Null; ab Dezember fällt reichlich Schnee, der sich auf den Gipfeln der höchsten Berge oft bis in den Sommer hinein hält (Farbt. 31).

Auch die Menge der Niederschläge ist abhängig von den einzelnen Höhenlagen. Sie verteilen sich vorwiegend auf die Herbst- und Wintermonate Oktober, November und Dezember. Im westlichen Inselteil fallen weniger Niederschläge als im östlichen, im Inselinneren mehr als an der Küste und im Norden mehr als im Süden. Die Sommermonate Juli und August sind vor allem in der küstennahen Zone ausgesprochen trocken, nur gelegentliche Gewittergüsse gehen mit solcher Heftigkeit nieder, daß das Wasser oberflächlich abfließt und die Bäche und Flüsse stark anschwellen. Mit zunehmender Höhe steigt auch die Menge der Niederschläge. Bei 1000 m Höhe ist schon mit Jahresniederschlägen von mehr als 1500 mm zu rechnen, im Hochgebirge über 2000 mm gegenüber 466 mm in der küstennahen Zone am Golf von Ajaccio.

Die Zahl der ständig arbeitenden Wetterstationen auf Korsika ist gering und verteilt sich auf die küstennahe Zone. Von Cap Corse (128 m), Ajaccio (2 m), Iles Sanguinaires (73 m) und Capu Pertusato (107 m) am Südzipfel der Insel liegen annähernd lückenlose Messungen über einen Zeitraum von vierzig Jahren vor. Stationen im mittleren Gebirge wie im Hochgebirge fehlen noch oder sind erst neu eingerichtet, so daß von dort vorerst noch keine Werte greifbar sind.

Klimatabelle von Ajaccio[2]
(Temperaturen in °Celsius, Niederschläge in mm)

	Jan.	Febr.	März	April	Mai	Juni	Juli	Aug.	Sept.	Okt.	Nov.	Dez.	Jahr
Mittlere Temperaturen	8,9	9,9	11,6	13,9	17,1	20,9	23,5	23,9	21,5	17,5	13,6	10,9	16,1
Mittlere Temperaturmaxima	13,5	14,7	16,6	19,0	22,6	22,6	29,5	29,9	27,1	22,6	18,1	15,2	21,3
Mittlere Temperaturminima	4,3	5,1	6,6	8,8	11,6	15,2	17,5	17,9	15,9	12,4	9,1	6,6	10,9
Mittlere Niederschlagshöhe	77	63	73	59	38	26	10	13	41	100	109	89	698
Mittlere Zahl der Regentage	10	9	10	8	5	3	1	2	5	8	11	10	82

Inseln sind den Winden in besonderem Maße ausgesetzt (s. Karte in der hinteren Umschlagklappe). Am häufigsten weht auf Korsika der *West- bis Südwestwind,* kors. *libecciu.* Er ist mäßig bis stark, zeigt große Temperaturschwankungen und sagt Regen voraus. Eine Schiffsreise im aufgewühlten Tyrrhenischen Meer ist recht unangenehm.

Der *Nordwestwind,* kors. *maestrale,* franz. mistral, ist kalt und trocken und tritt im Zusammenhang mit Zyklonen auf, die sich über dem Golf von Genua bilden, so daß Luftmassen vom Französischen Zentralplateau und von weiter nördlich gelegenen Gebieten durch das Rhônetal südwärts einfallen. Auf Korsika hat der Wind allerdings schon einiges von seinen Kräften verloren. Das Landschaftsbild zeichnet sich in jedem Fall durch besondere Klarheit aus (Farbt. 6).

Der *Nordwind,* kors. *tramontane,* ist ebenfalls ein kühler und trockener Wind, von jenseits der Alpen kommend. Ein feuchter und schwüler *Nordostwind* ist der *gregale* (kors.).

Der *Ostwind,* kors. *levante,* ist warm und feucht, äußerst unangenehm wegen seines fast tropischen Treibhausklimas, tritt aber im Sommer nur selten an der Ostküste auf. Er ist verantwortlich für die Dünenbildung an der Küste und damit für die Umwandlung von Meeresbuchten in Lagunen.

Der *Südostwind,* kors. *sirocco,* ist heiß und feucht und bringt häufig Gewitterstürme mit, die vor allem im Gebirge gefürchtet sind. Er steht mit wandernden Tiefdruckgebieten im Zusammenhang, bei denen trockene, heiße, mit Wüstenstaub durchsetzte Luftmassen aus der Sahara verwirbelt werden. Über dem Mittelmeer reichert sich die heiße Luft mit Feuchtigkeit an und bringt damit die intensiven Niederschläge.

Die einzelnen Küstenabschnitte zeigen hinsichtlich der Windverhältnisse unterschiedliche Eigenschaften. Auf dem *Cap Corse* und an der *Nordküste* wehen am häufigsten Westwinde, die zwischen dem Golf von Galéria und der Nordspitze von Cap Corse oft einen hohen Seegang entstehen lassen. Bei Westwinden von Windstärke 6–7 ist der Wind an der leeseitigen Ostküste von Cap Corse schwach, zu heftigen Böen kommt es aber an den west-östlich verlaufenden Talmündungen.

An der *Ostküste* zwischen Bastia und Porto-Vecchio hat die Kraft von Maestrale und Libecciu stark nachgelassen. Da sommerliche Ostwinde selten sind, ist das Meer ruhiger als an der Westküste.

In der *Meerenge von Bonifacio* herrschen im Sommer westliche Winde vor, die ostwärts bis zur Küste von Porto-Vecchio schwächer werden.

Je weiter man an der *Westküste* nach Norden kommt, nehmen Winde aus nordwestlicher Richtung zu. Der Übergang ist besonders stark im Gebiet der Insel Gargalo im Norden des Golfs von Porto.

Durch die unterschiedliche Erwärmung von Wasser und Land unterscheidet man an der Küste noch die *See-* und *Landwinde,* die für die Sportschiffahrt von Bedeutung sind. Im Sommer beginnt die *Seebrise,* kors. *mezziornu,* ital. *mezzogiorno* (= Mittagswind) 2 bis 4 Stunden nach Sonnenaufgang, zwischen 8 und 9 Uhr, hat ihren Höhepunkt zwischen 13 und 14 Uhr und endet 1 bis 2 Stunden vor Sonnenuntergang gegen 19 Uhr. Bei Sonnenuntergang beginnt die *Landbrise,* kors. *terranu,* ital. *terrane,* die gegen Sonnenaufgang endet. Bei der morgendlichen Ankunft mit dem Schiff kann man deshalb den Duft der korsischen Macchie kilometerweit vor Erreichen der Küste wahrnehmen.

Die *Tabelle mit den Wassertemperaturen* (in °Celsius) zeigt, daß Baden im Meer von Juni bis Ende Oktober möglich ist.

	Jan.	Febr.	März	April	Mai	Juni	Juli	Aug.	Sept.	Okt.	Nov.	Dez.
Ajaccio	13,3	13,6	12,9	13,9	16,3	19,3	22,3	23,4	22,0	19,7	17,0	14,6
Bastia	13,3	12,8	13,2	12,9	16,2	20,2	20,3	23,6	22,3	19,5	16,9	14,5

Vegetationsstufen mit Leitpflanzen

(Die Zahlen in Klammern bezeichnen die Höhenlagen an Sonnenhängen. Korsische Bezeichnungen stehen in eckigen Klammern.)

Untere mediterrane Stufe
0–600 m
Korkeiche [suera]
Steineiche [lecciu]
Schirmpinie [pignottu]
Aleppokiefer
Ölbaum [olivu]
Palme
Eukalyptus [ocalittu]
Platane [erba a fitari]
verschiedene Fruchtbäume (Zitronen, Orangen, Mandeln, Feigen u. a.)
Weinrebe [vigna]
Bougainvillea
Mimose [mimosa]
Glyzinie
Agave [agava]
Feigenkaktus [ficu murescu] u. a. m.

Die berühmte Macchia (bzw. Garigue), die in wechselnder Zusammensetzung bis 2000 m hinaufreicht, ist durch zahlreiche Pflanzen vertreten:
Steineiche
Erdbeerbaum [arbitru]
Baumheide [scopa]
Mastixstrauch [listincu]
Myrte [morta]
Ginster [ghinestra]
Zistrose [mucchiu]
Oleaster [ogliastru]
Rosmarin [rosumarinu]
Lavendel [piubone]
Thymian [erba barona]
Wacholder [ghineperu] u. a. m.

Hinzu kommen verschiedene Pilzarten bis zu 1300 m Höhe.

Obere mediterrane Stufe
600–900 m (800–1100 m)
Edelkastanie [castagnu]
Steineiche
Flaumeiche [querciu]
Seestrandkiefer
Erle (Alnus cordata)
Hopfenbuche (Ostrya carpinifolia)
seltener: Traubeneiche (Quercus petraea) und Fruchtbäume

Montane Stufe
900–1650 m (1100–1800 m)
Korsische Schwarzkiefer oder Laricio-Kiefer [lariciu]
Rotbuche [faiu]
Weißtanne [ghjallicu]
Weißbirke [bittulu]
Die Baumgrenze, vertreten durch Laubhölzer, liegt bei etwa 1800 m.
Heiden und Grasfluren

Subalpine Stufe
1650–2100 m (1800–2300 m)
Korsische Zwergerle (Alnus suaveolens)
einzelne Wetterbuchen
Gebirgsheiden mit Zwergwacholder (Juniperus nana), Berberitze (Berberis aetnensis), Thymian, Klee, Alpenrosen u. a. m.
Torfmoose mit Wegerich (Plantago insularis), Mastkraut (Sagina pilifera), Gänseblümchen u. a. m.

Alpine Stufe
2100–2700 m (2300–2700 m)
Spärliche, aber artenreiche endemische Flora auf Schutt- und Geröllhalden und in Felsspalten
Grasnelke (Armeria pusilla)
Ziest (Stachys corsica)
Fingerkraut (Potentilla crassinervia)
Zwerg-Strohblume, genannt »korsisches Edelweiß« (Helichrysum frigidum)
Rapunzel (Phyteuma serratum)
Hornkraut (Cerastium Thomasii)
Ehrenpreis (Veronica fruticans) u. a. m.

Die Macchia, ein mediterraner Buschwald

Napoleon Bonaparte hat einmal gesagt, daß er seine Geburtsinsel bei Nacht und Nebel allein am Duft wiedererkennen würde. Und in der Tat ist es so, daß man bei günstiger Windrichtung den Duft der Milliarden Blüten bereits wahrnimmt, ehe die Insel am Horizont sichtbar wird. Der botanisch interessierte Reisende ist überrascht von dem Artenreichtum der mittelmeerischen Pflanzenwelt. Achtundsiebzig Arten sind endemisch, d. h. cyrno-sardisch, beachtenswert sind die zweiundvierzig Orchideenarten, von denen Orchis pauciflora, Serapia cordigera und Orchis papilionacea besonders auffällig sind.

Dieser Reichtum an Pflanzen ist Ausdruck einer großen Abwechslung in Klima und Bodenverhältnissen, aber auch der frühen Geschichte und Entwicklung, denn der Mensch des Mittelmeerraumes gründete hier einige seiner ältesten Siedlungen und begann schon frühzeitig mit der Kultivierung von Weinstock, Ölbaum und Getreidegräsern. Seit mindestens achttausend Jahren schlug er Bäume zum Hausbau, zur Erzverhüttung, als Brennholz oder als Gerbholz, bestellte seine Äcker, pflanzte Fruchtbäume, weidete seine Schafe und Ziegen und verursachte dadurch, daß in den mediterranen Küstenzonen so wenig von der ursprünglichen Vegetation übrigblieb. Alles, was wir heute zwischen den kultivierten Flächen finden, wächst in einem Degenerations- oder Regenerationsstadium, als langsam sich ändernde Übergangsstadien gegen einen stabilen Endzustand. Dieser Endzustand, abhängig von Klima und Boden, ist in den meisten Fällen ein Wald; doch wie selten finden wir wohlentwickelte Wälder in dem Gebiet des Mittelmeeres.

Durch die jahrtausendelange Überweidung und Waldzerstörung wurde die Bodenkrume stark abgetragen, stellenweise trat nackter Fels zutage, und es konnten nur noch bescheidene, widerstandsfähige Pflanzen in diesem Ungunstraum wachsen. Dies erklärt uns, weshalb wir heute in den mediterranen Küstengebieten auf Tausenden von Quadratkilometern auf jenen so charakteristischen Vegetationstyp stoßen, der den Namen ›Macchia‹ trägt.

Mehr als die Hälfte Korsikas ist von diesem undurchdringlichen immergrünen Buschwald von zwei und mehr Metern Höhe bedeckt (Farbt. 10). Korsika besitzt die üppigste Macchia des Mittelmeerraumes; und so leitet sich auch der Name für diesen Vegetationstyp – ital. macchia, dt. Macchie, franz. maquis – vom korsischen ›mucchio‹ ab, eine Bezeichnung, die jedoch zunächst nur der Charakterpflanze dieses Buschwaldes, nämlich der Zistrose, galt. Die Macchia hat auch bei der Namensgebung der französischen Partisanen des Zweiten Weltkrieges, den ›maquisards‹, Pate gestanden, denn die Freischärler suchten in diesen Gebüschdickichten oft ihren Unterschlupf; überhaupt war die Macchia seit jeher eine sichere Zufluchtstätte der verfolgten Inselbewohner, die der Blutrache entrinnen mußten.

Im Frühjahr verbreiten die Blüten der Macchia jenen unverwechselbaren Duft, der immer wieder gerühmt wird. Zur Zeit der Abenddämmerung nach einem heißen

Tag ist dieser Duft von einem besonders würzigen Aroma. Dann entsteigen ätherische Öle den derben, hartlaubigen, häufig nur noch als Rudimente vorhandenen Blättern, den Dornen, Kanten oder Rippen an den Stengeln oder Zweigen. Diese auf ein Minimum an Fläche angelegten Blätter ermöglichen der Pflanze eine Überlebenschance in der sommerlichen Hitze- und Dürreperiode, da sie nur wenig Angriffsfläche der Sonne entgegenstrecken; außerdem halten die Dornen Schafe, Ziegen und nicht zuletzt auch den Menschen aus der Macchienwildnis fern. Weideland, durch Brandrodung gewonnen, erobert die Macchia schnell zurück, die ihrerseits zahlreiche nützliche Produkte bereitstellt: Gerbstoffe, Harze, Farben, Fasern, Brennholz und Holzkohle.

In unerschlossenen Gebieten wird die Macchia häufig von der Hirtenbevölkerung in Brand gesteckt mit dem Ziel, die Weidegründe zu erweitern. Sabotageakte oder Leichtsinn von Touristen im Umgang mit Feuer sind in noch stärkerem Maße die Ursache für die alljährlich auftretenden verheerenden Macchienbrände. Die Fähigkeit der Macchiensträucher, von der Wurzel her wieder auszuschlagen, sorgt für eine schnelle Regeneration, und so stellt die Macchia nach Waldbränden oder Raubbau in Kiefern- und immergrünen Eichenwaldungen das übriggebliebene Unterholz dar. Da der ursprüngliche Wald in diesem Dickicht nicht oder nur unter allergrößtem forstwirtschaftlichem Einsatz und finanziellen Opfern wieder aufwachsen kann, wird die Macchia als Schlußformation der Entwicklung angesehen.

In ihrer schönsten Pracht zeigt sich die Macchia mit Beginn des Vorfrühlings, wenn sie auf Berghängen und in Tälern in vielen Farben erblüht und noch das frische Grün der regenreicheren Jahreszeit zeigt. Vor allem entzückt die lodernde goldgelbe Blütenfülle des Ginsters im Kontrast zum blauen Meer (Farbt. 37), unterbrochen von den weißen oder rosafarbenen Blüten der Zistrosen (Farbt. 40, 42), den bis zu mannshohen Sträuchern der Baumheide mit ihren unzähligen weißen Glöckchenblüten (Farbt. 38) und dem purpurfarbenen oder bläulichen Lavendel (Farbt. 41). Kurze Zeit später zieht die Myrte mit dem zarten Duft ihrer weißen Blüten mit den grazil vorstehenden Staubgefäßen die Aufmerksamkeit auf sich (Farbt. 39). Sie ist seit alten Zeiten bekannt und war als Symbol des Friedens und der Liebe der Göttin Aphrodite geweiht. Der Erdbeerbaum (Arbutus unedo) trägt erdbeerähnliche Früchte, die zwar eßbar sind, aber fade schmecken. Nicht umsonst heißt ihr lateinischer Name »unedo« (= ich esse eine), was bedeutet: eine ist genug.

Nicht alles, was oberflächlich betrachtet wie Macchia aussieht, kann als solche gelten. Lokale Veränderungen des Bodens lassen die Macchia zu einem bestimmten Garigue-Typ degenerieren (Farbt. 23). Die französische Bezeichnung ›Garigue‹ geht auf ›Garoulia‹, den provenzalischen Namen für die Hauptleitpflanze der französischen Garigue, die Kermeseiche (Quercus coccifera) zurück und wird heute für die ganze Pflanzengesellschaft angewandt. Die Garigue setzt sich aber nicht nur aus schlechtentwickelten Pflanzen der Macchia zusammen, sondern weist auch nur ihr eigene Arten auf, die der Macchia fehlen. Die Zwergsträucher – selten werden sie höher als einen halben Meter – wachsen vorwiegend in heißen und trockenen Gegenden auf felsigen oder wenig tiefgründigen Böden. Leitpflanzen der sauren Böden auf Granit- und Gneisuntergrund sind vor allem die niedrige Montpellier-Zistrose, Wolfsmilcharten, Ginster und Lentisken. Dagegen lieben verschiedene Lippenblütler wie Rosmarin, Thymian, Lavendel, Salbei, eine niedrige Erika, zu denen sich gerne Zwiebel- und Knollenpflanzen (Tulpen, Krokus, Schwertlilie, Traubenhyazinthe, Milchsterne) und zahlreiche Orchideen gesellen, kalkhaltige Böden. Die Garigue-Arten sind ebenfalls aromatisch. Sie besitzen wie die Macchienpflanzen kleine, ledrige, graufarbene, von dichtem Flaum oder steifen, wie Silber schimmernden Borsten überzogene Blättchen als Schutz gegen die verzehrenden Sonnenstrahlen.

Kulturpflanzen und Wälder Korsikas

Die letzte Eiszeit, die vor etwa 10000 Jahren endete und in der ein großer Teil der mitteleuropäischen Flora ausstarb, hatte im Mittelmeerraum keine so verheerenden Folgen, weil die Gletscher im allgemeinen kaum unter 2700 m reichten (auf Korsika teilweise bis 1000 m). Es muß damals zahlreiche geeignete Standorte gegeben haben, kühler und feuchter als heute, wo die Pflanzen überleben konnten. Deshalb finden sich im gesamten Mittelmeerraum noch zahlreiche Arten, die aus dem Tertiär stammen und die Eiszeiten überdauert haben. Dazu gehören der Johannisbrotbaum, die Myrte, die Weinrebe, der Oleander, die Platanen, der Ölbaum, der Mastixstrauch u. a. Von den genannten Pflanzen besitzen einige keine oder nur wenige nähere Verwandte. Seit langer Zeit haben sie sich unabhängig entwickelt, während die näheren Verwandten alle ausstarben. Der Johannisbrotbaum, der Vertreter der Gattung Ceratonia, ist z. B. ein solcher Überlebender eines alten Geschlechts. Den Charakterbaum des Mittelmeerraumes, den Ölbaum (Olea europaea), finden wir auch auf Korsika (Farbt. 22). Dieser immergrüne, im Alter kräftig knorrige Baum ist mediterranen Ursprungs. Seine biegsamen Zweige mit den silbergrün schimmernden, lanzettlichen Blättern gelten seit jeher als Symbol des Friedens und der Versöhnung. Die Farbe seiner Früchte reicht vom Grün bis zum Schwarzblau. Wenn der Ölbaum nicht veredelt wurde, also wild wächst, ist sein Wuchs stark degeneriert, da er sich den Lebensbedingungen der Stauchformation anpassen mußte. Seine dornigen, vierkantigen Äste sowie seine bitter schmeckenden, ölarmen Früchte machen ihn für den Laien kaum noch erkenntlich. In seiner Wildform trägt er den Namen Oleaster.

Als weiteres Wahrzeichen des Mittelmeerraumes gilt die Zypresse (Cupressus sempervirens), deren lateinischer Name aussagen soll, daß sie angeblich bis zu zweitausend Jahre alt werden kann. Die im hellen Sonnenlicht der mediterranen Landschaft wie dunkle Flammen aufragenden Bäume gelten als Symbol der Trauer und geben jedem Friedhof seine düstere Atmosphäre, schmücken aber auch alte Gehöfte und Parks. Ihre säulenartige Form gilt als optimale Anpassung an die Sonneneinstrahlung: die steil einfallenden mittäglichen Strahlen gleiten sozusagen an dem schlanken Baumkörper ab, diffuses Licht wird dagegen von den senkrecht gestellten Blättern bzw. Nadeln voll aufgenommen. In den letzten Jahren häufen sich Schreckensmeldungen vom Absterben der Zypressen, verursacht durch Pilzbefall, vor allem in der italienischen Toskana. Wünschen wir, daß dieser Krankheit wirksam begegnet werden kann, damit uns dieser einmalig schöne Charakterbaum des Mittelmeerraumes erhalten bleibt.

Als Vertreter der immergrünen Eichen (Fagaceen) mediterranen Ursprungs (trügen sie nicht die uns wohlbekannten Eichelfrüchte, so könnte man jene Bäume kaum als Verwandte unserer Eichen erkennen) seien genannt: die Steineiche (Quercus ilex) sowohl als Strauch wie als stattlicher Baum, die buschartige Kermeseiche (Quercus coccifera) als ein Bestandteil der Garigue sowie die Korkeiche (Quercus suber), die meistens durch ihre geschälten zimtfarbenen Stämme auffällt. Die dunkelgrünen, ledrigen Blättchen der Steineiche lassen sich von denen der anderen immergrünen Eichen leicht dadurch unterscheiden, daß sie auf der Unterseite weißlich filzig sind. Die Blattform variiert vom glattrandigen bis zum eiförmigen und gezähnten Typ, wobei die Ränder vielfach etwas eingebogen sind. Die Blätter der Kermeseiche sind auf beiden Seiten glänzend, stachelig gezähnt und ledrig. Aus den auf den Blättern der Kermeseiche lebenden braunroten, erbsengroßen Weibchen der Kermesschildlaus stellte man einst einen karmesinroten Lack her (Karmesin stammt etymologisch von Kermes). Die Korkeiche ist auf Korsika vor allem im Gebiet um Porto-Vecchio und Figari sehr stark verbreitet (Farbt. 33). Der nackte, seiner Korkschicht entblößte Stamm zeigt zunächst eine rosagelbe Farbe, die später rotbraun wird. Wenn die Bäume etwa fünfzehn bis zwanzig Jahre alt sind, beginnt man mit der Schälung (franz. démasclage). Der dabei gewonnene ›männliche‹ Kork ist jedoch so spröde, daß er nur in den Gerbereien verwendet werden kann. Erst der sich nunmehr bildende weiche und glatte ›weibliche‹ Kork, der je nach der angestrebten Plattenstärke alle zehn bis zwanzig Jahre geschält wird (franz. levage), ergibt den Korken für Flaschen. Eine 3 cm starke Schicht wächst je nach Standortverhältnissen in sechs bis zwölf Jahren heran. Geschält werden im allgemeinen nur die Stämme.

Charakteristisch für die mediterranen Nadelhölzer sind die verschiedenen Pinienarten (Pinaceen). Die Schirmpinie (Pinus pinea) steht einzeln oder wächst in Gruppen (Farbt. 7). Ihre dichte Schirmkrone bildet sich erst in späteren Jahren aus. Daß die Natur häufig die Architektur anregt, zeigt sich auch hier: schon im alten Rom verwendete man die Pinienzapfen gerne als architektonisch-dekoratives Motiv. Auch der Thyrsosstab mit seinen flatternden Bändern trug einen Pinienzapfen an seiner Spitze. Er wurde von Mänaden und Satyrn zu Ehren des Dionysos getragen. Die Aleppokiefer (Pinus halepensis) trägt ihren Namen nach der Stadt Aleppo in Syrien, liebt Kalkboden und klettert in den Küstenstrichen gern die Berghänge hoch. Ihre sehr harzhaltigen Zapfen braucht man noch heute stellenweise zum ›Resinieren‹ der Weine, weil die Haltbarkeit des Weines durch das Harz wesentlich erhöht wird. Besonders anspruchslos in bezug auf Boden und Feuchtigkeit ist die Schwarzkiefer (Pinus nigra). Obwohl auch sie wärmebedürftig ist, verträgt sie doch rauhere Winter. Granit und quarzreiche Böden liebt die Seestrandkiefer (Pinus pinaster), auch Sternkiefer genannt. Charakteristisch für sie ist, daß sie mit Zapfen mehrerer Altersklassen überladen ist und daß abgestorbene Äste am Stamm bleiben (Restonica-Tal).

In höheren Regionen gedeiht die Korsische Schwarzkiefer oder Laricio-Kiefer (Pinus laricio corsicanus). Sie kann einen bis zu 50 m hohen Stamm und ein Alter von tausend Jahren erreichen. Vor allem im Hochgebirge bestimmen ihre bizarren Formen das korsische Landschaftsbild. Die großen Laricio-Kiefernwälder sind die von Valdu-Niellu (4500 ha), Barocaggio (4500 ha), Tartagine (3000 ha), Aitone (1800 ha), Vizzavona (1500 ha), Bonifatu und Bavella (Farbt. 31, 32). In den höheren Regionen der korsischen Schieferzone wachsen die Buchen und Steineichen; 30 000 ha bedeckt die Edelkastanie im Bergland der Castagniccia, die dieser Landschaft den Namen gegeben hat (Farbt. 29). Seine Kastanien waren einst das Hauptnahrungsmittel der Korsen.

Insgesamt gesehen sind in den korsischen Wäldern folgende Bäume am stärksten vertreten: Laricio-Kiefer (26%), Steineichen (22%), Seestrandkiefer (20%), Buchen (18%) und Korkeichen (5%).

In den Gartenlandschaften Korsikas entdecken wir den sommergrünen Feigenbaum (Ficus carica). Seine Blüten sind in fleischigen, birnenartigen Behältern mit porenartiger Öffnung eingeschlossen. Ist der Baum kultiviert, reifen auf ihm zweimal jährlich die Früchte, die ersten im Frühsommer von Blüten des vorjährigen Herbstes, die zweiten im Herbst. Diese sind kleiner, weniger fleischig, aber zahlreicher.

Belebt wird die Gartenlandschaft im Frühling, wenn sich die Blütenpracht der Mandelbäume (Prunus amygdalus) und der Pfirsichbäume (Prunus persica) – beide rosafarben und kaum voneinander unterscheidbar – zu entfalten beginnt. Neben fast allen Fruchtbäumen Mitteleuropas gedeihen auf Korsika auch Zitrusfrüchte. Zwar sind sie pseudomediterran, wie auch Agaven und Opuntien, konnten aber als subtropische Pflanzen seit langem im Mittelmeerraum Fuß fassen.

Der Eukalyptusbaum (Eucalyptus globulus), auch Fieber- oder Blaugummibaum genannt, dessen Heimat Australien ist, steht oft an Straßenrändern als Alleebaum bis zu 40 m Höhe; besonders schöne Exemplare wachsen aber im Eukalyptushain von Porto (Farbt. 2, 18). Seine Rinde wird oft in langen Fetzen abgeworfen. Unter ihr erscheint dann ein glatter, grüngrauer Stamm. Seine Blätter liefern das medizinisch wertvolle Eukalyptusöl. Der Baum wurde im Mittelmeerraum und auch auf Korsika eingeführt, weil man glaubte, daß der ausströmende starke Geruch das Wechselfieber oder die Malaria vertreiben könnte. Wenn sich dies auch als Irrtum erwies, so hat der Baum dennoch eine gewisse Bedeutung bei der Bekämpfung dieser gefürchteten Infektionskrankheit dadurch erlangt, daß er durch sein schnelles Wachstum in Sumpfgegenden dem Boden überdurchschnittlich viel Wasser und damit den Fiebermücken Brutstätten und Lebensbedingungen entzog.

Abgestorbene Laricio-Kiefer

Die Mimose (Acacia dealbata), erkennbar an den tiefgelben Blütenköpfen, ist wegen ihrer reizbaren Blätter als »Sinnpflanze« bekannt – daher stammt der Ausspruch: »empfindlich wie eine Mimose«. Sie wächst ebenso wie die Tamariske (Tamarix africana) an den Stränden des Mittelmeeres. Über Gemäuer klettert die Drillingsblume (Bougainvillea spectabilis) mit ihren dornigen Zweigen und den kleinen ovalen Blättern und Hochblättern in bunter Farbpalette von Violett, Rot, Orange, Gelb und Weiß, an die sich unscheinbare weißliche Blüten anschließen. Der Oleander (Nerium oleander) mit seinen lanzettlichen, ledrigen Blättern und seinen stark duftenden rosafarbenen oder weißen Blütenständen bildet bis zu 4 m hohe Dickichte an Wasserläufen, ist aber auch als Hecken-oder Zierpflanze beliebt.

Auf vielen Promenaden und Plätzen der Küstenstädte (Ajaccio, Bastia, Calvi), in Parks und Gärten wächst eine der schönsten Zierpalmen der Welt, die Kanarische Dattelpalme (Phoenix canariensis; Farbt. 11), deren Palmwedel am Palmsonntag geweiht werden. Jedes abfallende Blatt hinterläßt eine Narbe, und dadurch erhält der Stamm ein mosaikartiges Aussehen. Ihre goldorange leuchtenden Fruchtstände besitzen sehr kleine, holzige und geschmacklose Früchte, die nicht verzehrt werden.

Wichtigste Kulturpflanze ist die Weinrebe (Farbt. 7), die im Küstentiefland im Feldbau, in höheren Lagen in Terrassenkultur gedeiht. Der Weinanbau im ostkorsischen Tiefland geht vorwiegend auf die Initiative eingewanderter ehemaliger Nordafrika-Kolonisten zurück. Seine rasche Zunahme als betriebliche Monokultur mit ausgedehnten Anbauflächen bestimmt heute das Landschaftsbild. Produktionsziel ist es, eine möglichst große Menge an alkoholreichem Courant-Wein (einfacher Tafelwein) herzustellen. Dieser ohne große Pflege erzeugte Wein dient vornehmlich als Verschnittwein, welcher zum größten Teil in die nördlichen Anbaugebiete des französischen Festlandes exportiert wird (vgl. S. 337f.).

Die Tierwelt Korsikas

Die Tierwelt Korsikas, einschließlich der küstennahen Meeresfauna, bietet dem Zoologen und Tierfreund ein weites Betätigungsfeld.

In den Wäldern zeigt das uns bekannte Eichhörnchen seine Kletterakrobatik; gemächlich kreuzt eine Schildkröte die Straße, Eidechsen und Geckos sonnen sich auf warmen Felsplatten, in der undurchdringlichen Macchia und in den Wäldern zwitschern die Vögel, und durch Feld und Wald hoppeln Hasen und Kaninchen, von denen man annehmen könnte, daß sie wegen ihrer vielen natürlichen Feinde einschließlich des jagenden Menschen längst ausgerottet sein müßten, würden sie sich nicht so stark vermehren. Als weitere Säugetiere muß man Wiesel, Siebenschläfer, Spitzmaus, Wanderratte, Igel und Fuchs nennen, schließlich die Fledermaus, die in der Dämmerung ausfliegt, wobei sie ihre elastischen Flughäute ausbreitet.

In den unwegsamen Hochgebirgsregionen Korsikas, aber auch Sardiniens lebt ein Huftier, der Mufflon (Ovis musimon corsicosardiniensis), ein bis 1,2 m langes Wildschaf, ein Urahne unseres Hausschafes. Auf Korsika waren die Mufflons einst weit verbreitet, doch der Mensch, aber auch Fuchs und Königsadler, nicht zuletzt Waldbrände dezimierten ihre Zahl beträchtlich. Verdrängt in einsame Hochgebirgsregionen, versuchten sie zu überleben, doch hier konnten sie sich nur schwer den veränderten Lebensbedingungen – winterliche Kälte, verbunden mit Futtermangel – anpassen. So kommen diese vom Aussterben bedrohten Tiere heute nur noch in Reservaten in

1   Sonnenuntergang im GOLF VON AJACCIO

2   Dolmen von FONTANACCIA, Plateau von Cauria (Sartenais)

3   Dolmen von NIOLU, bei Calacuccia

4 Alignements de PALAGGIU (Sartenais)

5 Alignement de RENAGGIU (Sartenais)

6, 7   Alignement de STANTARI (Sartenais), Menhirstatuen ›Cauria II‹ und ›IV‹

8 Menhirstatue ›Filitosa IX‹, oberes Bruchstück, Meisterwerk der megalithischen Kunst auf Korsika

9 Menhirstatue ›Filitosa XIII‹, oberes Bruchstück

8–18 Prähistorische Fundstätte von FILITOSA

10 Zentralmonument, torreanische Kultstätte mit Bruchstücken von Menhiren und Menhirstatuen; oben von links
nach rechts die Statuen ›Filitosa VIII, XI, VII, IX, X, XIII‹

11   Ostmonument mit Zugangsrampe und eingemauertem Felsblock

12   Westmonument mit den Kammern I und K, im Vordergrund rechts Eingang zur Höhle J

13 Menhirstatuen ›Filitosa I‹, ›Tappa I‹ und ›Filitosa II‹

14 Menhirstatue ›Filitosa I‹ mit schrägem Schwert

15 Menhirstatue ›Filitosa V‹, Rückansicht (Vorderansicht s. Farbt. 22)

16 Menhirstatue ›Scalsa-Murta‹ von Olmeto, Rückansicht; Centre de documentation von Filitosa

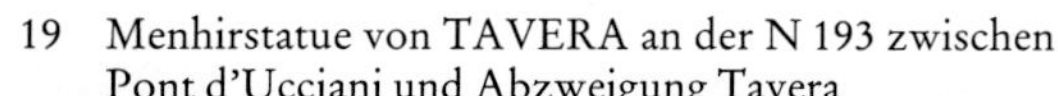

17, 18   Menhirstatue ›Filitosa VI‹ in drei Bruchstücken, Vorder- und Rückansicht

20   Menhirstatue ›Nativu‹ von Barbaggio, aufgestellt in PATRIMONIO ▷

19   Menhirstatue von TAVERA an der N 193 zwischen
Pont d'Ucciani und Abzweigung Tavera

21, 22   TORRE DE TAPPA bei Porto-Vecchio, Hauptmonument und Teile der großen östlichen Mauer

23–25   TORRE bei Porto-Vecchio, Nordseite mit Eingang, Zentralgang und Rauchabzug

26, 27   CASTELLU D'ARRAGGIU, torreanische Festung bei Porto-Vecchio; Gesamtansicht von Norden und Osteingang

28–30   CASTELLU DI CUCURUZZU, torreanische Festung bei Levie; Eingang auf der Westseite zwischen einem zerborstenen Granitblock; Kultmonument: Architektur des Ganges und der Seitennischen, einziges intaktes torreanisches Gewölbe auf Korsika

31 SARTÈNE Musée de Préhistoire Corse (Legenden s. S. 49)

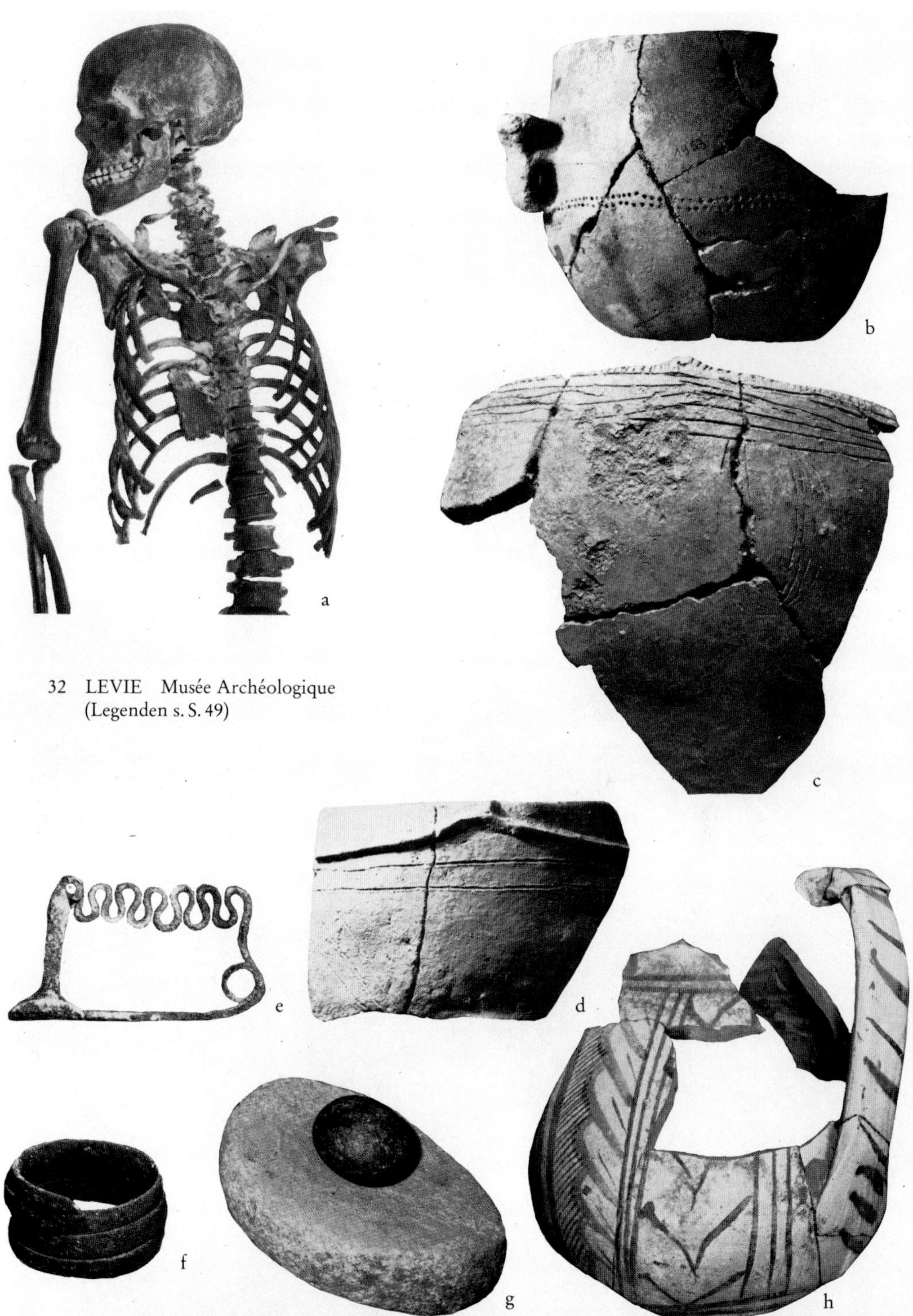

32 LEVIE Musée Archéologique
(Legenden s. S. 49)

31 SARTÈNE   Musée de Préhistoire Corse
a Bruchstück eines Gefäßes mit Griff. Das Muster wurde mit dem Rand einer Muschel (Cardium oder Pectunculus) eingedrückt. 6. Jt. v. Chr., Umgebung von Basi (Serra-di-Ferro)
b Bruchstück eines Gefäßes mit Griff. Das Muster besteht abwechselnd aus eingedrückten Dreiecken und mit Ockerfarbe bemalten Dreiecken. 5. Jt. v. Chr., Umgebung von Basi (Serra-di-Ferro)
c Vase mit bauchigem Boden und geradlinigen vertikalen Wülsten, die vom Hals bis zum Boden führen; schwarzglänzende Keramik; 3500–3000 v. Chr.; Durchmesser ca. 25 cm, Höhe ca. 22 cm; Basi (Serra-di-Ferro)
d Konischer Trinkbecher mit Fuß und einzelnem Henkel zum Aufhängen; Dekor: Vier horizontal angeordnete Knöpfe 2 cm unterhalb des Randes und fünf Löcher auf dem Fuß, 700–500 v. Chr.; Höhe 12 cm; Fundort: Abri von San Simeone bei Ajaccio
e Tulpenförmiger Becher mit Fuß und leicht verengtem oberen Rand. Die sechs horizontal angeordneten konischen Knöpfe, alle 3 cm unter dem Rand, sind wahrscheinlich nicht der vollständige Dekor; das Gefäß könnte acht oder neun Knöpfe gehabt haben. Links die Andeutung eines abgebrochenen Henkels. 2200–2000 v. Chr.; Höhe 15,5 cm, Durchmesser der Öffnung 15,5 cm; Fundort: Steinkistengrab am Anfang der Alignements de Palaggiu (›Paddadiù‹) bei Sartène
f Kleines Idol aus Serpentin, Kopf und Brust in schematischer Darstellung; 3500 v. Chr.; Höhe 6,5 cm; Fundort: Piana
g Kleine Figur mit großem Kopf und langen Ohren aus poliertem, mit Ocker überzogenem Chlorschiefer; 3800–3500 v. Chr.; Höhe 5 cm; Fundort: Isolaccio-di-Fiumorbo

h Großer Anhänger mit schematischem Liniendekor; etwa 2000–1500 v. Chr.; Höhe 7 cm, Breite 5 cm, Gewicht 160 g; Fundort: Abri von San Simeone bei Ajaccio
i Fragment eines Armbandes mit bikonischen Löchern an den Enden; Ende 2. oder Anfang 1. Jt. v. Chr.; Länge 9 cm, Breite 2,5 cm, Dicke 1 cm; Fundort: Zivia (›Castiddacciù‹) bei Sartène
k Mistkäfer aus der ptolemäischen Tradition, Schmuckelement; 1. Hälfte des 1. Jt. v. Chr.; Länge ca. 3 cm; Fundort: Abri eines Felsens bei Sartène
l Polychrome Perle mit konzentrischen blauen und weißen Augen, Schmuckelement; Durchmesser 8 mm; 5. Jh. v. Chr.

32 LEVIE   Musée Archéologique
a Weibliches Skelett ›Dame von Bonifacio‹, sehr gut erhalten, weil im Kalk gefunden, mit Ocker bedeckt; 6570 v. Chr.; präneolithisches Grab, unter einem Abri von Araguina bei Sennola (Bonifacio)
b Fragment eines Gefäßes mit Henkeln aus der älteren Jungsteinzeit (5650–5350 v. Chr.) von Curacchiaghiu bei Levie
c Fragment eines Gefäßes mit eingeritztem Dekor aus der mittleren Jungsteinzeit (5.–4. Jt. v. Chr.) von Curacchiaghiu
d Fragment einer Keramik mit Relief und zwei eingeritzten Linien aus der jüngeren Jungsteinzeit (2980 v. Chr.) von Curacchiaghiu
e Klassische Schlangen-Fibel aus der Eisenzeit, Abri von Ordinacciu bei Solenzara
f Bronzenes Armband aus der Eisenzeit, Lugo bei Zonza
g Mahlstein (Alter noch nicht näher bestimmt)
h Fragment eines pisanischen Kruges aus dem 14. Jh. von Capula bei Levie

◁ 33   RESTONICA-TAL im Frühjahr, Blick nach Südwesten auf den Pic Lombarduccio (2261 m)

ten in zwei Regionen der Insel vor, in der Nähe von Asco und Venaco. Dort wird ihre Zahl auf 200 bis 600 Exemplare geschätzt.

Vom korsischen Zwerghirsch (Tyrrhenischer Rothirsch, Cervus elaphus corsicanus) existierten nur noch einige Exemplare im Reservat von Casabianda. Seit 1968 wurde diese Unterart nicht mehr gemeldet (nach Handbuch der Säugetiere, Wiesbaden 1981). Vor allem das männliche Tier fiel durch seine Kurzbeinigkeit und den gewaltig wirkenden Kopf auf. Es war die kleinste Form des Rothirsches, nur etwa halb so schwer wie das Rotwild unserer Heimat.

Den Biologen ist bekannt, daß Inselformen von Säugetieren oft beträchtlich kleiner sind als ihre nächsten Verwandten auf dem Festland. Die landläufige Erklärung, der beengte Lebensraum einer Insel verändere bestimmte Tierformen zu Kümmerformen, kann nicht zufriedenstellen. Das Größenwachstum der Säugetiere ist auch erblich bedingt und wird von innersekretorischen Drüsen gesteuert. Eine Veränderung der Funktion der Hypophyse kann zu Zwerg- oder Riesenwuchs führen. Auch führt der Populationsdruck und die damit verbundene Raumenge zum Zwergenwuchs, wie wir von der Entstehung der Haustiere her wissen. Fast alle vom Menschen in Obhut genommenen Wildtiere wurden zunächst kleiner.

In der hochwüchsigen Macchia und in den ausgedehnten Wäldern findet das Wildschwein (sus scrofa) seinen Lebensraum. Das männliche Tier (Keiler) mit seinen starken Eckzähnen kann bis zu 100 kg wiegen. Da in den korsischen Wäldern auch das Hausschwein zahlreich herumläuft, werden bei den stattfindenden Wildschweinjagden so manche Mischlinge erlegt. Auffallend an den frei umherlaufenden, schlanken Hausschweinen ist ihre Behendigkeit (Farbt. 17, Abb. 132). Auch der Igel wird mit besonders abgerichteten Hunden gejagt und vereinzelt noch von älteren Korsen gegessen.

Die Macchia ist auch der beliebte Lebensraum unzähliger Insekten. Das unermüdliche Zirpen von Zikaden und Heuschrecken, womit die Weibchen angelockt werden, gehört zur unverwechselbaren Geräuschkulisse in allen Mittelmeerländern. Käfer kriechen umher, Bienen sorgen mit ihrem Fleiß für Korsikas aromatischen Honig; Wespen, wunderschöne Libellen und farbenprächtige Exemplare von Schmetterlingen fliegen oder schaukeln von Blüte zu Blüte. Manche unserer einheimischen Falter sind hier größer und farbenprächtiger, weil das mediterrane Klima und die reiche Pflanzenwelt ideale Lebensbedingungen darstellen. Nur einige Arten seien hier genannt: Roseneule (Thyatira batis), Hauhechelbläuling (Polyommatus icarus), Feuerfalter (Lycaena phlaeas), Erdbeerbaumfalter (Charaxes jasius). Der Schwarze Bär (Arctia villica) gehört zu den Nachtfaltern, die das weitaus größte Kontingent der Schmetterlingsfamilie darstellen. Während Tagfalter sich auf ihren Flügen vor allem optisch orientieren, verlassen sich Nachtfalter auf ihren ausgeprägten Geruchssinn. Zu den Wanderfaltern gehören der auf Korsika vorkommende Distelfalter (Vanessa cardui) sowie der Admiral (Vanessa atalanta). Auch im Gebirge haben sich seltene Arten erhalten: der Korsische Schwalbenschwanz (Papilio hospiton) und der Korsische Perlmutterfalter (Fabriciana elisae), die nur hier und auf der Nachbarinsel Sardinien vorkommen.

Noch immer sind die Strandseen an der Ostküste die Brutstätten von Stechmücken, die bei einbrechender Dunkelheit zu einer lästigen Plage für Mensch und Tier werden. Die Malaria gilt jedoch als ausgerottet, seitdem die Sumpfgebiete trockengelegt wurden und man die Anopheles-Mücke 1945 erfolgreich vernichtete.

Aus der Familie der Amphibien (Lurche) fallen vor allem der Wasser- und Laubfrosch (Rana esculenta, Hyla arborea) und die Wechselkröte (Bufo viridis) auf.

Im Gemäuer, auf Felsen und im Gebüsch leben verschiedene Eidechsenarten: die Tyrrhenische Mauereidechse (Podarcis tiliguerta), die nur auf Korsika, Sardinien und den benachbarten Inseln des Toskanischen Archipels vorkommt. Ihr Körper ist kaum merklich abgeflacht, oft gestreift, doch von sehr unterschiedlicher Zeichnung. Endemisch als Rasse ist die Tyrrhenische Gebirgseidechse (Lacerta bedriagae) mit abgeflachtem, meist netzartig gezeichnetem Körper, die zwischen 600 und 2000 m Höhe lebt. Außerdem gibt es noch die Ruineneidechse (Podarcis sicula) und die Zwerg-Kieleidechse (Algyroides fitzingeri). Zu den Salamandridae gehört der Korsische Gebirgsmolch (Euproctus montanus). Dieser bis zu 11,5 cm lange Molch ist olivgrau bis braun gefärbt und dunkel gepunktet, normalerweise ist ein gelber bis hellbrauner Rückenstreif vorhanden. Er lebt nur auf Korsika in der Nähe von fließendem Wasser, oft in felsigem Gelände in einer Höhe bis zu 2100 m. Der einzige weitere Schwanzlurch auf der Insel ist der bis zu 28 cm lange Feuersalamander (Salamandra salamandra corsica) von schwarz-gelber Farbe. Wie tot klebt der Mauergecko (Tarentola mauritanica), diese kleine plumpe Echse mit großem Kopf und großen Augen und einer weichen, körnigen, verschiedentlich auch höckrigen Haut, tagsüber am Gemäuer. Nachts bei der Insektenjagd zeigt er sich als unübertrefflicher Kletterer, der sich mit Leichtigkeit sogar auf glatten Flächen vorwärts bewegt, da er zusätzlich zu seinen Krallen raffiniert gebaute Haftscheiben an den Zehen besitzt. Wie Chamäleons können Geckos ihre Farbe schnell ändern; es bleibt jedoch mehr auf ein Aufhellen oder Abdunkeln beschränkt. Eine weitere häufige Geckoart ist der Halbfingergecko (Hemidactylus turcicus) sowie der seltenere Blattfingergecko (Phyllodactylus europaeus), der in Felsspalten lebt. An Schlangen gibt es verschiedene Natternarten (Ringelnatter – Natrix natrix corsa, Gelbgrüne Zornnatter – Coluber viridiflavus); giftige Schlangen kommen nicht vor. Die Griechische Landschildkröte (Testudo hermanni) begegnet uns auf den Straßen; daneben kommt auf Korsika auch die Europäische Sumpfschildkröte (Emys orbicularis) vor.

Die Vogelwelt Korsikas hat kontinentalen Charakter. Zugvögel schätzen die Insel als beliebte Zwischenstation auf ihrem Frühjahrs- und Herbstflug. Viele Vogelarten bauen aber auch hier ihre Nester. Eine Besonderheit sind die Greifvögel, die ihre Beute greifen und festhalten, wie Adler, Bussarde, Milane, Sperber und Habichte.

Adler (Aquilidae) sind Greifvögel, die der Größe nach den Geiern am nächsten stehen. Sie gelten als König der Vögel, Symbol der Stärke und Schnelligkeit, und werden gern als Wappentier gewählt. Ihr Flug ist kraftvoll majestätisch. Im Asco-Tal lebt der sehr seltene Habichtsadler (Hieraaetus fasciatus). Seine maximale Länge beträgt etwa 73 cm, seine Flügelweite 1,7 m. Er nistet in Felswänden, gelegentlich auf Bäumen, jagt Kaninchen, Vögel u. a., indem er auf seine Beute wie ein Falke stößt. Im Cinto-Massiv und am Col de Bavella lebt der Steinadler (Aquila chrysaëtos) mit einer maximalen Länge von 85 cm und einer Flügelweite von immerhin 2,15 m. Der See-und Fischadler (Pandion haliaëtus), der einst auch in Frankreich, Sizilien und Sardinien verbreitet war, nistet heute nur noch auf Korsika, den Balearen und in Spanien, vor allem an den wilden, unwegsamen Küstensäumen. Seine maximale Länge kann 70 cm, seine Flügelweite 1,8 m betragen. Sehr selten kommt auf Korsika der Schlangenadler (Circaetus gallicus) vor. Er wurde im Golf von Cargèse und am Cap Corse entdeckt. Seine maximale Länge beträgt 69 cm, seine Flügelweite 1,8 m. Er jagt Reptilien, Eidechsen, Schlangen, Frösche usw.

Ein weiterer Taggreifvogel ist der Eleonorenfalke (Falco eleonorae), der von Mai bis Juli Insekten jagt, von August an jedoch kleine Zugvögel. Seine maximale Länge beträgt 38 cm, seine Flügelweite 1 m. Er lebt vor allem in Kolonien in Klippen auf den Toro-Inselchen südlich der Iles Cerbicales.

Der Wanderfalke (Falco peregrinus) erreicht eine Länge bis zu 50 cm und eine Flügelweite von 1,1 m. Dieser Falke, der an Steilfelsen, Felsspitzen, aber auch auf Bäumen nistet, frißt hauptsächlich Vögel bis zu einer Größe von Tauben, Rebhühnern usw.

Geier sind riesige, adlerartige Vögel mit sehr viel längeren Flügeln, kürzerem Schwanz und kleinem nacktem Kopf. Auffallend ist ihr stundenlanges Segeln in meist großen Höhen ohne Flügelschlag. Der Bartgeier (Gypaetus barbatus), Länge 1,1 m, Flügelweite 2,65 m, gilt vorwiegend als Aasfresser von Schafen und Ziegen. Im Cinto-Massiv soll es noch drei Paare geben, ein viertes zwischen Cinto und Rotondo. Um den prächtigen seltenen Vogel der Nachwelt zu erhalten, sollen für den Bartgeier im Naturschutzgebiet von Asco und Verghello Futterstationen eingerichtet werden.

Bussarde (Buteonidae) sind adlerähnliche, nützliche Taggreifvögel mit breiten Flügeln, breitem rundem Schwanz und kleinerem Kopf und Schnabel als Adler. Der Mäusebussard (Buteo buteo) macht Beute, indem er sich aus geringer Höhe auf kleine Säugetiere, Käfer usw. stürzt, seltener auf kleine Vögel; auch er ist Aasfresser. Häufig nistet er auf Felsvorsprüngen in kleinen Gesellschaften. Seine maximale Länge beträgt 55 cm, seine Flügelweite 1,5 m.

Habichte und Sperber haben kurze runde Schwingen mit langem Schwanz. Sie fliegen in geringer Höhe gewandt zwischen Bäumen und verfolgen oder stürzen sich auf ihre Beute. Im Asco-Tal und in den Schluchten des Prunelli sowie im Gebirge oberhalb von Porto lebt der Accipiter gentilis. Dieser Habicht hat eine Länge von 60 cm und eine Flügelweite von 1,2 m.

Die Milane sind Segler, sie haben lange gewinkelte Flügel und einen gegabelten Schwanz. Der Schwarzmilan (Milvus migrans) gilt als Aasfresser, erbeutet aber auch Säugetiere bis zur Größe eines Kaninchens, außerdem kleine Vögel. Er nistet gerne gesellig auf Bäumen, gelegentlich in alten Nestern. Seine maximale Länge beträgt 65 cm, seine Flügelweite 1,55 m.

Die Küstenbereiche werden von den Kormoranen und den Möwen (Lach- und Silbermöwen) bevölkert. Die grünschwarze Krähenscharbe oder Kormoran (Phalocrocorax aristotelis) sitzt gerne aufgerichtet auf den Felsen, oft mit halbausgespannten Flügeln, um ihr Gefieder zu trocknen, das nicht wasserabweisend ist. Sie schwimmt mit tief im Wasser liegendem Körper wie der Seetaucher, aber mit aufgerichtetem Hals. Trupps fliegen gewöhnlich in einer Linie oder in V-Formation. In den Seengebieten sowie teilweise versumpften Flußmündungen vor allem an der Ostküste siedeln Trauerenten, Schnepfen, Kiebitze, Wildenten, Brachvögel und Bekassinen. Charakteristisch bei den letzteren sind der Zickzackflug und die heiseren, rätschenden Rufe beim Auffliegen.

Endemisch ist der Korsenkleiber (Sitta whiteheadi), der kleiner als unser Kleiber ist, in Gebirgswaldungen und Hainen lebt und in verrotteten Bäumen Nisthöhlen zimmert.

In den Küstengewässern Korsikas wächst nicht nur eine typische Meeresflora (Seegräser, Grün-, Rot- und Blaualgen u. a.), hier lebt auch eine artenreiche Meeresfauna. In den verschiedenen Wassertiefen leben unzählige Krebsarten und Krabben, Kraken, Polypen, Schnecken, Muscheln aller Art, Langusten, Hummer, Seeigel, Seepferdchen, Seegurke, Seesterne u. v. m.

Eine eigenartige Erscheinung in der amphibischen Zone sind die Seesternpocken (Chthamalus stellatus), seßhafte Krebse, die zu den Rankenfüßlern gehören. Mit Hilfe einer Zementdrüse haben sie ein aus sechs Kalkplättchen bestehendes Gehäuse erbaut, das sie an Steinen festkitten und das fest verschließbar ist, so daß diese Krebsart auch mehrere Tage ohne Wasser überleben kann.

Von den Fischarten seien genannt: Thunfisch, Seezunge, Goldbrasse, Zahnbrasse, Umberfisch, Seehecht, Spinnenfisch oder Seebarbe, Seebarsch, Makrele, Muräne, Seeaal u. v. m., die gekocht, gebacken oder gegrillt und mit aromatischen Macchiekräutern wie Thymian, Rosmarin, Majoran u. a. gewürzt eine Köstlichkeit der korsischen Küche darstellen. Beliebte Fische der Unterwassersportler sind die großen Zackenbarsche (Cernien), vor allem im Mai und Juni, wenn sie zur Paarungszeit die Küstengewässer aufsuchen, aber auch der Riesenhai (Selache maxima) und der seltene Quadratschwanz (Tetragonurus cuvieri).

Die Jagd mit der Unterwasserkamera gilt auch den in feurigen Farben schillernden Korallenpolypen und den vielen Arten von Schwämmen und roten Korallen. Viele Arten und Formen planktonischer Entwicklung bietet das Meer Korsikas der Meeresforschung, wie beispielsweise die vielen Ruderfußkrebse (Copepoden) und Asseln (Isopoden), Schmarotzer der Fische und Wale. Glück hat der Fischer, dem der Fang eines in größerer Entfernung zur Küste entlangziehenden Delphins gelingt. Er ist wegen seines besonders schmackhaften Fleisches eine beliebte Beute. Vorsicht ist bei den schwarzen Seeigeln (Echinus esculentus) angebracht, die auf felsigem Untergrund sitzen; ihre Stacheln, die übrigens leicht abbrechen, verursachen bösartige Entzündungen. Der Genuß der mit Zitronensaft beträufelten großen Keimdrüsen dieser Tiere wird im allgemeinen den Einheimischen überlassen.

Quallen (Medusen) sind in den letzten Jahren im Mittelmeer verstärkt aufgetreten und belästigen teilweise auch die Badenden an Korsikas Küsten. Berühren die Nesselzellen dieser freischwimmenden, glocken- oder schirmförmigen Tiere die menschliche Haut, dann kann das austretende Gift unangenehme Krämpfe verursachen, die im Extremfall tödliche Folgen haben können. Überall an der Küste werden Seesterne (Asteroidea) erjagt, die in getrocknetem Zustand als Souvenir mitgenommen werden. Dieser Räuber ernährt sich vorwiegend von Muscheln, umklammert sein Beutetier und öffnet dessen Schalen durch den Zug der sich anheftenden Saugfüßchen. Dann saugt er sie aus, indem er seinen Magen über den Weichkörper seiner Beute stülpt. Der Seestern ist wegen seines starken Regenerationsvermögens bekannt: abgetrennte Arme wachsen nach; ein abgetrennter Arm kann sich sogar zu einem vollständigen Seestern entwickeln.

Besonders nach stürmischem Wetter wird der an den Spülsäumen der Strände angeschwemmte, stark nach Meer duftende Seetang zum Ärgernis all jener Touristen, die den künstlich gesäuberten Badestrand bevorzugen. Beim näheren Betrachten bewundern wir aber nicht nur die recht verzweigte Körperform des Tangs, sondern auch die vielen darin klammernden Muscheln und Krebschen, den Posthörnchenwurm (Spirorbis borealis) oder gar die zottige Seerinde (Membranipora pilosa). Durch Meeresverschmutzung, unsachgemäßes Fischen und die Unterwasserjagd ist die Meeresfauna stark bedroht. Zuletzt bleibt noch übrig zu erwähnen, daß in den Flüssen und Bächen Korsikas vor allem die Forelle und der Aal zu Hause sind.

II Kulturgeschichte der Insel Korsika

Schon im Jahre 1840 hatte sich der französische Schriftsteller und ›Inspecteur Général des Monuments Historiques de France‹ Prosper Mérimée in seinen ›Notes d'un Voyage en Corse‹ mit ersten Berichten über prähistorische Funde in Korsika an die Öffentlichkeit gewandt und sie zu weiterer Forschung und Aufzeichnung aufgerufen. Doch im 19. Jahrhundert und in der ersten Hälfte des 20. Jahrhunderts blieb diese Aufforderung unbeachtet, weil man Korsika als eine Insel betrachtete, die keine besondere Rolle innerhalb der frühen Welt des westlichen Mittelmeerraumes gespielt hatte, sich also in kultureller Isolierung befand und ohnehin nur von halbwilden Hirtenstämmen in teilweise unwegsamen Gebirgslandschaften bewohnt war. Heute jedoch steht fest: Korsika war das Ziel vorgeschichtlicher Navigation und wichtiges Glied in der Kette früher Seeverbindungen im Bereich des Mittelmeeres. Als man sich schließlich in den fünfziger Jahren dieses Jahrhunderts von den traditionellen Anschauungen über Korsika löste und die ersten prähistorischen Forschungen begannen, waren viele wertvolle Beweise schon längst zerstört. Entweder hatten die Einwohner die steinernen Zeugnisse einer ungewöhnlich langen Vorgeschichte von ihren ehemaligen Plätzen weggeholt und sie als Baumaterial verwendet, oder die Steinmale waren von der Verwitterung zerstört oder von dem undurchdringlichen Dickicht der Macchienwildnis überwuchert worden. Mit ersten systematischen Forschungen begann im Jahre 1954 der französische Archäologe Roger Grosjean (gest. 1975). Ihm verdanken wir heute im wesentlichen unsere Kenntnisse über das Megalithikum auf Korsika. Schon die ersten Forschungsergebnisse machten klar, daß sich Korsika mit gleichem Recht wie die übrigen Inseln des westlichen Mittelmeeres (Malta, Sizilien, Sardinien, Balearen) hochinteressanter vorgeschichtlicher Fundstätten rühmen konnte. Noch mehr: es zeichnet sich sogar eine inseleigene Entwicklung ab, was die erstaunlichen Menhirstatuen und die torreanischen Kultbauten anbelangt.

Den folgenden Ausführungen über die Vorgeschichte Korsikas liegen vor allem die Forschungsergebnisse von Roger Grosjean zugrunde, außerdem jene von Sibylle von Reden, die sich besonders intensiv mit der jüngsten Forschung zu den Megalithkulturen und der Theoriebildung zur prähistorischen Kulturentwicklung auseinandergesetzt hat.

Die korsische Jungsteinzeit

Zu Beginn des korsischen Neolithikums (Jungsteinzeit, 7. Jt. bis Ende 2. Jt. v. Chr.) erscheint eine erste kleinere Gruppe von Einwanderern auf Korsika, die von Ligurien über Elba mit Schiffen übergesetzt war. Es waren vermutlich Jäger, Sammler und Fischer, die lange in mesolithischen Lebensformen verharrten, aber schon eine grobe einfache Keramik mit eingedrückten Punktmustern töpferten (Abb. 32a). Eine zweite größere Bevölkerungsgruppe wanderte mit dem Einsetzen des Frühneolithikums auf Korsika im 6. Jahrtausend v. Chr. ein und ließ sich, ebenso wie die erste, in der südlichen Inselregion nieder, südlich einer Linie Ajaccio – Solenzara, wie es die Funde bestätigen, obgleich Siedlungsnachweise, wenn auch seltener, über die ganze Insel verstreut sind. Die günstigeren landschaftlichen Voraussetzungen des Südens – flach abfallende Küstenstreifen, breite fruchtbare Täler – als Ausgangsbasis für die Landnutzung haben wahrscheinlich den Anlaß zur Ansiedlung gegeben. Allerdings ist Korsika bis zur Gegenwart ohnehin nie eine Insel für Ackerbau im großen Stil gewesen, sondern eine Insel der Hirten und Fischer. Die korsische Bevölkerung der Jungsteinzeit lebte meist in Ruhe und Frieden, ihre Orte waren nicht verschanzt und lagen an Punkten, von wo aus man die Herden überwachen konnte. Die Menschen lebten in Höhlen, unter Felsvorsprüngen (Abris) des Granits bzw. Kalkgesteins (Bonifacio) oder auch in Freilandsiedlungen, waren Hirten und trieben die Viehherden im Sommer aus den heißen Küstengebieten auf die Almen des Gebirges in mehr als 2000 m Höhe und im Winter wieder hinab, eine Wirtschaftsform der Transhumanz, die heute noch genauso betrieben wird. Der Verlauf der prähistorischen Wanderwege konnte übrigens aus den Funden in den Höhlen und Abris rekonstruiert werden.

Seit dem Frühneolithikum, verstärkt aber erst im mittleren Neolithikum (5.–4. Jt. v. Chr.) existierte schon eine Art Handelsverkehr zwischen Korsika und Sardinien, und zwar importierten die Korsen von der Nachbarinsel den Obsidian, ein dunkles, halbtransparentes vulkanisches Gesteinsglas. Er war dem ebenfalls nach Korsika eingeführten Feuerstein überlegen wegen seiner besonderen Eignung zum Abschlagen für Werkzeuge (Pfeilspitzen und Klingen) oder zum Abschleifen von Gefäßen und Statuen. Außerdem war jener zweiten Gruppe von Bewohnern die Impresso- oder Cardium-Keramik eigen, eine Keramik von schlichter Gefäßform, durch reichen Impresso-Dekor verziert, der mit Vogelknochen oder anderen Gegenständen, besonders aber mit den gezähnten Rändern der Cardium-Muschel eingedrückt wurde (Abb. 31a, b; 32b, c). Man hat diese Keramik, die zwischen dem 6. und 4. Jahrtausend v. Chr. von Spanien bis zum Mittleren Orient und von den nördlichen Küsten des Mittelmeeres bis zur afrikanischen Küste bei den frühesten Ackerbaukulturen des Neolithikums verbreitet war, als Zeichen einer weiträumigen Küstenschiffahrt interpretiert. Grosjean konnte eine Fülle dieser Keramik ausgraben und sie mit Hilfe der Radiokarbonmethode auf 5730–5350 v. Chr. datieren.

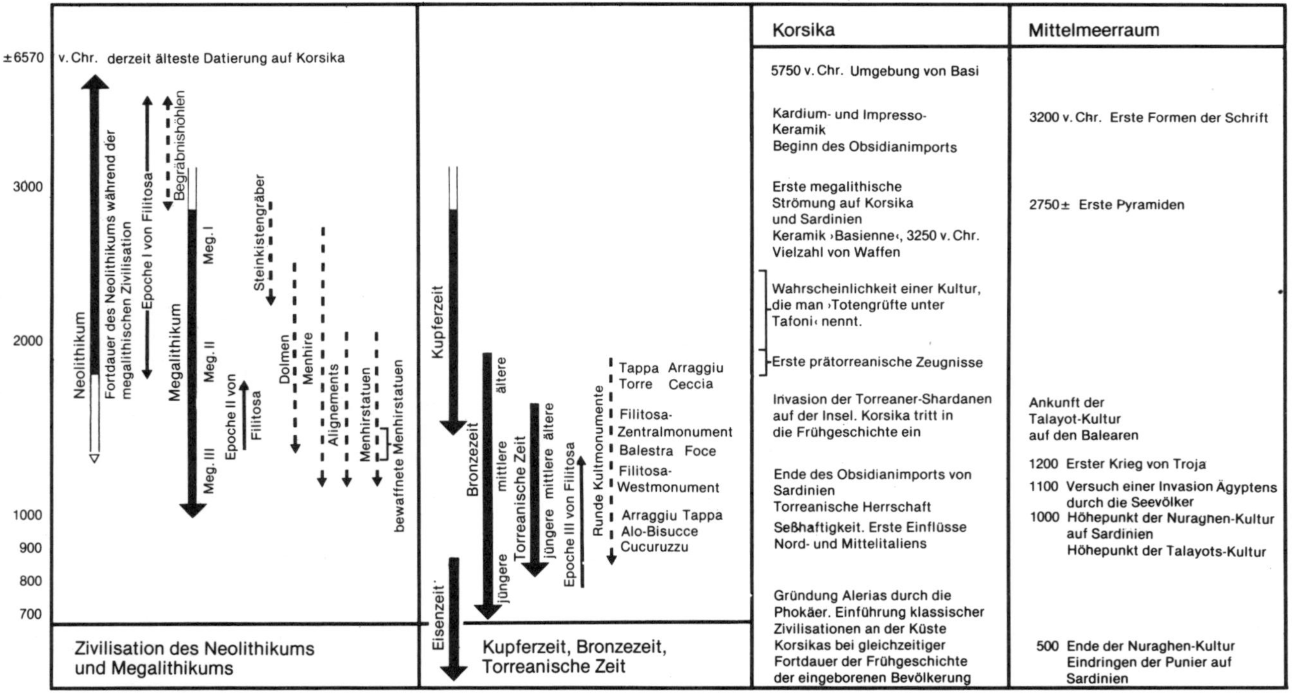

Zeittafel der Vor- und Frühgeschichte Korsikas (nach F. L. Virili und J. Grosjean)

Im späten korsischen Neolithikum (4.–2. Jt. v. Chr.) nimmt die Bevölkerung stark zu; der Ackerbau wurde intensiviert, und die Obsidianindustrie erreichte ihren Höhepunkt. Neben der Impresso-Keramik entwickelte sich eine schwarzglänzende Keramik mit bogenförmigen Bandornamenten (Abb. 31 c, 32 d), die der sogenannten Basi-Kultur angehört (benannt nach dem Fundort Basi bei Serra di Ferro).

Gegen Ende des Neolithikums tritt die Kultur der unterirdischen Tafoni-Gräber auf. Es sind verschlossene Begräbnisstätten in Naturhöhlen, die man bisher allerdings nur an drei Stellen auf der Insel im Sartenais und bei Porto-Vecchio entdecken konnte. Grabbeigaben waren Tongefäße mit Fuß und verzierten Henkeln. Im Gegensatz zum frühen Neolithikum siedelte man jetzt nicht mehr in offenen Ebenen oder Talsohlen, sondern zog sich zum Schutz vor Eindringlingen auf Anhöhen und strategisch gut zu verteidigende Plätze zurück, in natürliche oder mit zyklopischen Mauern befestigte Felsburgen. Diese Siedlungsweise blieb dann die Jahrhunderte hindurch erhalten bis zur Gegenwart (Darstellung des jüngeren Neolithikums nach L. Komma).

Die korsische Megalithkultur – Menhirstatuen und torreanische Kultbauten

Die jüngsten Datierungen mit Hilfe der Radiokarbonmethode haben überraschend gezeigt, daß die Grab- und Kultmale des Megalithikums wesentlich älter sind als bisher angenommen wurde. Nicht mehr die ägyptischen Pyramiden sind die ersten Steintempel der Welt, sondern die Großsteinbauten der Megalithvölker, die Tempel auf Malta (3000 v. Chr.) oder die sorgfältig konstruierten Kragkuppelgräber in der Bretagne (Barnenez: 3800 v. Chr.), die den kretischen um mehr als tausend Jahre vorausgingen. Wer waren die Schöpfer jener gigantischen Werke in einer Epoche, die

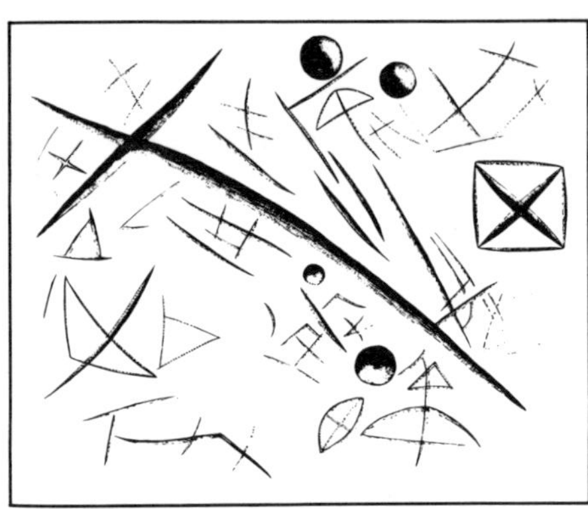

Felsgravierungen von Petra-Frisgiata (Cambia)
(nach R. Grosjean)

sich gerade vom halbnomadischen Leben der Jäger, Sammler und Fischer gelöst hatte?

Vier Inseln im westlichen Mittelmeer – Korsika, Sardinien, Mallorca und Menorca – liefern, wenn auch jünger als die Großsteinkultur auf Malta, einen eigenen Beitrag zum Bild der Megalithkulturen des Abendlandes. Verblüffend ist die Ähnlichkeit von Gräbern und Kultbauten aus zyklopischen Steinen (Torre, Nuraghen, Talayot) oder die Übereinstimmung bestimmter Zeichen und Idole. Kollektive Bestattung im Zusammenhang mit einem dominierenden Ahnen- und Totenkult sind die wichtigsten Züge dieser Religion, die in der Verehrung einer großen Muttergottheit gipfelt. Die Verstorbenen, versorgt mit vielen Grabbeigaben, lebten in den monumentalen Totenhäusern fort, die für die Ewigkeit gebaut schienen.

Wo war der Ursprung dieser Megalithkultur zu suchen? Lag er im Osten mit seiner uralten Zivilisation oder im Westen unseres Kontinents, wo sich die Megalithkulturen so großartig entwickelten? Identische Erscheinungen auf kultischem und architektonischem Gebiet im Osten und Westen scheinen nahezulegen, daß eine unabhängige Entwicklung ausgeschlossen werden muß. Seitdem man aber weiß, daß die Grabanlagen in der Bretagne tausend Jahre und die maltesischen Tempel mehr als fünfhundert Jahre vor den ersten ägyptischen Pyramiden errichtet worden sind, muß man die bisherige These von östlichen Einflüssen auf den Bestattungskult der westlichen Megalithvölker in Frage stellen. Der Gedanke von einer selbständigen Entwicklung der westlichen Megalithkultur wird auch dadurch unterstützt, daß sich die frühesten Grabanlagen alle in Meeresnähe und auf Inseln befinden, was ein Hinweis auf die hervorragenden Navigationskenntnisse der Megalithvölker ist. Selbst wenn Ideen und Impulse zu den neuartigen Bauformen aus dem Orient kamen, so war die Antwort der westlichen Völker in ihrer ersten Steinbaukunst in Europa doch sehr individuell.

Die Monumente der Megalithkultur im westlichen Mittelmeer, auf der Iberischen Halbinsel, in der Bretagne und in Südengland sind so gewaltig und eindrucksvoll, daß sich ein Vergleich mit der Eiszeitkunst der jüngeren Altsteinzeit aufdrängt, deren Träger vermutlich aus dem Osten kamen, die aber im franko-kantabrischen Raum (Altamira, Lascaux) ihre größte Blüte erlebte.

Die Megalithkultur auf Korsika wird in drei Abschnitte gegliedert:

Megalithikum I
(Ende des 4. Jt. bis Mitte des 3. Jt. v. Chr.)

Gegen Ende des 4. Jahrtausends v. Chr. begann der Einfluß jener religiösen Welt, die sich in den Megalithkulturen manifestierte. Gleichgültig, ob die Bewohner Korsikas Nomaden oder seßhafte Bauern waren, die Naturhöhle war seit Urzeiten der Ort für die Totenbestattung. Bescheidene Grabbeigaben, darunter auch Nahrungsmittel, verraten schon eine Jenseitsvorstellung. Als dann aber die große megalithische Strömung auf Korsika eindringt, die von den Bewohnern anscheinend auch

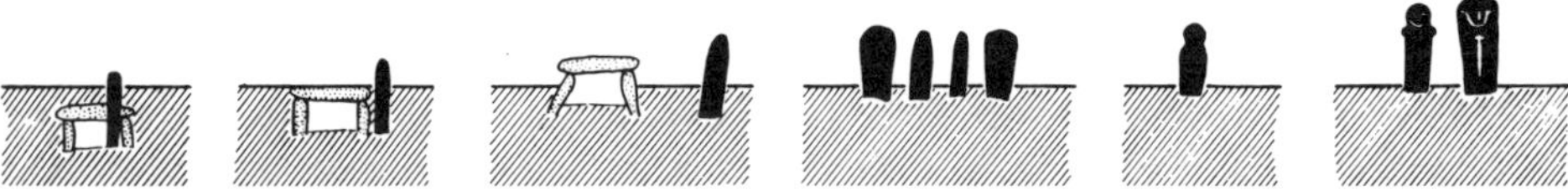

Schema der Entwicklung der Menhirstele neben dem Steinkistengrab bis zur Menhirstatue der letzten Stadien des Megalithikums III (nach R. Grosjean)

ohne Schwierigkeiten übernommen wird, ändert sich der Totenkult. Nunmehr werden die Toten in Steinkistengräbern beigesetzt. Diese bis zu 3 m langen Steinkisten werden aus sorgfältig zugehauenen und geglätteten Steinplatten zusammengesetzt, bis zu 2 m in den Boden eingetieft und anschließend von einem Erdhügel bedeckt. Steinkistengräber findet man auch auf Sardinien und in Katalonien, und es fehlt auch nicht an zahllosen Parallelen im ostmediterranen Bereich. Besonders stark waren diese Gräber mit Grabbeigaben im Süden von Korsika verbreitet, im Gebiet von Porto-Vecchio (zwei Nekropolen mit fünfzehn Steinkisten) und im Sartenais, gering verbreitet in der Balagne und im Nebbio. Jedes dieser Steinkistengräber wurde von Monolithen, von ein oder zwei Menhiren (bret. menhir = Langstein) bewacht, zunächst noch relativ niedrigen Steinsäulen zwischen ein und zwei Metern Höhe. Diese Menhire wurden als eine Art ›Ersatzleib‹ oder als ›Seelensitz‹ der Verschiedenen angesehen, was deutlicher wurde, als sie in späteren Epochen menschliche Gestalt annahmen. Fast alle Menhire Korsikas sind aus Granit gemeißelt, mit Ausnahme von fünf Menhirstatuen aus Schiefer oder Kalkgestein im Norden der Insel (vgl. Abb. 20).

Megalithikum II
(3. Jt. v. Chr. bis Mitte des 2. Jt. v. Chr.)

In diesem zweiten Abschnitt der korsischen Megalithkultur ändern sich die Totenstätten in ihrer Architektur. Aus den unterirdischen Steinkisten entwickelten sich oberirdische Dolmen von mäßiger Größe, deren Steinplatten nunmehr bedeutend größer sind. Der Dolmen (bret. dolmen = Steintisch) besteht aus senkrecht stehenden Tragsteinen, die einen oder mehrere Decksteine (Überlieger) stützen. Wenn man davon ausgeht, daß alle Dolmen einst mit Erdhügeln (Tumulus, Pl. Tumuli) bedeckt waren, so kann man folgern, daß der Name ›Dolmen‹ erst dann in Gebrauch gekommen sein muß, als der Erdhügel durch Abtragung (Erosion) verschwunden und der Dolmen freigelegt war. Heute gibt es nur noch etwa hundert Dolmen auf Korsika, von denen der Dolmen von Fontanaccia bei Sartène als schönstes Beispiel gilt (Abb. 2, 3). Auch die Steinsäulen, jene ›Seelensitze der Verstorbenen‹ nehmen jetzt an Größe zu (3–4 m) und werden auch weiter entfernt von den Gräbern aufgestellt. Wenn auch nicht so klassisch und großartig und am besten erhalten wie in der Bretagne – dort vor allem im Golf von Morbihan bei Carnac, wo sich ein ganzes Heer unförmiger Felsblöcke in nebeneinanderlaufenden Reihen zu Steinalleen (franz. alignements) gruppiert – so finden wir doch auch auf Korsika im Gebiet von Sartène jene Menhire zu Alignements angeordnet wieder (Abb. 4, 5, 6). Während die bretonischen Steinreihen mit großer Wahrscheinlichkeit nach astronomischen Berechnungen angelegt sind und eine Art gigantischen Kalender darstellen, sind die korsischen Alignements durchweg nordsüdlich orientiert, und die Steine sind mit ihrer »Gesichtsseite« nach Osten ausgerichtet, der aufgehenden Sonne zu, womit vielleicht die Hoffnung auf eine Wiedergeburt der Toten ausgedrückt war. Ohne Zweifel waren die korsischen Alignements mit dem Totenkult verbunden, denn in der Nähe befinden sich stets Megalithgräber. Nur noch zwanzig Alignements sind auf Korsika erhalten; wahrscheinlich wurden viele in der Vergangenheit zerstört und als Baumaterial verwendet. Besonders eindrucksvoll erweisen sich die Alignements von Palaggiu, eine Doppelreihe aus dicht aneinandergereihten Menhiren (Abb. 4).

Megalithikum III und die torreanische Kultur

Gegen Ende des 3. Jahrtausends v. Chr. tritt zu der bisherigen Entwicklung ein künstlerischer Aspekt hinzu, der im Bann des religiösen Erlebnisses steht: die Menhire erhalten eine Ausdruckskraft, die noch heute unverändert wirkt. Der Menhir wird zur Menhirstatue und nimmt menschliche Züge an. Er behält zwar seine Grundform eines Obelisken mit ovalem Grundriß und einer massigen, trapezoiden Stele bei, doch in der oberen Hälfte werden mehr und mehr menschenähnliche Partien erkennbar, zunächst Umrisse von Schultern, Hals und Kopf (›Filitosa X‹, Abb. 10). In der folgenden Zeit, zwischen 1800 und 1500 v. Chr., tritt ein schematisches Antlitz mit Augen, Nase, Mund und Kinn hervor, das gleich einer Maske aus dem übergroßen Kopf gemeißelt wurde und überraschend ausdrucksvoll wirkt (›Tappa I‹, ›Filitosa II‹ – Abb. 13; ›Filitosa IX‹ – Abb. 8). Es wird angenommen, daß die Menhirstatuen ursprünglich mit Hämatit rot bemalt waren.

Im 60 km langen fruchtbaren Taravo-Tal fand man bisher die meisten dieser eindrucksvollen Steinbildwerke, besonders im Bereich von Filitosa. Ihr unterschiedliches Aussehen legt nahe, daß die Bildhauer jeweils nach einer individuellen Gestaltung gesucht hatten. »Die Verbindung der Menhire und der Menhirstatuen mit dem Totenkult steht außer Zweifel, ihre Bedeutung im einzelnen bleibt ungewiß. Gerade für Kultsteine gilt die Mehrwertigkeit der vorgeschichtlichen Symbole in höchstem Maße. Eine unendlich komplexe und doch als Einheit erlebte, magisch bestimmte Frühwelt steht hinter ihnen, in der der Mensch noch keine Analyse, kein rationelles Denken kannte, sondern nur die unmittelbare Ergriffenheit. Wirklichkeit und Phantasie waren gleichwertig, Träume wurden als reales Geschehen empfunden, und das reale Geschehen wiederum war voll geheimer Beziehungen zum Übersinnlichen. Gerade der Stein mußte in dieser Bewußtseinslage zu einem der vieldeutigsten Objekte werden. Waren die Menhirstatuen Bildnisse der machtvollen Ahnen, deren Kraft im unvergänglichen Steinleib fortdauern sollte?

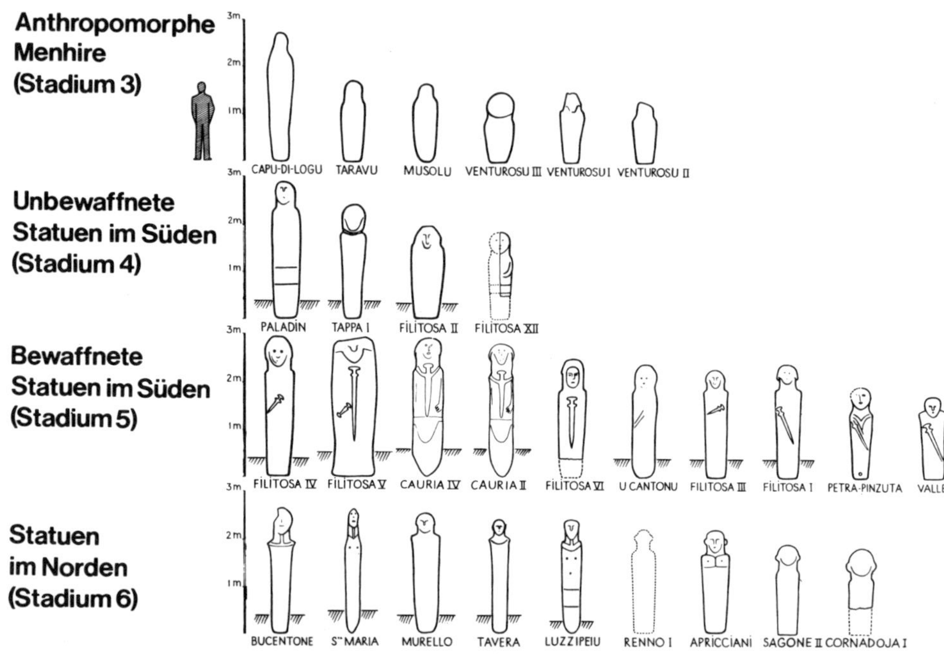

Größenvergleich von korsischen Menhirstatuen der vier letzten Stadien des Megalithikums III (nach R. Grosjean)

Auf noch eine andere Interpretation der rätselhaften Bildwerke könnte ein Bericht von Aristoteles weisen. Dieser wußte aus Iberien, daß man dort um die Gräber der Edlen die Schar der von ihnen getöteten Feinde in Gestalt von Obelisken aufzustellen pflegte. Einen ähnlichen Brauch kannte man auch in China, wo die Geister der Erschlagenen auf diese Weise nach dem Tode ihres Besiegers in dessen Dienst gezwungen wurden. Für Roger Grosjean wurde eine solche Erklärung der *bewaffneten* Menhirstatuen im Lichte seiner späteren Erforschung der bewegten bronzezeitlichen Geschichte Korsikas immer annehmbarer.« Sibylle von Reden[3]

Im 2. Jt. v. Chr. scheint das friedliche Dasein auf Korsika gestört zu werden, was möglicherweise mit dem zunehmenden Seeverkehr durch die Entdeckung der iberischen Kupfer- und Silbervorkommen in Zusammenhang stehen kann. Anscheinend war die Bevölkerung von Invasionen bedroht, denn anstelle von offenen Hüttendörfern treten vereinzelt Siedlungen, die von zyklopischen Mauern geschützt waren. Nicht einordnen kann man bis heute die Grabbeigaben wie Serpentinringe, Silexabschläge und ›Fruchtschalen‹ (große Henkelschalen auf hohem Fuß), die man in der Gegend von Sartène in Felsgräbern unter Abris fand. Solche Schalen waren in der balkanischen Kupferzeit, aber auch auf Sizilien und Sardinien und selbst im nordischen Megalithikum bekannt.

Auch rätselt man über die Erbauer jener turmartigen Bauten, wie z. B. den Turm von Tappa (Abb. 22), die man unter Erdhügeln angelegt wähnt und die Begräbnisstätten waren. S. v. Reden schließt einen atlantischen Einfluß nicht aus, entdeckt aber auch Verwandtschaft zu den Nawamis des Sinaigebietes. Ebenfalls könnten diese Bauwerke eventuelle Vorläufer der von R. Grosjean in Filitosa entdeckten Kultur sein, die er nach ihren typischen Kultkonstruktionen ›Torre‹, d. h. Turm-Kultur, ihre Träger als Torréans, also Torreaner oder Turmbauer bezeichnete. Obwohl mit Sardinien in jener Zeit ein eifriger Obsidianhandel bestand und verwandte megalithische Bauten (Nuraghen) auf der Nachbarinsel vorkommen, konnten hier keine torreähnliche Monumente entdeckt werden. Sie erinnern eher an die balearischen Talayots, die ebenfalls Totenmale, aber eindeutig jünger sind (1000–300 v. Chr.).

Die Träger der Torre-Kultur, die Torreaner, sind nach Grosjean nicht vor etwa 1600 v. Chr. (mittlere Bronzezeit) erschienen. In zwei Gebieten Korsikas treten diese Bauwerke gehäuft auf: im Ornano/Sartenais (Filitosa – Abb. 10–12, Balestra, Foce, Cucuruzzu – Abb. 28–30, Alo-Bisucce) und im Gebiet um Porto-Vecchio (Torre – Abb. 23–25, Tappa – Abb. 21, 22, Ceccia, Bruschiccia, Arraggiu – Abb. 26, 27). Man geht davon aus, daß die Torreaner im Golf von Porto-Vecchio landeten, denn hier finden sich noch die Reste von Turmbauten, die noch keinen Wehrcharakter haben (Torre, Ceccia) und auf einen ungestörten Kult hinweisen. Von dort aus rückten die Torreaner dann allmählich in die Kerngebiete der Megalithiker an der Südwestküste vor, wovon auch Radiokarbondatierungen zeugen. Dieses Vorrücken scheint aber nicht ohne Blutvergießen abgelaufen zu sein. Da die Torreaner mit ihren langen Bronzeschwertern und Dolchen späthelladischer Form ausgerüstet waren, waren sie den Megalithikern mit ihren Steinschleudern und Pfeilspitzen von vornherein überlegen. In Filitosa zeigt sich am deutlichsten der Beweis für jene kriegerischen Auseinandersetzungen: Das ehemalige Dorf der Megalithiker wurde von den Torreanern zerstört; diese zerschlugen den Kult- und Opferplatz mit seinen Menhirstatuen und verwendeten sie als Baumaterial für ihre eigenen Monumente.

Der typische Torre besteht aus Zyklopenmauerwerk mit nur einem Raum und gleicht einem runden Bienenkorb auf breitem Sockel. Sein Grundschema wurde jedoch häufig abgewandelt, indem man gewachsenen Fels, weitere Gänge und Nebenkammern in die Anlage einbezog. Durch einen weiten, großen, von einem Türsturz überdachten Eingang gelangt man in die Hauptkammer (Cella), die von einer falschen Kuppel (Kragkuppel) nach oben abgeschlossen war. Die Höhe der Torre schwankt zwischen 3 und 7 Meter, ihr Durchmesser konnte 15 Meter erreichen. Dieser Zentralbau wird von einem Wall umgeben, der um den Torre eine erhöhte Plattform bildet, die nur durch den Eingang unterbrochen wird. Dicke Aschenlagen in den verschiedensten Monumenten lassen an Feuertempel oder Krematorien denken; als Wohn- und Verteidigungstürme kommen sie nicht in Frage, da sie viel zu klein sind, im Gegensatz zu den sardischen Nuraghen.

Zwischen 1400 und 1100 v. Chr. fällt die kriegerische Auseinandersetzung der Torreaner mit den Megalithikern. Mächtige Befestigungsmauern entstanden rings um die früher erbauten Torre und ungeschützten Dörfer (Arraggiu, Abb. 26, Tappa, Abb. 21). Später suchte man eher abgelegene Schutzlagen auf (Cucuruzzu, Abb. 28–30). Genau in diese Phase der blutigen Auseinandersetzungen der beiden Völker fallen die Darstellungen erster bewaffneter Menhirstatuen, die nach Grosjeans Ansicht nur Siegestrophäen der getöteten torreanischen Feinde bedeuten können. Als Darstellungen heroisierter Ahnen kämen sie keinesfalls in Frage, da die skulptierten Bronzewaffen, die bei den Megalithikern unbekannt waren, dagegen sprechen würden.

Betrachtet man die einzelnen bewaffneten Menhirstatuen von Filitosa genauer, so fallen die langen Schwerter und kurzen Dolche ägäischen Stils, die halbrunden Lederhelme mit oder ohne Nackenschutz, fischgrätenartig gestreifte Muster an den Rückenpartien, die wahrscheinlich Brustharnische darstellen, und seitliche Vertiefungen an einigen Helmen, die als Einstecklöcher für Hörner interpretiert werden, auf (Farbt. 22, Abb. 7, 9, 14–18). Aufgrund dieses Erscheinungsbildes hat Grosjean angenommen, daß es sich bei den Torreanern um das Seevolk der Shardana handeln müsse. (Ihren Namen bringt man seit langem auch mit Sardinien in Verbindung.) In babylonischen und ägyptischen Texten werden die Shardana als Söldner und Seevolk erwähnt, die im 13. Jahrhundert v. Chr. Ägypten bedrohten. Auf den berühmten Reliefs von Medinet Habu, dem großen Tempelkomplex, den Ramses III. in Theben errichten ließ, gleichen die Shardana in der Tat in Tracht und Bewaffnung den korsischen Men-

Tappa, graphische Rekonstruktion des torreanischen Kultmonuments

Detail aus dem Flachrelief des Tempels von Medinet Habu (Ägypten) mit einer Darstellung shardanischer Krieger

hirstatuen (übrigens auch den bronzenen Kriegerfigürchen der späteren Nuraghenzeit auf Sardinien). S. v. Reden schwächt die Theorie Grosjeans ab: sie eröffne sicher interessante Einblicke in die wirre Geschichte der Seevölkerzeit, in der das Ostmittelmeergebiet in seinen Grundfesten erschüttert wurde, doch sei damit keineswegs die Identifizierung der Shardana mit den Torreanern bewiesen.

Als durch die Torreaner das korsische Megalithikum seinem Ende entgegengeht, werden nur noch in Rückzugsgebieten im Norden Korsikas Menhire skulptiert, jedoch unbewaffnet. Auffallend sind ihre deutlichen Schultern und Ohren und ein beachtenswertes Halsband. Es sind Meisterwerke der letzten megalithischen Phase (Tavera – Abb. 19, Nativu-Patrimonio – Abb. 20, Luzzipeiu-Calenzana, Capu-Castincu bei Santo-Pietro-di-Tenda, ausgestellt in Piève/Nebbio).

Fremde Einflüsse streiften auch die letzten Megalithiker des Nordens. Noch verwendeten sie ihre Steinwerkzeuge, doch schon fand man in ihren Gräbern Bronzeschmuck und Waffen der italienischen Eisenzeit. Länger als anderswo hielt sich die Megalithkultur hier, und als sie mit Beginn des 1. Jahrtausends v. Chr. zu Ende ging, stand die torreanische Kultur ebenfalls kurz vor ihrem Ende.

Der deutsche Arzt und Landwirt Adalbert Graf von Keyserlingk, ein Schüler des Anthroposophen Rudolf Steiner, hat seit 1954, also parallel zu den Ausgrabungen von Roger Grosjean, fast dreißig Jahre auf Korsika die steinzeitlichen und bronzezeitlichen Fundstätten erforscht und seine Ergebnisse 1983 veröffentlicht. Er erkannte, daß die auf Korsika vorkommenden Menhire in den einsamen Landschaften zu einem sinnvollen System von Verbindungswegen gehörten und daß Korsika den bekannten Mysterien-Inseln wie Malta, Zypern oder Irland an Bedeutung nahesteht. Ähnliche astronomische Ausrichtungen, wie sie für Stonehenge (England) und Carnac (Bretagne) bekannt geworden sind, hat v. Keyserlingk jetzt auch für einige Kultzentren auf Korsika nachgewiesen. Parallel zu den Forschungen von Prof. Thom (England), und durch diese bestärkt, wies v. Keyserlingk auf Korsika nach, »daß die Menschen der Steinzeit ihre Anlagen zum kultischen Miterleben des Jahresablaufes gebaut hatten«.[4] Erst mit Hilfe der neuen topographischen Karten 1 : 25 000 konnte

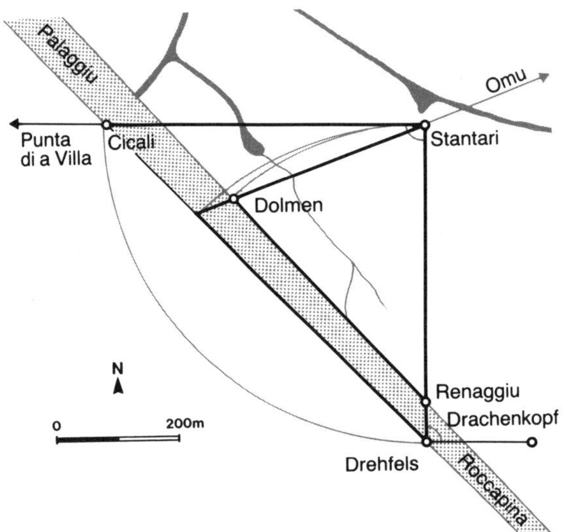

Dolmen von Fontanaccia, Lageskizzen und Detailplan

er 1980 u. a. das Gebiet von Cauria vermessen und seine »Astro-Archäologie« untermauern.

Die folgenden Skizzen zeigen die geometrischen Zusammenhänge zwischen den Kultorten des Gebietes von Cauria südwestlich von Sartène (vgl. S. 288 ff.).

»Der Mittelpunkt ist das Alignement Stantari als Spitze eines rechtwinkeligen Dreiecks (Cicali – Stantari – Drehfels). Es ist das Zentrum der in weitem Umkreis liegenden Anlagen. Die Skizze zeigt das Dreieck mit den beiden gleich langen Schenkeln von je ca. 500 m, dessen einer zum Drehfelsen führt. Dort trifft er die Hypotenuse, die den Drehfelsen mit Cicali verbindet. Sie wird von der verlängerten Linie, die von Stantari zum Dolmen verläuft, in zwei Abschnitte geteilt von wiederum ca. 500 m und 200 m. So entsteht ein zweites gleichschenkliges Dreieck, das vom Drehfelsen mit 45 ° ausgeht. Seine Basis geht durch den Dolmen, über Stantari und führt geradewegs weiter zum Uomo (Omu di Cagna). Ein drittes gleichschenkliges Dreieck verbindet von Renaggiu aus Stantari und den Dolmen.«[5]

Der Drehfels liegt etwa 50 m südlich des Alignement von Renaggiu in einem Felsenchaos; er ist ein auffallend geformter tafonierter Pilzfelsen.

Cicali, ca. 300 m nordwestlich von Fontanaccia, ist ein Kultplatz, vielleicht »das persönliche Tempelgebiet« des obersten Amonpriesters.

»Bei der zweiten Skizze kann der Betrachter nur Bewunderung empfinden für die Menschen, denen es damals gelungen ist, in bergigem Gelände, auf weite Entfernungen, die Beziehung zu den anderen Kultorten durch gerade Verbindungslinien herzustellen. Wir sehen auch hier zwei gleichschenklige Dreiecke, die in Beziehung zu dem

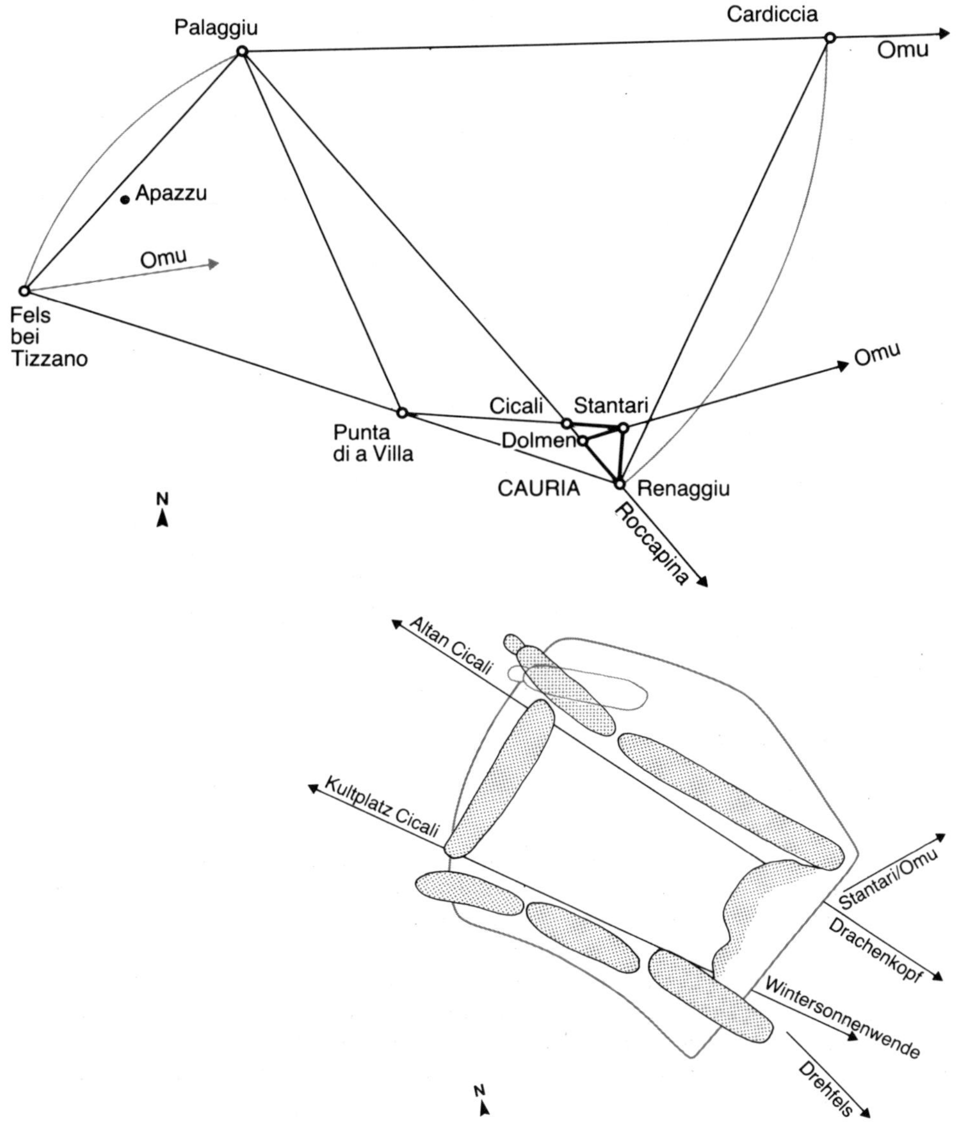

Zentrum Cauria stehen. Eine Seite geht zu der einst großen Kultanlage von Cardiccia und weiter zum Uomo di Cagna und bis Tivolaggia, bei Porto Vecchio, der andere Schenkel führt über Cicali, den Dolmen von Fontanaccia und Renaggiu nach Roccapina. Das andere Dreieck hat seine Spitze an der Punta di a Villa und richtet seine Schenkel nach Palaggiu und Tizzano, wo man das ›Ungeheuer von Tizzano‹, Petra Cuparchione genannt, am Ende der Linie findet . . . Von hier geht wiederum eine Linie, auf der der Kultplatz von Apazzu liegt, als Basis dieses gleichschenkligen Dreiecks nach Palaggiu.«[6] Insgesamt konnte v. Keyserlingk nachweisen, daß zu dem Zentrum von Cauria (rechter Winkel) fünf gleichschenklige Dreiecke gehören und daß auf den Verbindungslinien bis zu fünf Kultorte liegen. Drei dieser Orte – Drehfelsen, Dolmen und Cicali – betrachtet der Forscher als Haupt-Beobachtungsplätze der steinzeitlichen Priester für die Bewegungen von Sonne, Mond und Sternen. In jahrelangen Beobachtungen zu verschiedenen Jahreszeiten hat er z. B. die Sonnenaufgänge von diesen verschiedenen Punkten fotografisch und in Skizzen festgehalten. Der Drehfelsen ist durch seine besondere Lage und den Ausblick auf bestimmte markante Felsen und Gebirgszüge (Omu di Cagna, »Drachenkopf« u. a.) der wichtigste Beobachtungsort für die Festlegung des Kalenders.

»Hier bestimmte der Priester das Leben der ihm anvertrauten Stämme, indem er die Erbfolge, die Daten für das Säen und Ernten, das Jagen und Wandern, nach dem Spruch des Gottes, den er am Himmel ablas, lenkte. Durch Sonne und Sterne sprachen Götter zum Priester des Amon, und der Mensch wußte sich in guter Hut.«[7]

Mögen auch im ganzen gesehen viele Ergebnisse und Zusammenhänge in der Arbeit von Keyserlingk wissenschaftlich anfechtbar erscheinen, so wird hier jedenfalls ein Versuch gemacht, die Vergangenheit Korsikas vom Sinn der Kultstätten her zu erhellen.

Die korsische Eisenzeit

Die korsische Eisenzeit wurde bisher in ihrer Bedeutung unterschätzt, insbesondere dann, wenn man sie im Vergleich zu den großen Mittelmeerkulturen jener Zeit betrachtete. François de Lanfranchi und Michel Claude Weiss glauben nun, daß die Nachforschungen in Zukunft beweisen werden, daß dieses Zeitalter auch auf Korsika seine Bedeutung hatte, wegen der wenigen Funde z. Z. aber noch nicht genügend beachtet wird. Die Eisenzeit auf Korsika stellt keinen Bruch zwischen der Vor- und Frühgeschichte der Insel dar. Sie muß eher als eine Art Ergebnis, eine Synthese der wichtigsten Errungenschaften der Bevölkerung der Steinzeit und der Bronzezeit betrachtet werden. Die Neolithiker hatten den Handelsverkehr (Obsidianhandel mit Sardinien) entwickelt und eine auf Korsika zugeschnittene Wirtschaftsform eingerichtet (Aufzucht von Haustieren, in der Bronzezeit auch Aufzucht von Großvieh, Ackerbau, bestätigt durch zahlreiche Funde von Mahlsteinen). Die Bewohner der Eisenzeit ließen sich in den Hütten oder Befestigungsanlagen ihrer Vorgänger nieder und nutzten sie vermutlich im vorgegebenen Sinne. Die wichtigsten Siedlungskonzentrationen lagen aber jetzt nicht mehr in der Nähe der Küste, sondern im Landesinnern. Zunächst hat man noch den Eindruck von der Existenz zweier kultureller

Zonen: Eine nördliche Bevölkerungsgruppe scheint sich stärker der Viehzucht zu widmen, eine südlichere mehr dem Ackerbau – ein Zustand, der sich bis in unsere Tage erhalten hat. Beide Gruppen aber sind Erben der eigenständigen Gemeinsamkeiten der Bronzezeit, welche sie nicht nur im Siedlungswesen, sondern vielleicht auch in der sozialen Organisation und ganz sicher in einem Teil der Gerätschaften bewahrt haben. In jedem Fall handelt es sich aber um eine Abstiegsphase. Die Verschiedenartigkeiten und Abweichungen in der Bronzezeit verringerten sich später beträchtlich; in der 2. Hälfte des 1. Jahrtausends v. Chr. ist dann die Einheit endlich realisiert. Das ist die Epoche der ›Corsi‹, die auch unter den ersten Stämmen genannt werden, die in Etrurien siedelten, mit identischen Gräbern in beiden Regionen der Insel und mit der Ausbildung von gemeinsamen sozialen Strukturen.

Siedlungen der Eisenzeit

Araguina – Sennola	etwa 200 m vom Hafen von Bonifacio am Rande der N 196 gelegen
Capula (s. S. 297 f.)	am Zusammenfluß von Rizzanèse und Fiumicioli, im Gebiet des Plateau Pianu di Levie
Cucuruzzu (s. S. 295 f.)	am westlichen Rand des Plateaus Pianu di Levie
Modria	im Herzen der Balagne in einer Granitgegend oberhalb zweier Täler, von Algajola im Westen und Reginu im Osten, auf dem Hügel von St-Césaire

Gräber der Eisenzeit

Aleria (s. S. 232)	
Cagnanu	beim Weiler Carbonacce an der Ostküste von Cap Corse
Caleca	südl. Rand des Plateaus Pianu di Levie
Lugo	in der Felsenlandschaft von Lugo (Levie), am Rande der D 268
Monte Lazzo	Abri am Rand des Golfes von Sagone in der Nähe des Ortes Tiuccia auf dem Hügel des Monte Lazzo
Morsaja	Grotte von Morsaja in der Kalkzone von St-Florent, bei der Gemeinde Poggio d'Oletta an der Flanke des Berges Silva Mara (wurde zeitweilig als Schäferei verwendet)
Ordinacciu	unter kalkigen Abdachungen, die das Tal von Solenzara beherrschen, zwei Grotten: les Paladini und l'Ordinacciu
San Simeone	Abri auf der Südwestflanke einer Erhebung gleichen Namens nordöstl. von Ajaccio, in der Nähe eines felsigen Bergsporns
Santa Catalina	auf dem Plateau Pianu di Levie, Hügel Santa Catalina, wo sich gute Naturabris befinden, eine davon Santa Catalina

Näheres über diese Fundorte der Eisenzeit, ihre Beschreibung und die Beschreibung der Funde in: ›Les Peuplades de L'Age du Fer‹ von F. de Lanfranchi u. M. C. Weiss. (Abb. 31 d, k, l; 32 e, f)

Korsika tritt in die Geschichte ein –
Kolonisation durch Griechen und Römer

»Der Erfolg jeder kolonisatorischen Tätigkeit in der älteren Geschichte Korsikas, sowohl von korsischer Seite als auch seitens der Okkupationsmächte, wurde durch die folgende Eroberungswelle zumindest zum Teil wieder vernichtet, die späteren Herren sahen in der Insel meist überhaupt nur noch ein Objekt rücksichtsloser Ausbeutung. Auf diese Weise wurde das korsische Volk auf Dauer in eine Rebellenrolle gezwungen, die dem Schaffen kultureller Werte ebenso wie der Kultivierung der Insel entgegenstand. Der heutige korsische Volkscharakter läßt sich wohl aus der Geschichte Korsikas erklären, nicht aber das primitive Leben und die geringen Erfolge oder gar der Verfall einer landwirtschaftlichen Kultivierung der Insel aus ursprünglichen Veranlagungen im Volkscharakter.«

Erik Arnberger, 1960[8]

Seit der Antike ist Korsika nahezu ununterbrochen den verschiedensten Kolonialherrschaften ausgesetzt. Ihre Auswirkungen auf Land und Leute werden als Ursache für die aktuelle soziokulturelle, wirtschaftliche und politische Situation, besonders für die Autonomiebestrebungen der Korsen bis zum heutigen Tag gesehen.

Einen ersten Kolonisationsversuch unternahmen im 6. Jahrhundert v. Chr. phokäische Griechen, die nach Herodots Bericht ihre Stadt Phokäa in Kleinasien verlassen mußten, die von den Truppen des Mederkönigs Harpagos belagert wurde. Als erfahrene Seeleute flohen sie mit ihren Fünfzigruderern zunächst auf die zwischen Chios und dem Festland gelegenen Inseln. Die dort ansässigen Griechen fürchteten die Flüchtlinge als Handelskonkurrenten. So endete ihre Flucht schließlich an der Ostküste von Korsika (griech. Kyrnos), wo sie gemeinsam mit früheren Auswanderern, die dort um 565 v. Chr. die Stadt Alalia gegründet hatten, siedelten.

Das griechisch-römische *Alalia* (röm. Aleria) erlebte in den folgenden Jahrhunderten eine Blüte von fast tausend Jahren, von 565 v. Chr. bis zu seiner Zerstörung durch die Vandalen im Jahr 456 n. Chr. Dank der systematischen Ausgrabungsarbeiten unter Leitung der Archäologen Jean und Laurence Jehasse ist die Anlage der römischen Siedlung mit Forum, Prätorium (Sitz des Statthalters), Tempel, zwei Bädern, Amphitheater, Häusern und gut erhaltenen Mosaiken freigelegt worden (Abb. 45). Im Museum Jérôme Carcopino im Fort Matra in Aleria befindet sich eine einzigartige Sammlung der bei den Ausgrabungen gefundenen griechischen Vasen, Meisterwerke der griechischen und hellenistischen Kultur, darunter Athener Vasen aus dem 5. Jh. v. Chr., außerdem reich verzierte Stücke aus dem 4. und 3. Jh. v. Chr. aus Mittel- und Süditalien (Abb. 34–44).

Alalia war zwischen 540 und 535 v. Chr. die neue Hauptstadt der Phokäer, von der aus sie die Herrschaft im Tyrrhenischen Meer anstrebten. Die dank der Flußablagerungen des Tavignano in einer fruchtbaren Landschaft gelegene Stadt muß aber wohl eher als eine Enklave betrachtet werden. Denn Alalia war zwar zum Meer hin offen, aber der Kontakt zu der Bevölkerung des Inselinneren, den Corsi, die dort abgeschlossen in ihren Stämmen lebten und in den alten Lebensformen der Hirten und Jäger verharrten, ist unsicher und noch kaum erforscht. Jean Jehasse konnte immerhin eine gewisse Verbindung zu den Corsi feststellen: so müssen wohl einige in Alalia gewohnt haben, wie Grabmäler mit entsprechender Namengebung beweisen. Die Öffnung Alalias zum Meer hin beweisen dagegen die Keramikfunde: die Verbindung mit Griechenland, das Korsika als Zwischenstation im mittelmeerischen Seeverkehr auswählte, aber auch die Beziehungen zu den Etruskern und nach Süditalien. Immerhin drangen die Kolonisatoren auf drei Verbindungswegen ins Inselinnere vor (Mercuri, Venaco, Conca), zu den Erzminen, wo Kupfer, Eisen, Silber und Blei abgebaut und zum größten Teil in Alalia verarbeitet wurden. Den Ton für die in Alalia gefertigte Tongebrauchsware holte man sich vom Plateau von Casabianda. Salinen an der Küste ermöglichten den Handel mit eingesalzenen Fischen; und die Boote baute man aus dem Holz, Harz und Wachs der korsischen Wälder. Schließlich verdanken die Korsen den Kolonisten den Anbau von Getreide sowie die Kultur von Weinstock und Ölbaum.

Doch allzu lange hatten die Griechen aus Phokäa keine Freude an ihrem neuen Besitztum. 535 v. Chr. kam es zur Seeschlacht von Alalia: Die Tyrsener (Etrusker) und Karchedonier (Karthager) zogen gegen die Phokäer. Zwar erfochten die Phokäer mühsam den Sieg, doch glich er eher einer Niederlage, denn der größte Teil ihrer Schiffe ging unter oder wurde gefechtsunfähig. So verließen die ersten Kolonisatoren die Insel Korsika und wandten sich nach Rhegium (Reggio di Calabria) und nach Massalia (Marseille). Die griechischen Einflüsse bleiben aber durch die Handelsbeziehungen weiterhin wirksam, hinzu kommen etruskische Einflüsse. Um 340 v. Chr. hört die Einfuhr attischer Keramik auf und wird ersetzt durch Importe aus Mittelitalien. Bald darauf erregt Korsika das Interesse der jungen römischen Macht.

Die Eroberung Korsikas (röm. Corsica) durch die Römer begann 259 v. Chr. mit der Besetzung und vermutlich auch der Zerstörung Alerias durch den römischen Konsul Lucius Cornelius Scipio im Zusammenhang mit dem ersten Punischen Krieg (264–241 v. Chr.) der Römer gegen die Karthager, wobei die Römer das Ziel verfolgten, außer Korsika auch Elba und die kleinen Inseln des Toskanischen Archipels im Tyrrhenischen Meer unter ihre Herrschaft zu zwingen. Nach den schweren Kriegen, in denen Karthago niedergerungen wird, gibt es für Rom im Mittelmeer keine ernsthafte Konkurrenz mehr. Im Jahre 230 v. Chr. waren die Römer fest an Korsikas Ostküste etabliert. Die Korsen waren jedoch nicht unterworfen; und fast zehn Jahre lang, zwischen 181 und 172 v. Chr. wehrten sie sich mit erstaunlicher Tapferkeit und Hartnäckigkeit und viel Geschick gegen die römischen Invasionstruppen, die immer mehr verstärkt werden mußten, um den Aufständen ein Ende zu machen. In diesen Jahren verliert Korsika fast die Hälfte seiner Bevölkerung.

Seit 221 v. Chr. waren Korsika und Sardinien zu einer einzigen römischen Provinz vereinigt, die bis zum Jahre 6 n. Chr. Bestand hatte. Die neuen Siedler, römische Verwalter und Soldaten, waren Großgrundbesitzer und Grundherren. Ähnlich wie in Gallien beuteten die Römer die Einheimischen aus; nach jeder verlorenen Schlacht hatten die Korsen höhere Tribute an Kork, Honig und Wachs zu leisten. Man trieb Steuern von ihnen ein, verpachtete Wälder, Bergwerke und Salinen und forderte Zölle für Flüsse und Häfen.

Der griechische Geograph Strabo (63 v. Chr.–20 n. Chr.), der das Römische Reich bereiste, berichtet von den Korsen auf den römischen Sklavenmärkten: diese zeigten eine unzähmbare Wildheit, trotzten ihren Herren, leisteten passiven Widerstand oder verübten sogar Selbstmord, wodurch sie den Römern zur Last fallen würden. Auch die Insel selbst schildert Strabo als reizlos, rauh und unwegsam. Einen ganz anderen Standpunkt nimmt dagegen der griechische Geschichtsschreiber Diodor von Sizilien (z. Z. von Kaiser Augustus) ein; er lobt die korsischen Sklaven sowie die Berge, Wälder und Flüsse ihrer Heimat und preist die Fülle ihrer Naturalien: Milch, Honig und Fleisch. Er hebt die Gerechtigkeit der Korsen untereinander hervor und ihr Leben, das menschlicher sei als bei den Barbaren anderswo, ebenso wie ihre übrige Lebensordnung, wo jeder an seinem Platz die Regeln des Rechttuns in bewunderungswürdiger Weise vollziehe.

Aleria wurde 81 v. Chr. unter Lucius Cornelius Sulla wieder aufgebaut und von seinen Veteranen kolonisiert. Während der Herrschaft von Kaiser Augustus dehnte sich Aleria flächenmäßig stark aus und konnte viele städtischen Funktionen auf sich vereinigen. (Bisher konnte erst der kleinere Teil dieser bedeutenden Stadt freigelegt werden.) Unter dem Namen Colonia Julia war Aleria die Hauptstadt der Römer Korsikas etwa (20 000–30 000 Einwohner), sie besaß Forum, Triumphbogen, Tempel, Aquädukt und Bäder, einen Handelshafen an der Tavignano-Mündung, einen Fischereihafen sowie einen Kriegshafen im Etang de Diane, außerdem eine größere Anzahl Wohnhäuser, Handwerksläden, Waffenlager für die Flotte, Färbereien, Betriebe für die Konservierung von Meerestieren usw.

Um 100 v. Chr. wurde an der Golo-Mündung am Etang de Biguglia von Gaius Marius die Kolonie Mariana gegründet, in der ebenfalls altgediente Soldaten angesiedelt wurden. Diese Kolonie wurde aber nie so wichtig wie Aleria; hier war die Agrarwirtschaft vorrangig, im Gegensatz zu der Handels- und Hafenfunktion Alerias. Bis zur Ankunft der Byzantiner im 6. Jahrhundert blieb Mariana Zentrum und Wirkungsort für die römische Kolonisierung des nördlichen Korsika.

In der römischen Geschichtsschreibung findet man nur Spuren und Andeutungen über Korsika. In den Texten von Strabo, Seneca (s. S. 213 f.), Ptolemäus, Diodoros und Cicero ist zwar die Rede von der Insel, aber es sind nur ungenaue Zitate ohne Chronologie. Auch die Archäologie, die sich mit der Besetzung Roms auf Korsika befaßt hat, weist noch viele Lücken auf. Spuren der römischen Architektur und Kunst wurden nur an der Ostküste oder in ihrer unmittelbaren Nähe gefunden, z. B. Teile einer Nord-Süd-Straße, die durch die östliche Küstenebene führte, einige vage Querwege zwischen Bergen und Tälern oder einige Basreliefs in dem römischen Steinbruch auf der Insel Cavallo bei Bonifacio. Unklar ist, wie weit die Bevölkerung des Landesinneren von der Zivilisation an der Küste angezogen wurde und ob sich die immerhin siebenhundert Jahre andauernde Herrschaft Roms auf die Sprache der Korsen ausgewirkt hat. Insgesamt bleiben noch viele Fragezeichen zu dieser Epoche der römischen Besetzung übrig.

Der christliche Einfluß Roms auf Korsika fällt in das 3. Jahrhundert n. Chr.; dafür sprechen Funde wie der berühmte Sarkophag der Märtyrerin Santa Restituta in Calenzana (Balagne), eine christliche Öllampe mit Christusmonogramm in Aleria oder ebenfalls in Aleria zwei frühchristliche Symbole (Fisch und Olla) unter dem Verputz der Westmauer des Prätoriums, übrigens die ältesten christlichen Gravierungen, die man bis heute auf Korsika fand. Verschiedene Grabinschriften aus dem 3. Jahrhundert bezeugen aber auch eine Zwischenphase mit orientalischen Strömungen (Sonnenkult). Das Landesinnere gerät jedoch erst viel später unter den Einfluß des Christentums. Der anhaltende missionarische Eifer von Papst Gregor dem Großen (590–604) läßt vermuten, daß das Heidentum auf Korsika noch lange andauert. Die fünf Bischofssitze, die nach dem Kaiserreich die einzige Institution für die Insel geblieben sind, befinden sich alle an der Küste: Ajaccio, Aleria, Mariana, Nebbio und Sagone. Es sind die wichtigsten Überlieferungen eines frühen, aber begrenzten Einflusses des Christentums.

Schon im 4. und 5. Jahrhundert hatte die Kirche als Nachfolgerin der römischen Statthalter die Verwaltung in neugegliederten Bezirken übernommen, aus denen später die Pfarrgemeinden (pieve) entstanden. Solche Bezirke waren z. B. südlich von Aleria der Gemeinde Cursa, nördlich des Tavignano die Gemeinden Opino und Serra, in denen die Korsen zurückgezogen wie ihre Vorväter lebten und wirtschafteten.

In den künstlerischen Werken verbindet sich Korsikas Schicksal mit dem des untergehenden Rom. Die frühchristliche Kirchenanlage von Mariana mit ihren Mosaiken aus dem 4. Jahrhundert ist der letzte Beweis eines zu Ende gehenden Zeitalters (Abb. 46, 47). Die einfachen Landkirchen aus vorromanischer Zeit zeigen, daß Korsika von den großen Kunstströmungen des Mittelmeerraumes zunächst abgeschnitten bleibt.

Mit dem Verfall des weströmischen Kaiserreiches nahm auch der römische Einfluß auf Korsika ab. War Aleria schon 420–430 n. Chr. durch einen Brand des Prätoriums und Balneums schwer getroffen worden, so vervollständigten die Vandalen das Zerstörungswerk, als sie 456 Korsika eroberten. Doch schon im 6. Jahrhundert wurden sie wieder vom oströmischen Feldherrn Belisar vertrieben. Es folgten um 550 n. Chr. die Goten unter ihrem König Totila, 552 schließlich wieder die Byzantiner, die Korsika zusammen mit Sardinien als oströmische Provinz verwalteten. Im Jahre 725 besetzten die Langobarden die Insel, 758 vertrieb sie der Frankenkönig Pippin der Kurze, der die byzantinischen Bistümer schon 754 dem Heiligen Stuhl übergeben hatte, eine Schenkung, die 774 von seinem Sohn, Karl dem Großen, bestätigt wurde, wodurch Korsika völlig dem päpstlichen Grundgebiet eingegliedert wurde.

Die Sarazenenüberfälle des 9. bis 11. Jahrhunderts

Im 9. Jahrhundert fielen die Sarazenen auf Korsika ein, besetzten weite Küstenstriche, verjagten die Einwohner aus Aleria und Mariana und behinderten die Ausdehnung des Christentums. Mehr als zweihundert Jahre litten die Insulaner unter ihrer Schreckensherrschaft. Deshalb zog sich der größte Teil der Korsen in das unzugängliche Inselinnere zurück, wo man weitgehend ungestört leben konnte. Damit wurde die sich bereits zur Römerzeit andeutende Aufteilung der Insel in zwei Einflußbereiche verstärkt: die Korsen lebten in den Bergen abgeschlossen von der übrigen mittelmeerischen Welt, während sich die fremden Herrscher der Küstenzone bemächtigten.

Eine sagenhafte Gestalt des Widerstandes war Ugo Colonna; dieser besiegte bei Aleria die Mauren in ritterlichem Zweikampf, schlug den Mohrenkönig Nugalon bei Mariana und zwang alle heidnischen Korsen zur Taufe.

Noch heute erinnern einige korsische Ortsnamen an jene Zeit der Mauren (Campo dei Mori, Campomoro, Morosaglia, Morsiglia u. a.). Auch das Wappen der Insel stammt aus jener Zeit und soll an die Vertreibung der Sarazenen im 11. Jahrhundert erinnern. Am 24. November 1762 wurde es offiziell zum korsischen Wappen erkoren und blieb bis heute Symbol des korsischen Widerstandes. Auf weißem Flaggengrund befindet sich ein Maurenkopf mit weißer Stirnbinde. Es ist nicht sicher, ob der Kopf immer schon das weiße Band auf der Stirne trug oder aber auf den Augen als Sinnbild der Sklaverei. P. Arrighi ist der Meinung, das Band auf den Augen sei erst durch Paoli auf die Stirn verrückt worden, um damit die Befreiung des Vaterlandes zu symbolisieren (vgl. S. 87 s. Fig. S. 5).

Nach der Vertreibung der Sarazenen bildete sich auf Korsika ein Feudalwesen verschiedener Herren aus Ligurien und der Toskana unter der nominellen Oberherrschaft der Malaspina. Die neuen Herren rissen das verwüstete Land an sich, teilten es unter sich auf, bauten Burgen auf den Höhen und tyrannisierten das Volk. Außer den mächtigen »Signori« versuchten auch die kleinen »Gentiluomini« ihre Macht auszudehnen; es kam zu Zwistigkeiten und blutigen Fehden, ständiger Kampf und vollkommene Anarchie waren für Jahrhunderte die Folge

Ein späterer Versuch der Korsen – der erste in der korsischen Geschichte –, eine Volksregierung mit Parlament in Morosaglia zu bilden (1358), war nur von kurzer Dauer. Nach dem Tode ihres Führers Sambucuccio d'Alando kamen die zunächst eingeschüchterten Signori wieder aus ihren Burgen heraus und säten erneut Haß und Zwietracht.

Die pisanische Zeit – Romanische Kirchen und Kapellen

Im Jahre 1077 griff Papst Gregor VII. in die Geschicke des von Krieg und Raub verwüsteten Korsika ein und stellte die Insel als ein Lehen unter das Bistum von Pisa.

Unter der friedlichen Herrschaft der neuen Herren – »die Regierung der Pisaner war im ganzen gesehen beliebt«, schrieb der Chronist Giovanni della Grossa im 15. Jahrhundert – blieb die von Sambucuccio d'Alando eingerichtete Gemeindeverfassung erhalten. Neue Pfarrgemeinden (pieve) wurden eingerichtet, alte organisatorisch erneuert. Die politische Gliederung in Pfarrgemeinden mit der Pfarrkirche (pievania) als Zentrum hatte sich aus den geographischen, historischen und demographischen Gegebenheiten der Region ergeben. In der Regel bildeten alle Ortschaften oder Kommunen (paese) in einem Tal eine Pfarrgemeinde, wählten Ortsvorstände und Gemeindeväter. Die Pfarrkirche war zugleich die zentrale Einrichtung für religiöse wie für weltliche Aufgaben, für das Steuerwesen wie für die Rechtsprechung zuständig. Häufig waren die Ämter auch in Personalunion zusammengefaßt. Durch die engen Beziehungen zu Pisa wurden bald die architektonischen und künstlerischen Einflüsse der Republik auf der Insel sichtbar; die zweite Hälfte des 11. Jahrhunderts und das 12. Jahrhundert sind der Höhepunkt der romanischen Kunst auf Korsika.

Nach Schätzungen der Archäologin Geneviève Moracchini-Mazel, die seit 1951 viele Ausgrabungen frühchristlicher und mittelalterlicher Heiligtümer leitet, soll es auf Korsika mehr als dreihundert pisanische Kirchenbauten gegeben haben. Doch diese präromanischen Kapellen, diese romanischen Kirchen und Kathedralen, die viereckigen Wachttürme an der Küste zum Schutz gegen die Pirateneinfälle, auch die späteren Rundtürme und Brücken der Genuesen, die Franziskanerklöster – nicht mehr viele von ihnen sind vorhanden – wurden zerstört oder sind zerfallen. Die romantisch aussehenden Ruinen dieser vergessenen Kultstätten, inmitten von Wiesen, anderswo vom Macchienbuschwald überwuchert und eingeschlossen, von Wind und Wetter angegriffen, sind ein Symbol jener Vernachlässigung, in die so viele Kirchen Korsikas seit dem 14. Jahrhundert gerieten. Die Lage in Küstennähe, wo immer mit Sarazeneneinfällen zu rechnen war, die Malariaseuche im östlichen Küstenland, Abseitslage und Entvölkerung in anderen Landstrichen trugen das Ihre zum Ruin der Bauwerke bei. Es mag an der Armut des Korsen, an seinem Ringen um das Alltägliche, Lebensnotwendige liegen, daß die Verantwortung für die Erhaltung jener Zeugen korsischer Kunst und Kultur fehlte. Wie könnte man sich sonst die geringe Wertschätzung diesen Gebäuden gegenüber erklären, besonders dann, wenn wir sie als Wohnhäuser oder Viehställe antreffen (z. B. San Giovanni Battista bei Grossa, Abb. 59; San Giovanni Battista an der alten genuesischen Brücke über den Tavignano bei Piedicorte wurde bis Anfang der achtziger Jahre als Viehstall genutzt, Abb. 38)!

Schon Prosper Mérimée machte 1840 auf die Restaurierung des Kampanile der Kirche San Giovanni Battista in Carbini (Abb. 60) aufmerksam: »Dieser schlanke, außerordentlich elegante Glockenturm übt in der Landschaft eine bewundernswerte Wirkung aus, wenn er sich im Lichte der untergehenden Sonne von den beschatteten Bergzügen des Coscione abhebt ... Der Kampanile verdient eine Restaurierung. Er ist, so glaube ich, der älteste, wenn nicht sogar der einzige in Korsika noch vorhandene alte Glockenturm. Ich nehme mir die Freiheit, Herr Minister, Sie zu bitten, für

Mariana, Alte Kathedrale Santa Maria Assunta, Kirchenschiffe vor der Restaurierung von 1931

die Erhaltung dieses Turmes einen Zuschuß zu gewähren ...«[9] Tatsächlich wurde dieser Turm gegen Ende des 19. Jahrhunderts wiedererbaut. Bedauerlicherweise wurde ihm jedoch statt des ursprünglich mit Zinnen versehenen Turmes, wie er allen Glockentürmen der Toskana eigen ist, ein pyramidenförmiges Dach gegeben. Außerdem dürfte dieser einsam stehende Kampanile eine noch großartigere Wirkung ausgeübt haben, als er noch – wie die Überlieferung berichtet – sieben Stockwerke (statt der heutigen drei) besaß; seine Spitze soll man bereits aus weiter Ferne erblickt haben, und die Vorfahren bewunderten das Spiel seines Schattens, der abends auf dem Berghang lag.

Wohl kaum ein Reisender wird alleine wegen der pisanischen Kirchen nach Korsika kommen; es ist die überwältigende Landschaft dieser Insel, welche die meisten anzieht. Doch diejenigen, die keine Mühe scheuen und auf der Suche nach den romanischen Kirchen und Kapellen die abgelegensten Plätze der Insel durchstreifen, werden sich an der Originalität dieser meist kleinen Bauwerke erfreuen können, die sich mit ihren schlichten Fassaden und dem ausgewählten Baumaterial harmonisch in das Landschaftsbild einfügen; und wo nur Ruinen übriggeblieben sind, muß die Vorstellungskraft des Besuchers aushelfen, um sich anhand der Reste das Gesamtbauwerk vorstellen zu können.

In der Balagne und im Nebbio finden wir die typischsten pisanischen Kirchen, einsam und fernab von Behausungen gelegen (z. B. San Michele von Murato, (Vordere Innenklappe, Farbt. 25, Abb. 66–69) oder La Canonica (Farbt. 24, Abb. 54–57) und San Parteo (Abb. 53) in der öden Ebene südlich von Bastia). Sie stellen eine Gruppe dar, deren Originalität innerhalb dieser Landschaft unbestritten ist. Um sich davon zu überzeugen, genügt es, sich an die charakteristischen Kennzeichen der lombardischen Kunst zu erinnern, die im Italien des 12. Jahrhunderts ihre Blütezeit hatte und die man in den Kirchen der Toskana wiederfindet. So wurden dann die korsischen Kirchen zwar alle Erben des Stils jener toskanischen Kirchen, doch darf man ihnen weder die Eleganz der Proportionen noch die Feinheit der Ornamente abverlangen, die ihre Vorbilder auf dem Festland auszeichnen. Oft wirken sie geduckt, untersetzt, eben bescheidener, häufig nur einschiffig, mit Dachkonstruktionen aus Holz, die mit den ›teghie‹ (aus örtlichem Steinmaterial hergestellten Schindeln) gedeckt sind. Steinwölbungen sind nur auf die Halbkuppeln der Apsiden und auf Glockentürme beschränkt.

Drei architektonische Formen sind zu unterscheiden: der *Basilikastil* (dreischiffige Bauwerke mit harmonischen Proportionen: La Canonica; ehem. Kathedrale von Nebbio, Abb. 61–65), der *rechteckige Grundriß* (San Parteo; Murato) und die *Doppelapsis*, eine sehr seltene, den Kunsthistorikern rätselhafte Form (Santa Cristina in Valle-di-Campoloro, Abb. 78, Santa Mariona bei Corte s. S. 127, Santa Maria della Chiappella, S. 211, auf dem Cap Corse).

Einige vorromanische Dekorelemente finden wir in San Michele von Murato und Olmeta-di-Tuda, deren bescheidene, aber reizvolle Darstellung wahrscheinlich im Laufe des 9. Jahrhunderts und noch im Geiste paläochristlicher Ornamentik ausgeführt wurde. Die einschiffige Kirche San Giovanni Battista in Prunelli-di-Fiumorbo mit ihrem rechteckigen Chorgrundriß ebenso wie einige andere mit ihrem archaischen Mauerwerk sind Beispiele für die frühmittelalterliche vorromanische Baukunst. Die schlichte Kirche hat nur einen im Süden gelegenen Seiteneingang und keinerlei Fensteröffnung. Der Innenraum konnte so nur durch die geöffnete Tür und das im Osten gelegene Apsisfenster von strengem, schießschartenähnlichem Aussehen erhellt werden, was jedoch die Strahlen der Morgensonne einfallen ließ, wenn diese sich am Horizont des Tyrrhenischen Meeres erhob (s. S. 251).

Gegen Mitte des 11. Jahrhunderts nähert sich dann jedoch die romanische Kunst der Insel unter dem starken Einfluß Pisas einer gewissen Vollkommenheit, deren schönste Beispiele zwei dreischiffige Basiliken sind: die Kirche Santa Maria Assunta zu St-Florent, ehemalige Kathedrale von Nebbio (Abb. 61–65), und die Alte Kathedrale Santa Maria Assunta, genannt ›La Canonica‹ von Mariana (Farbt. 24, Abb. 54–57). Zu der bisher strengen Architektur ohne Verzierungen treten jetzt Form- und Gliederungselemente, Skulpturen in Flach- oder Hochrelief, die im Verlauf der Jahrhunderte mehr und mehr nach Stilisierung streben.

Der Skulpturenschmuck der ehemaligen Kathedrale von Nebbio ist allerdings noch bedeutender als der der Kathedrale von Mariana, und ihr aus weißen, feinkörni-

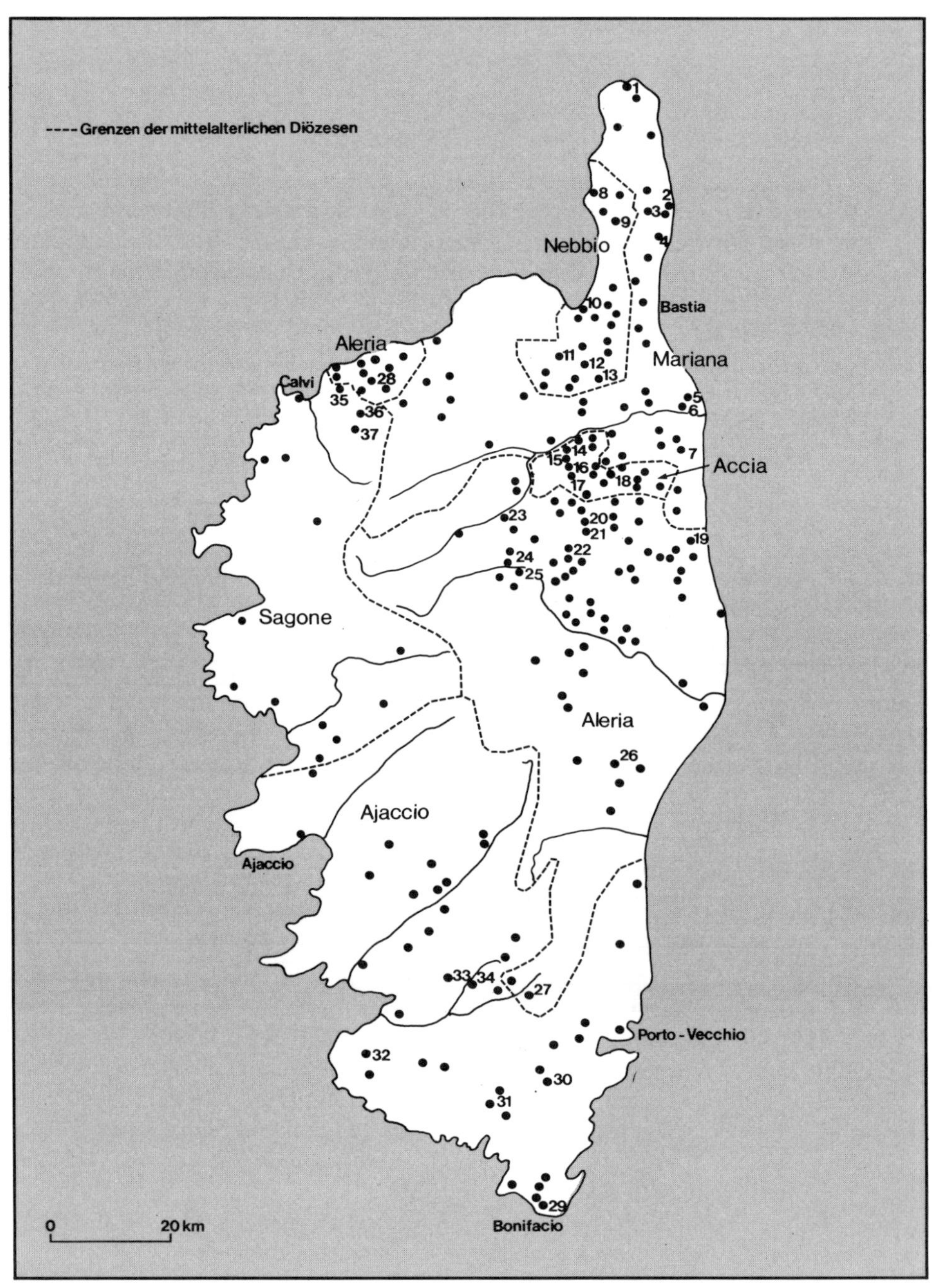
----Grenzen der mittelalterlichen Diözesen
Nebbio
Bastia
Aleria
Calvi
Mariana
Accia
Sagone
Aleria
Ajaccio
Ajaccio
Porto - Vecchio
Bonifacio
0   20 km

Pieve	Ortschaft	Name der Kirche	Alter
Diözese von Mariana			
1 *Santa Maria della Chiappella*	*Rogliano*	*Santa Maria Assunta*	*11. Jh.*
2 *Sisco*	*Sisco*	*Santa Catarina*	*15. Jh.*
3 *Sisco*	*Sisco*	*San Michele*	*um 1030*
4 *Brando*	*Brando*	*Santa Maria delle Nevi*	*ca. 7. Jh. und Ende 9. Jh.*
5 *Mariana*	*Lucciana*	*Santa Maria Assunta*	*Beginn 12. Jh.*
6 *Mariana*	*Lucciana*	*San Parteo*	*Beginn 11. und Beginn 12. Jh.*
7 *Casinca*	*Castellare-di-Casinca*	*San Pancrazio*	*9. Jh.*
Diözese von Nebbio			
8 *Canari*	*Canari*	*Santa Maria Assunta*	*Letztes Viertel 12. Jh.*
9 *Nonza*	*Olcani*	*San Quilico*	*10. Jh.*
10 *Nebbio*	*Saint-Florent*	*Santa Maria Assunta*	*2. Viertel 12. Jh.*
11 *Santo Pietro*	*Santo-Pietro-di-Tenda*	*Santo Pietro*	*1. Hälfte 13. Jh.*
12 *San Quilico*	*Rapale*	*San Cesario*	*Beginn 13. Jh.*
13 *Bevinco*	*Murato*	*San Michele*	*Mitte 12. Jh.*
Diözese von Accia			
14 *Rostino*	*Castello-di-Rostino*	*San Tomà*	*vorromanisch*
15 *Rostino*	*Valle-di-Rostino*	*Santa Maria Assunta*	*10. Jh. und Mitte 11. Jh.*
16 *Rostino*	*Valle-di-Rostino*	*San Giovanni Battista*	*Mitte 12. Jh.*
17 *Rostino*	*Morosaglia*	*Santa Reparata*	*vorromanisch und Mitte 10. Jh.*
18 *Ampugnani*	*Quercitello*	*San Petruculo d'Accia*	*Ende 6. Jh.*
Diözese von Aleria			
19 *Campoloro*	*Valle-di-Campoloro*	*Santa Cristina*	*9. und 15. Jh.*
20 *Vallerustie*	*Cambia*	*Santa Maria*	*13. Jh.*
21 *Vallerustie*	*Cambia*	*San Quilico*	*13. Jh.*
22 *Bozio*	*Sermano*	*San Nicolao*	*7. bis 9. Jh.*
23 *Talcini*	*Castirla*	*San Michele*	*7. bis 9. Jh.*
24 *Talcini*	*Corte*	*Santa Mariona*	*10. Jh.*
25 *Venaco*	*Corte*	*San Giovanni*	*1. Hälfte 9. Jh.*
26 *Cursa*	*Prunelli-di-Fiumorbo*	*San Giovanni Battista*	*Ende 6. bis 7. Jh.*
27 *Carbini*	*Carbini*	*San Giovanni und San Quilico*	*7. und 12. Jh.*
28 *Aregno*	*Aregno*	*Trinità*	*2. Viertel 12. Jh.*
Diözese von Ajaccio			
29 *Bonifacio*	*Bonifacio*	*Santa Maria Assunta*	*12. und 13. Jh.*
30 *Bonifacio*	*Sotta*	*Sant'Agostino*	*Ende 9. Jh.*
31 *Figari*	*Figari*	*San Quilico*	*12. Jh.*
32 *Bisogeni*	*Grossa*	*San Giovanni Battista*	*12. Jh.*
33 *Veggeni*	*Santa-Maria-Figaniella*	*Santa Maria Assunta*	*12. Jh.*
34 *Attalla*	*Poggio-di-Tallano*	*San Giovanni Battista*	*12. Jh.*
Diözese von Sagone			
35 *Lumio*	*Lumio*	*SS. Pietro e Paolo*	*2. Hälfte 11. Jh.*
36 *Pino*	*Montemaggiore*	*San Rainiero*	*3. Viertel 12. Jh.*
37 *Olmia*	*Calenzana*	*Santa Restituta*	*Ende 11. Jh.*

gen Kalksteinblöcken bestehendes Baumaterial sowie ihre die Fassaden zierenden Blendarkaden verleihen ihr eine ganz andere Note. Manchmal besitzen die romanischen Kirchen Korsikas eine in der italienischen Architektur höchst seltene Eigentümlichkeit: ihr Glockenturm ist akzentuierender Teil der Kirchenfassade und gleichzeitig eine Art Vorhalle (San Michele von Murato, vordere Innenklappe).

Abhängig vom vorhandenen Gestein der Region ist auch das verwendete Mauerwerk der Kirchen: gräuliche oder goldgelbe Kalkschieferplatten, weiße Keilsteine aus Kalktuff, grüner, brauner, graugrüner Schiefer, gelber Tuffstein, weißer Kalkstein oder farbige Granitblöcke. Es sind meist mit bewundernswerter Sorgfalt zugehauene Platten in verschiedenen Ausmaßen, denn der regelmäßige Wechsel breiter und schmaler Plattenschichten macht die Wandgestaltung äußerst lebendig (Farbt. 24). Die Verwendung verschiedenfarbigen Gesteins, in der Art von Mosaiken, läßt die sonst so strenge Wirkung des Baustils einiger Kirchen besonders reizvoll erscheinen.

Hervorzuheben ist wiederum die Kirche San Michele von Murato, die in ihrem polychromen Mauerwerk einen erstaunlichen Einfallsreichtum aufweist (Farbt. 25). Es wirkt wie ein großes Schachbrett, in dem man abwechselnd dunkelgrüne und weiße sowie einige rosafarbene und gelblich wirkende Steinplatten aneinanderfügte. Der größte Teil der oberen Wandbereiche dieser Fassaden und die gesamte nördliche Seitenmauer bietet ein Wechselspiel horizontaler Bänder von Grün und Weiß. Diese Kirche besitzt zugleich den vielfältigsten Skulpturenschmuck unter den korsischen Kirchen, weil die verwendete Gesteinsart leicht zu bearbeiten ist. Die toskanischen Baumeister schätzten die natürliche Polychromie der Fassaden besonders und machten im Verlauf der Jahre immer stärkeren Gebrauch davon.

Auch die zur Aufnahme der Gerüstbalken bestimmten quadratischen Löcher wurden nicht verputzt und ergaben ein rhythmisch punktiertes Mauerwerk. Ihre Regelmäßigkeit bewirkt ein unauffälliges Spiel von Licht und Schatten auf den Mauerflächen (z. B. ›La Canonica‹ von Mariana, Farbt. 24, Abb. 53). Eingelegte farbige Keramikschalen in den Fassaden sind wie in Poggio-di-Tallano verschwunden, an der Westfassade der Kirche Ste-Restitute bei Calenzana aber noch zu beobachten. Die Südmauer der Kathedrale von Mariana weist auf Verkleidungsplatten eine in Intarsienarbeit geschaffene Ornamentik auf (Abb. 55). Nicht zuletzt vollendete die Zeit das Werk der romanischen Kirchenbaumeister, wenn die Verwitterung das Gestein mit herrlichen Färbungen überzieht.

Fünfhundert Jahre genuesische Herrschaft – Zitadellen, Brücken, Wachttürme und Barockkirchen

Als Anfang des 12. Jahrhunderts die Genuesen versuchen, den Pisanern den Einfluß auf Korsika streitig zu machen, ergreift der korsische Adel bald Partei für den einen, bald für den anderen Stadtstaat. Durch Bestechung der Kurie von Genua lösen sich

die korsischen Bistümer wieder von Pisa, was Feindseligkeiten zur Folge hat. Papst
Innozenz III. unternimmt einen Schlichtungsversuch, indem er die Diözesen Mariana, Nebbio und Accia dem mittlerweile zum Erzbistum erhobenen Genua unter-
stellt, während Ajaccio, Aleria und Sagone bei Pisa bleiben. Für die beiden Städte
bleibt dieser Kompromiß aber unbefriedigend, zumal sie sich inzwischen von der
geistlichen Stadtherrschaft befreit und zu eigenständigen Republiken entwickelt
haben.

Es ist auch nicht mehr allein die Insel Korsika, die im Mittelpunkt des Streites
steht; es geht mittlerweile um die Vorherrschaft der Handelsmächte im Mittelmeerraum. Es kommt zum Krieg, und für Genua, das bald zur mächtigen Handelsstadt
heranreift, ist es leicht, zunächst die bevölkerungsarmen Küstenräume Korsikas zu
okkupieren und starke Befestigungsanlagen wie in Bonifacio, Calvi, Bastia, St-Florent, Ajaccio und Porto-Vecchio zu errichten. In der großen Seeschlacht von Meloria
vor der Küste Livornos entscheidet sich 1284 endgültig die Zukunft der beiden Riva-
len: die Pisaner werden vernichtend geschlagen und verlieren fast ihre gesamte Flotte.
Nach über hundertjährigem Kampf tritt Pisa die Insel Korsika an Genua ab. Genuas
Herrschaft über die Insel, zugleich war es eine Sicherung der Vorherrschaft im
Tyrrhenischen Meer, sollte fast fünfhundert Jahre andauern, von 1284 bis 1768.

Das korsische Volk aber ließ sich nicht in die genuesischen Vorstellungen zwingen,
es verhielt sich feindselig und widersetzte sich jeglichen Versuchen genuesischer Ein-
flußnahmen. Außerdem sollte es sich noch in den nachfolgenden Jahrhunderten
zeigen, daß die Korsen durch die Fremdherrschaft in eine ungünstige ökonomische
und demographische Entwicklung gedrängt wurden. Als Folge der genuesischen Besetzung beginnt der Kampf um die Unabhängigkeit Korsikas und eine Epoche der
großen korsischen Freiheitskämpfer.

Weil der Papst die neu entstandene Situation nach dem Sieg der Genuesen über die
Pisaner nicht anerkennt, überträgt er im Jahre 1290 die Insel Korsika dem König von
Aragonien. Aragonien wie auch Genua versuchen nun, die korsischen Feudalherren
für sich zu gewinnen und gegeneinander auszuspielen. Die Insel wird von Gesetz-
losigkeit, Aufruhr und Revolutionen erschüttert, Adelssitze werden verwüstet, und
viele Kirchen und Klöster werden aufgegeben und verfallen. Viele Korsen verlassen
ihre Heimat und lassen sich in Pisa und Livorno nieder. Erst im Jahr 1347, als die Pest
wütet, kann Genua seine Herrschaft auf Korsika festigen. Die Feindschaft zwischen
Aragonien und Genua war mittlerweile nicht mehr nur auf Korsika beschränkt, sondern hatte sich auf den Mittelmeerraum ausgedehnt; zur Verstärkung seiner Streit-
kräfte mußte Genua deshalb Truppen von Korsika abziehen, was wiederum neue
Fehden auf der Insel zur Folge hatte.

1404 beginnt Vincentello d'Istria, Graf der Cinarca, im Auftrag König Alfons' V.
von Aragonien einen großen Teil Korsikas zu erobern. Von 1420–1434 regiert er als
Vizekönig über die Insel, bis er wegen einer Verschwörung von den Genuesen gefan-
gengenommen und 1434 in Genua hingerichtet wird.

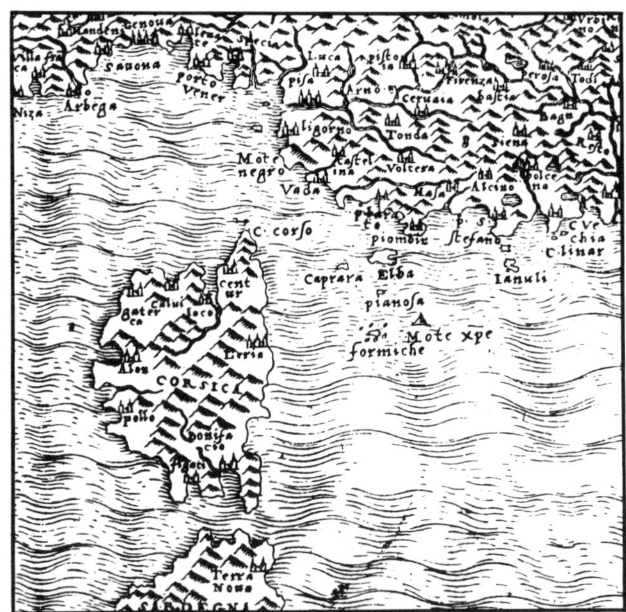

*Korsika, Detail einer Karte der
›Toskanischen Inseln‹ von
Gastaldi (aus ›Geographie des
Claudius Ptolemäus‹, Venedig
1548)*

Ruhe war dringend erforderlich auf Korsika. Was keinem Statthalter oder Vizekönig bisher gelungen war, das schaffte eine Kapitalgesellschaft, die Bank des Heiligen Georg zu Genua, die seit 1410 gegen Abtretung öffentlicher Einkünfte der Republik Geld geliehen hatte, ganz in dem Stil, wie hundert Jahre später die Fugger Geschäfte mit Kaiser Karl V. machten. Auf Antrag korsischer Adliger trat Genua 1453 die Insel an diese genuesische Bank ab, die dafür Ansprüche anderer (an die Stadt Genua) finanziell abgalt. Auseinandersetzungen der korsischen Adligen wurden mehrfach noch mit Truppen bekämpft, schließlich gelang es aber der Bank, die Insel über mehrere Jahrzehnte hin ohne kriegerische Auseinandersetzungen zu regieren, so daß die Wirtschaft des Landes wieder aufblühen konnte.

Mit der Regierungszeit der Bank des Heiligen Georg beginnt auch das goldene Zeitalter der genuesischen Baukunst auf Korsika, das ungefähr in die erste Hälfte des 16. Jahrhunderts fällt. Die Genuesen hatten an einigen Küstenplätzen schon vorher Zitadellen angelegt, strenge Festungsbauwerke auf Bergvorsprüngen, umgeben von mächtigen Türmen, Bastionen, Wällen, Mauern und Zugbrücken, aus denen später die größten korsischen Städte hervorgingen: Bonifacio (1195), Calvi (1268), Bastia (1380), St-Florent (1440), Ajaccio (1492) und Porto-Vecchio (1539). Jetzt entstanden neue Regierungsbauten; Burgen und Schlösser wurden renoviert oder neu aufgebaut, Kirchen restauriert und mit viel Prunk ausgestattet.

Die Genuesen waren auch die Baumeister der malerischen alten Brücken aus dem 15. und 16. Jahrhundert, die heute nur noch von den Bauern mit ihren Maultieren oder von Wanderern benutzt werden. Charakteristisch ist die einbogige Brücke mit gepflastertem Weg und Stufen in größeren Abständen (z. B. bei Asco, Farbt. 30, Pont de Zaglia über den Porto, Spin' A Cavallu – ›Pferderücken‹ – über den Rizzanèse, bei Sartène u. a.). Bekannt sind auch mehrbogige Brücken (z. B. die von Ponte Leccia über den Golo, von Ponte Nuovo, bei der die beiden mittleren Bogen eingestürzt sind, oder der Pont de Piedicorte über den Tavignano, Abb. 83). Viele dieser genuesischen Monumente sind dem Verfall preisgegeben.

Auch von den vielen genuesischen Wachttürmen sind nur noch einige wenige in stabilem Zustand (Farbt. 9, 23). Diese hatten einst das einmalige und bewunderungswürdige Verteidigungssystem, ›torregiana‹ genannt, gebildet. Es bestand aus einem Gürtel von Wachttürmen entlang der korsischen Küste, die dem Landschaftsbild eine romantische Note verliehen und nur auf Korsika in dieser Form existierten. Es sind Rundtürme von leicht konischem Aufriß, von 12 bis 17 m Höhe, einer Basis von 8 bis 10 m und einer Plattform von 5 bis 7 m Durchmesser. Außer den Rundtürmen gibt es auch noch viereckige Türme, die noch aus der pisanischen Zeit stammen (Pino, Porto – Umschlagvorderseite, Farbt. 2, Morsiglia, Nonza – Abb. 108, Toga). Ständig waren sie mit zwei bis vier Mann besetzt. Sobald auf dem Meer ein Feind gesichtet wurde, warnte der Wächter die Bevölkerung mit Rauch- oder Feuerzeichen. Die Abstände der einzelnen Türme waren so bemessen, daß die Warnung in wenigen Stunden um die ganze Insel weitergegeben werden konnte. Diese Verteidigungsmaßnahmen waren vor allem dadurch notwendig geworden, weil die Raubzüge der osmanischen Vizekönige von Tunis und Algier an Heftigkeit zugenommen hatten. Diese Piraten vernichteten die Ländereien der Christen, stahlen das Vieh, plünderten und brannten die Häuser nieder, töteten die Überfallenen und verschleppten die Überlebenden in die Sklaverei (allein im Jahr 1560 wurden sechstausend Korsen in die Sklaverei nach Algier geschickt).

Da die Wachttürme lange Zeit nicht unter Denkmalschutz gestellt waren, verfielen sie. Waren es im 18. Jahrhundert noch fast hundertfünfzig Türme, konnte man schon zu Beginn unseres Jahrhunderts nur noch einundneunzig zählen; die meisten von ihnen sind Ruinen. Zweiundzwanzig dieser Türme stehen an der Ostküste, zwanzig am Cap Corse, zwölf im Golf von St-Florent, zweiunddreißig an der Westküste und fünf an der Südküste. (Zahlen nach L. Komma und J. D. Guelfi.) Um die Türme vor dem endgültigen Verfall zu retten, hat der Staat seit kurzem alle als Monuments historiques erfaßt und manche an Privatleute vermietet mit der Auflage der Renovierung.

Um sich einen Überblick über das goldene Zeitalter der Barockkirchen des 17. und 18. Jahrhunderts zu verschaffen, muß man nach Ajaccio, nach Bastia, in die Castagniccia, zum Cap Corse, in die Balagne, nach Calvi, Piana oder Cargèse fahren

(Farbt. 10, Abb. 86–89, 110, 116). Es sind Kirchen mit schlichten Außenfassaden, aber überreicher Innendekoration mit Marmor, Holzschnitzereien, vergoldeter Stuckarbeit und Fresken mit Scheinarchitektur. Vor allem über den Reichtum und die großartige Architektur der Barockkirchen in der Balagne, der Castagniccia und auf dem Cap Corse ist man überrascht; es sind vor allem Gegenden, wo Weinbau und Handel einen gewissen Reichtum einbrachten. Leider sind manche dieser Kirchen, die meist aus kaum behauenen Schiefer- oder Granitbruchsteinen mit Außenverzierungen aus Gips oder schlechtem Zement errichtet wurden, von Wind und Wetter baufällig geworden; auch die Innendekoration hat gelitten, außer den oft vergoldeten Einlegearbeiten im Stil des 17. Jahrhunderts und den von italienischen Malern ausgeführten Fresken.

Unter dem Einfluß des Konzils von Trient unterstützte man zwischen 1570 und 1620 eine Reformierung der korsischen Kirche, die in der Neuordnung des Episkopats bestand. Dieses neue kirchliche Klima gab einigen religiösen Orden Aufschwung. Es wurden Franziskanerklöster gegründet, und die Jesuiten eröffneten 1592 ihre erste Unterkunft in Bastia und 1612 eine zweite in Ajaccio. Ihre Klöster haben nicht nur als Bethäuser, sondern vor allem auch als Festungen in der Geschichte der Insel eine bedeutende Rolle gespielt (Klöster von Rostino, Orezza, Alesani, Tallano u. a.). Zu der Frömmigkeit der Ordensbrüder gesellten sich mit großer Inbrunst getreue Anhänger des Madonnen- und Heiligenkultes, so daß sich im Verlauf des 17. Jahrhunderts Wallfahrtsorte und mehrere geweihte Stätten bildeten (Notre-Dame-de-la-Miséricorde in Ajaccio, Notre-Dame-de-Lavasina auf Cap Corse, Notre-Dame-de-Scobiccia bei Cervione).

Während die Region um Ajaccio gegen Ende des 16. Jahrhunderts unter den Einfluß des Manierismus gerät, dessen gewisse Strenge vom Konzil von Trient aufgezwungen wurde, ist der Barock der Castagniccia und der Balagne vom ligurischen Vorbild beeinflußt. In der Zeit des sogenannten Manierismus beginnt Vignola mit dem Bau der bedeutenden Kirche Il Gesù (1568) in Rom (Fassade von Giacomo della Porta, dem Architekten Papst Gregors XIII.). Diese Jesuitenkirche mit kreuzförmigem Grundriß und nur einem die Gemeinde umfassenden Hauptschiff, mit hoher Kuppel über der Vierung und ihren Seitenkapellen wurde zum Prototyp des Barock.

Die Kathedrale von Ajaccio (1587–1593) ist ebenso wie die alte Kapelle des Kollegiums der Jesuiten (die spätere Kirche Saint-Erasme, 1602) sowie die Kapelle der Bruderschaften der Seefahrer von dem Vorbild Il Gesù inspiriert. Auch die kleine Kirche von Venaco in der Nähe Ajaccios ist ein schönes Beispiel für die Architektur des Manierismus.

Die Form der Architektur der Barockkirchen und ihre lichten Fassaden in der Castagniccia und Balagne wie in Bastia findet man dagegen in zahlreichen Kirchen Liguriens zwischen Nizza und Genua wieder. Häufig brachten Künstler aus Ligurien oder der Lombardei ihre künstlerischen Vorstellungen nach Korsika mit. So ist beispielsweise der Altar der Kapelle de la Conception in Bastia ein Werk des Genuesen

Battista Poggi, und die Fassade der Barockkirche von La Porta (Abb. 86) geht auf
einen Architekten aus der Lombardei zurück. Wenn auch der korsische Barock eine
starke italienische Prägung aufweist, besitzt er doch einen gewissen ländlichen persönlichen Charakter gegenüber dem großen Barock des Festlandes.

Sampiero Corso und die erste Annexion durch Frankreich

Die friedlichen Jahrzehnte unter der Regierungszeit der Bank des Heiligen Georg
endeten mit der Intervention des französischen Königs Heinrich II., der mit dem
Alliierten der Genuesen, dem Habsburger Kaiser Karl V. Krieg führte. Der Rat zur
Besetzung Korsikas durch die Franzosen ging von dem korsischen Adligen Sampiero
aus dem Ornano aus, der als Sampiero Corso in die Geschichte der Insel einging.
Dieser Freiheitskämpfer, ›le plus Corse des Corses‹, wurde am 23. Mai 1498 in Basteli-
ca geboren und hatte seit 1547 als Oberst des Korsenregiments das Kommando im
Dienste Frankreichs übernommen.

Der französische Marschall de Thermes leitete jenen Feldzug von 1553, unterstützt
von der türkischen Flotte des Korsaren Dragut und mit Hilfe Sampieros und seiner
Anhänger. Tollkühne Tapferkeit und kriegerische Einsicht zeichneten den Korsen
bei seinen Kampfoperationen aus. Schließlich endete der Feldzug mit einer fast vollständigen Vertreibung der Genuesen; nur die Zitadellen Calvi und Bastia können
nicht eingenommen werden. Zwischen 1553 und 1559 wird die Insel dem französischen Königreich angegliedert, durch den Vertrag von Cateau-Cambrésis aber zur
großen Enttäuschung der Korsen den Genuesen zurückgegeben. Sampiero Corso
weigerte sich, diesen Vertrag anzuerkennen, und entschloß sich 1564, seine Heimat
mit Hilfe seiner korsischen Anhänger zurückzuerobern. Über zwei Jahre zogen sich
die für ihn erfolgreichen Kampfhandlungen hin. »Gegen diesen Mann, der als Pro-
skribierter mit ein paar Proskribierten auf die Insel gekommen war, hatte sie [die Republik Genua] nach und nach ihre ganze Flotte ins Feld geschickt, ihre und eine spanische Flotte, ihre Söldner, Deutsche, 15 000 Mann Spanier, ihre größten Generale
Doria, Centurione und Spinola; und sie, die die Pisaner und Venedig überwunden
hatte, vermochte nicht, ein armes und von aller Welt verlassenes Volk zu bändigen,
das in den Krieg zog, hungernd, zerlumpt, unbeschuht, schlecht bewaffnet, und das,
wenn es nach Hause kam, nichts fand als die Asche seiner Dörfer.«

Ferdinand Gregorovius[10]

Als Genua dann seine Niederlage voraussah und keine Hoffnung mehr hatte, Sampiero in offenem Kampfe zu besiegen, entschloß man sich zum hinterhältigen Mord,
wobei man sich der Unterstützung persönlicher Feinde des Korsen, u. a. der Vettern
von Sampieros Frau Vannina, die eine Blutschuld an dem Manne zu rächen hatten,
versichern konnte (vgl. S. 302). Am 17. Januar 1567 wurde der große Korse im Bergtal
von Cavro in einen Hinterhalt gelockt, von den Verschwörern überfallen und von

Sampiero Corso (aus Galetti, 1863)

seinem eigenen Waffenmeister rücklings erschossen. Diese Erfahrung veranlaßte Genua, die Insel Korsika von der Bank des Heiligen Georg zurückzukaufen. Für die Korsen aber bedeutete der Besitzwechsel keine Verbesserung ihrer Situation. Im Gegenteil: die Genuesen beuteten in der Folgezeit die Insel verstärkt aus. Daß in dem ausgebluteten Land dennoch eine kulturelle Entwicklung möglich war, das bezeugen die Gouverneurspaläste und Barockkirchen.

Der Unabhängigkeitskrieg von 1729–1769, Pasquale Paoli, der Führer des korsischen Widerstandes, und die endgültige Herrschaft Frankreichs

»Die Korsen sind eine Handvoll Menschen, tapfer und beherzt wie die Engländer, nie würde man sie mit gewaltsamen, höchstens mit gütigen Mitteln bändigen. Um auf dieser Insel die Herrschaft zu behaupten, halte ich's für unerläßlich, daß man den Einwohnern die Waffen nehme und ihre Wehrkraft breche. Da wir gerade von den Korsen reden, sei nebenbei bemerkt, welchen Mut, welche Mannhaftigkeit doch Freiheitsliebe den Menschen gibt; daß es darum ein Wagnis ist, sie zu unterdrücken, wie es eine Versündigung ist.«

Friedrich der Große, 1740[11]

Mißernten des Jahres 1729 mit Hungersnot und Elend sind der Anlaß für einen bewaffneten Aufstand der Korsen gegen die genuesischen Unterdrücker, nachdem auch die Kirche die Korsen ihrer Treuepflicht gegenüber der Republik entbunden hat. Vierzig Jahre lang werden die Auseinandersetzungen die Insel in Atem halten, ohne Erfolg für beide Parteien.

Eine Volksabstimmung proklamiert 1730 Andrea Colonna Ceccaldi und Luigi Giafferi zu Staatsoberhäuptern der korsischen Nation. Daraufhin bittet Genua im August 1731 die Österreicher um Hilfe; die kaiserlichen Truppen, geleitet von dem Obersten Wachtendonck, erkennen sehr bald die Mängel der genuesischen Herrschaft auf Korsika und handeln deshalb im Mai 1732 die Unterzeichnung eines Vertrages in Corte zugunsten der Korsen aus, der außer allgemeiner Amnestie u. a. folgende Punkte einschloß: Verzicht auf Kriegsentschädigung, Steuererlaß für das laufende Jahr, Schaffung eines korsischen Adels, Zulassung der Korsen zu den höheren militärischen und geistlichen Ämtern.

Kaum sind jedoch die österreichischen Truppen abgezogen, fühlen sich die Genuesen nicht mehr an den Vertrag gebunden. Ein Triumvirat aus Giafferi, Ceccaldi und Giacinto Paoli wird gebildet, und unverzüglich greift man wieder zu den Waffen. Am 6. Januar 1735 wird auf einer Volksversammlung in Orezza die Unabhängigkeit Korsikas proklamiert und die Insel unter den Schutz der Unbefleckten Jungfrau Maria gestellt. Daraufhin leitet Genua eine Blockade der Insel ein.

Am 12. März 1736 geht an der Küste von Aleria der deutsche Adlige und Glücksritter Theodor von Neuhoff, vermutlich ein gebürtiger Kölner und Sohn eines westfälischen Barons, mit einer Schar Gleichgesinnter von Bord eines britischen Schiffes. Dieser Mann, der ein unstetes Leben zwischen Verschwendungssucht und Armut führte, war gleichermaßen von der Tragödie des korsischen Freiheitskampfes wie von der Aussicht auf Ruhm und Reichtum nach Korsika verschlagen worden. Dadurch, daß er Waffen und Munition, aber auch Geld, Getreide und Schuhe für die Aufständischen mitbringt, gewinnt er spontan die Sympathien der Korsen. Am 15.

Baron Theodor von Neuhoff, König von Korsika
(aus Galetti, 1863)

April 1736 krönt man ihn im Kloster von Alesani zum ersten und einzigen König Korsikas. Theodor I. residiert im Bischofspalast von Cervione (Castagniccia), wo er sich mit einem prachtvollen Hofstaat nach Versailler Vorbild umgibt. Er nimmt sich vor, die Entwicklung der Insel voranzutreiben, legt Waffenfabriken und Salinen an, läßt Gold-, Silber- und Kupfermünzen prägen, gründet einen Ritterorden und versucht, mit einem eigens aufgestellten Heer die in genuesischer Gewalt stehenden Städte Porto-Vecchio und Sartène zu befreien. Doch die kurze Periode der Begeisterung und des Erfolges geht zu Ende, als die Vorräte aufgebraucht sind, der Nachschub ausbleibt und die Franzosen Genua zu Hilfe eilen. So dauert die Herrschaft Theodors I. auf Korsika nur acht Monate. Als Priester verkleidet, gelingt ihm die Flucht im Schutz der französischen Fahne. 1749 zieht er sich nach London zurück, wo er 1756 im Alter von siebzig Jahren nach Entlassung aus dem Londoner Schuldgefängnis stirbt. Der englische Dichter Horace Walpole ließ auf eine Gedächtnistafel an der Außenmauer der St. Annenkirche die Worte setzen: ». . . Das Grab, dieser große Lehrer, macht Herren und Bettler, Galeerensklaven und Monarchen einander gleich. Aber Theodor erfuhr diese Wahrheit schon vor seinem Tode. Das Schicksal ließ seine Lehren auf sein Haupt noch bei seinen Lebzeiten niederregnen: es schenkte ihm ein Königreich, aber es versagte ihm das Brot!«[12]

Die Korsen fühlen sich weiterhin von den Genuesen ausgebeutet; hohe Steuereinnahmen entfachen einen neuen Aufruhr. Karl Emanuel III. von Savoyen, der mit England und Österreich verbündet ist, versucht den Korsen zu helfen und sie vom ge-

Pasquale Paoli (aus Galetti, 1863)

nuesischen Joch zu befreien. Doch die Anstrengungen bleiben ohne Erfolg, da sich England aus diesem Unternehmen kurzerhand zurückzieht. Außerdem erhält Genua weiterhin die Unterstützung Frankreichs. Trotz eines Abkommens zwischen den Korsen und den Franzosen bleibt die Unabhängigkeit das oberste Ziel der Insel. 1753 wählt eine Volksversammlung in Orezza Gianpietro Gaffori (Abb. 122) zum Führer der Nationalen. Seine ersten Erfolge verunsichern Genua so sehr, daß sie zu seiner Ermordung anstiften. Eine oberste Junta setzt aber den Widerstand fort.

1755 wird der Korse Pasquale Paoli (1725–1807), jüngster Sohn von Giacinto Paoli (1690–1768), zum Führer gewählt (Abb. 121). Er gilt als der bekannteste und zugleich erfolgreichste Kopf des korsischen Widerstandes; als ›Père de la Patrie‹ und ›Général de la Nation‹ geht er in die korsische Geschichte ein. Paolis Staatsideen – Macht und Gesetze gehen vom Volk aus und dienen allein dem Volk – sind fortschrittlich und Errungenschaften der korsischen Republik mehrere Jahrzehnte vor der Französischen Revolution. Zu seinen großen Bewunderern gehören Jean-Jacques Rousseau (»Es gibt in Europa noch ein Land, das der Gesetzgebung fähig ist, das ist die Insel Korsika . . .«[13]) ebenso wie Friedrich der Große, König von Preußen, der Paoli einen Ehrendegen mit der Inschrift ›Patria Liberatas‹ schickt. Seine besonderen Verdienste auf Korsika sind eine Organisation der Verwaltung, eine Gesetzgebung, Einführung der Schul- und Militärpflicht, Bemühungen um die Verbesserung der Landwirtschaft sowie die Gründung der Universität in Corte, die das korsische Nationalbewußtsein besonders stark prägte. »Durch alle diese Maßnahmen vollbrachte er das Wunder, das

Land, das bei seinem Regierungsantritt völliger Anarchie preisgegeben war, in einem Jahrzehnt zu einem geordneten Staatswesen umzugestalten, das seine Anziehungskraft auch auf die Bewohner der genuesischen Festungen und die Augen Europas auf die kleine Insel lenkte, die man bis dahin nur als eine Stätte der Barbarei angesehen hatte.«[14]

Was zunächst erfolgreich aussah, die wiedererlangte Freiheit, sie war nur von kurzer Dauer. Frankreich folgt erneut Genuas Hilferuf. Am 15. Mai 1768 kommt es zum Vertrag von Versailles: Genua verkauft seine Rechte über Korsika an Frankreich. »Genua trat seine 'Rechte' auf die Insel, die es nie wahrhaft besessen hatte, und aus der es durch die Tapferkeit der freiheitsliebenden Korsen verdrängt worden war, gegen Zahlung von zwei Millionen Lire an Frankreich ab, unter der Bedingung, daß Korsika ohne seine Zustimmung keiner anderen Macht überlassen werden dürfe und vielmehr der genuesischen Republik zurückgegeben werden müsse, sobald diese die durch die Eroberung entstehenden Kosten den Franzosen zurückzuerstatten imstande sein werde. Diese Klausel war aber nicht ernst gemeint und wohl nur auf die Täuschung Englands berechnet, denn selbst wenn Genua die nötigen finanziellen Mittel gehabt hätte, so würde ihm doch immer die Macht gefehlt haben, die Korsen unter sein verhaßtes Joch zu beugen ... Paoli klagte, daß die Korsen 'verkauft seien wie eine Hammelherde auf dem Markte'. Aber sie ergaben sich keineswegs wie eine solche geduldige Herde in ihr Geschick, und wenn Paolis empörter Schmerzensschrei auch von keiner europäischen Regierung beachtet wurde, so ergriff doch sein armes mutiges Volk von neuem die Waffen zu dem ungleichen Kampfe, nachdem auf der Volksversammlung in Corte vom 2. Mai 1768 der einstimmige Ruf erschollen war: 'Guerra! La libertà o la morte!' (Krieg! Freiheit oder Tod!)«[15]

Französische Truppen besiegen am 8. Mai 1769 die Korsen in der Entscheidungsschlacht bei Ponte Nuovo und annektieren die Insel. Paoli muß flüchten und geht für einundzwanzig Jahre (1769–1790) ins Exil nach London.

Am 15. August 1769 wurde Napoleon Bonaparte in Ajaccio geboren (Abb. 98–104). Als Kaiser der Franzosen (1804–1814/15) verband er später seine Geburtsinsel zwar verwaltungsmäßig aufs engste mit Frankreich, doch seine Landsleute blieben auch weiterhin in erster Linie Korsen. Ein Jahr nach Ausbruch der Französischen Revolution kehrt Pasquale Paoli noch einmal in seine Heimat zurück. Wegen seiner besonderen Verdienste wird er von der Nationalversammlung zum Präsidenten der Insel ernannt. Am 19. Juni 1794 konstituieren sich die Korsen in einer allgemeinen Abgeordnetenversammlung als eigenes Königreich unter britischem Schutz (1794–96); Sir Gilbert Elliot wird als Vizekönig eingesetzt. Unter dem Druck der französischen Truppen ziehen sich die Engländer kampflos von der Insel zurück. Paoli geht erneut ins Exil nach England, wo er 1807 stirbt.

Seither ist die Geschichte Korsikas eng mit der Geschichte Frankreichs verknüpft. 1811 wird Korsika ein Departement Frankreichs und Ajaccio durch Napoleon zur

Napoleon Bonaparte (aus Galetti, 1863)

neuen Hauptstadt der Insel erklärt. Die französische Sprache wird eingeführt, das Korsische mehr und mehr verdrängt. In seiner wirtschaftlichen Entwicklung aber bleibt Korsika bis zur Gegenwart hinter den Entwicklungen im Mutterland zurück, was die Gefahr neuer Unruhen heraufbeschwört.

Seit 1975 ist Korsika wieder in zwei Departements geteilt: in ›La Haute Corse‹ mit der Hauptstadt und Präfektur Bastia und den drei Arrondissements Bastia, Calvi und Corte, und ›La Corse du Sud‹ mit der Hauptstadt und Präfektur Ajaccio und zwei Arrondissements, Ajaccio und Sartène.

Blutrache, Banditentum und Totenklagen

Die Blutrache (vendetta) und das mit ihr zusammenhängende Banditentum haben die Bevölkerung auf Korsika jahrhundertelang in Angst und Schrecken versetzt. In einem Land, das in allen geschichtlichen Epochen fremder Macht und Willkür ausgeliefert war, erkannte man nur im Familienoberhaupt den Richter und Rächer an. Die Korsen betrachteten es als Höhepunkt der Schande, eine Beleidigung ungestraft zu lassen. Wenn ein Korse im Jähzorn oder zur Wiederherstellung seiner persönlichen Ehre oder der Ehre seiner Familie einen Mord begangen hatte, floh er in die Macchia; und es verfolgte ihn nicht nur die Polizei, sondern auch die Familie des Ermordeten, die es als ihre höchste Pflicht betrachtete, die ihr zugefügte Schmach blutig zu rächen.

Korsische Vendetta. »Meine Kinder, seht das blutige Hemd eures Vaters. Der Mörder wird von den Genuesen nicht bestraft und wird wiederkommen, um euch zu beleidigen. Schwört, euer Blut zu rächen! Hier sind die Waffen!« – »Wir schwören es!« (Galetti)

Wenn die Familie den Mörder selbst nicht stellen konnte, dann tötete sie einen seiner Verwandten, am liebsten den Erben, um die feindliche Sippe besonders hart zu treffen. Diese Tat aber war für die betroffene Familie wiederum ein Grund, sich in derselben Weise zu rächen. So zogen sich die korsischen Familienfeindschaften durch Generationen hindurch.

Das Leben der von der Vendetta bedrohten Familien war ein einziger Alptraum. Viele verließen ihr Haus nur noch am Tage und auch dann nur unter größter Vorsicht. Bewaffnet, mit schußbereiter Flinte in der Hand, gingen die Bauern auf ihre Felder; überall konnte der Feind lauern, vielleicht hinter einer Mauer oder hinter einem Baumstamm. Bei längeren Reisen wurde der Reiseweg geheimgehalten, oder man brach während eines nächtlichen Unwetters auf. Viele verbarrikadierten auch die Fenster ihrer Häuser, damit keine Kugel sie treffen konnte; mancher hielt sich Wochen, Monate oder sogar Jahre im Hause auf und ließ sogar seine Äcker verfallen. Die Menschen in den Dörfern boten ein trauriges Bild: die bewaffneten Männer mit ihren langen Bärten nach alter Rächersitte, die Frauen in der schwarzen Trauerkleidung. Jeder wußte, daß heute oder morgen ein weiterer Mord geschehen konnte, der wiederum den nächsten nach sich ziehen würde. Außenstehende vermieden es, Partei zu ergreifen, um nicht in den Streit verwickelt zu werden. Manchmal gelang es Vermittlern, die verfeindeten Familien zum Frieden zu bewegen, der schließlich durch einen von beiden Seiten unterschriebenen Vertrag geschlossen wurde. Die Parteien schworen, alle Feindseligkeiten einzustellen; die Banditen beider Familien mußten auswandern oder sich dem Gericht stellen, von dem sie bei einer Versöhnung wenig zu befürchten hatten.

Die Mordtaten füllten die Macchienwildnis mit geflohenen Banditen. W. Hörstel, der Anfang des 20. Jahrhunderts Korsika bereiste, erzählt von einem jungen Mann,

der mit Stolz von seinem Verwandten sprach: »Mein Vetter ist auch Bandit. In den Ferien gehe ich oft mit ihm. Bei uns hilft jeder den Banditen, denn es kann ja jedem von uns passieren, daß er auch Bandit werden muß ... Wenn Sie allein sind und einem Banditen begegnen, wird dieser Ihnen den Weg zeigen. Er wird Ihnen Brot und Käse geben wollen, auch Wein, wenn er ihn hat; aber bieten Sie ihm ja kein Geld an, denn Sie würden ihn damit beleidigen. Wollen Sie ihm eine Freude machen, so geben Sie ihm eine Zigarre. Glauben Sie mir, nur diejenigen haben sich vor den Banditen zu fürchten, an denen sie Rache zu nehmen haben, und außerdem die Verfolger: die Gendarmen und vor allen die Spione, die sie um des Gewinnes willen in die Hände der Polizei bringen wollen; gegen alle anderen aber sind sie die bravsten Menschen von der Welt.«[16]

Die Banditen waren vor der Polizei relativ sicher, kannten sie doch die entlegensten Schlupfwinkel im Gebirge oder im Buschwald. Die Hirten halfen ihnen mit Lebensmitteln aus, und nachts konnten sie sogar in den Städten und Dörfern Hilfe erbitten, denn das Gastrecht ist dem Korsen heilig. Manchmal gelang es einem Banditen sogar, sich zum König eines ganzen Bezirks zu machen. Pasquale Paoli hatte sich gegen Blutrache und Banditentum erklärt und wollte diese Landplage ausrotten, deshalb lehnte er auch die Unterstützung der Banditen ab, die sich ihm zum Kampf gegen die Genuesen anboten. Von 1894 bis 1896 herrschte im Fiumorbo eine völlige Anarchie, als Banditen sich zu Banden zusammenschlossen und den gesamten Verwaltungsapparat stilllegten, weil sie ihre eigenen Gesetze schreiben wollten. Derartige Zustände zwangen die Bevölkerung, sich mit den Banditen auf möglichst guten Fuß zu stellen, zumal der Staat ihr keinen ausreichenden Schutz bot. Viele Legenden erzählen, daß das korsische Volk die Banditen als Helden feierte, die ihm unverletzlich erschienen.

Die Zahl der Vendetta-Morde soll am Anfang des 18. Jahrhunderts nahezu 29 000 in zweiunddreißig Jahren betragen haben. Von 1821 bis 1852, in der Zeit, als die französische Regierung eine intensive Banditenjagd veranstaltete, wurden 4300 Personen ermordet. Am Anfang des 20. Jahrhunderts schätzt Hörstel die Mordanschläge aus Blutrache immerhin noch auf sechzig bis hundert jährlich. Heute sind Vendetta und Banditentum ausgestorben. Für den Fremden empfiehlt sich dennoch höfliche Zurückhaltung gegenüber den Korsen und auch keine Einmischung in politische Streitereien.

Bei einem Volk, das dem Tod jeden Tag begegnen konnte, mußten auch die Begräbnisse einen auffallenden Kultus haben. In den Totenklagen zeigt sich die dichterische Aussage des korsischen Volkes am vollkommensten. Nicht Männer, sondern Frauen und Mädchen finden an der Bahre des Verstorbenen ergreifende und naive Töne des Schmerzes, an der Leiche eines Ermordeten aber schreien sie wild und leidenschaftlich nach Rache. Die Klagelieder, für einen Verstorbenen ›lamento‹, für einen Ermordeten ›vocero‹ genannt, sind spontane Volksdichtungen, die sich von Dorf zu Dorf über die ganze Insel verbreiteten. Ferdinand Gregorovius, der 1852 durch Korsika wanderte und eine Anzahl von Klageliedern in die deutsche Sprache übertragen hat, schreibt: »Man wird in diesen Liedern die Bildersprache des Homer und wieder die der Psalmen und des Hohenliedes finden. Kunstlos wie sie sind, tragen sie nur das Ge-

Klageweiber am Totenbett eines Ermordeten (Gaston Vuilliers, 1890)

präge von Improvisationen, die sich beliebig ausdehnen lassen; und weil sie Improvisationen sind, lebt in ihnen der geniale Augenblick des trunkenen Herzens. Die ganz unsägliche Unschuld in manchen Voceros und ihre rührende Natureinfalt entrücken ganz aus unserer Welt in die Kinderwelt, Hirtenwelt und Patriarchenwelt. Kein Genie des Dichters kann dergleichen Naturlaute erfinden.«[17]

Vocero eines Mädchens an der Leiche des ermordeten Vaters[18]
(Dialekt von diesseits der Berge)
(Das Mädchen kommt mit einer Fackel)

Eo partu dalle Calanche	Von Calanca bin ich gekommen,
Circa quattr' ore di notte:	Mitternacht war im Verschwinden,
Mi ne falgu cu la teda	Hab' gesucht mit meiner Fackel
A circà per tutte l'orte,	In den Gärten und in den Gründen,
Per truvallu lu mio vabu:	Wo mein Vater sei geblieben –
Ma li avianu datu morte.	Tot, im Blute mußt ich ihn finden.

(Es kommt eine andere Jungfrau, die auch einen ermordeten Blutsverwandten sucht; den Toten erblickend hält sie ihn für den Verwandten, bleibt stehen und will das Lament anheben. Die Erste aber singt:)

Cullatevene più in su,	Weiter aufwärts mußt du steigen,
Chi truvarete a Matteju;	Denn dort liegt Matte erschlagen,
Perchè questu è lu mio vabu,	Aber dies hier ist mein Vater,
E l'aghiu da pienghie eju.	Und an mir ist's hier zu klagen.
Via, pigliatemi u scuzzale	Hebet mir auf die Lederschürze,
La cazzola e lu martellu.	Seinen Hammer und seine Kelle.
Nun ci vulete andà, vabu,	Vater, willst du nicht zur Arbeit
A travaglià a San Marcellu?	Wieder gehn an die Kapelle?
Tombu m'hann lu miò vabu,	Auch aus meines Bruders Wunden
E feritu u miò fratellu.	Fließt vom Blut die rote Welle.
Or circatemi e trisore,	Laufet und holet mir schnell eine Schere,
E qui prestu ne venite:	Schneiden will ich mir vom Zopfe
Vogliu toudemi i capelli	Einen Büschel meiner Haare,
Per tuppalli le ferite;	Daß die Wunden ich ihm verstopfe.
Chi di lu sangue di vabu	Denn von meines Vaters Blute
N'achiu carcu le miò dite.	Klebt am Finger mir ein Tropfe.
Di lu vostru sangue, o vabu,	Färben will ich ein Mandile,
Bogliu tinghiemi un mandile;	Rot vom Vaterblut es machen;
Lu mi vogliu mette a collu	Das Mandile will ich tragen,
Quandu avrachiu oziu di ride.	Wenn ich Muße hab' zum Lachen.
Eo collu per le Calanche	Nach der Kirche Santa Croce
Falgu per la Santa Croce,	Will ich gehen mein Leid zu klagen;
Sempre chiamand uvi, vabu:	Immer ruf ich deinen Namen,
Rispunditemi una voce,	Antwort wirst du einst mir sagen,
Mi l'hanu crucifissatu	Denn sie haben dich gekreuzigt,
Cume Ghesù Christu in croce.	Wie den Christ ans Kreuz geschlagen.

Traditionelle Orts- und Hausformen auf Korsika

Die Ortschaften auf Korsika prägen sich dem Reisenden nachhaltig ein; entweder thronen sie wie Adlerhorste hoch oben auf den Berggipfeln (z. B. Sant'Antonino oder Speloncato in der Balagne), oder ihre Häuser reihen sich dicht aneinandergekettet festungsähnlich auf einem Bergsporn (z. B. Venzolasca oder Penta-di-Casinca in der Casinca). Fast alle diese Siedlungen wirken wegen ihres schmucklosen unverputzten Mauerwerks, das meist aus dem anstehenden Gestein der näheren Umgebung stammt, unauffällig und ärmlich. Die Ortsgrundrisse entsprechen heute längst nicht mehr den Anforderungen des modernen Verkehrs; häufig kann man mit dem Auto nur bis an den Rand des Ortes heranfahren, um ihn dann zu Fuß zu durchwandern. Bedrückend, manchmal geradezu unheimlich wirkt die Stille dieser alten Ortschaften, deren Häuser unbewohnt scheinen und häufig auch verfallen sind, einschließlich vieler aufgelassener und ungepflegter Ackerflächen und Gärten. Und tatsächlich sind viele, vor allem junge Korsen aus der strukturschwachen Höhenregion weggezogen, in die Städte der Insel oder auf das französische Festland. Zurückgeblieben sind vornehmlich alte Leute, die in Gebäuden wohnen, die einst ökonomisch sinnvoll und im Hinblick auf die gemeinsame Sicherheit erbaut wurden. Aber selbst die leerstehenden und verfallenen Häuser werden nur selten verkauft, denn das von den Vätern ererbte Haus bleibt im Besitz des Korsen, dazu verpflichtet ihn der Familiensinn. Solche Gebäude werden als Zweitwohnsitz, Feriendomizil oder als späterer Alterssitz genutzt, denn der Korse behält ein Leben lang eine gefühlsmäßige Bindung an seinen Geburtsort.

Auf den äußerlichen Zustand seines Hauses scheint der Korse überhaupt wenig Wert zu legen. Aber wann immer wir von außen unscheinbare Häuser betraten, sei es eine ›bergerie‹ oder ein stattliches Bürgerhaus, das Innere war entweder gemütlich einfach oder stilvoll eingerichtet, mit gepflegtem Mobiliar, das schon jahrhundertelang weder von der Stelle bewegt noch gar ausgewechselt worden war. Nur in die Küchen waren schon alle modernen technischen Errungenschaften vorgedrungen.

Auf die siedlungsgeographischen Untersuchungen von H. Lücke (vgl. Abbildungsnachweis S. 317) zur Verbreitung, Gestalt und zum Wandel traditioneller Orts- und Hausformen auf Korsika werden wir uns im folgenden stützen, wenn wir von den regionalen Orts- und Hausformen berichten. Die Hintergründe ihrer Entstehung sind so interessant, daß man mit Lücke wünschen kann, daß »der vielgestaltige und zugleich historisch wertvolle Orts- und Hausformenbestand der Insel durch eine dorfgerechte Forschung und ein anwendungsorientiertes Experimentieren am konkreten Objekt in seiner Grundstruktur künftig erhalten werden kann.«[19]

Entsprechend der Höhenstufung kann Korsika in drei Siedlungsstockwerke eingeteilt werden: 47% Gebirge (über 450 m), 37% Bergland (100–450 m) und 16% Tiefland (unter 100 m) (vgl. Karte S. 14). Lücke wählte das Niolu (vgl. S. 133 ff.) mit seiner aus-

34   Szene der Weinlese mit Dionysos und Satyrn, attischer Krater (s. Abb. 41)
34–44   ALERIA   Musée Jérôme Carcopino

36 Jupiter-Amon, Marmorbüste 1. Jh. n. Chr.

35 Flache Schale mit Elefantendarstellung in Engobe-Technik; aus Latium, Ende 4. oder Anfang 3. Jh. v. Chr.

37, 38 Kylix des Panaitios-Malers, attische Keramik vom Anfang des 5. Jh. v. Chr. Satyr mit Weintraube; Unterseite: Erotische Szene

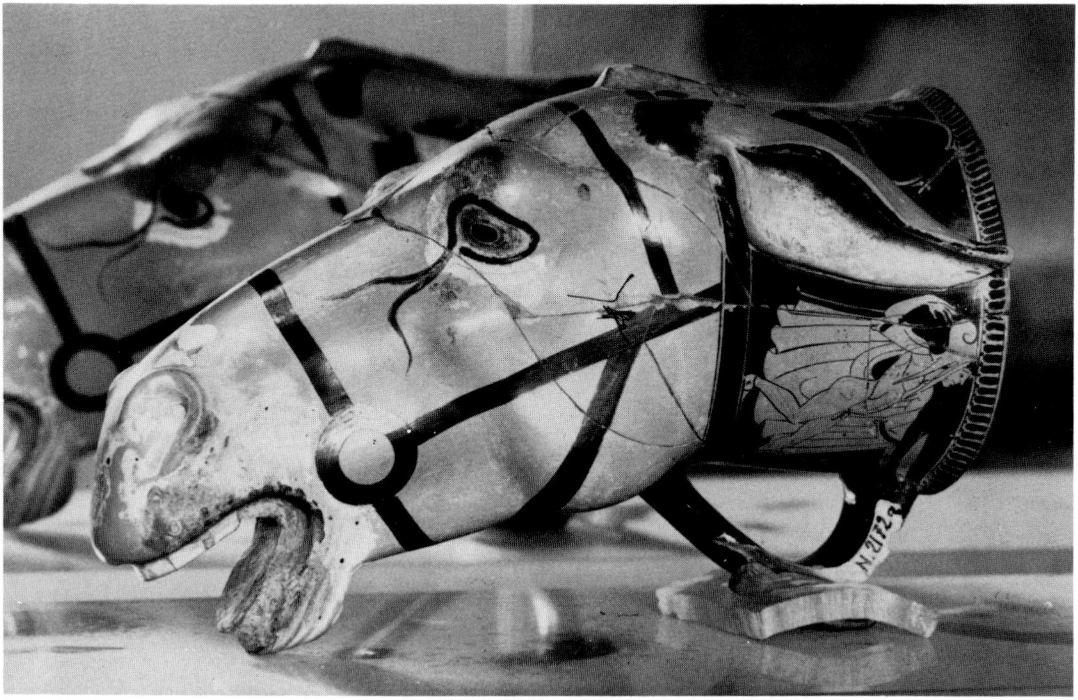

39 Rhyton in Form eines Maultierkopfes, attische Keramik, Anfang 5. Jh. v. Chr.

40 Askos in Form eines Vogels, etruskische Keramik aus Chiusi-Volterra, 4. Jh. v. Chr.

41 Attischer Kolonnetten-Krater, Szene der Weinlese mit Dionysos und Satyrn, 5. Jh. v. Chr. (s. Abb. 34)

42 Apulischer Krater der Gnathia-Gattung, Gott Pan mit musizierenden Satyrn, 4. Jh. v. Chr.

43 Etruskischer Kolonnetten-Krater aus Chiusi-Volterra. Tanzendes Paar mit zurückgebogenen Händen, 4. Jh. v. Chr.

44 Etruskische Oinochoë im Stil von Cerveteri, geschmückt mit Gott Eros und Frauen, 4. Jh. v. Chr.

45 ALERIA Ausgrabungen der römischen Stadt. Prätorium und Torbogen (rechts), im Hintergrund die heutige Ortschaft mit Fort Matra

46, 47 MARIANA Mosaikboden des Baptisteriums einer frühchristlichen Kirche, Ende 4. Jh. Christliche Symbole: Hirsch und Fluß des Paradieses, in der Art des antiken Flußgottes als bärtiges Haupt dargestellt

48, 49 CORTE Apsis der Kirche San Giovanni Battista und Taufkapelle, 1. Hälfte des 9. Jh.

50 SOTTA Kapelle Sant'Agostino de Chera, Westfassade, Ende des 9. oder Anfang des 10. Jh.

51 SISCO Kapelle San Michele, 1030

52 VALLE-DI-ROSTINO Kirche Santa Maria, Apsis aus dem 10. Jh. (vgl. Farbt. 28)

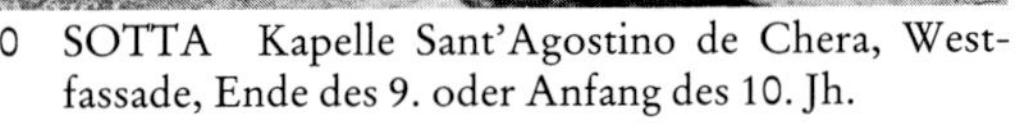

53 MARIANA Kirche San Parteo, Apsis, Mitte 11. Jh.

54   Westportal, Fries mit Tierdarstellungen in Hochrelief, Bandgesims und Türsturz mit Rankenornamentik

54–57   MARIANA   Alte Kathedrale Santa Maria Assunta, ›La Canonica‹, Anfang des 12. Jh. (vgl. Farbt. 24)

55   Intarsiendekor an der Südfassade

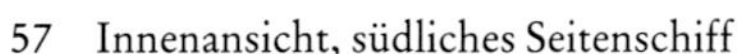

56 Südfassade, im Vordergrund die Grundmauern einer frühchristlichen Kirche, Ende 4. Jh. (vgl. Abb. 46, 47)

57 Innenansicht, südliches Seitenschiff

58 LUMIO Kirche San Pietro e San Paolo, Apsis, 2. Hälfte des 11. Jh.

59   GROSSA   Kirche San Giovanni Battista, Beginn des 12. Jh., heute als Wohnhaus genutzt

60   CARBINI   Kirche San Giovanni Battista, 12. Jh.; Glockenturm im Jahre 1886 restauriert

61   Westfassade und südliche Seitenfassade

61–65   SAINT-FLORENT   Kirche Santa Maria Assunta, ehemalige Kathedrale von Nebbio, 2. Viertel des 12. Jh.

62   Apsis

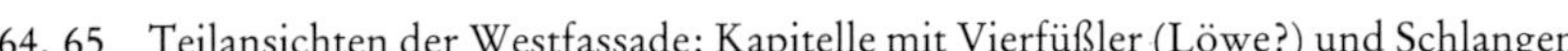

63   Innenansicht: Hauptschiff nach Osten

64, 65   Teilansichten der Westfassade: Kapitelle mit Vierfüßler (Löwe?) und Schlangen

66 Östliches Fenster der Südfassade: Verschlungene Schlangen und Vögel

66–69 MURATO   Kirche San Michele, 12. Jh. (vgl. Farbt. 25 u. vordere Innenklappe)

67 Westliches Fenster der Nordfassade: Lamm Gottes mit dem Kreuz

68 Figürliche Darstellung
    an der Westfassade

70   ROTONDO-MASSIV mit dem Lac de Melo (1711 m), einem der schönsten Bergseen Korsikas ▷

69 Östliches Fenster der Nordfassade: Versuchung Evas durch die Schlange

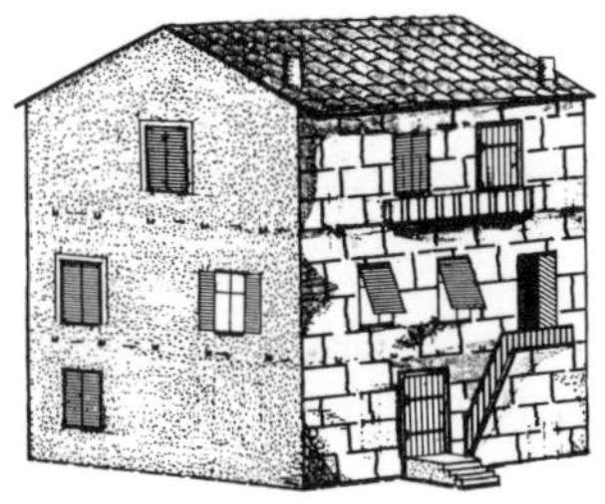

Kastenhaus im Niolu

gesprochenen Hochgebirgsformenwelt als Beispiel für die Siedlungsstruktur der Gebirgsregion. In dieser Höhe erstrecken sich die Dauersiedlungen und die Weideflächen auf der Sonnenseite *(solanu)* der Berghänge, während sich auf der Schattenseite *(umbriccia)* meist geschlossene Waldflächen ausdehnen. In den dortigen Gruppensiedlungen fallen vorwiegend einzeln stehende, meist dreigeschossige Kastenhäuser *(maison bloc)* mit rechteckigem Grundriß auf. Das flache Satteldach ist mit gebrannten Hohlziegeln gedeckt und ragt nur wenig über die Grundmauern aus grobbehauenem Granit hinaus. In diesen Häusern wird nur gewohnt, geschlafen und gekocht, ökonomische Funktionen fehlen. Der Grund dafür liegt in dem Wirtschaftssystem der Bewohner, die Fernweidewirtschaft betreiben. Die zugehörigen Schäfereien *(ber-*

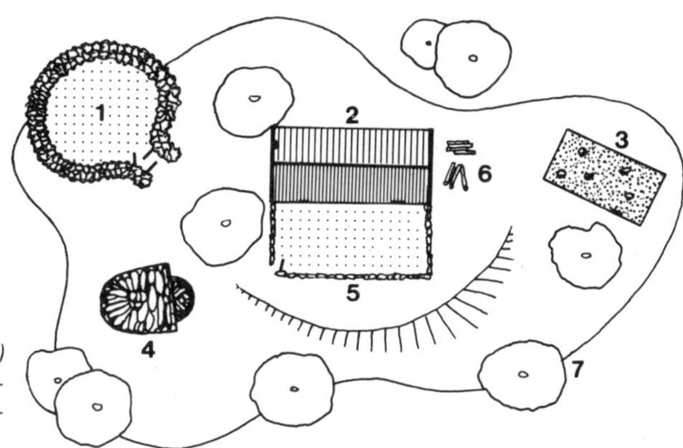

Bergerie de Colga (Zustand vor 1981)
1 Pferch 2 Wohnbau 3 Käselagerraum 4 Backofen 5 Vorhof 6 Holzvorrat 7 Erlenbüsche

Wohnhütte einer Schäferei mit Hauptraum (Feuerstelle, Schlafplätze) und zwei Nebenräumen (Aufbewahrungsraum für Geräte, Vorräte; Käsezubereitung)

113

geries) der Sommer- und Winterweidegebiete sind dagegen saisonale Siedlungen und haben primär wirtschaftliche Funktionen. Familienmitglieder, die bei der Versorgung der Herden und bei der Käsezubereitung nicht benötigt werden, bleiben ganzjährig im Wohnhaus der Stammsiedlung und betreiben dort zusätzlich Gartenbau zur Selbstversorgung.

Für das mittlere Siedlungsstockwerk, das Bergland, ist die Castagniccia ein gutes Beispiel (Lücke 1981, S. 53–57; vgl. S. 217). In diesem dichtbesiedelten Gebiet finden wir die eingangs beschriebenen aneinandergeketteten Häuser mit ihren 5 bis 6 Ge-

Sippenhaus in der Castagniccia

schossen, die auf Bergrücken oder Spornen häufig eine »Akropolislage« einnehmen. Diese geschlossenen Gruppensiedlungen vermitteln einen deutlich defensiven Eindruck. Sie erfüllten ähnliche Funktionen wie unsere mitteleuropäischen Fliehburgen, denn historisch-politische Vorgänge im Hochmittelalter, Verdrängung der Bewohner aus dem Tiefland wegen Malariagefahr, Piratenüberfälle und genuesische Eroberungszüge, ließen die Menschen zusammenziehen, um derartigen Gefahren gemeinsam zu begegnen. Die turmähnlichen Häuser (casa torra) wurden einst von nur einer Verwandtschaftsgruppe erbaut und waren deren gemeinsamer Besitz. Das Mauerwerk besteht aus unverputztem Schieferbruchstein, das flache Satteldach trägt lose übereinandergelegte Schieferplatten (teghie). Der Keller war Stall und diente außerdem der Geräteaufbewahrung. Die Zwischenstockwerke hatte man für je eine Familie in mehrere Schlafräume und einen gemeinsamen Speiseraum aufgeteilt. Im Obergeschoß gab es einen einzigen großen Raum mit zentraler Herdstelle (fucone); über dieser war in der Decke eine Öffnung mit Holzlattengrill eingelassen, so daß die im Dachstuhl aufgehängten Würste und Schinken geräuchert sowie ein Vorrat an Edelkastanien trockengehalten wurden. Leider ist durch soziale Umstrukturierung (z. B. Bildung von Kleinfamilien, Erbteilungen) oder durch nachträgliche Umbauten vielerorts dieses ursprüngliche bauliche Grundmuster verlorengegangen.

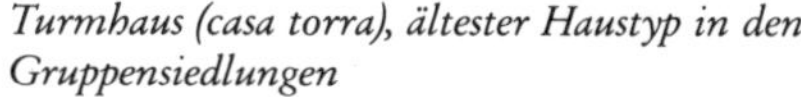

Turmhaus (casa torra), ältester Haustyp in den Gruppensiedlungen

Maison noble

Eine veränderte Sozialstruktur während der napoleonischen Epoche ließ vorwiegend in den Kantonsorten einen Repräsentativbau (maison noble) entstehen. Personen aus der höher gestellten Gesellschaft, die meist auf dem Festland oder aber in den französischen Kolonien tätig waren, ließen sich aus Treue zu ihrem Geburtsort und meist als Alterssitz diese drei- bis viergeschossigen Gebäude von nahezu quadratischem Grundriß errichten. Die Architekten orientierten sich zunächst noch an den älteren Turmhäusern, in der Mitte des 19. Jh. dann an Vorbildern der italienischen Renaissance.

Der jahrhundertealte Ungunstraum des ostkorsischen Küstentieflandes hat erst in jüngster Zeit eine Umbewertung in einen siedlungsgeographischen Gunstraum erfahren (Lücke 1981, S. 58–61). 1947 wurde die Malaria ausgerottet; seitdem wird der Küstenbereich agrarisch genutzt. Der ständig zunehmende Tourismus mit all seinen Folgeerscheinungen hat hier jedoch die stärksten Veränderungen im traditionellen Orts- und Hausformenbestand hervorgerufen. Aus dem Hochmittelalter stammen noch Wohnplätze als Einzelsiedlungen, ehemalige genuesische Lehnsgüter, die 1769 nach der Annexion durch Frankreich von ihren Besitzern verlassen und von Einheimischen bezogen wurden. Die Häuser (casoni) spiegeln in ihrem Aussehen die historischen Ereignisse wider: sie sind mehrstöckig und schützten mit wehrturmähnlichen Anbauten ihre Bewohner ehemals vor Piratenüberfällen. Ihr Baumaterial stammt aus nahegelegenen Flußbetten. Für die Korsen aus dem Bergland waren diese Häuser bis zur Beseitigung der Malaria nur temporäre Wohnstätten zur Zeit der Aussaat und Ernte von Getreide, oder sie dienten als Winterquartiere für Schäfer. Als sich im Zusammenhang mit der Errichtung von Molkereien der wirtschaftliche Schwerpunkt der Wanderschäferei mehr in die Winterweidegebiete verlagerte, entstanden in der Ebene neue Siedlungen mit einer ganzjährig ansässigen Bevölkerung. Aus den mittel-

Befestigter Einzelhof in der Ebene von Aleria bei Lindinaccio

Einheitshaus mit freitreppenartigem Zugang der östlichen Küstenebene

alterlichen Einzelsiedlungen entwickelten sich Gruppensiedlungen mit ähnlich mächtigen Wohnbauten, jedoch ohne Verteidigungstürme. Als Beispiel für eine solche junge Gruppensiedlung gilt Ghisonaccia als Tochtersiedlung des im Bergland gelegenen Ghisoni. Der dort vorherrschende Haustyp wird von den Korsen ›casa caporaline‹ genannt, eine Bezeichnung, die auf die ehemaligen hier einquartierten italienischen Saisonarbeiter zurückgeht, deren Anführer ›caporali‹ waren.

Als weiterer Haustyp tritt in der Küstenebene ein Sammelbauhof auf, der sich von den anderen Gebäuden durch seine auf- und abspringende Firstlinie abhebt und meist aus Ziegeln und Lehm erbaut wurde. Wohn- und Stallgebäude mit Ziegel- bzw. Schilfdächern sind hintereinander angeordnet.

Während der Herrschaft der Genuesen (1284–1768) ließen sich diese häufig Häfen bzw. Landeplätze (marine) im Küstenbereich anlegen, die zunächst dem Tauschhandel entlang der Küste dienten, und später dem genuesischen Exporthandel zugute

Sammelbauhof im östlichen Tiefland

Marina-Siedlung   Zur Sicherung dieser Wohnplätze dienten die runden genuesischen Wachttürme

kamen. Diese Orte sind gekennzeichnet durch giebelständig aneinandergereihte Häuser, deren Keller als Lagerräume dienten.

In der Gegenwart ist in allen drei Siedlungsstockwerken Korsikas eine ungelenkte Neubauentwicklung sichtbar, die sich nicht mehr am alten Grundriß oder gar im funktional-strukturellen Bereich orientiert, da durch die Aufgabe der landwirtschaftlichen Tätigkeit die Konzeption eines Hauses überholt ist, wo Arbeiten und Wohnen unter einem Dach stattfanden. Erst seit wenigen Jahren ist man auch auf Korsika unter dem neuerwachten Einfluß der Heimatpflege bemüht, gestalterisch an die alten ländlichen Bauformen wieder anzuknüpfen. In diesem Zusammenhang befaßt man sich auf behördlicher Seite mit der Einrichtung einer Dorfentwicklungsplanung, deren künftige Aufgabenstellung aus den gegenwärtig zu beobachtenden Entwicklungsvorgängen wie schleichendem Verfall der Bausubstanz, Gestaltungsarmut, einseitiger sozialer Gruppenbildung oder mangelhafter bzw. fehlender Planung resultiert.

Korsika, eine unterentwickelte Insel – Politik und Wirtschaft der Gegenwart[20]

Genua hatte 1768 seine Rechte über Korsika an Frankreich verkauft. Damit war die Insel zwar politisch an Frankreich gebunden, aber von einem nationalen Zusammengehörigkeitsgefühl von Korsen und Franzosen kann bis heute kaum die Rede sein. Die meisten Korsen haben den jahrhundertealten Wunsch nach politischer Selbständigkeit bis auf den heutigen Tag nicht aufgegeben.

Überall auf Korsika, auf den Häuserwänden öffentlicher Gebäude, auf Ortsschildern und Wegweisern finden wir die Initialen der Separatistenorganisationen und Parolen wie »Terra corsa a i Corsi« (Korsika den Korsen), »Corsica nostra« (Korsika uns) oder »Français dehors« (Franzosen verschwindet). Der französische Name für die Insel, ›Corse‹, auf den Hinweisschildern zu den Fähren im Hafen von Marseille oder Nizza ist mit der korsischen Bezeichnung ›Corsica‹ übermalt. Als spektakulärste Seite der Auflehnung gelten die regelmäßigen Bombenanschläge auf französische Einrichtungen wie Banken, Büros der französischen Fluggesellschaft oder gar auf Feriendörfer. Und immer übernimmt die Verantwortung für solche Aktionen die FLNC (Front de la Libération Nationale Corse = Front für die nationale Befreiung Korsikas), obwohl andere Täter nicht auszuschließen sind. Die Anhänger dieser Separatistenorganisation fordern die totale Loslösung der Insel von Frankreich; ihre Devise lautet: Freiheit oder Tod. Eine andere Organisation war die ARC (Action pour la Renaissance de la Corse = Aktion für die Wiedergeburt Korsikas), aus der sich nach ihrem Verbot die UPC (Union du Peuple Corse = Union des korsischen Volkes) entwickelte.

Im Volk erfreuen sich die Separatisten keiner großen Beliebtheit, aber immerhin soll etwa die Hälfte des korsischen Volkes Anhänger eines autonomen Korsika sein.

Dieser Autonomiegedanke wird von der Bewegung der APC (Action patriots corse = Aktion korsischer Patrioten) verfolgt. Diese gemäßigte Organisation kämpft für ein eigenes korsisches Parlament und eine rein korsische Verwaltung, möchte aber dem Mutterland weiterhin die Außen- und Verteidigungspolitik überlassen und auch eine lose Verbindung im wirtschaftlichen und kulturellen Bereich beibehalten.

»Der Autonomismus hat auf Korsika seine eigene, bis ins Mittelalter zurückreichende Geschichte. Aber erst in der Nachkriegszeit ist er unter Berufung auf die Traditionen vollends wiedererwacht. Dazu haben die alljährlich in Corte stattfindende Sommeruniversität und die Aktivitäten der dort versammelten korsischen Intelligenz in besonderer Weise beigetragen. Wenn es folglich heute Kräfte auf der Insel gibt, die zunächst ihre Autonomie und dann gar ihre Unabhängigkeit fordern, werden bestimmte historische Vorgänge in das Bewußtsein einbezogen und mit aktuellen ökonomischen und sozialen Sorgen, Nöten und Interessen verglichen. Daher wird die korsische Bevölkerung auch von allen autonomistisch-separatistischen Organisationen aufgerufen, sich mit der eigenen völkischen Geschichte zu identifizieren, was bereits einen gefährlichen Emotionalisierungsprozeß ausgelöst hat. Das Ergebnis ist ein in den letzten Jahren sich zusehends dramatisierendes politisches Klima, wofür auf korsischer Seite zumeist die Folgen des französischen Zentralismus verantwortlich gemacht werden.«[21]

Im folgenden sollen einige Gründe genannt werden zum Verständnis der korsischen Situation und der ablehnenden Haltung gegenüber dem festländischen Frankreich.

Tatsächlich ist der Effekt der Zentralisierung auf einer Insel wie Korsika viel deutlicher als auf dem französischen Festland. Alle wichtigen Entscheidungen für Korsika werden fernab in Paris getroffen; hohe französische Beamte kommen aus der Hauptstadt auf die Insel, unterliegen in ihren Befugnissen keinerlei Kontrolle durch korsische Gremien und führen sich nach Meinung vieler Korsen häufig recht kolonialherrschaftlich auf. Die Korsen fühlen sich von der Zentralregierung unverstanden, vernachlässigt und unterdrückt. Eine miserable Wirtschaftslage, ein äußerst geringes Pro-Kopf-Einkommen, hohe Arbeitslosigkeit, Geburtenrückgang und Überfremdung durch Repatriierte, kulturelle Unterdrückung durch die Franzosen, der korsische Sprachverlust oder zunehmende Immobilienspekulationen, vorwiegend durch Ausländer, auf dem Fremdenverkehrssektor – dies alles fördert den Widerstand der Korsen.

In der Tat ist die wirtschaftsgeographische Situation Korsikas bedenklich. Es ist vor allem die Insularität, die den Fortschritt in allen Lebensbereichen im Vergleich zu der Entwicklung auf dem Festland stark hindert. So liegen die Lebenshaltungskosten der Korsen höher als die der Festlandsfranzosen (etwa 10%), obwohl die Löhne z. T. niedriger sind als in Frankreich. Unzufrieden äußert man sich ferner über hohe Überfahrtkosten mit dem Schiff bzw. mit dem Flugzeug, die unnötig langen Schiffspassagen, meist noch während der Nacht, die durch den Fremdenverkehr saisonal unterschiedliche Frequenz der Verbindungen und überhaupt über die zuwenig vorhandenen Verkehrsmittel. In der sommerlichen Hauptreisezeit können zusätzliche Streiks des Schiffs- oder Flugpersonals zu erheblichen Störungen im Güterverkehr und zu Versorgungsengpässen führen. Seit Jahrzehnten stellen diese Probleme im Verkehrswesen ein Politikum erster Ordnung dar.

Bereits am Ende des 19. Jahrhunderts reichte die Produktion von Grundnahrungsmitteln zur Deckung des korsischen Bedarfs nicht mehr aus. Schon damals wäre eine Neuordnung der Landwirtschaft dringend nötig gewesen. Aber die Nachteile des Standortes, vorherrschende Gebirgslandschaften und Abseitslage zum Kontinent, zwangen Korsika schon früh zur Öffnung seines Marktes für festländische Produzenten, für Agrarprodukte, Investitionsgüter und Rohstoffe. Gegenwärtig kommen 80% der Importe von Frankreich; aber nur knapp ein Zehntel aller Importe kann durch eigene Exporte bezahlt werden (negative Handelsbilanz).

Industrie gibt es auf Korsika kaum (Nahrungsmittelindustrie, Holzverarbeitung, Landmaschinenbau). Die Banken sind mit Investitionskrediten zurückhaltend, die wenigen Familienbetriebe kaum konkurrenzfähig. Die Insularität mit hohen Transportkosten schränkt die Investitionsbereitschaft zur Industrieentwicklung sehr ein, obwohl Rohstoffe, wie das einst in großem Umfang geschürfte Silber, Kupfer, Blei, Mangan, Eisen und Asbest, auch heute noch abbauwürdig sind.

Ungünstig sieht es auch auf dem Sektor der korsischen Landwirtschaft aus. Der größte Nachteil ist der infolge der naturräumlichen Bedingungen äußerst geringe Nutzflächenanteil von nur 14% (gegenüber Sardinien mit 36% und Sizilien mit 87%). »Weitere Probleme der insularen Landwirtschaft resultieren aus einem ausgeprägten Traditionsbewußtsein der ruralen Bevölkerung, unzureichender Organisation der Agrarwirtschaft, erheblichen quantitativen Schwankungen der Produktion, dem Vorherrschen unrentabler Terrassenkulturen, starker Flur- und Besitzzersplitterung infolge vorherrschender Realerbteilung und schließlich einer ungünstigen Betriebsgrößenstruktur.«[22]

Der hohe Anteil der Kleinbetriebe unter 10 ha (62%), die überwiegend im Nebenerwerb bewirtschaftet werden oder brachliegen, weil ihre Besitzer in der Stadt oder auf dem Kontinent arbeiten, wirkt sich sehr hemmend auf die Entwicklung der Landwirtschaft aus, da die Besitzer am Grundbesitz festhalten und dadurch eine sinnvolle Zusammenlegung zu größeren Betriebseinheiten verhindern. Außerdem konnten agrarwirtschaftliche Pläne und Neuerungen viele Korsen, die durch die starke Bindung an Frankreich ihre einstige Tätigkeit in der Landwirtschaft aufgegeben und neue Berufs- und Arbeitsbereiche gefunden hatten, nicht dazu bewegen, zur Agrarwirtschaft zurückzukehren.

Bis heute hat die Kleinviehhaltung im Gebirgsland ihre dominierende Stellung bewahrt. Es ist eine seit Jahrtausenden bekannte Wanderweidewirtschaft (Transhumanz), deren heutige Bedeutung auf der Schafhaltung beruht (1260 Betriebe mit zusammen 105 500 Tieren, 1970). Den Milchabsatz garantiert die ›Société Roquefort‹, die auch in Zukunft diese marktorientierte Wirtschaftsform sicherstellt. Dennoch bleibt auf dem traditionellen agrar- und viehwirtschaftlichen Sektor ein geringes Einkommen und Kaufkraftvolumen erhalten, und damit fehlt der Anreiz einer wirtschaftlichen Entwicklung in den ländlichen Gebirgsregionen mit der Schaffung neuer Märkte.

Ansätze einer modernen Landwirtschaft zeigt dagegen das ostkorsische Tiefland zwischen Bastia und Solenzara. Mit Hilfe der 1957 gegründeten ›Société pour la Mise en Valeur Agricole de la Corse (SOMIVAC) sollen die traditionellen Strukturen überwunden und die Landwirtschaft dem nationalen Markt angepaßt werden. Die SOMIVAC hat damit begonnen, die notwendige wasserwirtschaftliche Infrastruktur aufzubauen (Stauseen bei Alesani, Calacuccia und Ospédale; Tiefenreservoire bei Alzitone, Peri, Teppe Rosse). Das Wasser gelangt über mehrere Pumpstationen und eine über 1000 km lange Kanalisation zu den Verbrauchern – Genossenschaften und Privatleuten im landwirtschaftlichen, touristischen und industriellen Bereich. So wurden im Laufe der ersten fünf Jahre mehr als 10 000 ha Land rekultiviert. Besonders gefördert wurden der Weinbau und der Anbau von Zitrusfrüchten; mit anderen Kulturen (Avocados, Delikateß-Oliven, Obst) wurde begonnen.

Die ausgedehnten Weinbaukulturen im ostkorsischen Tiefland gehen in erster Linie auf die Initiative von Algerienfranzosen (etwa 16 000 Repatriierte) zurück. Der Staat stellte den Heimatlosen Land und Kredite zur Verfügung, ganz zur Verbitterung der Korsen, denen ähnliche Hilfe stets verweigert wurde. Es muß jedoch auch erwähnt werden, daß es den Korsen schwerfällt, die Leistungen der zugewanderten Nordafrika-Kolonisten neidlos anzuerkennen. Gleichzeitig äußert sich die neue eigenständige Sozialgruppe mit andersartigen Denk-, Lebens- und Wirtschaftsweisen ebenso herablassend über die kleinbäuerliche Rückständigkeit der Eingesessenen.

Seit Jahren kann sich Korsika ansteigender Zahlen im Wirtschaftssektor des Fremdenverkehrs erfreuen. Von 1960 bis 1978 stieg die Zahl der Touristen von 331 000 auf 1 000 000. Mit dem Ausbau des Tourismus sind auch die Hoffnungen auf eine Beseitigung der Wirtschaftskrise verknüpft. Planung und Koordination zum Aufbau des Fremdenverkehrs liegen in den Händen der 1957 gegründeten ›Société pour l'Equipement Touristique de la Corse‹ (SETCO). Inzwischen wurde eine weitere Gesellschaft, die ›Association pour le Développement Touristique de la Corse‹ (ADTC) ins Leben gerufen. Von der Entwicklung des Fremdenverkehrs verspricht man sich u. a. die Schaffung neuer Arbeitsplätze, Investitionen privater und staatlicher Einrichtungen und eine Erweiterung des Absatzmarktes speziell für korsische Agrarprodukte.

Dennoch herrscht auch in diesem Wirtschaftsbereich Unzufriedenheit bei den Korsen, und der Widerstand wächst. Beklagt werden die geringe Transportkapazität der Verkehrsträger in der Hauptreisezeit, die schwach entwickelte technische Infrastruktur der Insel oder der Mangel an Hotelunterkünften außerhalb der wenigen städtischen Zentren. Außerdem ist Korsikas moderner Tourismus noch vorwiegend ein Strandtourismus, der auf einige Regionen an der Küste beschränkt ist, während das Inselinnere mit seinen großartigen Gebirgslandschaften bisher kaum davon profitiert; diesen Gebieten fehlt natürlich auch die Infrastruktur, was zu Abwanderungen und Flur- sowie Ortswüstungen führt.

Der Strandtourismus brachte manchem korsischen Küstenbereich tiefgreifende fremdenverkehrsmäßige Wandlungen: Feriendörfer, Campingplätze, weniger dagegen neue Hotels erstrecken sich an den Küstensäumen der Balagne, des Cap Corse, der Ostküste zwischen Bastia und Porto-Vecchio, der Golfe von Valinco und Ajaccio. Von den Beherbergungstypen stehen die Zweitwohnungen mit 41% an der Spitze, gefolgt von Camping (24%), Hotels (16%), Feriendörfern (11%) und sonstigem (8%). Der hohe Prozentsatz von Zweitwohnungen erklärt sich durch die auf dem Festland wohnenden und arbeitenden Korsen, die ihre Ferien gewöhnlich auf der Insel im eigenen Haus verbringen.

Das Campingwesen hat auf Korsika im Vergleich zu den Balearen, zu Sardinien oder Sizilien einen besonders starken Aufschwung erlebt, was damit zusammenhängt, daß in stadtfernen Gebieten kaum Hotels anzutreffen sind, andererseits die günstigen klimatischen und landschaftlichen Bedingungen, einsame Küstenabschnitte oder romantische Bachtäler diese Form des Tourismus geradezu fördern.

Im korsischen Volk regt sich mittlerweile auch der Widerstand gegen den Ausverkauf der Küstenregion an mächtige Finanzgruppen, die das heimische Hotelgewerbe einschränken, die Strände vereinnahmen und die Landschaften entstellen, ohne einen realen Gewinn für die Bewohner zu bringen. Bodenspekulationen trieben die Preise in die Höhe. Ferner muß bedacht werden, daß Korsikas Fremdenverkehr saisonabhängig ist: 65% aller Touristen halten sich auf der Insel während der Hauptsaison auf, die nur knapp drei Sommermonate beträgt. Beherbergungsunternehmen werden außerdem überwiegend von kontinentalem Kapital getragen, was zur Folge hat, daß der erwirtschaftete Gewinn zum größten Teil wieder auf das Festland zurückfließt. Auch das Ziel, den insularen Absatzmarkt für korsische Agrarprodukte zu erweitern, ist bisher gescheitert, nicht einmal die Erwerbsstruktur der im Einzugsbereich neuer Touristenzentren ansässigen Bevölkerung hat sich entscheidend verändert.

Eine Folge der wirtschaftlichen Rezession der Insel zu Beginn des 20. Jahrhunderts war ein starker Bevölkerungsrückgang. Durch die schwindende Bedeutung der Landwirtschaft wanderten viele Korsen aus (weit über 100 000 Personen), meist nach Frankreich, wo Marseille heute mit 150 000 Korsen die größte Korsenstadt darstellt. Die Abwanderung hatte demographische, ökonomische und soziale Folgen und bewirkte durch Orts- und Flurwüstungen Veränderungen im Landschaftsbild. Korsikas Bevölkerungsentwicklung ist damit einmalig im westlichen Mittelmeerraum. Während Sizilien eine Zuwachsrate von 33%, die Balearen von 40% und Sardinien von 73% aufweisen, ging Korsikas Bevölkerung im gleichen Zeitraum um 35% zurück.

Mit dem Einsetzen eines langfristigen Programms zur Verbesserung der Wirtschafts- und Lebensverhältnisse nach dem Zweiten Weltkrieg war die Bevölkerungs-

Auswandernde Hirten (Gaston Vuilliers, 1890)

entwicklung nicht mehr rückläufig – von 1950 bis 1977 stieg die Bevölkerungszahl von 166 000 auf 232 000 –, aber die demographische Struktur ist durch Überalterung gekennzeichnet.

Ein Indiz für die wirtschaftliche Strukturschwäche ist die niedrige Erwerbsquote, die mit ca. 30% weit unter dem französischen Durchschnitt (41%) liegt, wobei starke Unterschiede zwischen Stadt und Land bzw. Inselinnerem und Küstenbereich bestehen. Während zahlreiche Korsen im erwerbsfähigen Alter außerhalb der Insel Arbeit suchen, kehren viele Emigranten im Rentenalter auf die Insel zurück; so versorgen etwa 30% der Inselbewohner, die einem Beruf nachgehen, die restlichen 70%, ein Charakteristikum, das auch auf anderen Mittelmeerinseln anzutreffen ist.

Was die weitere Entwicklung bringt, ist noch nicht endgültig abzusehen. Angesichts der zunehmenden Immobilienspekulationen auf dem Fremdenverkehrssektor, der Ankäufe kapitalstarker Gesellschaften vom Festland sprechen viele bereits »vom Ausverkauf der Insel oder auch vom Entwicklungsland Korsika. Demzufolge ist die Forderung der Autonomisten nach mehr Einfluß auf die Verwaltung und die Eindämmung sowohl ausländischer als auch französischer Interessen verständlich. Nahziel ist daher, zunächst auf wirtschaftlichem Sektor eine 'Korsifizierung' im Sinne eines Sonderstatus innerhalb des französischen Staatsverbandes anzustreben, was praktisch einer Teilautonomie gleichkommt. Im Augenblick ist jedoch keine der politischen Parteien Frankreichs gewillt, Autonomisten und Separatisten auf der Insel in irgendeiner Weise zu unterstützen ... Offensichtlich will Paris auf Korsika kein Signal für andere Minderheiten wie Flamen, Bretonen, Italiener oder Elsässer setzen, um damit letztlich den Fortbestand der zentralistischen Republik nicht zu gefährden«[23], schreibt H. Lücke noch im Jahre 1980.

Am 23. 12. 1981 erhält Korsika schließlich doch vom Ministerrat einen Sonderstatus zugebilligt; im Laufe des Jahres 1982 wurden verschiedene Wahlen durchgeführt. Die Korsen sollen von nun an selbst ihre Politik und wirtschaftliche Zukunft auf den Gebieten der Landwirtschaft und Industrie, des Verkehrswesens und Tourismus bestimmen. Es wird sich bald zeigen, ob für Korsika eine bessere Zukunft begonnen hat.

III Landschaften, Städte und Sehenswürdigkeiten

1 Corte, ehemalige Hochburg des korsischen Widerstandes
(Farbt. 1, Abb. 48, 49, 120–122)

>*Corte ist ein Binnenstädtchen von einer nicht minder imposanten Lage, als die korsischen Seestädte haben. Das Panorama der braunen Berge, in deren Mitte sie liegt, die Zitadelle auf einem unersteiglich schroffen Felsenriff, geben der Stadt eine männliche und bronzene Physiognomie.«*
>
> Ferdinand Gregorovius, 1852[24]

Gegen eine Felswand gebaut, wo der Tavignano und die Restonica ihre kristallklaren Wasser vereinen, liegt Corte (kors. Corti; 6100 Einwohner) im Zentrum der Insel in einer Talbeckenlandschaft, die von steil abfallenden, unvermittelt aufragenden Bergen umrahmt wird (Abb. 120, Farbt. 1). Von Natur aus war dieses Hochland von Corte auserwählt, administratives und geistiges Zentrum eines eigenständigen korsischen Gemeinwesens zu werden.

Schon die Mauren gründeten hier eine Kolonie, die sie ›Mascara‹ nannten. 1420 errichtete Vincentello d'Istria, Graf der Cinarca und Vizekönig von Korsika, im Auftrag des Königs von Aragonien die Zitadelle. Nach seiner Hinrichtung (s. S. 81) 1434 bemächtigten sich die Genuesen der Stadt.

Nachdem sie bei dem Aufstand von 1730 erst von den Patrioten besetzt und zwei Jahre später dank dem Einschreiten der Söldnertruppen des Habsburgers Kaiser Karl VI. von Genua zurückerobert worden war, fiel sie den korsischen Patrioten erneut in die Hände, von denen sie der zum Herrscher von Korsika gekrönte Theodor I. (s. S. 87f.) empfing. 1739 mußte sich Corte den französischen Truppen ergeben, die Ludwig XV. auf die Insel geschickt hatte, um sie wieder, wie es in seiner feierlichen Proklamation hieß, »ihren rechtmäßigen Besitzern untertan zu machen«. 1753 wird die Stadt von dem korsischen Widerstandskämpfer Gianpietro Gaffori zurückerobert. Unter dem von der Volksversammlung gewählten ›General der Nation‹ Pasquale Paoli wird Corte nun endlich Haupt- und Universitätsstadt eines unabhängigen Korsika. Besonders die Gründung der Universität 1764 (bis 1790) stärkte das Nationalbewußtsein der Korsen und insbesondere der Bevölkerung von Corte. Nach dem Sieg der Fran-

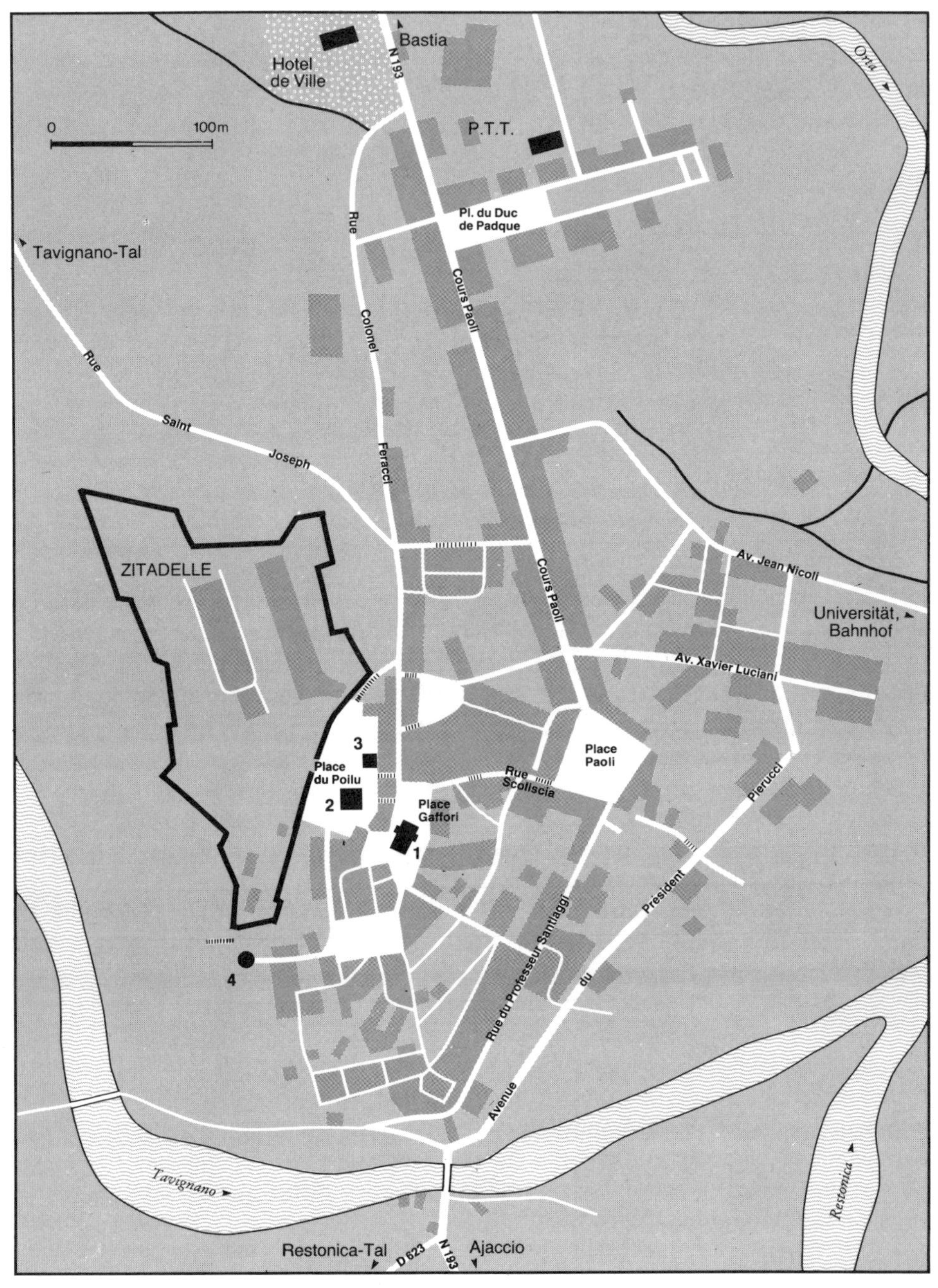
0   100m
Hotel
de Ville
Bastia
N 193
P.T.T.
Pl. du Duc
de Padque
Tavignano-Tal
Rue
Colonel
Cours Paoli
Rue
Saint
Joseph
Feracci
ZITADELLE
Cours Paoli
Av. Jean Nicoli
Universität,
Bahnhof
Av. Xavier Luciani
3
Place
du Poilu
2
Place
Gaffori
1
Rue
Scoliscia
Place
Paoli
Pierucci
4
Rue du Professeur Santiaggi
du
Président
Avenue
Tavignano
Restonica
Restonica-Tal
D 623
N 193
Ajaccio
Orta

zosen über das korsische Heer bei Ponte Nuovo 1769 besetzten die neuen Herren auch Corte; Paoli flüchtete nach England. Damit war Cortes Bedeutung als strategischer Mittelpunkt und Brennpunkt der korsischen Widerstandsbewegung zu Ende.

In den letzten Jahren beginnt sich das geistige Leben in Corte wieder zu regen, wozu auch die 1975 eröffnete Sommeruniversität einen entscheidenden Beitrag leistet. Eine Wandlung geschieht auch durch den Tourismus, denn Corte ist beliebter Ausgangspunkt für Bergwanderungen. Eine industrielle oder gewerbliche Entwicklung hat aber bisher kaum stattgefunden. Die Beckenlandschaft um Corte gehört zu den bedeutenderen Agrargebieten Korsikas; allerdings dienen deren Produkte im wesentlichen dem Eigenbedarf der Region (Wein, Oliven, Eßkastanien, Käse, Holzausfuhr aus dem Restonica- und Tavignano-Tal).

Sehenswürdigkeiten von Corte

Corte besteht aus einer Oberstadt (Altstadt) und einer Unterstadt (Neustadt). Die lange Hauptgeschäftsstraße mit Hotels und Verwaltungsgebäuden, *Cours Paoli,* nimmt zugleich den Durchgangsverkehr der wichtigsten Querverbindung der Insel von Bastia nach Ajaccio auf. In den Sommermonaten herrscht hier ein reges Treiben; es sind vor allem ›Rucksacktouristen‹, welche sich in den Lebensmittelgeschäften mit Proviant versorgen oder die Straßenbars bevölkern. Der Cours Paoli mündet am Ende auf die Place Paoli mit der Bronzestatue des großen Freiheitskämpfers (Abb. 121).

»Man sieht auf den ersten Blick, daß man einen wahrhaft edlen Mann, einen begeisternden Redner und geborenen Herrscher vor sich hat. Hoch und frei ist seine Stirn, milde das Auge unter dichten Brauen, freundlich, durchgeistigt das Antlitz. Er trägt keinen Bart, und das lange Haar ist über die Ohren in Löckchen umgebogen.«   W. Hörstel[25]

Durch die Rue Scoliscia steigt man auf breiten Stufen zur Place Gaffori hoch, wo das Bronzestandbild des Generals steht, eine Arbeit des Bildhauers E. Adelbert von 1900 (Abb. 122).

Am Sockel ist in Flachrelief Gafforis Frau Faustine dargestellt, wie sie eine lodernde Fackel über ein Pulverfaß schwingt, um die verzagenden Bürger zum Durchhalten zu zwingen. Auf der anderen Seite ist die Belagerung von Corte zu sehen.

»Gafforis Name ist die schönste Zierde von Corte, und sein kleines von Kugeln noch heute durchlöchertes Haus in der Stadt ihr glänzendstes Monument. [Das Haus steht an der Place Gaffori.] Es verwahrt noch eine andere heroische Erinnerung, die an sein heldengroßes Weib. Die Genuesen benützten einst die Abwesenheit Gafforis, um sein Haus zu überfallen und sich seiner Frau zu bemächtigen, wie es ihre Politik war, die Familien der gefürchteten Korsen als Geiseln zu gebrauchen und die Vaterlandsliebe der Männer durch die natürliche Liebe zu bekämpfen. Aber Gafforis Weib verschanzte sich augenblicks in ihrem Hause, und nachdem sie Türe und Fenster selbst verbarrikadiert hatte, verteidigte sie sich mit den wenigen Freunden, die ihr beigesprungen waren, die Flinte in der Hand, tagelang gegen die Genuesen, die das Haus mit einem Hagel von Kugeln überschütteten. Als nun die Not immer höher stieg, rieten ihr die Freunde zu kapitulieren. Sie aber brachte ein Pulverfaß in ein unteres Zimmer, und indem sie eine Lunte ergriff, schwor sie, das Haus augenblicks in die Luft zu sprengen, wenn man aufhöre, auf die Stürmenden zu feuern. Die Freunde kannten den verzweifelten Mut von Gafforis Frau und hielten aufs neue stand, bis endlich Gaffori selber mit einer Korsenschar herbeikam und sein Weib befreite.« Ferdinand Gregorovius[26]

Auf der Südseite der Place Gaffori steht die *Verkündigungskirche* (Eglise de l'Annonciation) von 1450; ihre Fassade stammt aus dem 17. Jahrhundert. Im Innern sind sehenswert auf der linken Seite eine holzgeschnitzte Kanzel und ein Tabernakel sowie eine Marienstatue aus Marmor in der Sakristei (17. Jh.). Rechts von der Kirche geht es über Treppen und durch einen Torbogen zum *Palais National,* dem alten Residenzgebäude der Genuesen, nach dem Sieg der Korsen Regierungssitz des korsischen Parlaments des unabhängigen Korsika (1755–69), heute Bibliothek u. a. An der benachbarten Place du Poilu, Haus Nr. 1, wohnten einst Napoleons Eltern. Hier wurde Napoleons Bruder, Joseph Napoleon Bonaparte, König von Neapel und Spanien, am 7. 1. 1768 geboren; zehn Jahre später Jean Thomas Arrighi de Casanova, Herzog von Padua, Général de Division und Gouverneur des Invalides. In der Nähe ist auch der Eingang zur *Zitadelle,* die seit 1984 besichtigt werden kann. Nachdem die Fremdenlegion im Jahre 1983 Corte verlassen hat, soll in der freigewordenen und an die Stadt zurückgegebenen Zitadelle ein Museum eingerichtet werden. Links führt der Weg weiter durch die Rue Balthasar Arrighi zum ›Belvédère‹, einem Aussichtspunkt von mehr als 100 m Höhe über dem Tavignano. Herrliches Panorama auf Zitadelle, Stadt und Berge mit den Tälern von Restonica und Tavignano (Farbt. 1). Vom Belvédère führen Stufen hinunter zum Ufer des Tavignano und zum Campingplatz.

Corte ist Ausgangspunkt für Wanderungen und Fahrten in den *Parc Naturel Régional de la Corse* (Nationalpark), mit den Tälern von Restonica, Tavignano, den Schluchten der Scala di Santa Regina und zum Hochtal des Golo und Stranciacione (Asco) (s. S. 129ff.). Im Süden liegen kleine heilklimatische Fremdenverkehrsorte (Venaco, Santo-Pietro-di-Venaco, Vivario) und der berühmte Wald von Vizzavona (s. S. 144), im Osten das Bergland der Castagniccia (s. S. 217ff.).

Ausflüge in die Umgebung von Corte (s. Routenkarte S. 219)

Kirche und Taufkapelle San Giovanni Battista (Abb. 48, 49)

(Zugang: Von Corte auf der N 200 in Richtung Aleria, nach 1,5 km zweigt rechts ab ein schlecht befahrbarer Weg durch Korkeichenniederwald, der die Eisenbahnstrecke überquert. Die Ruinen der Kirche liegen neben einem ehemaligen Truppenübungsplatz des Militärs.)

Corte, Kirche San Giovanni Battista, zeichnerische Rekonstruktion der Westfassade

Der Bau der Kirche und ihres Baptisteriums könnte in die vorromanische Epoche des 9. Jahrhunderts zurückreichen, vielleicht im Zusammenhang mit einem Sieg der Kreuzritter über die Sarazenen.

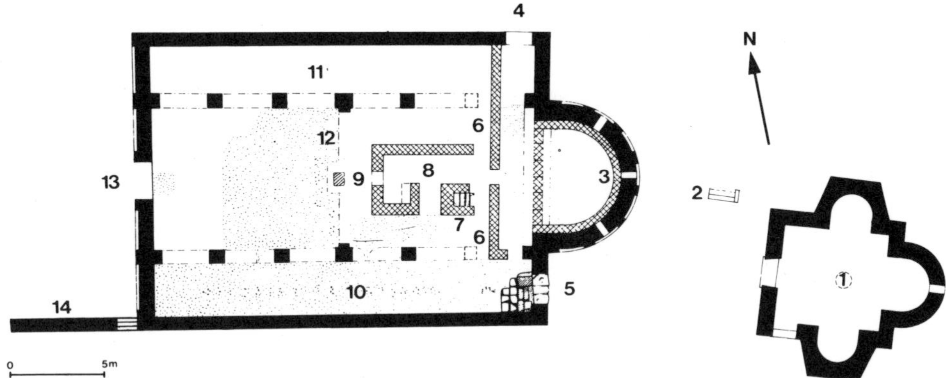

Corte, Kirche und Baptisterium San Giovanni Battista, Grundriß, Ausgrabungen von Geneviève Moracchini-Mazel, 1956–58, aufgezeichnet durch P. Pironin
1 Taufbecken   2 Treppe   3 Bank der Priester   4 Durchgang   5 Tür   6 Chorschranke   7 Ambon (erhöhtes Pult für gottesdienstliche Lesungen)   8 Schola (Vereinigung von Lehrern und Schülern besonders zur Pflege des Gregorianischen Chorals)   9 Steinplatte   10 Bodenbelag aus Ziegeln und Mörtel, der zwischen den Säulenabständen fast überall fehlt   11 Bodenbelag verschwunden   12 Grenze des Bodenbelags   13 Haupteingang   14 Mauer von 26 m Länge

Der Besucher wird seine Vorstellungskraft mit einbeziehen müssen, um sich die ehemalige Fassade mit ihren außergewöhnlich schönen Proportionen vorstellen zu können. Nur die Apsis ist erhalten; Lisenen und darüber Bögen aus gelben Tuffkeilsteinen heben sich farblich vom grauen Mauerwerk ab.

Auch die Seitenfassaden muß man sich mit schmalen Fenstern und Lisenen wie bei der Apsis vorstellen. Die Dachstühle der unterschiedlich hohen Schiffe waren einst mit braunen ›teghie‹ gedeckt.

Corte, Kirche Santa Mariona, Grundriß

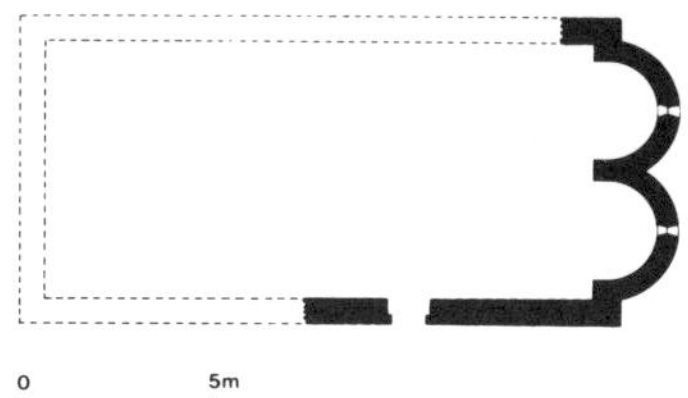

Vom südlichen Seitenschiff gelangt man über einige Stufen zu einer höher gelegenen Bodenterrasse und zum Eingang der im kleeblattförmigen Grundriß angelegten, schmucklosen Taufkapelle, in deren östlicher Apsismauer eine schmale Fensteröffnung ausgespart ist.

Kirche Santa Mariona
(Zugang: Von Corte auf der N 193 etwa 2 km in Richtung Bastia bis zum Weiler Vertanese. Links oberhalb der Straße die Ruinen.)
Die Kirche ist einschiffig und endet mit zwei Apsiden, was in der Kirchenbaukunst sehr selten ist. Die zwei Triumphbögen bestehen aus regelmäßig behauenen Keilsteinen, das Mauerwerk aus Kalkschiefer (Mitte 10. Jh.).

Castirla, Kapelle San Michele
(Zugang: Von Corte 10 km auf der D 18 bis Castirla. Unterhalb des Dorfes liegt die präro-

manische Kapelle in einem Friedhof. 15 Min. Fußweg; Schlüssel beim Bürgermeister.)
Die Kapelle besitzt in ihrer Apsis schöne (restaurierte) Fresken aus dem 15. Jahrhundert. Christus Pantokrator ist von den Evangelisten (Symbole) und Aposteln umgeben; Verkündigung auf dem Triumphbogen.

Von Castirla in nördlicher Richtung weiter auf der D 18. Am Croce d'Arbitro zweigt links die D 118 nach **Castiglione** ab. Versteckt auf einem Felsvorsprung oberhalb des Golo-Tales liegt dieses Gebirgsdorf mit seinen alten Häusern und Gäßchen um die Pfarrkirche gruppiert und wird von den roten Felsnadeln der ›Aiguilles de Popolasca‹ beherrscht. Ein zweites Gebirgsdorf unterhalb der Felsen ist Popolasca.

2 In den Tälern von Restonica, Tavignano und Asco – das Niolu, das ›ethnische Herz Korsikas‹

(Farbt. 4, 5, 30, 31, Umschlagrückseite, Abb. 3, 33, 70, 94, 95)

Restonica
(Farbt. 4, 5, Umschlagrückseite)

> *»Ich gewann die Restonica lieb. Ich kenne ihre ganze Lebensgeschichte, denn von ihrem Ursprung an habe ich sie an einem Tage bis an ihr Ende begleitet, und manchen herrlichen Trunk hat sie mir kredenzt. Ihr Wasser ist so klar, so frisch und so leicht wie der Äther und im ganzen Lande Korsika ist es weit und breit berühmt. Nie trank ich besseres Wasser, es hat mich mehr gelabt als der köstlichste Wein. Dieser unvergleichliche Quell besitzt eine solche Schärfe, daß er Eisen in kürzester Zeit spiegelblank reinigt und es vor Rost bewahrt; schon Boswell weiß, daß die Korsen zur Zeit Paolis ihre rostigen Flintenläufe in die Restonica steckten, um sie zu reinigen. Alle Kiesel und Steine, welche der Quell überflutet, macht er schneeweiß, und bis zu seiner Mündung in den Tavignano ist sein Bett oder sein Ufer mit diesem milchweißen Gestein geziert.«* Ferdinand Gregorovius[27]

Gegenüber dem parallel verlaufenden Tal des Tavignano sieht das Tal der Restonica eher lieblich aus. Beide Täler sind durch die Gletscher der Eiszeit überformt worden. In einer Umgebung von romantischer Bergwildnis fließt die Restonica mit kristallklarem Wasser, das je nach Jahreszeit mal stärker, mal weniger stark anschwillt, durch das nur an wenigen Stellen schluchtartige Tal, überwindet manchmal große Felsblöcke, stürzt in kleinen Wasserfällen abwärts oder bildet ruhigere Becken. Der forellenreiche Fluß entspringt im Gebiet des Monte Rotondo. Diese Gebirgsgruppe ist Korsikas größtes und am stärksten geprägtes eiszeitliches Vergletscherungsgebiet. Man erkennt dies an den typischen Trogtälern, den Rundbuckellandschaften, den glazial geformten Seewannen (Kare) mit den zahlreichen Gletscherseen (z. B. Lac de Melo, Abb. 70, Lac de Capitello, Lac di l'Oriente) und an den gut ausgebildeten präglazialen Talterrassen. Den Abschluß des Tales bildet der Pic Lombarduccio mit dem schönsten Bergsee Korsikas, dem Capitello-See.

Wanderungen im Restonica-Tal

Von Corte zweigt die D 623 ins Restonica-Tal ab. An den Hängen der Forêt de la Restonica: Kastanienbäumen folgen bald Laricio-Kiefern auf den Nordhängen, die Seestrandkiefer auf den Südhängen. Immer wieder bieten sich schöne Ausblicke zum Verweilen an. Die Straße endet an der Bergerie de Grotelle (Abb. 33; Parkplatz). Von hier aus beginnt ein zum Teil steiniger Pfad zum **Melo-See** (Höhenunterschied 400 m, 1 Std.). Kurz vor Erreichen des Zieles ist eine gefährliche Steilstufe (Karschwelle) zu überwinden, wobei Schwindelfreiheit Voraussetzung ist. Ketten zum Festhalten sind

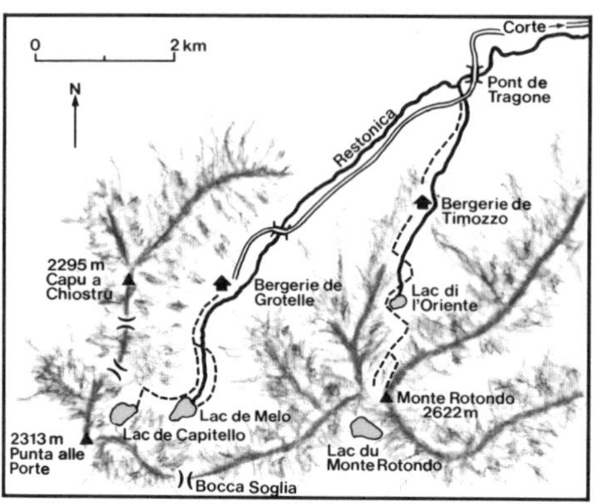

Wanderkarte des oberen Restonica-Tals

montiert. (Ein weniger gefährlicher Weg ist als Alternative möglich. Ca. 25 Min. vom Parkplatz entfernt, nach einem Erlengesträuch verläßt man den markierten Weg, quert die Restonica etwa in Höhe des Wasserfalls, Farbt. 5, und steigt durch Erlensträucher am Fuße einer Felswand steil nach oben. Auf dem Rückweg ist gute Trittsicherheit geboten! Abb. 70)

Vom Melo-See benötigt man nochmal 1 Stunde zum **Capitello-See.** Am Ostufer des Melo-Sees geht es rechts an einem Wasserlauf steil bergauf (gelbe Markierung). Herrlicher Anblick des Sees, der am Osthang des Capu a i Sorbi (2267 m) liegt.

Eine Besteigung des **Monte Rotondo** (5 Std. Aufstieg) beginnt im Restonica-Tal. Nach 9,7 km auf der D 623 wird der Pont de Tragone erreicht (Parkmöglichkeit). 700 m weiter beginnt links ein breiter Fußweg (300 m unterhalb gute Parkmöglichkeit an einem Wasserfall des Timozzo), der durch schattigen Laricio-Kiefernwald steil bergauf führt, nach 20

Min. in einen schmalen Maultierpfad übergeht und weiter serpentinenartig ansteigt. Schließlich lichtet sich der Wald, und der Blick schweift zurück ins Restonica-Tal und nach Corte. Nach 1 Std. erreicht man die Bergerie de Timozzo mit ihren sehr gastfreundlichen Schäfern.

Hinter der Bergerie Anstieg des überall von Steinmännchen gut markierten Pfades in südwestlicher, später südlicher Richtung, entlang einem Höhenrücken. Dieser wird nach einiger Zeit verlassen, und der Pfad führt hinab zu dem kleinen Bachlauf des Timozzo. Rechts des Pfades die Quelle von Triggione (1920 m). Nach Überquerung des Timozzo Anstieg des Pfades auf der rechten Bachseite durch Erlenbuschwerk mit südlichem Verlauf bis zum 2061 m hoch gelegenen Gletschersee Lac di l'Oriente (1½ Std. von der Bergerie Timozzo entfernt). Entlang der rechten Uferseite bis zum südöstlichen Ende des Sees, ab hier wieder in südlicher Richtung serpentinenartig über Felsenstufen bergan; jetzt befindet man sich unterhalb der Nordabstürze des Rotondo. Links entlang bis zum nordöstlichen Grat, vor dem rechts der Pfad zum höchsten Gipfel des Rotondo führt. Unmittelbar unter dem Gipfel bietet eine Hütte einer kleineren Gruppe Notunterkunft.

»Die Handlungen der Korsen (schwanken) zwischen dem positiven Pol der Gastfreundschaft, der Hilfsbereitschaft und des Edelmutes einerseits und einer grausamen Härte der Vergeltung andererseits im Rahmen einer sehr weit gespannten Skala der Triebe und Empfindungen.«
Erik Arnberger[28]

Für die Gastfreundschaft der Korsen steht die folgende Schilderung:

14. Juli 1983, Nationalfeiertag der Franzosen. Nach dem steilen Anstieg über die Baumgrenze hinaus entdeckten wir in der Ferne zwei flatternde Fahnen – Maurenkopf und Trikolore – über einer Ansammlung von niedrigem grauen Mauerwerk, das sich kaum von seiner granitenen Umgebung abhob. Wir hatten die Bergerie de Timozzo erreicht.

Hundegebell kündigt uns Fremde an, ein Maultierkopf schaut neugierig aus einem Verschlag, und bald darauf steht ein Mann im dunklen Eingang seiner Hütte und winkt uns heftig gestikulierend zu sich heran. Nach der Begrüßungszeremonie läßt uns Don Joseph eintreten. Beiderseits eines großen Holztisches sitzen vier Männer mit wettergegerbten Gesichtern, die uns als Gäste begrüßen und uns am Tisch Platz nehmen lassen. Bei mehreren Glas Landwein erfahren wir einiges über die Arbeit der Schäfer in dieser gottverlassenen Gegend. Im Sommer leben die Männer etwa vier Monate hier oben, Frauen und Kinder bleiben in Corte zurück. Stolz zeigt man uns die runden Schafskäse, die in einer kühlen Steinhütte hinter einem Fliegengitter reifen. Mit großer Selbstverständlichkeit sitzen wir wenig später in der Mittagstischrunde und sind gerührt über die Freude, mit der diese Männer ihr Essen mit uns teilen. Zunächst gibt es einen Salat aus Tomaten, Sardellen, Zwiebeln, Minze und Knoblauch, anschließend über offenem Feuer gegrillte Koteletts mit Macchienkräutern, selbstgebackenes Brot und als Nachtisch »brocciu« mit Anisschnaps.

Wir hätten sicherlich noch Stunden bei unseren freundlichen Gastgebern verbringen können, doch ein Blick auf die graue Wolkenwand, die sich über den Bergen zusammenzog, mahnte uns an den Aufbruch. Nachdem wir uns für die spontane und aufrichtige Gastfreundschaft bedankt und im Gästebuch eingetragen hatten, verabschiedeten wir uns. Einer der Männer begleitete uns noch bergab bis zum Pont de Tragone, wo er uns schließlich noch einen Ziegenkäse als Gastgeschenk zusteckte.

Tavignano

Der Tavignano, einer der bedeutendsten Flüsse Korsikas, hat seinen Ursprung im Nino-See des Capu a u Tozzu (2007 m). Genau wie Restonica, Golo und Stranciacone fließt auch der Tavignano zunächst durch eine ausgesprochen glazial überformte Hochgebirgslandschaft und tritt, nachdem er einen Waldgürtel (Laricio-Kiefern, Kastanien) passiert hat, in schluchtartigen Talöffnungen in die intermontane Senke von Corte ein. In einer engen Schleife umfließt er den steilaufragenden Felsen von Corte, nimmt die Restonica auf und am Ende der Beckenlandschaft den Vecchio. Dann folgt die schluchtenreiche Strecke zur östlichen Küstenebene von Aleria (Abb. 94). Die zahlreichen kleinen Flüßchen, die sich aus der Castagniccia noch dazugesellen, haben das Relief dieser Mittelgebirgsregion stark geprägt.

Von Corte empfiehlt sich eine sehr schöne Wanderung durch das Tal des Tavignano zum **Forêt de Melo** (hin und zurück 6½ Std.). Man verläßt Corte auf der Rue St-Joseph, die gegenüber der Kapelle Ste-Croix einmündet. Das Auto parkt man am Ortsausgang. Der Maultierpfad ist gelb markiert. Zunächst schöne Aussichten auf Corte, später durch Wälder mit Kastanien und Laricio-Kiefern mit vielen Ausblicken hinunter in die Wildnis der Schlucht mit dem kristallklaren Fluß. Auch vom Forêt de Melo bietet sich ein herrlicher Ausblick. Von hier führt der alte Hirtenpfad von Corte zum Niolu über den 1592 m hohen Paß Bocca a l'Arinella.

Asco [Ascu]
(Farbt. 30, 31)

Asco – mit diesem Namen verbindet man eine wildromantische Schlucht (Gorges de l'Asco), durchflossen von dem gleichnamigen Wildbach, und ein Bergdorf, das als Zentrum des korsischen Alpinismus gilt.

Der Fluß entspringt an der Bocca Stranciacone, deren Namen er auch zunächst den gesamten Oberlauf entlang trägt. Sein Quellgebiet ist im Westen von einem abgeschlossenen Bergkessel umgeben. Hochaufragende Gipfel, Pässe, schwindelerregende Felswände und Firnmulden, in denen der Schnee den ganzen Sommer über liegenbleibt, machen diese Gebirgskulisse des Monte Cinto (2706 m), der Punta Minuta (2556 m), des Capu Stranciacone (2151 m) und der Mufrella (2148 m) aus (Farbt.31). Nur wenige Pässe führen aus dem Kessel heraus: die Bocca Stranciacone in das Gebiet des Forêt de Filosorma, der Col d'Avartoli in den Cirque de Bonifatu (s.S.190), der Col de Pampanosa zum Niolu und die Bocca di l'On della ins Tal von Tartagine.

Der Fluß Asco durchläuft zunächst das Hochtal, bricht dann im weiteren Ver-

lauf durch die berühmten Schluchten, durchfließt die Ebene und mündet nach dem Zusammenfluß mit Tartagine bald darauf in den Golo.

Asco ist der einzige Ort im Flußtal; er liegt 18 km von Ponte Leccia entfernt am Fuße des Capu Selolla (2273 m). Ein kleines Museum (Hotel) zeigt die landwirtschaftlichen Geräte dieses abgelegenen Gebietes. Am oberen Ortsausgang zweigt eine Erdstraße links ab hinunter in die Schlucht, wo eine einbogige genuesische Brücke den Fluß überspannt und ein Naturbassin zur Rast einlädt (Farbt. 30). Die

Glockenturm einer Bergkapelle

D 147 steigt hinter Asco an und erreicht den *Forêt de Carozzica* (Laricio-Kiefern), der durch Waldbrand und Winterschäden stark zerstört ist.

Haut-Asco ist eine Skistation mit Hotel und Unterkünften, 1422 m hoch auf dem Plateau von Stagnu gelegen (Farbt. 31). Hier bleibt der Schnee häufig bis Mai oder Juni liegen. Das Gebiet ist bisher vom Wintersport her nur für Korsen interessant. Anders ist es mit dem Bergsteigen; Haut-Asco ist einer der beliebtesten Ausgangspunkte internationaler Bergsteiger. Touristen ohne Bergerfahrung sei jedoch von eigenmächtigen Touren abgeraten. (Nähere Hinweise gibt H. Schymik in seinen Bergführern, s. S. 340.)

Das Niolu

Das Quellgebiet von Korsikas bedeutendstem Fluß, des Golo (84 km Länge), liegt in der ›Herzlandschaft der Insel‹, im westkorsischen Granit- und Porphyrhochgebirge mit seinen charakteristischen eiszeitlichen Formen. Nach kurzem Lauf in südöstlicher Richtung knickt er in nordöstlicher Richtung ab und tritt in ein breites, 800 m ü. NN liegendes Hochbecken von 15 km Länge und 10 km Breite ein. Es wird begrenzt im Süden von den Granitgipfeln, welche die 2000-m-Grenze überschreiten (Capu a u Tozzu, Punta Artica), im Norden von Bergen über 2500 m (Monte Cinto, Punta Minuta, Paglia Orba).

Der *Forêt de Valdu-Niellu*, der größte aller Forste Korsikas mit prächtigen Laricio-Kiefern, dehnt sich im Südwesten des Beckens aus, während im Osten nur die Schlucht der *Scala di Santa Regina* (Treppe der Himmelskönigin) einen Zugang bildet (Abb. 95). Diese abgeschlossene Hochebene ist das Niolu, das ›ethnische Herz Korsikas‹. Sein Gebiet deckt sich in etwa mit den Grenzen des Kantons Calacuccia, zugleich die wichtigste Stadt des Niolu.

Es ist noch nicht lange her, da war das Niolu vom übrigen Korsika fast abgeschlossen; nur auf Maultierpfaden gelangte die Bevölkerung mühsam in andere Regionen und lebte deshalb auch sehr isoliert mit Bräuchen, die sich länger als woanders erhielten. Erst durch den Bau der D 84 wurde dieser isolierte Teil an zwei Stellen geöffnet: Im Osten führt die neue Straße durch die Scala di Santa Regina und bindet das Niolu an die zentrale Beckenlandschaft von Corte; im Westen stellt die Straßenführung über den Col de Verghio (1477 m, höchster Straßenpaß Korsikas) die einzige Verbindung mit dem mittleren Teil der Westküste (z. B. Golf von Porto) dar.

Das Niolu, das so gar nicht mehr an die nahen mittelmeerischen Gefilde erinnert, ist das Land der Hirten, deren Leben seit Jahrhunderten nach denselben Gesetzen abläuft. Im Herbst ziehen sie mit ihren Herden talwärts, immer den gleichen Weg über den Paß von Guagnerola der Küste zu, im Sommer kommen sie zurück und steigen zu den Almen hinauf. Das beschwerliche Leben hat die Bergkorsen aber nicht mürrisch oder verschlossen gemacht. Gastfreundlich teilen sie das Brot und den Käse mit den Fremden, die in ihrer Hütte rasten. Ihre Gastfreundschaft geht bis zum Selbstverzicht und sollte deshalb von den Bergwanderern nicht allzusehr beansprucht werden.

Wahrscheinlich sind die Bewohner des Niolu Nachkommen islamisierter Korsen oder Überlebende der sarazenischen, von Ugo Colonna bei Corte geschlagenen Truppen, die in diesem Hochland der Almen und Wälder eine Zuflucht fanden. Da sie hier keine Eroberer oder Seeräuber mehr zu fürchten brauchten, konnten sie sich ihren Lebensraum ganz anders einrichten als in den gefährdeten Küstenbereichen. Die Dörfer sehen nicht wie unzugängliche Adlerhorste aus, sondern liegen an den Hängen verstreut mit einladenden Häusern. Die Herden, Wälder und Edelkastanien, aber auch Getreide und Obstbäume ernährten die Bevölkerung lange Zeit. Besonders bekannt sind die Bewohner des Niolu wegen ihrer musikalischen Naturbegabung; sie bewahren das überlieferte Erbe des korsischen Volksliedes. Am 8. September feiert Casamaccioli das große Fest des Niolu, an dem die Volksdichter der ganzen Insel ihren Wettstreit im Improvisieren austragen. Mit großer Freude begehen die Menschen diesen Tag, der der Jungfrau Maria geweiht ist.

Das Niolu entwickelt sich zur Zeit zu einem beliebten Luftkurortgebiet: Bergwanderungen in einem gesunden Klima, Gebirge mit Gletscherseen und Wälder, der Stausee von Calacuccia für den Segelsport und zum Surfen, das Skigebiet am Col de Verghio sind Anziehungspunkte (Abb. 33).

Von **Casamaccioli** [Casamacciuli] ist der Ausblick auf den See und das Cinto-Massiv besonders eindrucksvoll. In der *Pfarrkirche* steht im rechten Seitenschiff die Holzskulptur des Heiligen Rochus mit naivem Gesichtsausdruck. Er hat das Aussehen eines Hirten und wird von seinem Hund begleitet. Dieser Heilige existiert seit der Pestepidemie im 16. Jahrhundert (Pestbeule auf dem Oberschenkel). Im linken Seitenschiff beachte man die Holzfigur ›La Santa‹, die alljährlich zum Fest der Jungfrau am 8. September in der Prozession mitgeführt wird.

In der *Pfarrkirche* von **Calacuccia** befindet sich auf dem Hauptaltar ein schönes Holzkruzifix (Volkskunst). Von der Welt abgeschnitten und sicherlich ohne bildhauerische Erfahrung, hat es der Künstler dennoch verstanden, dank einer Stilisierung von Muskulatur und Ge-

sichtszügen den Schmerz des Gekreuzigten auszudrücken.

Hirte aus Calasima, Niolu (Gaston Vuilliers, 1890)

Fährt man von Calacuccia in Richtung Col de Verghio, so befindet sich links der D 84, kurz hinter der Abzweigung nach Lozzi, inmitten einer von Disteln durchsetzten Wiese der *Dolmen von Niolu* (Abb. 3), bei dem ein tafonierter Naturfelsblock in die Grabanlage einbezogen wurde. In *Albertacce* ist ein kleines Privatmuseum mit archäologischen Funden aus dem Niolu eingerichtet worden.

Wanderung zum Lac de Nino (1743 m) 10 km südwestlich von Albertacce (Richtung Col de Verghio) zweigt beim Forsthaus von Popaja (Poppaghia) ein gelb markierter Pfad nach Süden zum Lac de Nino ab. Nach einem etwa einstündigen Marsch durch herrlichen Laricio-Kiefernwald stößt man in einer Höhe von 1360 m auf den Höhenrundweg durch den Forêt de Valdu-Niellu, dem man links bis wenige Meter vor dem Colga-Bach folgt. Der Pfad trennt sich hier vom Höhenrundweg und verläuft rechts des Baches in südlicher Richtung bis zu der Bergerie de Colga (vgl. Fig. S.113). Hinter den Hütten steigt der Pfad in südöstlicher Richtung steil bergan, quert eine Anzahl von Felsen (eindrucksvolle Landschaft!), bis man nach etwa 2 Std. den Felsgrat der Bocca â Stazzona (1762 m) erreicht hat (Steinmann!). Nun benötigt man nur noch 20 Min. bergab bis zum Ufer des Gletschersees.

Wanderung zum Monte Cinto (2706 m) Das ›Dach von Korsika‹ ist eine beliebte Herausforderung für Bergsteiger und Wanderer, der Anstieg von Süden her verlangt Bergerfahrung; man sollte sich sonst einer Führung anschließen. Der dominierende Gipfel ist der herausragende Punkt einer langen Gebirgskette, die das Asco-Tal vom Niolu trennt. In diesem Teil des Parc Naturel Régional trifft man mit etwas Glück auf den selten gewordenen Mufflon, den Steinadler und Bartgeier und andere selten gewordene Vogelarten (vgl. S. 51f.)

Wegbeschreibung: Von Calacuccia auf der D 218 bis Lozzi und weiter auf einer Erdpiste, die in Richtung Monte Cinto durch das Erco-Tal führt (10 km). Vom Ende der Piste erreicht man auf einem abgedeckten Kanal in ca. 5 Min. ein kleines Wasserreservoir. Hier quert man den Bach und folgt dem Pfad am linken (nördlichen) Ufer des Erco-Baches. Nach weiteren 30 Min. ist die Bergerie de Biccarellu erreicht und nach weiteren 30 Min. auf einem mit Steinmännern gekennzeichneten Pfad die Erco-Hütte (Selbstversorgerhütte, Biwakmöglichkeit). Kurz vor der Erco-Hütte trifft man auf den weiß markierten Pfad, der von Lozzi über die Bergeries de Cesta kommt. Nach Zusammentreffen beider Pfade (weiße Markierung, teilweise noch alte rote) gemeinsamer Aufstieg zunächst über ein rutschiges Geröllfeld zum Gipfel, der bei guter Sicht mit einem faszinierenden Panorama belohnt. (Zeitdauer der Wanderung: Lozzi bis Erco-Hütte 2½ Std., Erco-Hütte bis Monte Cinto 2½ Std.) Von der Erco-Hütte führt noch ein Pfad zum ›cirque glaciaire‹, der von Monte Falo und Monte Cinto geformt wird (vergletschertes Tal, Moränenblöcke, links am Fuß des Monte Falo ein Wasserfall). Weitere Hinweise zu Bergwanderungen aus dem Golo-Tal in den Bergführern von Hans Schymik und Michel Fabrikant.

3 Ajaccio, die Hauptstadt Südkorsikas und der Geburtsort von Napoleon Bonaparte, und das Gravona-Tal

(Farbt. 11, 21, 23, Abb. 1, 19, 96–107)

Geburtsort Napoleons zu sein und ›kaiserliche Stadt‹ genannt zu werden, das allein übt schon auf viele Reisende einen besonderen Reiz aus. Napoleon ist überall gegenwärtig: Es gibt heroische Napoleondenkmäler, Napoleonmuseen, das Napoleongeburtshaus und eine Napoleongrotte; Napoleon schwebt als stilisiertes Haupt aus Glühbirnen über der Fahrbahn der Place du Maréchal-Foch oder steht als Nippes in allen erdenklichen Varianten in den Andenkenläden. Straßenzüge tragen die Namen der Mitglieder des Napoleon-Clans: Cours Napoléon, Rue Napoléon, Rue Cardinal Fesch, Place Letitia usw., erst weiter außerhalb der Stadt geht es in der Benennung wieder korsischer zu: Boulevard Sampiero oder Avenida Pascal Paoli. In Ajaccio zu verweilen und dem Andenken des Kaisers auszuweichen, ist ein Ding der Unmöglichkeit. Eigentlich ist der übertriebene Napoleonkult verwunderlich, denn der Kaiser selbst hat außer seiner Familie keine Korsen leiden können; er hat für Frankreich gekämpft und Korsika dabei vernachlässigt. Immerhin wurde Ajaccio von Napoleon 1811 aus der verträumten Stille gerissen und zur Hauptstadt der Insel bestimmt (bis 1975), wo sich heute der Sitz der Präfektur Südkorsikas, der Gerichtshof, die Industrie- und Handelskammer und der Bischofssitz befinden.

Die freundliche und helle Stadt (52 800 Einwohner) ist reizvoll in ihre landschaftliche Umgebung eingebettet. Ihre Lage am weiten Golf mit seinen Sandstränden und Fremdenverkehrsorten, der von Gebirgszügen in weitem Bogen umrahmt wird, ist vor allem im Frühjahr malerisch, wenn die nordöstliche Hochregion der verschneiten Massive von Monte d'Oro und Monte Renoso einen starken Gegensatz zur verschwenderischen farbigen Blütenpracht der meeresnahen Mittelmeerlandschaft bildet. Die abschirmende Wirkung dieser Gebirgszüge bringt dem Golf ein winterloses mildes Klima; eine beglückende Komposition aus Stadt, Meer, Badestränden und Gebirge ließ Ajaccio zu einem beliebten Touristenzentrum heranreifen. Der Hafen bietet allen Schiffsgrößen ungehinderte Einfahrt, obwohl er damit nicht Bastias Vorrangstellung schlagen kann, das dem Festland näher liegt (Abb. 96, Farbt. 11).

Von dem »idyllischen, schweigsam harmlosen Städtchen von 11 500 Einwohnern im Laub der Ulmenbäume versteckt«[29], wie es Ferdinand Gregorovius 1852 bei seinem Besuch Ajaccios empfand, ist nicht mehr viel zu verspüren. Starkes Bevölkerungswachstum, vor allem bedingt durch die Landflucht und den Zuzug von Algerienfranzosen, führte zu einer wirtschaftlichen Strukturentwicklung, wobei aber das städtische Umland wirtschaftlich nur schwach entwickelt ist und kaum eine Basis für einen Ausbau der Stadt zu einem Handelszentrum bietet. Vom Meer her gesehen erkennt man gut, wie sich die Stadt in zwei Etagen ausbreitet, wobei das alte Ajaccio den unteren Raum einnimmt und die oberen Viertel modernes Wohnen verkörpern. Die Altstadt ist verwinkelt und in ihrer Bausubstanz teilweise sanierungsbedürftig

(Abb. 107), die modernen Wohnblöcke und Hochhäuser sind zwar großzügig angelegt, aber in ihrer Gleichförmigkeit und mitunter erdrückenden Größe städtebaulich bedenklich (Farbt. 11).

Die Einwohner verdienen ihren Lebensunterhalt vor allem in der Verwaltung, durch den Hafen und den Fischfang sowie in der Fremdenverkehrsindustrie; es gelang aber auch, einzelne Gewerbeunternehmen und Industriebetriebe anzusiedeln bzw. auszubauen. Die Altstadtviertel entlang der Bucht machen einen geschäftigen Eindruck. Während der ›rush hour‹ und ganz besonders im August, wenn die Festlandsfranzosen die Insel erobern, geht es auf den Straßen Ajaccios chaotisch zu: Autoschlangen, Verkehrsstaus und Parkplatznot sind nervenaufreibend. Die beiden Hauptachsen der Stadt, zwei breite, sich im Zentrum kreuzende Straßen, sind Schlagadern des städtischen Verkehrs. Der *Cours Napoléon,* auf dem vor einigen Jahren noch der allabendliche Korso stattfand, jene unumgängliche Einrichtung südlicher Breiten, ist heute die größte Geschäfts- und Verkehrsstraße; der *Boulevard Grandval* hat dem Ausbau der Stadt nach Westen die Richtung gewiesen.

So gleicht der Stadtgrundriß etwa einem Dreieck, dessen südöstliche Spitze von einem Landvorsprung gebildet wird, auf dem die Zitadelle steht. Gassen und Treppen bzw. gewölbte Passagen führen auf der westlichen Straßenseite vom Cours Napoléon ab und enden alsbald als Sackgassen; meerwärts führen sie zur Rue Cardinal Fesch hinunter, der Hauptverkehrsstraße des ›borgu‹ Ajaccios (Markt). Die Häuserfassaden, nur selten durch architektonische Verzierungen aufgelockert, wirken streng. Wie in anderen Mittelmeerregionen sind auch hier die Jalousien herabgelassen, um die Innenräume kühl zu halten. Hier und da blinkt ein blankgeputzter Türklopfer an einem alten Holzportal. Bars, in denen vom Anbruch der Nacht an Gesang und Gitarrenmusik erklingt, und kleine Speise- und Weinlokale, die sich mit dem Tourismus stark vermehrt haben, fügen dem Altstadtbild ein fröhliches Element hinzu.

Die *Place du Maréchal Foch,* eine Insel der Ruhe und Gemütlichkeit im lauten Verkehrsstrom, ist der Treffpunkt der Ajacciner (Abb. 97). Ihr oberes Ende wird von einem repräsentativen Springbrunnen mit vier Löwen abgeschlossen, der von der Marmorstatue Napoleons als Erster Konsul gekrönt wird (Abb. 99). Im Schatten der prächtigen Kanarischen Palmen haben sich die Menschen auf den Bänken niedergelassen; stolze Mütter behüten ihre Kinder, die Alten halten ihren täglichen Schwatz, Touristen ruhen sich aus vom Stadtbummel. Den hübschen, modern gekleideten Frauen Ajaccios gebührt ein besonderes Kompliment; pariserische Eleganz findet sich inzwischen auch in der südkorsischen Hauptstadt. Überall gibt es auffallend interessante Gesichter der selbstbewußten Korsen, der Algerienfranzosen mit leichtem Berbereinschlag, der saisonweise eingereisten Afrikaner aus dem Senegal, die ihre Handarbeiten verkaufen, und schließlich der Touristen aus den verschiedenen Ländern. Der Blick wandert unter den Palmwedeln hinweg hinunter zu den sich wiegenden Masten der farbenfrohen Fischerboote im Hafen (Farbt. 21) oder zu dem blendend weißen Schiffsriesen ›Napoléon‹, der gerade vom Kai abgelegt hat. Wir empfinden, daß das Leben in Ajaccio leichter und beschwingter ist als anderswo auf der Insel, ganz so, als habe man längst eine Synthese zwischen korsischer Lebensart und französischem Lebensstil gefunden.

Der *Campo-dell'Oro* östlich der Stadt, Schwemmkegel der Gravonamündung und vor Jahrzehnten noch malariaverseucht, wurde der Standort des modernen Flughafens, wodurch Ajaccio Anschluß an das Düsenzeitalter erhielt. In westlicher Richtung führt die ›Route des Sanguinaires‹ als Küstenstraße vorbei an prächtigen Villen, Hotels und einigen Strandbädern zwischen Felsenklippen und endet an dem äußersten Punkt des Golfes von Ajaccio, *Pointe de la Parata,* auf dem ein genuesischer Wachtturm thront. Ihm sind die *Iles Sanguinaires* (Blutinseln), die Wahrzeichen des Golfes, vorgelagert. Die Meeresbrandung hat im Laufe von Jahrtausenden die ehemalige Landzunge aus widerständigem roten Dioritgestein in einzelne kleine Inseln aufgelöst (Farbt. 23). Die südliche Seite des Golfes zieht sich mit vielen Badebuchten bis zum *Capo di Muro.*

Der Sage nach soll der homerische Held Ajax der Gründer Ajaccios sein. Diese Geschichte klingt zwar unglaubwürdig, doch Genaues weiß man ohnehin nicht über den Ursprung der Stadt. Immerhin hat man in der Bucht antike Funde gemacht. Der Name der Stadt leitet sich vom römischen Adjacium ab, was ›Ruheplatz‹ bedeutet und als Rastplatz von Hirten und Herden interpretiert werden muß. Nach Giovanni della Grossa (1388–1464), dem ältesten Chronisten Korsikas, lag das alte Ajaccio nicht an der Stelle der heutigen Stadt, sondern nördlich davon gelegen auf einem Hügel am Golf mit Namen San Giovanni, wo man noch einige Ruinen der alten Burganlage finden kann. Auch Funde von Münzen, Keramiken, Graburnen und Sarkophagen bezeugen die Anwesenheit der Römer. Um 600 wurde die Stadt Bischofssitz, erreichte als kleiner Marktflecken aber keine Bedeutung. Im 10. Jahrhundert wurde er von Sarazenen verwüstet. Die historische Gründung der Stadt erfolgte dann gegen 1492 durch die Genuesen. Unter der Verwaltung der Bank des Heiligen Georg (s. S. 82 f.) wurde die heutige Altstadt gegründet und etliche Familien aus Ligurien sowie Adlige aus Genua in der neuen Kolonie angesiedelt. Im Verlauf der ersten militärischen Intervention Frankreichs eroberte Sampiero Corso 1553 die Stadt für die Franzosen. Ihr Befehlshaber, Marschall de Thermes, begann 1554 mit dem Bau der Zitadelle, die später von den Genuesen erweitert wurde. Die Festung ist im Vergleich zu denen von Calvi oder Bonifacio klein in ihren Ausmaßen; sie wird heute von der Armee bewohnt und ist deshalb nicht zu besichtigen. 1559 war Ajaccio schon wieder im Besitz Genuas; aus dieser Zeit stammt das Stadtwappen: Zinnen eines Wachtturmes und zwei Löwen. 1793, mittlerweile unter französischer Herrschaft, wurde Korsika in das Golo- und Liamone-Département geteilt, letzteres mit dem Hauptort Ajaccio. Ein kaiserliches Dekret Napoleons von 1811 hob die Teilung wieder auf: Ajaccio wurde die Hauptstadt des Départements Korsika. Seitdem wuchs die Stadt zum bedeutenden Hafenort und zum wirtschaftlichen und kulturellen Zentrum. Bei der letzten Neugliederung Korsikas 1975 in zwei Départements wurde die ehemalige politische Einteilung wiederhergestellt: Ajaccio ist jetzt Hauptstadt von Corse du Sud.

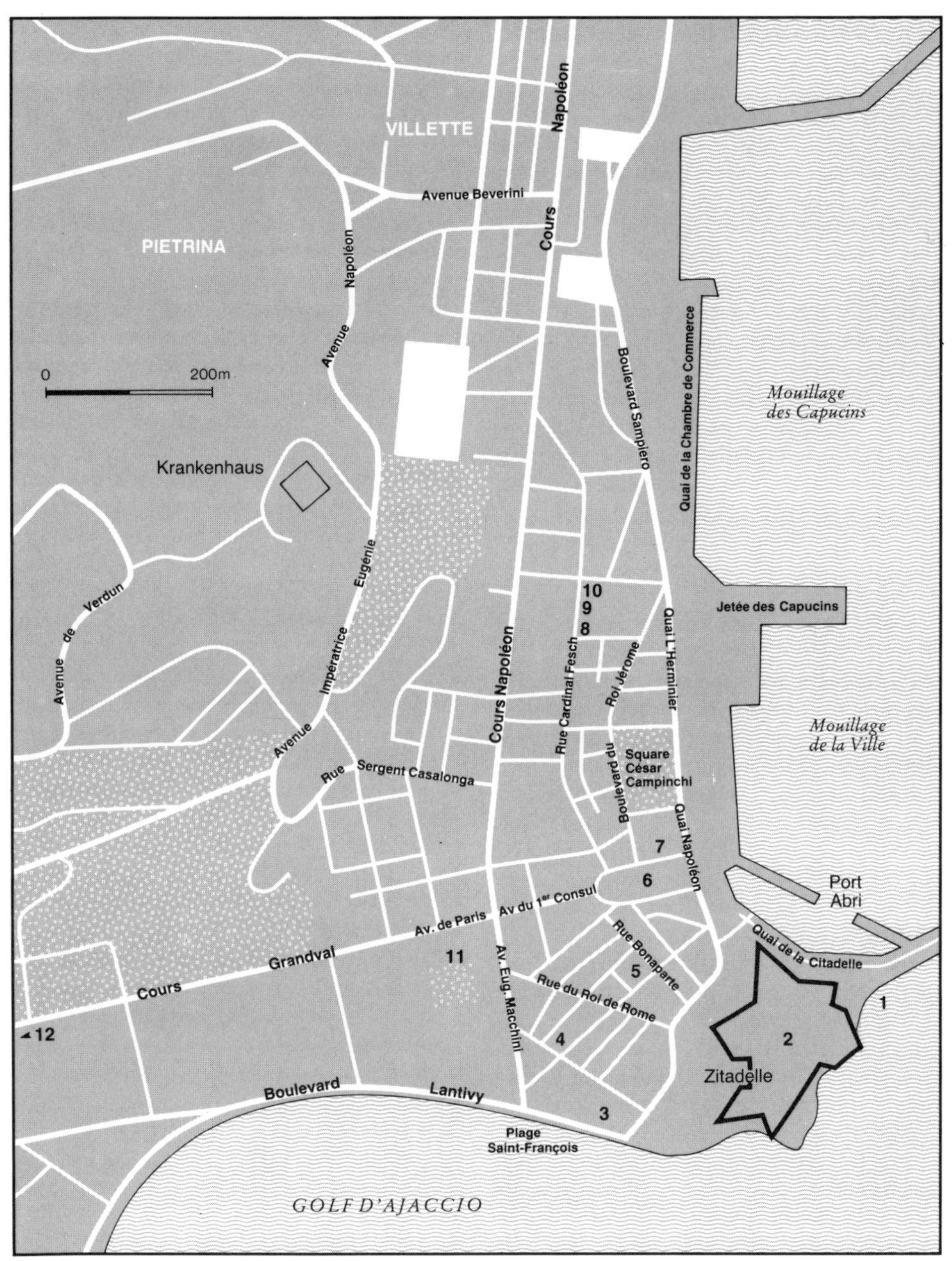

Stadtplan von Ajaccio (Nr. 1–12 s. S. 140–143)

Sehenswürdigkeiten von Ajaccio [Aiacciu]

1 Jetée de la Citadelle
Von der 200 m langen Hafenmole schöne Aussicht auf die Stadt, den Hafen und den Golf (Abb. 96, Farbt. 11)

2 Zitadelle
1554 von den Franzosen errichtet, später von den Genuesen ausgebaut, heute Sitz des Militärs (nicht zu besichtigen)

3 Kirche Saint-Erasme
1602 erbaut und dem Patron der Seeleute geweiht, 1932 restauriert. Alte Kapelle des Kollegiums der Jesuiten von der Jesuitenkirche in Rom, mit kreuzförmigem Grundriß und einem Hauptschiff (Prototyp des Barock, s. S. 83 f.). Im Innern eine Anzahl der von Seeleuten gestifteten Schiffsmodelle sowie drei schöne Christusfiguren auf Passionskreuzen.

4 Kathedrale
Notre-Dame-de-la-Miséricorde
Diese Renaissancekirche wurde 1587–1593 im Stil venezianischer Kirchen des 16. Jahrhunderts von Giacomo della Porta, einem Architekten von Papst Gregor XIII., anstelle der ehemaligen 1554 zerstörten kleinen Kirche Santa Croce erbaut. Auf einem Fries über dem Eingangsportal ist die Geschichte dieses Gotteshauses in lateinischer Schrift dargestellt. Der Grundriß hat die Form eines griechischen Kreuzes; das Hauptschiff wird von einer mächtigen Kuppel überragt (s. S. 84). Gute Proportionen verleihen ihrem Innern ein majestätisches Aussehen. Im linken Seitenschiff befinden sich drei Kapellen. Die erste am Eingang ließ Pietro-Paolo d'Ornano, ein in venezianischen Diensten stehender korsischer Oberst, errichten. Sie ist mit einem auffallend schönen Stuck dekoriert, den man dem Sohn Tintorettos zuschreibt. Das kostbarste Stück der Kirche befindet sich in dieser Kapelle Notre-Dame del Pianto: ein Gemälde von Eugène Delacroix (1798–1863) mit dem Titel »La Vierge du Sacré-Cœur«. Die zweite Kapelle ist Notre-Dame-de-la-Miséricorde geweiht und mit einer gekrönten Jungfrau aus Marmor geschmückt. Die letzte Kapelle ist der Jungfrau mit dem Rosenkranz gewidmet. Sie birgt drei Statuen aus polychromen Holz: Saint-Dominique und Sainte-Rose umgeben die Jungfrau mit Jesuskind. Fünfzehn kleine Bilder des 17. Jahrhunderts illustrieren das Mysterium des Rosenkranzes. Die mittlere Kapelle im rechten Seitenschiff zeigt eine schöne Madonnenfigur aus dem 18. Jahrhundert in Marmor. Bedeutung hat die Kirche auch für denjenigen, der auf Napoleons Spuren wandeln möchte. Gleich rechts vom Hauptportal steht ein weißes Marmortaufbecken mit pausbäckigen Engeln, über dem der fast zwei Jahre alte Napoleon getauft wurde. Das Tabernakel aus Bronze und Marmor über dem Becken stammt von 1900. Auf der roten Marmortafel an der ersten Säule links kann man den Wunsch des verbannten Kaisers lesen, den er am 29. April 1821 auf St. Helena geäußert hat: »Si on proscrit de Paris mon cadavre comme on a proscrit ma personne, je souhaite qu'on m'inhume auprès de mes ancêtres dans la cathédrale d'Ajaccio, en Corse.« (Wenn man von Paris aus meine Leiche verbannt, wie man meine Person verbannt hat, dann möchte ich neben meinen Vorfahren in der Kathedrale von Ajaccio auf Korsika beigesetzt werden.) In der Tat hatte die 1771 geadelte Familie Bonaparte ihre Gruft in der Kathedrale bis 1857; dann wurden die Gebeine in die von Napoleon III. erbaute Chapelle Impériale überführt. Elisa Baciocchi, Schwester von Napoleon I. und Fürstin von Lucca und Piombino, stiftete 1811 den Hochaltar aus weißem Marmor mit seinen vier gedrehten Säulen aus schwarzem Marmor.

5 Maison Bonaparte (Geburtshaus Napoleons)
(Täglich geöffnet außer dienstags und sonntagnachmittags; 21. 6.–21. 9. von 9–12 Uhr und 14–18 Uhr; 22. 9.–20. 6. von 10–12 Uhr und 14–17 Uhr; Fotografieren ohne Stativ und Blitzlicht erlaubt)

An der kleinen Place de Letitia, wo in der Parkanlage die Büste von Napoleons Sohn (Napoleon II., König von Rom) aufgestellt ist, steht das dreigeschossige Geburtshaus Napoleon Bonapartes mit dem Familienwappen über dem Eingang. Das schlichte Haus vom Beginn des 18. Jahrhunderts kam 1743 in den Familienbesitz der Bonapartes. Die Räume erinnern kaum noch an die Zeit des jungen Napoleon. Die eher kleinbürgerlich anmutenden Zimmer wurden nach Wünschen von ›Madame Mère‹ nach ihrer Rückkehr aus der Verbannung im Jahre 1797 restauriert: mit Stuck, mit italienisch stilisierten polychromen Pflanzenmalereien in geometrischer Anordnung und nach Pariser Vorbild möbliert (Abb. 105). In einem Raum wird noch das Sofa gezeigt, auf dem Letitia die Geburtswehen bekommen haben soll. Neben der Ahnentafel der Familie Napoleons viele Familienporträts sowie Büsten (Abb. 101). Die kleine Marmorbüste der Letitia stammt wahrscheinlich von Antonio Canova (1757–1822), dem auch Napoleons Schwester, Pauline Borghese, für eine Galatea-Skulptur (Demidoff-Museum, Elba) Modell stand. Schöne Münzsammlung (1797–1876), Schriftstücke und Waffen.

In der Rue Bonaparte Nr. 17 steht das Haus von Napoleons Erzfeind, dem Grafen Pozzo di Borgo (1764–1842), der zunächst Deputierter zur gesetzgebenden Versammlung in Paris, später Paolist und in den Napoleonischen Kriegen Diplomat und Geheimagent zugleich war. Dieser war an der Verbannung Napoleons auf die Insel Sankt Helena maßgeblich beteiligt.

6 Place du Maréchal-Foch s. S. 137f. (Abb. 97, 99)

7 Musée Napoléonien (Napoleonmuseum) (Täglich geöffnet außer sonntags von 9–12 Uhr und 14.30–17.30 Uhr, von 14–17 Uhr im Winter; Eintrittskarte auch für das Fesch-Museum gültig)
Neben Porträts und Marmorbüsten der Familie Napoleons (Abb. 102–104) werden zwei Erinnerungen besonders wachgerufen: der erste wichtige Moment in Napoleons Leben, sein Taufschein vom 21. Juli 1771, und der letzte durch die Totenmaske aus Bronze, die ihm von Doktor Antonmarchi auf seinem Sterbebett auf St. Helena abgenommen wurde. Münzen- und Medaillensammlung des 18. und 19. Jahrhunderts. Der böhmische Kristall-Kronleuchter im großen Saal ist ein Geschenk der Tschechoslowakei zum 200. Geburtstag des Kaisers.

8 Chapelle Impériale (Kaiserliche Kapelle) (Geöffnet 9–11.45 und 14.30–18 Uhr; im Winter 14–17 Uhr)
Die Kapelle wurde 1855–1858 unter Napoleon III. in lateinischer Kreuzform aus den Steinen von St.-Florent im Pseudo-Renaissance-Stil gebaut, um als Familiengruft der kaiserlichen Familie zu dienen. In der Krypta befinden sich die Sarkophage von neun Angehörigen der Familie, u. a. der Mutter Napoleons, Letitia Ramolino, des Vaters, Carlo Maria Bonaparte, und des Onkels, Kardinal Fesch. Am Hauptaltar ein bemerkenswertes Kruzifix, das Napoleon seiner Mutter nach seiner Rückkehr vom Ägyptenfeldzug 1799 mitbrachte. Messen zum Gedenken Napoleons finden alljährlich am 15. August und 5. Mai (Geburts- und Todestag) statt.

Der Kapelle gegenüber steht die *Kapelle des Hl. Rochus*, Sitz der Bruderschaft von St.-Roch; Fest und Prozession am 16. August.

9 Musée Fesch (Gemäldegalerie) (Öffnungszeiten wie Musée Napoléonien, nach umfangreicher Renovierung ist die Wiedereröffnung im Juni 1990 vorgesehen)
Die kaiserliche Stadt verdankt dem Onkel Napoleons und Halbbruder Letitias, Kardinal Joseph Fesch (1763–1839), die Gründung des Museums. Im Gefolge seines erfolgreichen Neffen versuchte der Kardinal, der eine starke Neigung zu den schönen Künsten hatte, Bilder zu erwerben, die in den Kriegswirren manchmal sogar am Rande der Legalität zu haben waren. Ungefähr ein Drittel seiner beachtlichen Kunstsammlung vermachte Fesch seiner Ge-

burtsstadt Ajaccio. In seinem Testament ermöglichte er die Fertigstellung einer höheren Schule und verfügte, daß man den Schülern eine ernsthafte künstlerische Bildung durch den Umgang mit Werken der Malerei ermögliche. In einem Flügel des Palais ist heute tatsächlich ein Gymnasium untergebracht; der Nordflügel des Gebäudes, in dem das Museum und die Stadtbibliothek untergebracht sind, wurde erst unter Napoleon III. erbaut. Das Fesch-Museum befindet sich in der 1. Etage des Palastes. Bei Kennern steht das Museum seit langem in hohem Ansehen, da es die bedeutendste französische Sammlung der italienischen Primitiven nach jener des Louvre besitzt. Es sind Werke aus fünf Jahrhunderten italienischer Malerei (14. –18. Jh.).

Das 14. Jahrhundert ist durch Gemälde aus der Schule von Rimini vertreten. Beachtenswert ist die ›Mystische Hochzeit der Hl. Katharina‹ von Allegretto Nuzi, einem Maler aus Umbrien, der stark von der Mystik und vom Realismus der Florentiner Künstler beeinflußt wurde (bekannt unter dem Namen ›internationale Gotik‹). Des Themas ›Jungfrau mit Kind‹ haben sich zwei große Künstler angenommen: Giovanni Bellini (um 1430–1516) aus der venezianischen Schule und Sandro Botticelli (1444–1510) aus der florentinischen Schule. Zärtlichkeit, Charme und Sensibilität strömt die Jungfrau Bellinis aus, während die ›Madonna mit der Girlande‹ von Botticelli (um 1470) durch ihre außergewöhnliche Grazie begeistert. Es ist wohl eines der hervorragendsten Werke des Florentiners. M. Laclotte bemerkt dazu: »Wie bei den Bildern im Ospedale degli Innocenti, in New York und Washington, inspiriert sich auch hier der junge Künstler an dem berühmten... Gemälde seines Lehrers Filippo Lippi, 'Maria und Kind'. Doch indem er die Komposition auflockert, einen tänzerischen Rhythmus in die Gruppe bringt, die Proportionen verlängert, den Gesichtern einen liebevoll-schmerzlichen Ausdruck verleiht, schafft Botticelli mit diesem leiden-

schaftlichen und nervösen Werk vielleicht zum ersten Male etwas ganz Eigenes.«[30]

Die ›Madonna mit musizierenden Engeln‹ stammt von Giovanni Boccati. Es wird als sein wichtigstes Bild außerhalb Italiens und als eines der bedeutendsten der umbrischen Schule angesehen. Die ›Madonna mit den zwei Heiligen‹ von Cosimo Tura ist von starkem Realismus gekennzeichnet, ein Werk aus der Schule von Ferrara. Das 16. Jahrhundert wird vor allem durch zwei Gemälde aus der venezianischen Schule vertreten: die ›Leda‹ von Veronese und das nicht weniger berühmte Bild ›Mann mit Handschuhen‹ von Tizian. Landschaftsgemälde von Gaspard Dughet (1613–1675) repräsentieren das 17. Jahrhundert. Dieser französische Künstler hatte den größten Teil seines Lebens in Italien verbracht. Beachtenswert auch das ›Porträt eines jungen Bildhauers‹ von Amorosi. Gemälde venezianischer Landschaften des 18. Jahrhunderts werden der Schule von Canaletto zugeschrieben. Interessant auch eine Sammlung von Stilleben aus dem 17./18. Jahrhundert, die neben den Werken im Louvre einmalig sein dürfte.

10 Bibliothek (Abb. 106)
(Lesesaal tägl. geöffnet von 13–19 Uhr, außer sonntags)
Sie wurde 1801 von Lucien Bonaparte, dem damaligen Innenminister, in einem Flügel im Erdgeschoß des Palais Fesch eingerichtet und überrascht durch ihren architektonischen Stil. Sie enthält 50 000 Bücher, darunter Korsika-Literatur, alte Karten und Lithographien sowie Wiegendrucke (Bibel von 1478, Titus Livius von 1425).

11 Place Général-de-Gaulle
Weiter Platz, der in einem zum Golf hin offenen Park angelegt ist. Kasino am Meer, unterirdischer Parkplatz. Denkmal von Napoleon als römischer Imperator auf dem Pferd und seinen vier Brüdern, eine Arbeit nach Plänen von Viollet-le-Duc (Abb. 98).

12 Place d'Austerlitz
In einem Park führen viele Stufen einer hohen

Marmortreppe hinauf auf die Anhöhe Casone, die von dem mächtigen *Standbild Napoleons* als Jägeroberst mit Zweispitz gekrönt ist. Die Bronzefigur ist eine Replik eines Pariser Originals und wurde 1938 von Seurre hergestellt. Links des Denkmals Felsengrotten, genannt ›Napoleonsgrotte‹, wo Napoleon als Kind gespielt haben soll.

Umgebung von Ajaccio

Iles Sanguinaires (Farbt. 23)
Die Inseln am Rande des Golfes erreicht man mit dem Boot oder auf der ›corniche ajaccienne‹ (12 km). Kurz hinter der Place Emmanuel-Arène steht die Kapelle der Griechen (Chapelle des Grecs), 1632 gegründet, 1731 den von Cargèse nach Ajaccio geflüchteten Griechen überlassen. Nach mehreren Sandstränden erreicht man die *Pointe de la Parata* mit dem Genuesenturm von 1608. Schöne Aussicht auf die vorgelagerten *Iles Sanguinaires* (Blutinseln) (vgl. S. 138). Die größte der Inseln, *Grande Sanguinaire,* erhebt sich 80 m über den Meeresspiegel und trägt einen Leuchtturm, der den Schiffen den Eingang zum Golf anzeigt. 1863 bewohnte der Schriftsteller Alphonse Daudet den Turm und schrieb über die Landschaft in seinen ›Lettres de mon Moulin‹.

Château de la Punta
Das Schloß liegt 13 km nordwestlich von Ajaccio und ist auf einer schmalen und kurvenreichen Privatstraße zu erreichen, wobei man die Kapelle mit den Gräbern der Familie Pozzo di Borgo passiert. Das Schloß, Sinnbild der Zwietracht zwischen Napoleon Bonaparte und Pozzo di Borgo (s. S. 141), ließen Jérôme Pozzo di Borgo und sein Sohn Charles aus Steinen des 1871 niedergebrannten Palais der Tuilerien errichten, um dem korsischen Vaterland ein kostbares Andenken an Frankreich zu erhalten. (Zur Zeit ist das Schloß der Öffentlichkeit nicht zugänglich.) Bei einem Macchienbrand ist es durch Feuer beschädigt worden.

Badestrände im Süden des Golfes
(Abb. 1)
Ferienort *Porticcio* und mehrere genuesische Wachttürme (Tour de Capitello, Tour de la Castagna mit Panorama auf den Golf), Wanderungen.

Das Gravona-Tal

Der 42 km lange Fluß Gravona, der im Oro-Massiv entspringt, bildet in seinen Engtalstrecken unwegsame malerische Schluchten, durch die sich auch die Autostraße und Eisenbahnstrecke schlängeln, während er in den Talweitungen und im Mündungsgebiet im Hinterland des Golfes von Ajaccio sumpfige Niederungen bildet. Wie beim südlichen Taravo-Tal liegen auch hier die meisten Siedlungen hoch über dem Fluß.

Menhirstatue von Tavera (Abb. 19)
(Zugang: Auf der N 193 (Ajaccio – Corte) erreicht man 3 km hinter der neuen Brücke von Ucciani über die Gravona und 1,4 km vor der

Abzweigung nach Tavera die Brücke von Castello. Rechts von der Brücke ein Haus mit Anbau. Man läuft an dem Grundstück vorbei bis zu einem Zaun und folgt dann rechts einem Pfad ca. 5 Min. über eine Lichtung zu einem kleinen verfallenen Haus. Vor diesem Haus rechts an einem Zaun entlang 50 m zu einer Hütte, wo die Statue hinter einem Zaun aufgestellt ist).

Die Menhirstatue von Tavera (2,42 m) gehört zu der nördlichen Gruppe von Menhirstatuen (nördlich einer Linie Ajaccio–Solenzara) aus der Endphase des Megalithikums (s. S. 65, vgl. Abb. 20), als die kriegerischen Auseinandersetzungen zwischen den einheimischen megalithischen Stämmen und den torreanischen Eindringlingen zu Ende waren und die Statuen wieder ein friedliches Aussehen demonstrieren. Charakteristisch sind die ausgeprägten Schultern, unterschiedlich gestellte Ohren, tiefliegende Augen unter buschigen Brauen und ein Halsband, aber kein Hinweis auf irgendeine Waffendarstellung. Um die Menhirstatue herum fand man Pfeilspitzen und behauene Steine, die zum einen das Fortbestehen der neolithischen und megalithischen Lebensweise bestätigen und zum anderen darauf schließen lassen, daß sich der Menhir unmittelbar bei den Siedlungen befand.

Bocognano [Bucugnanu]
Der 640 m hoch gelegene Ort inmitten von Pinien- und Kastanienwäldern hat Aussicht, sich zu einem Luftkurort zu entwickeln. 1968 wurde eine sehr schöne Straßenverbindung (D 27) über den *Col de Scalella* (1193 m) nach Bastelica fertiggestellt, die durch einsame Wälder führt, wo man auf die frei lebenden korsischen Hausschweine trifft (Farbt. 17). 3,5 km südlich von Bocognano erreicht die D 27 eine Stelle, wo am Ende einer tief bewaldeten Schlucht ein kleiner Gebirgsfluß 150 m tief über mehrere Vorsprünge hinabstürzt; es ist Korsikas höchster Wasserfall, *Cascade du Voile de la Mariée* (= Brautschleier). – 1989 war die Straße dahinter völlig zerstört.

Vizzavona
Hinter Bocognano steigt die Straße bis zum *Col de Vizzavona* (1161 m) an; hier beginnt der *Wald von Vizzavona* mit riesigen Buchen und Laricio-Kiefern, den man auf zahlreichen Forstwegen gut durchwandern kann. Hinter dem Weiler La Foce links der N 193 (Richtung Vizzavona–Corte), 800 m östlich vom Paß, ein Weg, der zum Bach Agnone führt, wo man auch auf den Wanderweg GR 20 gelangt. Rechts des Baches die *Cascades des Anglais* (Wasserfälle mit Becken); 1½ Std. Wanderung hin und zurück.

Die Eisenbahn verbindet Ajaccio mit Vizzavona in 50 Min. (und mit Corte und Bastia). Der Zug durchstößt in einem Tunnel den Gebirgskamm und gelangt mitten im Wald zu dem kleinen Bahnhof von Vizzavona. Beliebter Ausgangspunkt in den Wald von Vizzavona, aber auch zum 2389 m hohen Monte d'Oro (10 Std. hin und zurück ohne bergsteigerische Fähigkeiten möglich), zum Monte Rotondo und Monte Renoso (GR 20).

4 Der Golf von Sagone und die Cinarca
(Abb. 90–92)

Der Golf von Sagone zwischen dem Capo Rosso im Norden und dem Capo di Feno im Süden, unterteilt in zahlreiche kleinere und größere Buchten, ist der größte Golf Korsikas. Genau wie die Golfe von Valinco, Ajaccio und Porto ist auch der Golf von Sagone eine tief absinkende submarine Rinne. Zwei langgestreckte Gebirgszüge – der südliche verläuft vom Monte d'Oro zur Halbinsel von Ajaccio, der nördliche vom Monte Rotondo zum Vorgebirge des Capo Rosso – begrenzen ein stark gegliedertes Bergland mit mehreren kleineren Flüssen und Bächen. In den Mündungsgebieten der Flüsse haben sich schöne Sandstrände gebildet. Allerdings waren die versumpften Mündungsgebiete bis in die fünfziger Jahre noch malariaverseucht. Ein heißes und ungesundes Klima hatte zur Folge, daß außer Sagone alle Orte den Ungunstraum meiden und in einem Kranz an den Berghängen hoch über der Bucht liegen.

Im Becken des Flusses Liscia dehnt sich ein altes Kulturland aus, die Gartenlandschaft der Cinarca, ehemaliges Herrschaftsgebiet der Grafen von Cinarca, die im Mittelalter eine bedeutende Rolle in der Geschichte Korsikas spielten. Ihr Stammsitz, das *Château de Capraja,* steht heute nur noch als verfallene Ruine auf einer Anhöhe nördlich des Flusses Liscia. Die einzelnen Höhensiedlungen, die durch eine Bergstraße verbunden sind, liegen inmitten von Gemüse- und Weinkulturen und mediterranen Fruchtbäumen.

Sagone

Der Ort hat einen gut ausgebauten Hafen für den Liamoneeinzugsbereich. Sagone, einer der ältesten Orte Korsikas, war einst wichtige Hafen- und Bischofsstadt. Nur noch die Ruinen der alten *Kathedrale* (12. Jh.) sind Zeugen jener Epoche; sie liegen auf der rechten Seite der Sagonemündung. Bei archäologischen Grabungen fand man Mauerreste einer Basilika aus dem 4. und 5. Jahrhundert. In der Ecke der südöstlichen Mauer ist eine Menhirstatue als Baustein verwendet worden, eine weitere Statue steht neben der Kirche. Im 9. Jahrhundert wurde Sagone von den Sarazenen zerstört. Die ungesunde Lage an der versumpften Flußmündung trug mit dazu bei, daß der Ort nicht mehr zu dem erblühte, was er einmal war. In den letzten Jahren erwacht in Sagone wieder neues Leben, seitdem die Sandstrände vom Tourismus entdeckt sind.

Cargèse [Carghjese] (Abb. 90–92)

Der Fischer- und griechische Kolonistenort (900 Einwohner), 82 m über dem Meer auf einem granitenen Felsvorsprung zwischen dem Golf von Pero und dem Golf von Sagone gelegen, mit seinem winzigen Hafen und malerischen Treppenstufen hinunter zum Meer entwickelt sich mehr und mehr zu einem Ferienort. 1676 veranlaßte der Senat von Genua die Niederlassung von 730 griechischen Flüchtlingen in drei benachbarten Ortschaften. Man verpflichtete sich, nicht nur ihre Ansiedlung zu unterstützen, sondern auch ihre Religion und ihre eigenständigen Kommunaleinrichtungen. Schon bald hatten sich die Flüchtlinge zu den erfolgreichsten Bauern der Umgebung entwickelt, was den Neid und Zorn der Korsen entfachte, zumal sie annahmen, daß die Griechen mit Genua unter einer Decke steckten. So kam es zu Zwischenfällen, bei denen die Häuser der Griechen abgebrannt wurden. Erst nachdem Frankreich die Insel annektiert hatte, kam es 1774 zur Umsiedlung der griechischen Kolonisten in das eigens für diesen Zweck gegründete Cargèse. Heute lebt man friedlich nebeneinander; kaum spricht noch jemand Griechisch. Viele Flüchtlinge traten auch zum römisch-katholischen Glauben über und vermischten sich mit den Einheimischen.

Am augenfälligsten tritt die Situation von Cargèse in den beiden Kirchen hervor, die sich, nur von einer kleinen, mit Gärten bedeckten Schlucht getrennt, gegenüberstehen: eine *lateinische* und eine *griechisch-orthodoxe Kirche* (Abb. 92). Die letztere wurde zwischen 1852 und 1870 gebaut; ein großer argentinischer Ombu-Baum, 1898 gepflanzt, überschattet den Vorplatz. Im Kircheninnern ist nach orthodoxem Ritus der Chor durch eine Ikonostase mit Heiligenbildern vom Schiff getrennt (Abb. 90). An den Wänden hängen mehrere Ikonen, darunter beachtenswert ein Bild von Johannes dem Täufer vom Berg Athos (Abb. 91) (16. Jh.) oder ein weiteres aus dem 13. Jahrhundert, das zeigt, wie Jesus in das Leichentuch gehüllt wird. Ein häufig in der byzantinischen Ikonographie auftretendes Motiv ist die Darstellung der drei griechischen Kir-

chenlehrer Basilius der Große, Johannes Chrysostomus und Gregor von Nazianz. Möglicherweise stammt dieses Bild von einem der Mönche, die mit den Kolonisten 1676 hierher kamen; es wird behauptet, daß sich einige Maler unter ihnen befanden. – Die lateinische Kirche mit ihrem viereckigen Turm wurde im 19. Jahrhundert erbaut und besitzt eine barocke Ausstattung.

Vico [Vicu]
Nach der Zerstörung von Sagone wurde Vico befestigt und Bischofssitz. Im 18. Jahrhundert erreichte der Ort den Rang einer Provinzhauptstadt von Liamone. Er liegt günstig an einer Straßenkreuzung inmitten eines fruchtbaren Gebietes. 1,5 km südöstlich beim Weiler Nesa liegt umgeben von Kastanienbäumen das *Franziskanerkloster* mit gedrungenem Glokkenturm, im 15. Jh. von Graf Paolo di Leca gegründet, im 17. Jh. erweitert, im 18. Jh. zerstört und von Bischof Casanelli d'Istria im 19. Jh. wieder aufgebaut (sehenswertes marmornes Tabernakel von 1698, eine Christusfigur italienischer Herkunft aus dem 15. Jh., in der Sakristei Mobiliar aus Kastanienholz von 1664).

Guagno und **Orto** sind schön gelegene Orte in einer fast alpinen Landschaft.

Wanderung zum Creno-See (1310 m)
Von Soccia (19 km östlich von Vico, D 23 und D 123) führt ein Hirtenpfad zu dem nördlich vom Monte Sant'Eliseo (1510 m) gelegenen und in der Tiefe einer großen bewaldeten Schlucht verborgenen Lac de Creno (3 Std. hin und zurück).

146

5 Der Golf von Porto – Wanderungen in den Calanche, durch die Spelunca-Schlucht und im Wald von Aitone

(Umschlagvorderseite, Farbt. 2, 3, 8, 18; Abb. 135–138)

Tief schneidet der Golf in das Küstenland ein; gesäumt von Felswänden aus rosafarbenem Granit mit hochaufragenden, düster wirkenden Gebirgsmassiven im Hintergrund, zeigt sich diese wildeste Küstenlandschaft Korsikas als ein Meisterwerk aus Formen, Farben und Düften, das an manchen Tagen, noch vom gewaltigen Tosen der Meeresbrandung gesteigert, die Sinne berauscht (Umschlagvorderseite, Farbt. 2). Was die enge Verbindung von Meer und Gebirge anbelangt, ist der Golf von Porto mit seinem Hinterland zweifellos der stärkste Eindruck, den die Insel bieten kann. Es kostet allerdings schon einige Mühe, dieses abgelegene Fleckchen Erde anzusteuern. Die Küstenstraße von Calvi ist kurvenreich und beschwerlich, ebenso die Gebirgsstraße aus dem Inneren Korsikas über den Col de Verghio, wenn auch an landschaftlichen Eindrücken großartig. Am leichtesten ist noch die Küstenstraße von Ajaccio über Cargèse zu befahren, die im letzten Abschnitt von Piana bis Porto durch die berühmten Felsen der Calanche führt (Abb. 138).

Weil die Flüsse und Bäche im Einzugsgebiet des Porto während der niederschlagsreichen Jahreszeit vom Spätherbst bis zum Frühjahr eine Menge Wasser führen, konnte sich der Hauptfluß in einer großartigen Schluchtstrecke, der *Spelunca*, tief in die Gebirgslandschaft einschneiden. Bevor der Porto in den Golf mündet, fließt er durch eine kleinräumige Ebene, die bis vor einigen Jahrzehnten versumpft und malariagefährdet war. Schon die Pisaner hatten auf einem herausragenden Felsen einen mächtigen viereckigen Wachtturm gebaut, doch konnte sich wegen der Enge des Tales und der Malariagefahr keine größere Ortschaft entwickeln.

Der heutige Ort **Porto** erstreckt sich am Ende der Bucht mit vielen Häusern und Hotels, wobei es in der Hochsaison mitunter ungemütlich eng werden kann (Abb. 137). Über eine Brücke betritt man den im Mündungsbereich des Flusses wachsenden Eukalyptuswald mit seinen riesenhaften Exemplaren und den davorgelagerten breiten Kiesstrand, der meist von einer starken Brandung heimgesucht wird.

Les Calanche (Abb. 138, Farbt. 3)

> *»Bei Sonnenaufgang brachen sie auf. Bald schon hielten sie inne. Vor ihnen lag ein Wald – ein wahrer Wald aus purpurfarbenem Granit: Spitzen, Säulen, Türmchen, überraschende Formen – von der Zeit, dem nagenden Wind, den Nebeln des Meeres modelliert. Bis zu dreihundert Meter hoch, dünn, rund, verdreht, krumm, unförmig, unerwartet, bizarr erschienen diese überraschenden Felsen wie Bäume, Pflanzen, Tiere, Denkmäler, Menschen, Mönche in Kutten, gehörnte Teufel, übergroße Vögel – ein Volk von Ungeheuern, eine Menagerie von Alpträumen, die der*

> *Wille eines närrisch gewordenen Gottes zu Stein hatte erstarren lassen ... dann plötzlich, als sie das Chaos verließen, entdeckten sie einen neuen Golf, rings umschlossen von einer geradezu blutenden Mauer aus rotem Granit, und im blauen Meer spiegelten sich die scharlachroten Felsen.«* Guy de Maupassant[31]

Das etwa 2 km lange Felsmassiv zwischen Porto und Piana ist vielleicht das überraschendste Naturereignis Korsikas. Mitten durch ein landschaftliches Chaos aus verwittertem rosafarbenem Granitgestein mit kuriosen Tafonifelsen (s. S. 20) schlängelt sich eine schmale Straße, die kaum Parkmöglichkeiten bietet. Man sollte die Calanche unbedingt zu Fuß erwandern, um die Felsen, die üppig wuchernde Vegetation und das tiefblaue Meer richtig zu genießen. Einen einzigartigen Farbzauber gewinnt die Landschaft bei Sonnenuntergang, wenn die Riesenhohlblöcke und Felsmassen rot zu glühen beginnen.

Wanderungen durch die Calanche

Das Chalet des Roches Bleues ist Ausgangspunkt (Parkmöglichkeit).

1 Château fort (1 Std. hin und zurück)
700 m nördlich des Chalets in einer Haarnadel-Rechtskurve links Abzweigung des Pfades (blaue Punktmarkierung).
Vom Château fort, einem riesigen Granitblock, eine herrliche Aussicht auf das Meer, den Golf und Porto mit seinem Wachtturm.

2 Sentier muletier (Maultierpfad, alter Weg von Piana nach Ota; 1 Std.)
400 m südwestlich des Chalets beginnt links neben dem kleinen Oratorium der Jungfrau Maria der Pfad (blaue Punktmarkierung). Herrliche Aussicht auf die Calanche und den Golf. Der Pfad führt weiter südlich auf die Straße zurück.

3 La Corniche (blaue Kreuzmarkierung; ¾ Std.)
60 Meter hinter dem Chalet in Richtung Porto beginnt rechts der Pfad mit starkem Anstieg. Großartige Aussicht auf die Calanche und den Golf. Der Pfad führt durch Laricio-Kiefernbestände zur Straße zurück.

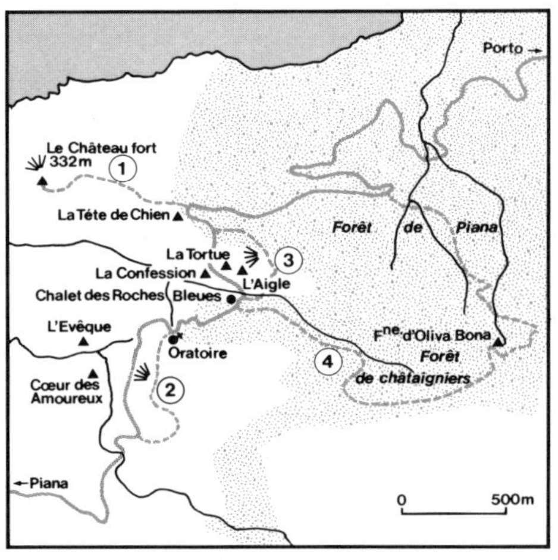

Wanderkarte der Calanche

4 La Châtaigneraie (3 Std.)
Von Piana kommend 30 Meter rechts vor dem Chalet beginnt ein schwieriger Anstieg durch schönen Kastanienwald. Der Pfad führt rechts an der Quelle d'Oliva Bona vorbei, hinunter durch die Pinienwälder von Piana auf die Straße zurück, 2 km vom Chalet entfernt.

Piana [A Piana]

Der bedeutende Fremdenverkehrsort liegt 435 m über der südlichen Küstenumrandung des Golfes von Porto; er ist ein beliebter Aufenthaltsort für Künstler. Vom Col de Lava weiter Ausblick auf die Golfe von Porto und Girolata.

Im Ort zweigt eine kleine Straße (D 624) ab hinunter zum Golf und zu der kleinen Badebucht von **Ficajola** [Ficaghiola] – Bootsfahrten nach Porto und Girolata bei ruhiger See.

Spelunca-Schlucht und Wald von Aitone

Spelunca-Schlucht

Diese grandiose Schlucht, in die sich der Porto tief eingeschnitten hat, kann nur zu Fuß durchwandert werden. Wegen des großen Höhenunterschiedes empfiehlt sich die Wanderung von Evisa aus. Von Evisa auf der D 84 in Richtung Porto bis zur Kapelle Saint-Cyprien (Parkplatz).

Am Ende der Friedhofsmauer beginnt der Maultierpfad (gelbe Markierung); er führt in steilen Kehren durch eine Felsenlandschaft zu dem in der Tiefe schäumenden Aitone, der sich an der alten genuesischen Brücke (Pont de Zaglia) mit dem Tavulella vereinigt und von hier ab Porto heißt. Der Pfad führt am linken Ufer des Porto durch die Spelunca-Schlucht und erreicht die D 124, auf der man über Ota nach Porto gelangt (Wanderung von Evisa bis Ota 2½ Std.)

Evisa (Abb. 135)

Dieser Erholungsort in 830 m Höhe mit seinen zahlreichen Ausflugsmöglichkeiten hat in den letzten Jahren einen starken wirtschaftlichen Aufschwung erlebt.

Belvédère

Aussichtspunkt auf die Schlucht des Aitone und die Gebirgslandschaft. Von Evisa auf der D 84 in Richtung Col de Verghio; auf dieser Straße, 1,4 km hinter

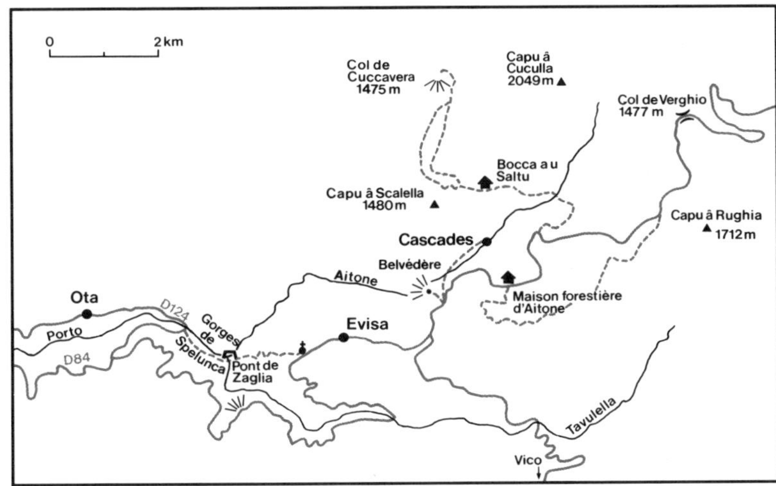

Wanderkarte der Umgebung von Evisa

der Abzweigung nach Vico, eine scharfe Rechtskurve (Auto parken). An der Außenseite der Kurve ein geschlossenes Tor, das man umgehen kann. Vom Tor führt ein Weg an einem verfallenen Haus vorbei in 5 Min. zu dem Aussichtspunkt.

Cascades d'Aitone

An den nord- und nordwestschauenden Hängen über der Aitone-Schlucht erstreckt sich zwischen Evisa und der Paßhöhe über eine 1708 ha große Fläche einer der wirtschaftlich wertvollsten Wälder Korsikas, der Forêt d'Aitone. 70% des Waldes bestehen aus der Laricio-Kiefer, deren schönste Exemplare in der Nähe des Forsthauses wachsen; manche sind 170–200 Jahre alt (Höhe 52 m, Stammdurchmesser 95 cm). Die übrigen Bäume sind Tannen, Buchen und Steineichen. Die Wasserfälle mit einem Naturschwimmbecken liegen innerhalb des Waldes (Abb. 136). Man kann sie auf einem befahrbaren Weg erreichen, der 100 m von der oben erwähnten Rechtskurve (Zugang zum Belvédère) entfernt auf der linken Seite (in Richtung Paßhöhe) beginnt.

Girolata (Farbt. 8)

Dieser abgelegene Ort liegt im gleichnamigen Golf nördlich des Golfes von Porto. Außer auf einem schmalen Maultierpfad kann er nur vom Meer aus erreicht werden. Eine Handvoll Häuser, einige Restaurants und Strandbars und ein kleines genuesisches Fort – das ist alles an diesem ›Ende der Welt‹. Als 1980 die Elektrizitätsleitungen im Bau waren, demonstrierten die Bewohner auf Plakaten für eine bessere Versorgung: für den Anschluß an das Stromnetz und die Wasserversorgung, für den Straßenanschluß und eine Schule. Für den Ort gibt es bereits touristisch hochfliegende Pläne und damit die Gefahr der Zerstörung dieser Idylle. Daß Girolata im Bereich des Parc Naturel Régional liegt, ist immerhin eine beruhigende Tatsache.

Bootsausflüge von Porto aus bei ruhiger See (3 Std. mit einstündigem Aufenthalt); Bootsausflüge auch von Calvi aus, s. S. 156.

Wegbeschreibung: Wanderung in 4 Std. hin und zurück. Von Porto fährt man in Richtung Calvi auf der D 81 bis zum Col de la Croix [Bocca a Croce] (Parkplatz). Hinter der Rechtskurve beginnt links ein Schotterweg durch die Macchia, nach 15 Min. erreicht man eine Quelle, nach weiteren 30 Min. (Orientierung an der Telefonleitung) die Bucht ›Anse de Tuara‹ (Möglichkeit zum Baden). Von hier aus geht es über die Bergspitze in 1 Std. bis Girolata (eine sichere Orientierung ist wiederum die Telefonleitung).

6 Calvi und die Balagne, der Garten Korsikas
(Farbt. 6, 7; Abb. 58, 71, 88, 93, 111–117, 128, 130)

Die zwei unterschiedlichen Landschaften der Balagne liegen am Westabfall des Cinto-Massivs zwischen der Halbinsel Girolata im Süden und der Flußmündung des Regino im Norden; östlich von Calvi erstreckt sich die fruchtbare Balagne – darunter versteht man die Balagne im engeren Sinne –, südlich von Calvi und dem Ficarella-Fluß die ›Balagne déserte‹.

Die ›Balagne déserte‹ zwischen Calvi und der Porto-Mündung mit dem Fluß Fango in der Mitte ist mit einer Bevölkerungsdichte von unter 10 Einwohnern pro km² eine der am dünnsten besiedelten Landschaften Korsikas. Der einzige größere Ort ist *Galéria* (524 Einwohner) im Süden des gleichnamigen Golfes. Verwaltungsmäßig gehört Galéria zu Calenzana; zwischen beiden Orten liegen eine menschenleere Berglandschaft und ein 439 m hoher Paß (Bocca di Marsolinu), erst seit wenigen Jahren gibt es eine direkte Verkehrsverbindung (D 51). Durch geringe Arbeitsmöglichkeiten und fehlendes Hinterland wird sich Galéria auch in Zukunft kaum entwickeln können.

Die *Halbinsel von Girolata* (Farbt. 8) schiebt sich westwärts weit ins Meer vor; sie macht mit ihren zahlreichen Buchten und den steil aus dem Meer aufragenden, mehrere hundert Meter hohen Felswänden einen außerordentlich wildromantischen Eindruck, den man vor allem von der Seeseite aus genießen sollte. Das Rückgrat der Halbinsel ist ein vom Capu Tafunatu (2335 m) nach Westen abzweigender Bergkamm, der seine schroffen Formen einem sehr harten Gestein, dem Rhyolith verdankt. Mit dem Sammelbegriff Rhyolithe bezeichnet man Liparite und Quarzporphyre, welche die Ergußform der Granite darstellen. Die Porphyre dieser Gebirgszüge sind rötlich bis dunkelrot gefärbt, so daß dadurch ein besonders prachtvolles Landschaftsbild entsteht. Ausgedehnte Gebirgswälder reichen auf der Halbinsel, zunehmend schütterer werdend, fast bis zur Küste. Im nördlichen Teil der Balagne déserte bedeckt dagegen nur eine niedrige Macchia bzw. Garigue den spärlichen Boden, und an manchen Stellen ist auch dieser weggespült, so daß nur noch ödes Felsengebiet schutzlos Wind und Wetter ausgesetzt ist.

Zwischen den Steinwüsten der Balagne déserte und Désert des Agriates liegt die fruchtbare Balagne (›Balagne fertile‹) mit ihren weiten, sandigen Meeresbuchten und den größeren Talbecken, umrahmt von den hohen Gebirgszügen des Cinto-Massivs. Hier finden wir einen der bedeutendsten Wirtschaftsräume Korsikas mit verkehrsmäßig und wirtschaftlich erschlossenem Küstensaum und Hinterland (bis 100 E/qkm). Das Straßennetz ist dicht und gut ausgebaut, außerdem verbindet eine Schmalspureisenbahn – früher auch für den Güterverkehr von Bedeutung – die Hauptorte der Balagne mit dem Haupthandelshafen Bastia. Durch den Reichtum des landwirtschaftlich gut entwickelten Hinterlandes versuchten die drei Küstenorte – Calvi, Algajola, L'Ile-Rousse – im Laufe der Geschichte die Bedeutung als Handels- und Verwaltungszentren an sich zu reißen (nach E. Arnberger).

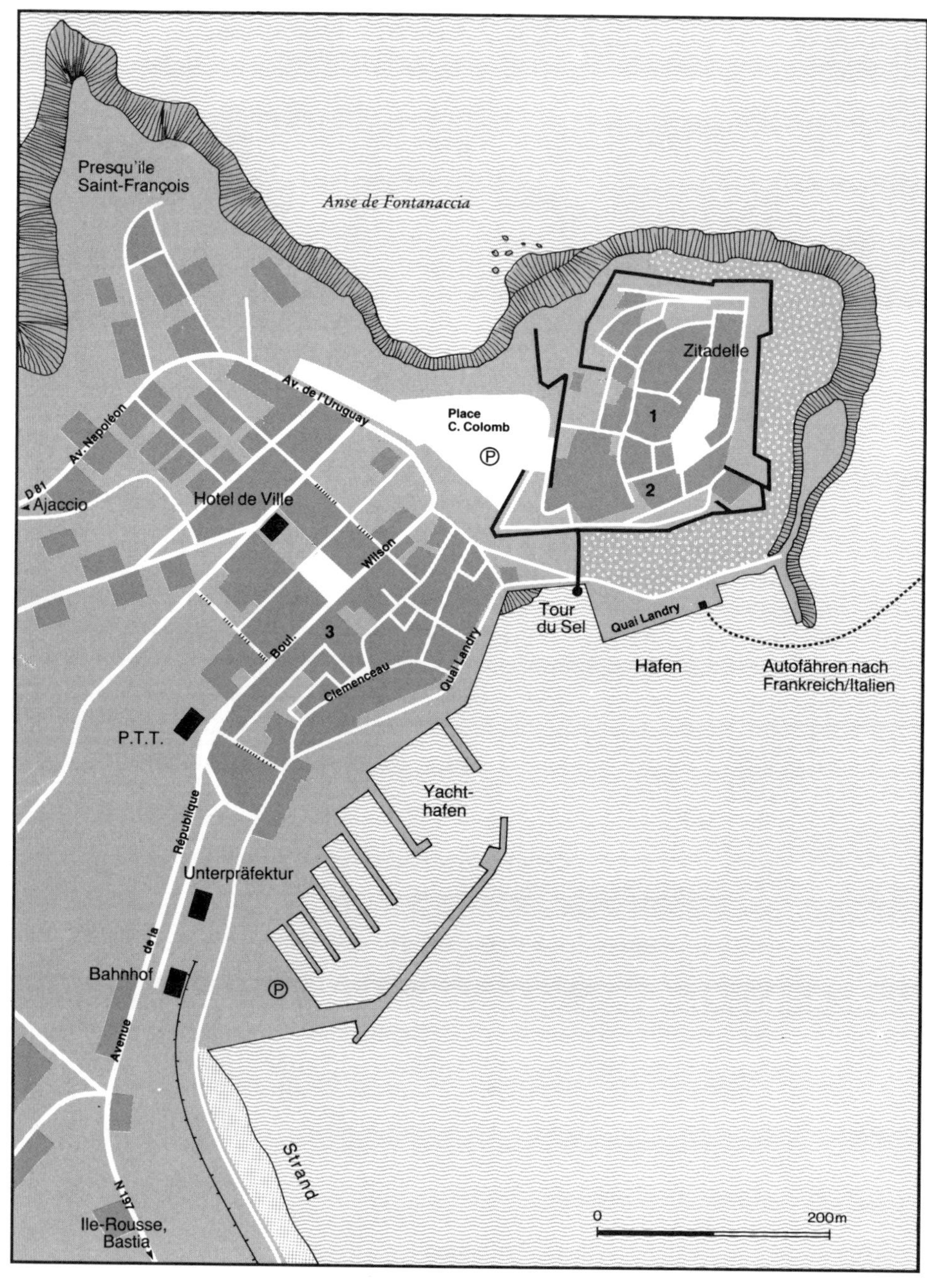
Presqu'île Saint-François
Anse de Fontanaccia
Zitadelle
Place C. Colomb
1
2
Av. de l'Uruguay
Av. Napoléon
D 81
Ajaccio
Hotel de Ville
Wilson
Boul.
3
Clemenceau
Quai Landry
Tour du Sel
Quai Landry
Hafen
Autofähren nach Frankreich/Italien
P.T.T.
République
de la
Yacht-hafen
Unterpräfektur
Avenue
Bahnhof
Strand
N 197
Ile-Rousse, Bastia
0
200m

Calvi und seine Sehenswürdigkeiten

Calvi (3700 Einwohner; Farbt. 6) wurde von den Genuesen im Jahre 1268 an der Stelle erbaut, wo schon die Römer zu Anfang unserer Zeitrechnung eine Siedlung gegründet hatten (›Sinus Caesiae‹ oder ›Sinus Casalus‹), die aber ebenso wie die frühchristliche Gemeinde in den Wirren der Raub- und Eroberungszüge der nachfolgenden Jahrhunderte zerstört worden war. Die paläochristliche Basilika Santa Maria aus dem 4. Jahrhundert stellt noch ein Überbleibsel dieser alten Stätte dar. Die Genuesen bauten Calvi zur militärischen Hauptstadt der Region aus und statteten sie mit Privilegien aus, welche sicherlich mit ein Grund dafür waren, daß die Stadt ihre enge Bindung an die Stadtrepublik auch während der bewegten Zeiten des korsischen Widerstandes nicht aufgab. So verstehen wir auch den Wahlspruch der Stadt in dem Wappen über dem Torbogen der Festung: »Civitas Calvi semper fidelis« (Calvi, die immer getreue Stadt). Noch heute meint man in der Bevölkerung eine heitere, typisch italienische Lebenseinstellung wahrzunehmen.

Im Jahre 1421 wehren sich die Bewohner des befestigten Calvi erfolgreich gegen eine spanische Garnison. Über hundert Jahre später, als fast die gesamte Insel unter die Herrschaft der verbündeten Franzosen und Türken unter Führung von Marschall de Thermes und Sampiero Corso gerät, kann Calvi den Anstürmen 1553 und 1555 erfolgreich begegnen. Vom 16. Juni bis 5. August 1794 hält Calvi einer Belagerung von 6000 Engländern und Paolisten stand, in deren Verlauf übrigens der englische Admiral Nelson sein rechtes Auge einbüßt. 1938 wurde die Stadt ein wichtiger französischer Militärstützpunkt, seit 1967 sind die Fallschirmjäger der französischen Fremdenlegion in der mittelalterlichen Zitadelle und in einer Kaserne vor den Toren der Stadt untergebracht.

Calvi behauptet – ebenso wie einige andere Städte Italiens und Spaniens –, der Geburtsort von Christoph Kolumbus zu sein. Das angebliche Geburtshaus in der Oberstadt in der Rue Colombo wurde 1794 durch die englische Bombardierung zerstört, so daß nur ein Mauerrest erhalten blieb.

Die Bedeutung des einst mächtigen genuesischen Stützpunktes wäre nach der Übernahme durch die Franzosen längst vergessen, hätte der Ort nicht jene so außergewöhnlich reizvolle Lage in einer weiten Bucht, der er seinen Ruf als einer der schönsten korsischen Fremdenverkehrsorte verdankt. Auf einem vorspringenden Felssporn im Süden des weitgeschwungenen Golfes thront hoch über dem Meer die Altstadt mit ihren Plätzen und schmalen verwinkelten Gassen, umgürtet von vollständig erhaltenen Bastionen als Symbol einer heroischen Vergangenheit. Die Kirche Saint-Jean-Baptiste mit ihrer runden Kuppel krönt die Festung mit den hochaufragenden Häuserfassaden. Die Unterstadt, die Neustadt des 19. Jahrhunderts, erstreckt sich im Südwesten entlang der von Palmen gesäumten Hafenkais.

In den Morgen- und Abendstunden wird die Festung von der Sonne hell erleuchtet; das Meer, der Himmel, der 6 km lange Sandstrand und die schneebedeckten Gipfel des nahen Gebirges erscheinen zur Winterzeit in überwältigenden Farben. Im Sommer flimmert die Luft vor Hitze, und die Landschaft mutet fast afrikanisch an. Hin und wieder heult der gefürchtete Libecciu um die Häuser und treibt den Gischt der Wellen wie einen Sprühregen gegen die Küste. Das Klima ist auch im Winter angenehm mild, und die Temperaturen sinken selten unter 12 °C. Calvi bietet alle Voraussetzungen für einen angenehmen Badeaufenthalt und ist zugleich Ausgangsort vieler Exkursionen in die Balagne oder in den Kessel von Bonifatu. In der sommerlichen Hochsaison ist alles überfüllt; im Hafen legen die Autofähren von Toulon, Nizza und Genua an, Flugzeuge landen auf dem nahe gelegenen Flughafen Sainte-Catherine. In den Straßen staut sich der Verkehr, Lärm und Abgase erfüllen die Luft, Parkplätze, Lokale und Strände sind voll quirlenden Lebens.

Zitadelle (Farbt. 6)
Die wuchtigen Befestigungsmauern der Zitadelle wurden auf einem Chaos riesiger Granitblöcke errichtet. Sie wurde von den Genuesen mehrmals verstärkt (zuletzt im 16. Jh.) und konnte nie erobert werden. Drei Bastionen schützen die Stadt von der Seeseite (Spinchone, Malfetano und Teghiale). Vom Platz Christophe-Colomb (Parkplatz, Denkmal zur Erinnerung an den 13. 9. 1943, das Datum der ersten Wiedereroberung französischen Bodens durch ein Stoßtruppbataillon der französischen Befreiungsarmee) erreicht man über eine Zugbrücke die Festung. Schöne Aussichtspunkte von den Mauern herab auf die Unterstadt, den Hafen, den Golf, das Cinto-Massiv oder die Pointe de la Revellata.

1 Kirche Saint-Jean-Baptiste (Altstadt)
Die Kirche mit mächtiger, laternengeschmückter Kuppel erhebt sich auf einem Felsen an der Place d'Armes, die von alten Häusern gesäumt wird. Am Platz steht auch der alte genuesische Gouverneurspalast aus dem 13. Jahrhundert, in dem heute die Fremdenlegionäre wohnen (Caserne Sampiero). Die Kirche mit ihrer schlichten Fassade wurde im 13. Jahrhundert

in Form eines griechischen Kreuzes erbaut. 1567 wurde sie bei der Explosion des Pulverarsenals des alten Schlosses stark zerstört, 1570 wieder aufgebaut; sechs Jahre später verlieh ihr Papst Gregor XIII. die Würde einer Kathedrale. Rechts vom Eingang ein schönes Weihwasserbecken aus Alabaster (1443), geschmückt mit Engelsköpfen und den Wappen reicher Calveser Bürger (Löwen, Schlösser, Bäume, diagonale Streifen, sitzender Leopard). In der linken unterbrochenen Mauerfläche hinter einem schmiedeeisernen Gitter ein Wasserbecken aus Marmor (1494) und ein Taufbecken im Renaissancestil (1569), dessen flacher Beckenrand mit grazilen Engelsköpfen verziert ist, am Fußsockel Sirenen mit Flügeln und Krallen. Die Kanzel aus Eichenholz besitzt ein Dekor voller Grazie und Phantasie. Im zentralen Feld ist Johannes der Täufer abgebildet, die übrigen Seitenflächen werden von den Symbolen der Evangelisten eingenommen; eine Inschrift weist auf das Entstehungsdatum (1757). Auf einem Seitenaltar rechts vom Chor ein Kruzifix aus Ebenholz (›Christ Noir‹ oder ›Christ des Miracles‹). Bei der Belagerung durch Franzosen und Türken 1555 stellten die Bürger Calvis dieses Kruzifix

Calvi, Kirche Saint-Jean-Baptiste, Detail des Hauptaltars aus verschiedenfarbigem Marmor

auf die Stadtmauer, worauf sich die Feinde zurückzogen. Seitdem wird diese Figur besonders verehrt und bei Prozessionen durch die Stadt getragen. Der Hauptaltar aus dem 17. Jahrhundert besteht aus verschiedenfarbigem Marmor und ist mit Bronzeappliken versehen. Das Tabernakel hat eine schöne Türe aus vergoldeter Bronze (18. Jh.). Im Hintergrund der Apsis befindet sich das wohl interessanteste Werk der Kirche, ein Gemälde auf Holzgrund, ein Triptychon von 1498, dessen Mittelbild verlorenging. Dargestellt sind die Verkündigungsszene, Ortsheilige, Szenen aus dem Leben Marias und Jesus. Das Werk wurde von dem bedeutenden genuesischen Maler Barbagelata geschaffen. Unter dem Triptychon eine amüsante Holzgruppe volkstümlicher Art des 16. und 17. Jahrhunderts mit der Wiedererweckung dreier Kinder durch den Heiligen Nikolaus. Damit sich in früheren Zeiten die Frauen der reichen Bürger nicht unter das einfache Volk mischen mußten, saßen sie in Logen unterhalb der Kuppel, die durch Gitter geschützt waren.

2 Oratorium Saint-Antoine (Altstadt)

Museum mit einer wertvollen Sammlung christlicher Kunst aus der Balagne vom 16. bis 19. Jahrhundert. (Öffnungszeiten: 1. 7.–15. 9. von 10–12 Uhr und 15–18 Uhr, sonntags geschlossen) Die Kirche aus dem 15. Jahrhundert ist so harmonisch in die Häuserreihe eingebaut, daß sie kaum auffallen würde, wäre sie nicht von einem Glockenturm überragt. Über dem Türsturz des Eingangs ein Flachrelief aus schwarzem Schiefer mit der Darstellung des Abtes, des Heiligen Antoine, mit seinem kleinen Schwein, zwischen Johannes dem Täufer und dem niederknienden Heiligen Franziskus. Letzterer sollte in früherer Zeit die Andachten der Ordensbrüder beschützen. Die Ordensbrüder erschienen im 14. Jahrhundert auf Korsika und waren besonders seelsorgerisch und sozial tätig. Die Kirche ist dreischiffig, die Fenster sind zur Bucht von Calvi ausgerichtet. Zur Rechten, in der Nähe des Eingangs ein Triptychon aus Holz lombardischer Schule vom Ende des 15. oder Anfang des 16. Jahrhunderts. Auf dem mittleren Bild die Kreuzigung mit Maria und Johannes, auf den Seitenflügeln die Szene der Verkündigung mit Erzengel Gabriel und Maria (Abb. 113–115). Neben einer Sammlung liturgischer Kleidung des 17. und 18. Jahrhunderts vergoldete und bemalte Wappen der Stadt sowie in Vitrinen eine Sammlung silberner und vergoldeter Kultgegenstände (Weihrauchgefäße, Ciborien, Abendmahlskelche, Weihwasserkessel u. a.) und ein sehr schönes Tabernakel aus polychromem Marmor (17. Jh.). Auf dem Altar steht ein Passionskreuz aus dem 15. Jahrhundert, das auf der einen Seite die Jungfrau mit dem Kind, auf der anderen Seite den gekreuzigten Christus zeigt. Links vom Altar, geschützt in einer Vitrine, die sehr schöne elfenbeinerne Christusfigur, die dem großen Florentiner Bildhauer Jacopo d'Antonio Tatti, genannt Sansovino, zugeschrieben wird (Abb. 112). Bewundernswert an dieser kleinen Skulptur sind die Proportionen, der Realismus der Anatomie und der leidende Gesichtsausdruck. Auf der rechten Seitenmauer des Oratoriums sieht man zwei Fresken mit der Darstellung der Kreuzigung. Das ältere Fresko (Ende 15. Jh.) ist nur noch schwer erkennbar, das andere des 16. Jahrhunderts ist gut erhalten; unter dem Kreuz stehen Saint-Antoine und die Jungfrau sowie Saint-Sébastien und Saint-Roch.

3 Kirche Sainte-Marie-Majeure

Die Kirche von 1774 steht in der Unterstadt an der Hauptgeschäftsstraße Rue G. Clemenceau an einem kleinen Platz. Der Turm stammt aus dem 19. Jahrhundert. Beachtenswert im Innern sind die Holzfigur Mariä Himmelfahrt (19. Jh.) und zwei Gemälde: Mariä Himmelfahrt zwischen den zwei Stiftern (16. Jh.) und

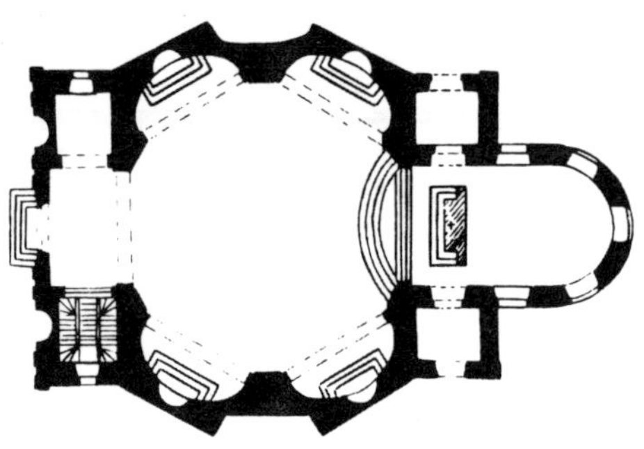

Calvi, Kirche Sainte-Marie-Majeure, Grundriß

die Verkündigung, ein Werk aus der florentinischen Schule des 17. Jh., das aus der Sammlung des Kardinals Fesch stammt (vgl. S. 141).

Der malerische **Hafen** ist Fischer- und Handelshafen für Produkte der Balagne und zugleich Fährhafen. Im Sommer ist er Ziel zahlreicher Segel- und Motoryachten. Der runde Tour du Sel (Salzturm) war in früherer Zeit ein Salzdepot.

Ausflüge in die Umgebung von Calvi

Bootsausflug zur **Grotte des Veaux Marins**
(1. Mai bis 15. September, in der Hochsaison mehrmals täglich, Fahrtdauer 1½ Std.) Die Grotte liegt 4 km westlich von Calvi hinter der Halbinsel von Revellata, ist 200 m lang; bei einer Wassertiefe von 5 bis 10 m beträgt die Höhe vom Wasserspiegel bis zur Höhlendecke 25 bis 30 m. Die Einfahrt ist nur bei ruhiger See möglich.

Schiffsausflug nach **Girolata** (Farbt. 8; täglich von Ostern bis Ende September, nur bei ruhiger See) Ein Kennenlernen dieses unwegsamen Küstenabschnittes ist nur vom Meer her möglich. Hinter Galéria beginnt eine der schönsten Felsenküsten Korsikas, mit Säulen und Grotten aus rötlichem Ryolith-Gestein. In diesem Naturreservat leben Seeadler, Kormorane und Möwen.

Kapelle Notre-Dame de la Serra

(Abb. 111; mit dem Auto 6 km, zu Fuß auf eigenem Wanderweg in 2 Std.) Der Ausflug lohnt sich alleine wegen der herrlichen Aussicht auf Calvi und den Golf (Farbt. 6). Der geologisch Interessierte sei auf die phantastischen Tafonifelsen im Granitchaos beiderseits der Zufahrtsstraße hingewiesen (Abb. 93). Die Kapelle wurde im 19. Jahrhundert auf den Ruinen eines Sanktuariums des 15. Jahrhunderts erbaut, das während der Belagerung Calvis 1794 zerstört wurde.

»Wer den kurzen Aufstieg von Calvi zur Kapelle Madonna della Serra nicht scheut, vermag von diesem ausgezeichneten Aussichtspunkt aus so richtig die Eigenart und zugleich Großartigkeit dieser Landschaft, welche so sehr vom Typus aller anderen uns bisher vertrauten korsischen Landschaftsbilder abweicht, zu erfassen. So weit das Auge reicht, wird die tiefblaue Meeresbucht von einem strahlend weißen Strand umsäumt, und sich der Form der Bucht anpassend, wandern in regelmäßigen Abständen die weißen Gischtstreifen der Wellen der Küste zu. Wie eine Girlande umgibt die Bucht und den Strand im Hintergrund ein schmaler, aber geschlossener Streifen von Seestrandkiefern. Dahinter schließt die im Frühjahr leuchtend grüne, im Sommer aber gelb flimmernde Grassteppe der Ficarellaniederung an, und die Talbeckenlandschaft wird schließlich amphitheaterisch durch die einander aufdeckenden Gebirgszüge des Berglandes von Calenzana und der Monte-Cinto-Gruppe abgeschlossen ... Der Golf von Calvi griff ehemals viel tiefer in das Land ein und wurde erst in geologisch jüngster Zeit durch die Ablagerungen der beiden in ihn einmündenden Flüsse Ficarella und Secco und durch das vom Meer her angeschwemmte Material zum Teil ausgefüllt. Diesem Umstand verdankt der Golf seine breite Form und seine flache, für den Betrieb eines Seebades hervorragend geeignete Sandstrandküste.«

Erik Arnberger[32]

Rundfahrt durch die Balagne

Calenzana [Calinzana]
Der wohlhabende Ort liegt 8 km vom Meer entfernt in 300 m Höhe am Fuße des Monte Grosso (1938 m) inmitten von Oliven- und Mandelbaumhainen. Einst verdienten sich die Bewohner ihren Lebensunterhalt ausschließlich mit Gartenbau und der Produktion eines aromatischen Macchienhonigs. Heute ist der Tourismus dazugekommen, denn der Ort ist Ausflugsort und Ausgangspunkt des berühmten Wanderweges ›GR 20‹ von Calenzana nach Conca (s. S. 339 ff. und Karte in der hinteren Umschlagklappe).

Die **Barockkirche Saint-Blaise** (17. und 18. Jh.) wird von einem eleganten vierstöckigen Glockenturm (1870–75) mit Pilastern, Voluten, Säulen und Kranzgesimsen flankiert (Abb. 88). Im Innern der Kirche reicher Marmorschmuck; der Hauptaltar (17. Jh.) und die Einrahmung des Chors sind aus polychromem Marmor. An die Kirche schließt sich der Friedhof der Deutschen ›Campu Santu di i Tedeschi‹ an. Hier erinnert man sich, daß an diesem Ort fünfhundert Deutsche im Kampf gegen Korsen den Tod fanden. Sie waren eine Gruppe von Söldnern, die Karl VI. 1731 an die Genuesen verkauft hatte und die in der Balagne für fremde Interessen ihr Leben lassen mußten.

Die kleine weiße **Kapelle Sainte-Restitute** (Santa Restituta) liegt etwa 1 km östlich von Calenzana links der Straße in einem alten Olivenbaumhain. (Den Schlüssel besorge man sich vorher im Zentrum von Calenzana am Kirchplatz in einem kleinen Tabakladen neben der Bar Royal.) Die heutige Kirche stammt

*Routenkarte
der Balagne*

aus verschiedenen Epochen. Sie ist der korsischen Märtyrerin Sainte-Restitute geweiht, die 303 unter Kaiser Diokletian enthauptet wurde. Im 5. Jahrhundert wurden Christen in Nordafrika von den Vandalen grausam verfolgt. Einige von ihnen flüchteten mit den Reliquien der Heiligen nach Calvi und gelangten von dort zu dem kleinen römischen Marktflecken Olmia, zu dem Platz, wo heute die Kapelle steht. Zwei Prozessionen finden alljährlich zu Ehren der Heiligen statt (Ostermontag und Sonntag nach dem 21. Mai). Die Mauerreste der romanisch-pisanischen Kirche des 11. Jahrhunderts, die an der Stelle einer früheren Kultstätte errichtet wurde, sind nur noch im östlichen Teil vorhanden. Der größte Teil des heutigen Kirchenschiffes stammt aus dem 16. Jahrhundert, die beiden Seitenkapellen aus dem 14. Jahrhundert; die einst romanische Apsis verschwand bei Arbeiten für die Konstruktion des barocken Chors. Die oktogonale Kuppel wird von drei Fenstern und einer Laterne mit Schnörkelornamentik erhellt. Im

Kircheninnern steht links in der Kapelle eine polychrome Holzfigur der Heiligen Restitute. Der Altar (4. Jh.) wurde erst bei Restaurierungen 1951 entdeckt; er war in den barocken Altar eingebaut. Hinter dem Altar finden wir das Grab der Heiligen Restitute. Bei den Arbeiten wurde es von Platten, mit denen es seit 1948 überdeckt war, befreit. Auf den geneigten Mauerflächen des Grabdeckels fand man zwei Fresken in naiver Miniaturmalerei aus dem 13. Jahrhundert mit der Darstellung des Martyriums der Heiligen. Das linke Fresko ist nur noch unvollständig erhalten und zeigt die Heilige vor ihren Richtern, das rechte stellt die Enthauptung der Heiligen und ihrer fünf Anhänger dar. Der Henker trennt mit einem einzigen Schwerthieb alle Köpfe vom Rumpf. Der Delegierte des römischen Kaisers trägt eine Krone nach mittelalterlicher Art. Hinter dem Kenotaph ein Heiligenschrein mit Gebeinen von Märtyrern. In der Tiefe des Chores ein sehr schönes Tabernakel mit Säulen aus bemaltem Holz.

Vom Chor führen rechts und links Treppen hinunter in die Krypta, wo hin-

Calenzana, Kirche Sainte-Restitute, Miniaturfresko auf dem Grab der Heiligen, Darstellung der Enthauptung der Hl. Restitute und ihrer Anhänger

Calenzana, Kirche Sainte-Restitute, Sarkophag des 4. Jh. n. Chr.

ter einem modernen schmiedeeisernen Gitter ein Sarkophag aus Carrara-Marmor steht, den man 1951 unter dem oben beschriebenen Kenotaph fand. Er wird in die erste Hälfte des 4. Jahrhunderts datiert. An seinen Wänden befinden sich enge Kannelierungen eines sehr seltenen Typs. In der Mitte zwei große griechische Buchstaben X und P ineinander verflochten (Christusmonogramm). Sie sind von einem Kreis umgeben, der von einer kleinen kannelierten Säule getragen wird. Zwei elegante Delphine rechts und links mit gewundenem Körper stützen das Ganze mit ihrer Schwanzflosse. Eine dachförmige Platte deckt den Sarkophag. Eine Einfassung für die Inschrift blieb unbearbeitet; Menschenköpfe und Dachziegel mit Pflanzenornamentik schmükken die Längskanten.

Cassano

Kirche Saint-Alban; interessantes Triptychon auf Goldgrund von Simonis de Calvi, 1505: Jungfrau mit Kind unter einem Baldachin, zwischen Heiligen.

Montemaggiore (Abb. 116)

Teil der Gemeinde Montegrosso. Der Ort ist erbaut auf einem Felsvorsprung oberhalb des Flusses Secco und am Fuß der Gebirgskette des Monte Grosso. Von der Terrasse der weithin sichtbaren Barockkirche ein herrliches Panorama nach Calenzana, das Secco-Tal und auf den Golf von Calvi.

Kapelle Saint-Rainier [San Rainiero]

Die romanisch-pisanische Kirche aus dem 12. Jahrhundert, mit polychromer Fassade (schwarzer und goldfarbener Granit), Reliefs, ›teghie‹ auf dem Dach der Apsis, liegt inmitten eines Olivenbaumhains. 1 km nördlich von Montemaggiore zweigt rechts ein Fußweg zur Kapelle ab (Schlüssel in Montemaggiore).

Bocca di Salvi

Sehr schöner Aussichtspunkt auf den Golf von Calvi.

1 Zitadelle von CORTE, ehemalige Hochburg des korsischen Widerstandes ▷

2 GOLF VON PORTO ▷ ▷

4, 5   Oberes Restonica-Tal mit Wasserfall

◁ 3   Riesenhohlblock (›tafone‹) aus Granitgestein in den CALANCHE von Piana

7   Weinfelder südlich von Calvi
◁ 6   CALVI mit der genuesischen Zitadelle
8   GOLF VON GIROLATA mit dem gleichnamigen Fischerdorf

9   Strände von ALBO und NONZA an der Westküste des Cap Corse

10   PINO auf Cap Corse

11   AJACCIO, die Geburtsstadt von Napoleon Bonaparte

12 BASTIA Alter Hafen

13, 14   Hausfassaden in BASTIA und
         VENZOLASCA/Casinca

◁ 15   Büßerprozession am Karfreitag in BONIFACIO

16   Bar in ST-FLORENT

17 Korsische Schweine laufen frei in den Wäldern umher und sind auch auf den Straßen anzutreffen

18 Eukalyptushain von PORTO

19 Boule-Spiel in BASTIA

20 Frauen in NONZA
21 Fischer in AJACCIO

23 POINTE DE LA PÁRATA und ILES SANGUINAIRES am Rand des Golfes von Ajaccio
◁ 22 FILITOSA Menhirstatue mit Schwert und Dolch

24   Alte Kathedrale Santa Maria Assunta von MARIANA, ›La Canonica‹, 12. Jh.

25   Kirche San Michele von MURATO, 12. Jh.

26, 27   Fresken in den Kapellen San Nicolao in SERMANO und San Tomà in CASTELLO-DI-ROSTINO, 15. Jh.

28   Ruine der Kirche Santa Maria in VALLE-DI-ROSTINO, Apsis aus dem 10. Jh.

29   PIED'OREZZA im grünen Bergland der Castagniccia
    31   Blick vom Plateau von Stagnu zum Kessel von Trimbolaccia und zum Felsengipfel Capu Larghia (2520 m) ▷
30   Genuesische Brücke bei ASCO

33 Korkeichen bei PORTO-VECCHIO
◁ 32 COL DE BAVELLA
34 CAPO PERTUSATO an der Südspitze Korsikas

35   BONIFACIO auf dem Kalksteinfelsen

36   BONIFACIO   Hafen und genuesische Zitadelle

37

38

39

41

40

42

Sant'Antonino [Sant'Antuninu]

Das Dorf in 497 m Höhe, ›Adlerhorst der Balagne‹ mit großartiger Panoramasicht, überrascht durch sein einmaliges Ortsbild. Sant'Antonino war früher eine der befestigten Hochburgen der Grafen Savelli und Schlupfwinkel für die Bewohner der Balagne, wenn Seeräuber am Meereshorizont auftauchten. Der Ort, nur zu Fuß begehbar, besteht aus hohen Häusern aus Granit und einem Labyrinth von engen Gassen mit Gewölben; kleine Geschäfte mit Kunsthandwerk (Emaille, Keramik, Tuche) und rustikale Restaurants mit lokalen Produkten.

Aregno, Dreifaltigkeitskirche (Trinità) [Aregnu] (Abb. 71)

Die romanisch-pisanische Kirche des 12. Jahrhunderts befindet sich innerhalb des Friedhofs von Aregno. Die *Westfassade* (Abb. 71) mit dem auffallend schönen polychromen Mauerwerk ist in drei unterschiedlich proportionierte Abschnitte gegliedert. Unterer Teil mit Haupteingang: Mit seinem Stützbogen nimmt er etwa die Hälfte der Gesamthöhe der Fassade ein. Darüber ein Feld mit Blendarkaden auf Pilastern und im Tympanon ein Kranzgesims entlang der Giebelschenkel mit Arkaden, die von Kragsteinen gestützt werden. In der Mitte dieser

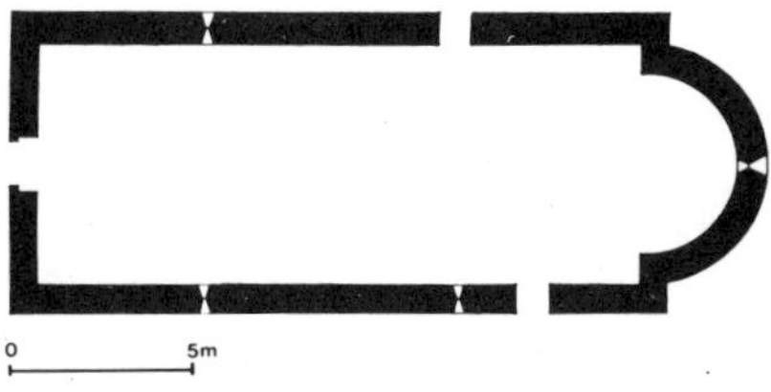

Aregno, Dreifaltigkeitskirche, Grundriß

Arkadenfolge befindet sich ein Zwillingsfenster; ein mit Simswerk dekorierter Bogen dient als Verdachung des Fensters und schützt ein darunterliegendes Flachrelief: zwei verschlungene Schlangen; darüber eine vollplastische männliche Figur. Im Mauerteil mit den Blendarkaden verschiedenartiges Simswerk: Knotenschnüre, stilisierte, im Relief gearbeitete Blumen, von nebeneinander gestellten Kreisen umschlossen, Zahnfriesornamentik und Schnurbündel. Innerhalb eines jeden Bogens befand sich einst Keramikschmuck. Die kapitellähnlichen Ansatzpunkte der Bögen werden von Vierfüßlern in Flachrelief gebildet. In der Mitte über der Arkadenfolge ist ein

Aregno, Dreifaltigkeitskirche, Archivolten über Fenstern

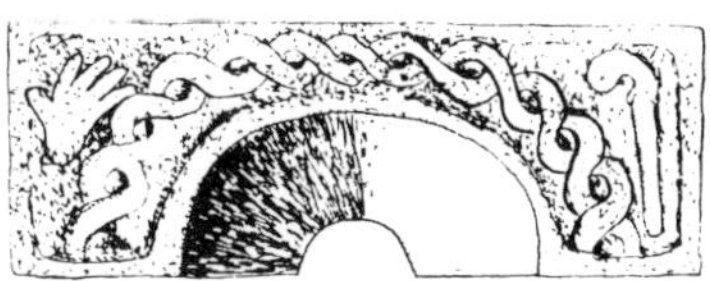

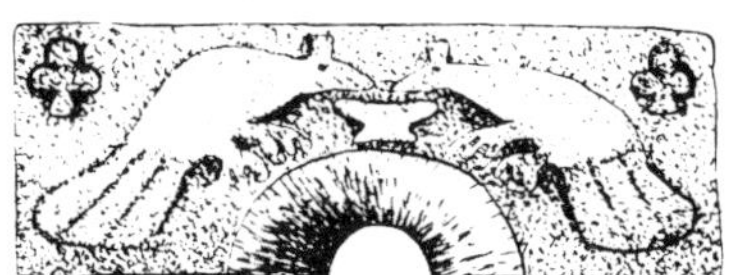

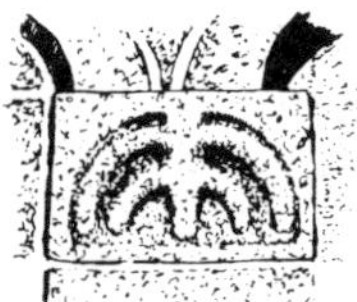   

Aregno, Dreifaltigkeitskirche, Kragsteine des Kranzgesimses mit Skulpturenschmuck

Rundfenster mit aneinandergereihten Punkten eingelassen. Über dem Eingang beiderseits des Türbogens zwei kleine Skulpturen (Mann und Frau). Anfangs war der Westeingang als Halbkreisbogen ohne Bogenfeld ausgeführt, was in der romanischen Architektur Korsikas eine Seltenheit darstellt (vgl. Abb. 73). Während einer Restaurierung im 19. Jahrhundert verschwand dieser Bogen und wurde durch den heutigen monolithischen Türsturz ersetzt.

Die *Seitenfassaden* werden durch sechs schmale Pilaster gegliedert. Sie erstrecken sich von der Grundmauer bis zu dem aus Arkaden bestehenden Kranzgesims. An den Ecken der Fassaden verlaufen breite Strebepfeiler. Unter dem Dach zieht sich eine Knotenschnur entlang. Die Archivolten der Fenster tragen Flachreliefs. Die halbkreisförmige *Apsis* verlängert das Schiff im Osten und besitzt noch den ursprünglichen, aus ›teghie‹ bestehenden Dachbelag. Einzige Dekoration ist das Kranzgesims, das von einer Arkadenfolge gebildet wird. Im *Innenraum* befinden sich an den Wänden Fresken des 15. Jahrhunderts, die vermutlich von einheimischen Künstlern stammen. Die vier lateinischen Kirchenlehrer, Augustinus, Gregor, Hieronymus und Ambrosius, und der Hl. Michael, der die Seelen wägt und den Drachen zu Boden schlägt, sind abgebildet. Eine Inschrift in gotischer Schrift besagt, daß die Arbeit am 17. Mai 1458 ausgeführt und von Chilardus Manuellis von Sant'Antonino in Auftrag gegeben wurde.

Pigna liegt auf einem Bergrücken in einem Olivenbaumhain und macht mit seinen schmalen Gäßchen, Treppen und Torbögen einen ähnlich maurischen Eindruck wie Sant'Antonino. Pigna ist heute der Hauptort der Wiedergeburt des korsischen Handwerks. Joseph Fabri Canti hatte vor einigen Jahren eine Gruppe junger Künstler und Handwerker um sich gesammelt und Werkstätten in Pigna und Occiglioni eröffnet (Abb. 130). Heute ist die seit 1964 existierende Genossenschaft CORSICADA (›communauté d'organisation rurale pour la service, l'information et la création‹) in einem Zustand vielversprechender Entwicklung. Das ›Haus der Handwerker‹ (›Casa di l'Artigiani‹) stellt die gesamte korsische Produktion aus (s. S. 333 f.). Bemerkenswert ist eine Verbindung traditioneller Verfahren mit modernen Formen. In der ›Casa Paesana‹ werden lokale gastronomische Spezialitäten verkauft: Honig, Nougat, Öl, Schinken, Amselpastete u. a.

Couvent de Corbara

Das Kloster liegt am Fuß des Aussichtsberges Monte Sant'Angelo (562 m). 1456 wurde es von den Franziskanern gegründet, während der Revolution zerstört, 1856 von den Dominikanern gekauft und baulich erweitert. Eine Klosterschule und ein Novizenhaus wurden eingerichtet. Heute versuchen sechs Dominikaner-Patres eine Gemeinschaft des Gebetes und bruderschaftlichen Lebens zu verwirklichen. Eine schöne Kanzel aus dem 18. Jahrhundert und der Altar aus Carrara-Marmor sind beachtenswert. Das Kloster ist für den Reisenden, der die übervölkerten Strände und Städte scheut, ein wahrer Ort der Ruhe und des Friedens.

Corbara [Curbara]

In der **Verkündigungskirche** (Eglise de l'Annonciation) des 18. Jahrhunderts (Schlüssel im Presbyterium) ein schöner Altar und Einfassung des barocken Chores aus polychromem Marmor, 1750 aus Ligurien oder der Toskana importiert. Oberhalb des Ortes steht auf einem Felsen die Ruine des Castel de Corbara, das der Familie Savelli, den Grafen der Balagne, gehörte.

L'Ile-Rousse [L'Isula Rossa]

Wenn wir den Bergrücken überschreiten, welcher die Flußgebiete des Secco und Regino trennt, dann betreten wir den fruchtbarsten Teil und zugleich das am dichtesten besiedelte Gebiet der Balagne, die Beckenlandschaft von Belgodère mit dem zugehörigen Fischerei- und Ausfuhrhafen L'Ile-Rousse (2650 Einwohner). Dieses schön gelegene Städtchen, heute wohl das am modernsten eingerichtete Seebad Korsikas und zugleich ältester Fremdenverkehrsort (Hotels und Restaurants aller Kategorien, Strandcafés, Nachtclubs, Bars und Casino) wurde 1758 von Pasquale Paoli als ›Paolivilla‹ gegründet, um den Einfluß der genuesentreuen Städte Calvi und Algajola zu mindern. Den heutigen Namen trägt die Stadt seit der Revolution nach der ehemaligen römischen Siedlung ›Rubico Rocega‹, benannt nach den rötlichen Granitfelsen Ile Siccola, Ile de la Pietra, die inzwischen landfest geworden sind. Die Stadt hat das Aussehen einer nach geometrischem Plan gebauten Kolonialstadt, mit einem rechtwinkligen großen Platz, mit Brunnen und der Marmorbüste des Stadtgründers, von Platanen überschattet, von Cafés und Geschäften gesäumt.

Trotz des fruchtbaren Hinterlandes und des zunehmenden Fremdenverkehrs gelang es L'Ile-Rousse aber bisher nicht, sich über den Rang einer Provinzstadt hinaus zu entwickeln; Calvi und Bastia sind als Handelsumschlagsorte zu stark. Bei der schönen Lage des Ortes, dem milden Klima und den weiten Sandstränden hat die Fremdenverkehrsentwicklung die größte Chance. Autofährverbindung besteht mit Nizza, Eisenbahnverbindungen mit Calvi und Bastia. Segelregatten im September. Nordwestlich der Stadt die Halbinsel *Ile de la Pietra* mit Leuchtturm (lohnender Spaziergang oder Bootsfahrt vom Hafen aus).

Lozari

Ferienort an der Mündung des Flusses Regino; langer Sandstrand, Segelschule, Fischfang, Reiten und andere Unterhaltungsmöglichkeiten.

Belgodère [Belgudè]

Nur selten findet man auf Korsika für den Land- und Gartenbau so günstige Bedingungen wie im Becken von Belgodère; deshalb wird dieser Teil der Balagne mit Recht der ›Garten Korsikas‹ genannt. Olivenhaine wechseln mit ausgedehnten Getreidefeldern ab, Mandelbaumkulturen mit dem Weinbau. Die terrassierten Felder rund um die zahlreichen Ortschaften sind gut bebaut und liegen weniger brach als in anderen Landstrichen. Daß ein Ort wie Belgodère sich dennoch wenig entwickelt hat, liegt wohl daran, daß günstige Absatzmärkte mit großem Lebensmittelbedarf bisher fehlten. Dem könnte die Fremdenverkehrsentwicklung an der Küste abhelfen. Der Ort trägt seinen Namen (›schöner Aufenthalt‹) zu Recht; die Lage über dem Tal eines Wildbaches, umgeben von Kastanien- und Olivenbäumen, ist einmalig.

Die Kirche *Saint-Thomas* wurde im 13. Jahrhundert von einem pisanischen Edelmann gegründet. Im Chor auf einer Holztafel die Darstellung der Madonna mit dem Kind zwischen zwei Aposteln und in kniender Haltung Mitglieder von Ordensbrüdern (16. Jh.). Rechts in der Kapelle der Bruderschaft Saint-Jean ein schöner barocker Altar. Stufen führen hinauf zu den Ruinen eines alten Forts auf einem Felsen, das den Ort beherrscht; schöne Aussicht auf das Tal.

Speloncato [Spiluncatu]

Die Häuser dieses malerischen Ortes gruppieren sich um einen 550 m hohen Felsensporn. Sein Name geht wahrscheinlich auf eine der zahlreichen Grotten in der Umgebung zurück (kors. speloncato = durchhöhlt). Um einen runden Platz mit Brunnen und Gefallenendenkmal stehen die Häuser; ihre Außentreppen sind von

schmiedeeisernen Geländern gesichert. Die meist braunen Schlagladen sind verschlossen, um die Hitze des Tages, die über der weiten Landschaft der Balagne flimmert, aus den Räumen zu verbannen. Enge, verwinkelte Treppengassen mit Torbögen verleihen dem Ort ein wahrhaft orientalisches Aussehen. Alte Männer sitzen unter den schattenspendenden Bäumen der Plaza und spielen Karten.

Feliceto [Filicetu] besitzt eine Glasbläserwerkstatt und am Ortsende eine alte Ölmühle in der Osteria U Mulinu (Korsisches Spezialitätenrestaurant).

Lumio [Lumiu]

Der 200 m hoch gelegene Ort mit schönem Ausblick auf Calvi und seinen Golf wird von einer großen barocken Kirche beherrscht. Auf dem alten Friedhof des Ortes (1 km auf der Straße nach Calvi, auf der linken Seite) steht eine kleine romanisch-pisanische **Kirche San Pietro e San Paolo,** 2. Hälfte des 11. Jahrhunderts (Abb. 58). Die Kirche ist einschiffig und hat ein sorgfältig behauenes Mauerwerk aus rosafarbenem Granit. Die Apsis mit Halbkuppelgewölbe schließt das Schiff nach Osten ab. Durch Renovierungsar-

Lumio, Kirche SS. Pietro e Paolo, Grundriß

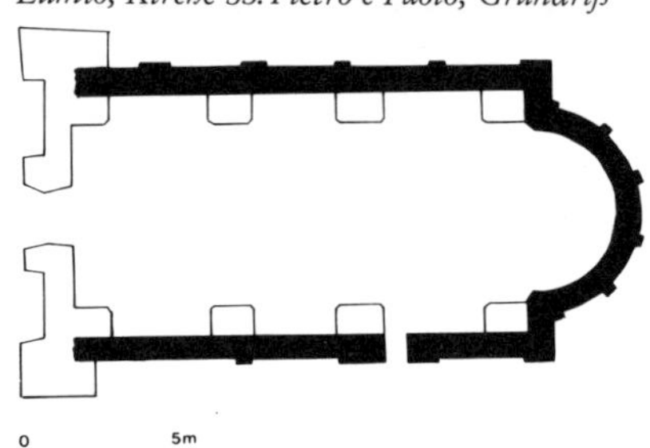

*Lumio, Kirche SS. Pietro e Paolo,
Löwe an der Westfassade*

beiten verschwand der frühere Dachstuhl, und die Kirche erhielt ein Tonnengewölbe mit Stichkappen; dadurch wurde der Anbau von zusätzlichen Pfeilern notwendig. Die Fassade bekam im oberen Teil ein kleines Türbogenfeld eingebaut, das Blumenmotive und Geflechtsornamentik zieren. Die Seitenfassaden sind durch Pilaster gegliedert. An der Südseite ein Eingang mit monolithischem Türsturz, mit Palmblattverzierungen an den Simsen und Friesen, die antiken Einfluß erkennen lassen. Ein rahmenartiger Vorsprung in der Mauer weist möglicherweise auf eine ehemalige Vorhalle hin. Auch die zwei lustig aussehenden Löwen mit Lockenmähne, Reißzähnen und hängender Zunge sind wohl nachträglich in die Fassade eingesetzt und befinden sich nicht an ihrem ursprünglichen Standort. Beachtenswert ist die Außenmauer der Apsis; sechs rechteckige Pilaster grenzen fünf Blendarkaden voneinander ab. Diese Arkaden mit zweifachem Vorsprung und scharfen Graten stützen sich über kleine skulptierte Konsolen auf die Pilaster; die Reliefdarstellungen sind stark verwittert. Unter dem Kranzgesims mit schlichtem Simswerk kleine Tierköpfe in den Zwikkeln. In den Bogenfeldern der Arkaden ist das Mauerwerk durch Kreise und Rauten aufgelockert gestaltet.

Algajola [Algaiola] (Abb. 117)
Der alte Hafen soll auf die Phönizier zurückgehen. Der aus Spanien zurückkehrende Hl. Paulus soll hier an Land gegangen sein. Früher handelten die Bewohner mit Olivenöl und Austern, heute hat sich Algajola zu einem gern besuchten Badeort entwickelt, mit herrlichem langem Sandstrand und türkisfarbenem Wasser.

Lange Zeit war der Ort genuesischer Stützpunkt und rangierte noch vor Calvi. Am 26. Juni 1643 wurde er von Türken erobert und zerstört, von den Genuesen später wieder aufgebaut und 1664 mit Befestigungsmauern umgeben, von denen heute nur noch Reste vorhanden sind. Die *Zitadelle* dagegen mit ihrem wuchtigen Wachtturm (17. Jh.) (heute Privatbesitz), die dem Gouverneur der Balagne als Residenz diente, wurde wieder aufgebaut und erhebt sich dicht am Meer (Abb. 117). In der Kirche *Saint-Georges* (17. Jh.) ein sehenswertes Gemälde: ›Kreuzabnahme‹ aus der Schule von Bologna von dem italienischen Maler Giovanni Francesco Guercino (1591–1666), der weiches Helldunkel mit Farbenpracht verbindet. Algajola ist ein günstiger Ausgangspunkt für Exkursionen ins Hinterland.

Marine de Sant'Ambroggio
Sandstrand an weit geöffneter Bucht mit großem, modern eingerichtetem Ferienzentrum, Yachthafen.

Bergwanderung im Cirque de Bonifatu
(Kessel von Bonifatu)

»Fast täglich steigen vom Meer Wolken und Nebelmassen auf, ziehen durch die Täler zu den Gipfeln und lassen diese gespensterhafter erscheinen, als sie in Wirklichkeit sind. Wenn man zu so einer Stunde auf dem Col d'Avartoli steht, erblickt man Zaubergebilde aus Stein, Turmgalerien, die einen Irrgarten bilden, wie man ihn sich nicht schöner vorstellen kann. Diese Stimmung steigert sich am Abend, wenn man am Jägerlager auf der Spasimata-Bergerie (Forst von Bonifatu) vor seinem Zelt sitzt und den farbenprächtigen Sonnenuntergang erlebt. Dann kommt es einem erst zum Bewußtsein, daß man sich in einem Naturparadies befindet. Diese einmaligen Erlebnisse werden einem nicht geschenkt. Bergfahrten auf Korsika müssen wie Expeditionen vorbereitet werden.« Hans Schymik[33]

Die Straße zum Cirque de Bonifatu führt von Calvi aus durch das breite Tal der Ficarella mit ausgedehnten Rebkulturen eines berühmten Weins (Farbt. 7). Hinter dem Flughafen beginnt bald der *Forêt de Calenzana* mit schönem Laricio-Kiefernbestand und Seestrandkiefern. Im Sommer ist die Luft erfüllt von den verdunstenden ätherischen Ölen der Macchiensträucher, im Frühling ist es der intensive Blütenduft. Hin und wieder finden wir seltene Orchideenarten am Wegrand. Die Straße führt in eine der schönsten und ursprünglichsten Gegenden Korsikas, wo sich die Wildheit der Berge auf engstem Raum zeigt. 1 km vor dem Forsthaus von Bonifatu bewundern wir ein Felsenchaos mit herrlichem Ausblick auf den Wald, auf Abgründe und auf die Bergspitzen. Über eine Brücke erreichen wir die *Auberge de la Forêt* mit Übernachtungsmöglichkeiten und einer guten Küche mit korsischen Spezialitäten; hier muß man auch den Wagen zurücklassen und zu Fuß weiterwandern.

Nicht jeder Korsika-Reisende kann oder möchte die Insel auf dem berühmten Wanderweg GR 20 durchqueren. Einen Eindruck vom Bergwandern auf Korsika kann man immerhin gewinnen, wenn man den Weg bis zur *Spasimata-Bergerie* (Refuge de Carozzu) zurücklegt (4½ Std. hin und zurück, 619 m Höhenunterschied). Von der Auberge aus treffen wir nach etwa ½ Std. auf den Zusammenfluß von Melaghia und Ficarella; diese Stelle heißt ›Roncu‹ (Furt). Hier mündet der GR 20 von Calenzana ein (rot-weiß markiert). Vier Bäche müssen auf dem nun folgenden Weg überquert werden, die bei wolkenbruchartigem Regen oder zur Zeit der Schneeschmelze gefährlich anschwellen können. Über den zweiten Bach ist eine Hängebrücke gespannt (Traglast nur eine Person!). In ansteigenden Kehren erreicht man den dritten Bach, der aus dem Ladruncellu-Tal kommt. Die Bergerie Spasimata besitzt Notunterkünfte in einem kleinen Steinhaus, ideale Biwakplätze und ist Ausgangspunkt für Klettertouren.

7 Saint-Florent und das Nebbio – Romanische Kirchen und Menhire
(Vordere Innenklappe, Farbt. 16, 25; Abb. 20, 61–65, 66–69)

»Die Landschaft des Nebbio ist zwischen der trostlosen Öde des Désert des Agriates im Westen und der eintönigen Ostküste ein kleines Paradies.« Erik Arnberger[34]

Der Name Nebbio (kors. Nebbiu), abgeleitet aus dem lateinischen nebula (= Nebel), erinnert daran, daß sich die Morgennebel über dem Tyrrhenischen Meer gelegentlich über die östlichen Bergkämme und Pässe bis zum Golf von Saint-Florent ausbreiten (nach L. Komma); häufig hängt aber auch nur eine Wolkenwalze unbeweglich über den Bergen, so daß die Sonne diese liebliche Landschaft ungehindert durchflutet. Das fruchtbare Gebiet deckt sich in etwa mit dem Talbecken des Aliso und seinem Einzugsbereich. Die Formgebung des Beckens mit den aufgefächerten Nebenflüssen mag die Korsen dazu veranlaßt haben, die Landschaft mit einer Muschel (›Conca d'Oru‹) zu vergleichen. Das nahe Hinterland rund um den Golf von Saint-Florent ist mit alluvialen Ablagerungen des Aliso aufgeschüttet. Die 15 km lange und 4 km breite Ebene des Beckens wird im Osten durch eine klippenartig aufragende Kette von 300 m hohen Hügeln aus miozänen Kalken geteilt. In einer Senke zwischen den Kalken und dem östlichen Schiefergebirge verlaufen in nordsüdlicher Richtung Gesteine der Trias- und Jurazeit, wodurch der östliche Teil des Beckens in seinen Oberflächenformen abwechslungsreicher als der westliche erscheint (nach E. Arnberger).

Geschützt vor den starken Winden hat die Beckenlandschaft ein außerordentlich mildes Klima, das zusammen mit dem guten Boden die Voraussetzungen für einen landwirtschaftlichen Gunstraum schafft. Auf den wenig höher liegenden trockeneren Ebenen ist der Ackerbau – vorwiegend Getreide – verbreitet; darüber erstrecken sich die Hänge mit Korkeichen und Olivenbäumen, vor allem aber wachsen hier die Reben für einen hervorragenden Wein, der unter dem Namen seines Anbaugebietes, ›Patrimonio‹, auch über Korsika hinaus bekannt ist (s. S. 337f.). Auf den Rebhängen um Patrimonio, Saint-Florent, Barbaggio und Poggio-d'Oletta wachsen typische korsische Rebsorten: ›Sciacarellu‹ und ›Nielluciu‹. Man sollte auf keinen Fall versäumen, an Ort und Stelle eine Winzerei aufzusuchen, um die köstlichen Weine dieser Region, deren Anbaufläche sich immer weiter ausdehnt, zu probieren. Oberhalb der Weinregion liegen in weitgezogenem Bogen, in der Übergangszone vom Kulturland zur Weideregion, wo eine bescheidene Rinder- und Schafzucht betrieben wird (Käserei Oletta), eine Anzahl von Orten, die einen wohlhabenden Eindruck erwecken. Der Fischfang im Golf ist als Erwerbsquelle fast unbedeutend.

Saint-Florent [San Fiurenzu]
Die einst ruhmreiche Stadt, ehemals römischer Handelsplatz, mittelalterlicher Bischofssitz und Residenz des genuesischen Gouverneurs der Provinz, ist heute die

*Genuesische Zitadelle
von Saint-Florent
(Galletti)*

ruhige idyllische Hauptstadt des Nebbio, die sich nur im Sommer für einige Monate
belebt (1400 Einwohner). Saint-Florent wurde im 15. Jahrhundert von den Genuesen
an der damals noch versumpften und malariaverseuchten Mündung des Aliso gegründet und wurde ein bedeutender Stützpunkt der Kriegs- und Handelsflotte. Damit
wurde das etwa 1 km landeinwärts liegende Nebbio ersetzt. Dort steht heute die pisanische Kirche Santa Maria Assunta als einziges Zeugnis der im 13. Jahrhundert von
Sarazenen zerstörten Hauptstadt des Nebbio, die zugleich Bischofssitz der Diözese
war (s. S. 193). Um die genuesische Zitadelle gruppieren sich die Häuser der Stadt, die
ihr Bild bis zum heutigen Tag kaum verändert haben. Durch Kriege und Malaria wurde
die Bevölkerung, die fast ausschließlich vom Fischfang lebte, im 18. und 19. Jahrhundert stark dezimiert. Gesündere Lebensbedingungen erreichte man dann durch die
Trockenlegung der Sümpfe. Doch durch die Ablagerungen des Aliso versandete die
ehemals tiefer eingreifende Bucht mehr und mehr und beschnitt somit Saint-Florents
Bedeutung als Handelszentrum.

Seit einigen Jahren ist die Stadt im Begriff, einer der beliebtesten Ferienorte auf
Korsika zu werden, liegt doch der Ort in einer herrlichen Bucht, die für den Wassersport hervorragend geeignet ist. Abends laufen die Yachten in den durch eine Mole
geschützten Hafen ein. Hinter dem Wald von Masten drängen sich die grauen Häuser, bewacht von der genuesischen Zitadelle auf einem Felsenvorsprung (heute Gen-
darmerie) und überragt von dem Turm der Pfarrkirche. Die Hafenpromenade ist
dann von Menschen überflutet, die entweder nur flanieren oder aber eines der gemüt-
lichen Lokale – Cafés, Restaurants, Weinstuben oder Bars – aufsuchen wollen
(Farbt. 16). Die schmalen engen Gassen und kleinen Plätze hinter dem Hafen sind mit
Blumen geschmückt; ein Sprachenwirrwarr und Gitarrenklänge von Straßensängern
erfüllen die Luft, dazu das Geschrei lärmender Kinder – eine Atmosphäre zum Genießen und Sichtreibenlassen, des ›farniente‹.

Kirche Santa Maria Assunta, ehemalige Kathedrale von Nebbio (Abb. 61–65)

Den Schlüssel zur Kirche bekommt man im Syndicat d'Initiative, Hôtel de Ville, in Saint-Florent. Am Platz zweigt die D 238 nach Poggio-d'Oletta ab, auf der man am Ortsende von St.-Florent links zur Kathedrale gelangt.

In ihrer Architektur und ihren Ausmaßen erinnert die Kirche stark an die Canonica (s. S. 203 ff.); sie stammt aus dem 2. Viertel des 12. Jahrhunderts und ist damit etwas jünger als jene. Beide Gebäude gehören zu den bedeutendsten romanischen Baudenkmälern Korsikas. Die Kathedrale von Nebbio erscheint weniger streng, was mit dem verwendeten Baumaterial, weißen, feinkörnigen Kalkquadern, den Blendarkaden der Fassade und dem vielfältigen Skulpturenschmuck zusammenhängt.

Die Kirche ist dreischiffig und besitzt einen Dachstuhl. Die *Westfassade* wird durch Blendarkaden aufgeteilt, fünf im unteren und drei im oberen Teil der Mauer. Ihre Halbkreisbögen zeigen dreifach konzentrische Vorsprünge und scharfe Kanten, sie stützen sich auf die skulptierten Kapitelle von schmalen Pilastern. Besonders schön gestaltete Kapitelle befinden sich beiderseits des Eingangs: ein Schlangenpaar und die Darstellung eines Löwen (?) nach dem Vorbild der Kunst des Mittleren Orients (Abb. 64, 65). Die *Seitenfassaden* haben schießschartenartige Fenster; der Skulpturenschmuck beschränkt sich auf die an der Dachbasis verlaufenden Kranzgesimse. Die Kragsteine, auf die sich die Bögen stützen, zeigen schlichte Motive: Kreise, paralleles Simswerk, einfache, doppelte oder dreifache Giebelblumen. In der *Ostfassade* (Abb. 62) setzt sich das Kranzgesims der Seitenfassaden in einer geradlinigen Mauer fort. Die halbkreisförmige Apsis, von Arkaden und Pilastern unterteilt, weist im Gegensatz zur Fassade ein anderes Kranzgesims auf: sieben kleine Halbkreisbögen mit einfachem Simswerk; die Bögen stützen sich auf Säulen, die nur wenig aus dem Mauerwerk hervortreten und unterschiedlich lange Stümpfe haben.

Im *Kircheninnern* (Abb. 63) trennen zwei Reihen von jeweils sechs Pfeilern bzw. Säulen die drei Schiffe.

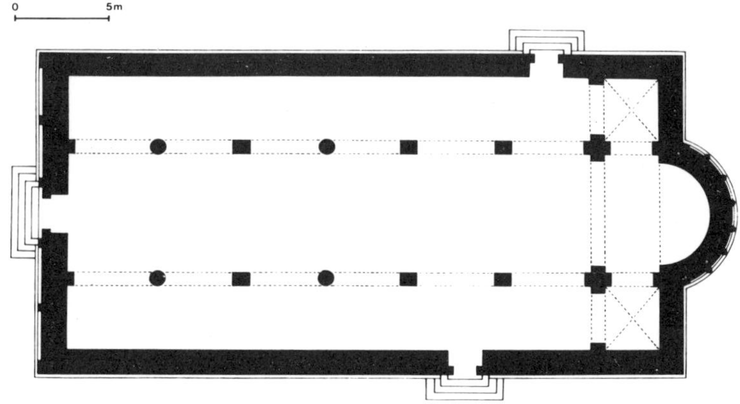

Saint-Florent, Ehemalige Kathedrale von Nebbio, Grundriß

   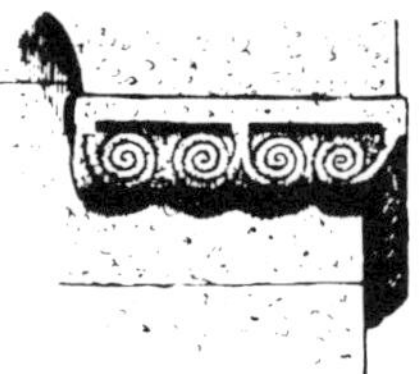

Saint-Florent, Ehemalige Kathedrale von Nebbio, Kragsteine des Kranzgesimses

Das Mittelschiff ist höher und fast doppelt so breit wie die Seitenschiffe. Die Kapitelle tragen wieder Skulpturenschmuck: Schlangen, Widderkopf, Löwe, Muscheln und Knospen. In der gewölbten Apsis eine Holzfigur des Heiligen Florus, eines römischen Soldaten, der im 3. Jahrhundert gemartert wurde und dessen Reliquien sich im rechten Seitenschiff befinden; er ist Schutzpatron der Stadt. Darüber die Jungfrau mit dem Kind aus weißem Elfenbein, ein Geschenk von Giovanni Girolamo Doria (1691).

Rundfahrt durch das Nebbio
(s. Karte S. 195)

Santo-Pietro-di-Tenda [Santu Petru d. T.] Die alte Pievania San Pietro (1. H. des 13. Jh.) liegt 800 m vom Dorf Santo-Pietro-di-Tenda entfernt an der D 62 nach Saint-Florent. Die romanische Kirche mit ihren verhältnismäßig großen Ausmaßen drohte zu verfallen und wurde 1979 restauriert. An der Westfassade schmücken geometrische Motive, Knotenschnüre und ausgezackte Streifen die Bandgesimse, welche den Türsturz tragen. Auch das Kranzgesims zeigt dekorative Skulpturenmotive. Das östliche Giebelfeld mit seinen dreizehn Arkaden unterscheidet sich kaum vom westlichen. Die große halbrunde Apsis hat im oberen Teil des Mauerwerks zwölf Arkaden der gleichen Art wie das Giebelfeld mit eigenartigen Motiven, darunter eine geöffnete Hand, die eine Papierrolle zu entfalten scheint. Die angefügten Seitenkapellen und Altäre im Innern, die Mauerdurchbrüche und der Umbau des Dachstuhls in ein Stichkappengewölbe haben das ur-

Santo-Pietro-di-Tenda, Details des Giebelfeldes der Kirche Santo Pietro

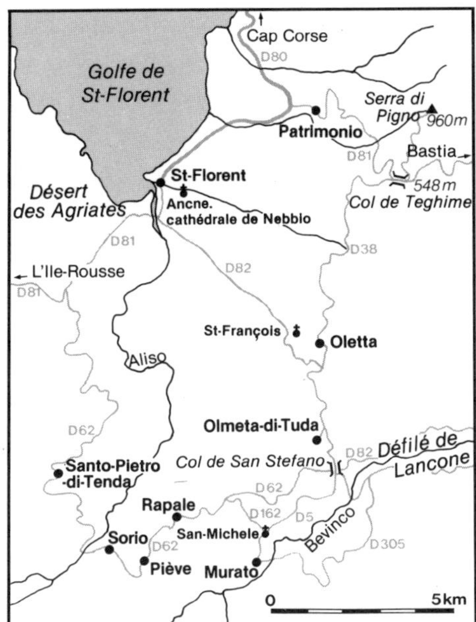

Routenkarte des Nebbio

sprüngliche Aussehen leider stark verändert (Privatbesitz, unzugänglich).

Piève [A Piève]

Neben dem Glockenturm der Pfarrkirche sind zwei Menhirstatuen der nördlichen Gruppe (s. S. 65) aufgestellt (Murello und Bucentone, s. Fig. S. 62f.) Das Gesteinsmaterial, ein kristalliner Schiefer, ist nur bei diesen beiden Exemplaren festgestellt worden.

Rapale

Verfallene romanische *Bergkapelle San Cesario,* einschiffig mit Apsis (Anfang 13. Jh.), Verwendung von polychromem weißem und dunkelgrünem Mauerwerk. Im Museum von Bastia wird bis zur eventuellen Restaurierung ein Fragment des Gesimsbandes aufbewahrt (von Kreisen umgebene Vögel und menschliche Maske). Der Weg zur Kapelle ist nicht leicht zu finden; man erkundige sich im Ort.

Murato [Muratu] (Vordere Innenklappe, Farbt. 25, Abb. 66–69)

Etwa 1 km von Murato entfernt liegt die malerische **Kirche San Michele,** zur Pieve Bevinco gehörend, einsam auf einem Gebirgsvorsprung. Sie ist eines der besterhaltenen und bekanntesten romanischen Sakralgebäude Korsikas, »die eleganteste Kirche der Insel« (Prosper Mérimée). Eine Besonderheit ist nicht nur der Einfallsreichtum ihres polychromen Mauerwerks mit dem eindrucksvollen Wechselspiel horizontaler Bänder aus bläulich-grünem Serpentingestein und weißem Kalkstein (beide Materialien sind leicht zu verarbeiten), sondern auch der vielfältige Skulpturenschmuck. An die Westfassade schließt sich der rechteckige Kampanile an, der auf seiner Vorderseite auf zwei dicken, zylindrischen, nichtmonolithen Säulen ruht, deren Trommeln ebenfalls aus grünem und weißem Gestein bestehen. An den Kapitellen Verzierungen: Muscheln und Blütenknospen. Bei einer Restaurierung von San Michele im 19. Jahrhundert wurde der Turm erhöht – zum

Murato, Kirche San Michele, Grundriß

  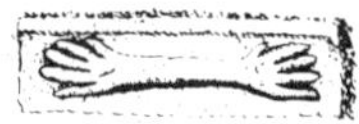 

Murato, Kirche San Michele, Vorromanische Skulpturen wurden in der Apsis wiederverwendet

Schaden der ursprünglich ausgewogenen architektonischen Proportionen.

An der *Westfassade* über dem Eingang gliedern drei Blendbogen die Mauerfläche; in ihrem Halbkreis wechseln weiße und grüne Keilsteine, deren Bogenrücken aus einem ebenfalls zweifarbigen in Flachrelief skulptierten Blattfries besteht. An den Ansatzpunkten der Bögen sind plastische Darstellungen menschlicher Figuren (Abb. 68) und eines sich fortbewegenden Vierfüßlers vorgesetzt.

Die *Seitenfassaden* besitzen jeweils zwei schmale Fenster mit monolithischer Archivolte und schönen flachreliefierten Motiven; auch die Sohlbank eines jeden Fensters ist dekoriert (Geflechtsornamentik, Weinlaub und Trauben, verschlungene Schlangen, Vögel, siebenarmige Sterne; Abb. 66). An der nördlichen Seitenmauer die Versuchung Evas durch die Schlange von äußerst reizvoller Naivität (Abb. 69). Auf dem Bandgesims an der Sohlbank dieses Fensters ein Engel mit großen Flügeln, der auf einen mit Trauben reich behangenen Weinstock weist. Ein Mann deutet mit seiner rechten Hand ebenfalls auf den Weinstock und hält ein Messer in der linken. Im westlichsten Teil dieser Fassade auf einem Bandgesims in der Mitte von zwei zähnefletschenden Tieren das Lamm Gottes mit dem Kreuz. Ein Kranzgesims ziert die halbkreisförmige *Apsis,* deren halbkreisförmige Bögen aus Rundungsteilen zusammengefügt sind. Interessant ist die rechteckige, wei-

ße Archivolte des Fensters; dieser Monolith ist mit sechs grünen Keilsteinen sowie zwei Sternen aus kleinen Steinchen besetzt, wodurch der Bogen wie gemauert wirkt. Unter dem Dach der Apsis eine Folge von Bandgesimsen mit naiven Motiven (ähnlich wie die Dekorelemente des Türsturzes am Eingang: zwei sich gegenüberstehende Pfaue, die an einem Menschenkopf picken) sowie stilisierte Blumengirlanden, die eher in die vorromanische Zeit weisen, möglicherweise noch im Geiste paläochristlicher Ornamentik ausgeführt wurden und von der vorhergehenden Kirche herrühren könnten, auf deren Standort die jetzige errichtet wurde.

Im *Innenraum* werden Apsis und Kirchenschiff durch einen zweifach vorspringenden Bogen aus abwechselnd grünen und weißen Steinen verbunden. In der Bogenmitte trägt ein Keilstein die Figur eines Adlers mit gespreizten Flügeln; die Schenkel des Bogens ruhen auf Konsolen mit Blattdekor und Menschengesicht. Die Reste von Fresken stammen aus dem 12. Jahrhundert und stellen die Verkündigung dar.

Col de San Stefano (349 m)

Schöne Aussicht auf das Nebbio und die Ostküste bis zum Etang de Biguglia. Das Défilé de Lancone ist die nördlichste große Schluchtstrecke Korsikas. Besonders im Frühjahr ist der Bevinco ein reißender Gebirgsbach.

Oletta

Schöne Aussicht auf das Nebbio und den Golf von Saint-Florent. In der Pfarrkirche *Saint-André* aus dem 18. Jahrhundert ist in der Fassade ein archaisches Flachrelief mit der Darstellung der Schöpfung eingesetzt. Im Innern ein Triptychon (16. Jh.) mit der Jungfrau, die das Jesuskind stillt, neben ihr die Heilige Reparata und der Heilige Andreas. 1 km vor Oletta auf der D 82 in Richtung Saint-Florent Abzweigung zur Ruine des Franziskanerklosters in schöner Umgebung.

Col de Teghime (548 m) und Serra di Pigno (960 m)

Aussichtspunkte, von denen man an klaren Tagen bis zu den Inseln Elba, Capraia und Montecristo und zum italienischen Festland sehen kann.

Patrimonio [Patrimoniu]

Wohlhabender Ort im berühmten Weinanbaugebiet (s. S. 337f.). Die Pfarrkirche (16. Jh.) erhebt sich auf einem runden Hügel inmitten des Ortes. In einer parkähnlichen Anlage (zu erreichen von dem alten Haus auf einem schmalen Fahrweg zur Kirche nach ca. 200 m links) ist die Menhirstatue ›Nativu‹ aufgestellt, die man 1964 in der Gemeinde Barbaggio ausgrub (Abb. 20). Sie konnte wiederhergestellt werden, da sie unter der Erde geschützt gelegen hatte. Dieser Menhir aus Kalkstein (der einzige, den man bisher aus diesem Material fand) ist 2,29 m hoch und wird ins 1. Jahrtausend v. Chr. datiert. Er gehört zur nördlichen Gruppe ohne Waffen und wird somit in die Endphase des korsischen Megalithikums III eingeordnet (s. S. 65). Die Statue zeigt deutlich hervorgehobene Schultern, herausmodellierte Ohren und ein ausgeprägtes Kinn. Ein rätselhaftes, graviertes Motiv an der Stelle des Brustbeins unterstreicht die Brusthälften.

Westlich von Patrimonio, an der Straße D 81 nach Saint-Florent, hinter der Abzweigung nach Nonza, eine hohe Felswand: Fundort für Fossilien (Trias, Jura: Muscheln und Ammoniten).

8 Bastia, die Stadt des Barock
(Farbt. 12, 13, 19, 24; Abb. 46, 47, 53–57)

Die ehemalige Hauptstadt Korsikas (bis 1793) ist heute der wichtigste Handelshafen und das wirtschaftliche Zentrum der Insel (52 000 Einwohner). An der Stelle der heutigen Stadt lag einst das römische Mantinum. Später entwickelte sich dort der Fischerhafen Porto-Cardo (Terra-Vecchia). Im Rahmen ihrer militärstrategischen Konzeption befestigten die Genuesen den kleinen Fischerort im Jahre 1380 durch eine Bastei (ital. bastiglia), die der Stadt später ihren heutigen Namen verlieh. Um 1480 gesellen sich zu dem Turm die Festung und die Wohnhäuser, und der Ort wurde damit zu einem militärischen Stützpunkt Nordkorsikas. Als im 17. Jahrhundert die genuesischen Gouverneure der Insel ihren Regierungssitz von der alten Hauptstadt Biguglia – heute ein kleines Bergdorf 10 km südlich von Bastia – in die Festungsstadt verlegten, war Bastias weitere Entwicklung endgültig vorgezeichnet. Von 1791 bis 1811 war die Stadt Verwaltungszentrum des Golo-Departements.

Um die Mitte des 19. Jahrhunderts begann um die Place Saint-Nicolas der gründerzeitliche Ausbau der Stadt mit demonstrativ zur Schau gestellten privaten und öffentlichen Prachtbauten im Rahmen eines geometrisch angelegten Straßengrundrisses, während sich die modernen Wohnviertel des 20. Jahrhunderts mit ihren Wohnsilos im Süden entlang einer vierspurigen Ausfallstraße ausdehnen. Hier ist auch die Industriezone Bastias mit Kleinbetrieben und Werkstätten, Lagerhäusern des Großhandels usw. entstanden. 1850–1870 wurde der Neue Hafen (Nouveau Port) gebaut, der wichtigste Handels- und Passagierhafen Korsikas. Im Süden der Stadt, in der Küstenebene, liegt der internationale Flughafen *Bastia-Poretta*. Durch die geographisch günstige Lage zu Südfrankreich und Italien ist Bastia Brückenkopf für den Handel mit dem Festland und Drehscheibe für den Tourismus. Fast 60% der Waren, die Korsika ein- oder ausführt, werden in seinem neuen Hafen verladen.

Der wirtschaftliche Aufschwung hatte eine starke Bevölkerungszunahme zur Folge, im Gegensatz zu den übrigen Gebieten Korsikas. Mit einem Anteil von 39% bilden die Arbeiter die stärkste Berufsgruppe. Auch als Verwaltungszentrum hat Bastia zentrale Bedeutung erworben: es ist Hauptstadt und Präfektur Haute-Corse, Sitz des Berufungsgerichts und des Militärgouvernements, der Zolldirektion, der Industrie- und Handelskammer und Stadt der Banken und Handelsagenturen.

Trotz der schönen landschaftlichen Lage, eines angenehmen Klimas und des interessanten Stadtbildes hat Bastia nicht jene Bedeutung eines Fremdenverkehrsortes erlangen können wie Ajaccio, was aus verschiedenen Gründen verständlich erscheint. Bastia ist im wesentlichen Ankunftshafen und vielleicht noch Ziel eines Tagesausflugs, doch ihren Urlaub verbringen die Fremden lieber weiter südlich an den Sandstränden der Ostküste. Bastia ist eine lebendige, laute Stadt, ganz besonders zur Zeit der rush hour und der Ankunftszeiten der großen Autofähren von Marseille, Toulon, Nizza, Genua, La Spezia, Livorno, Piombino und Porto Santo Stefano.

Dann platzt die zwischen Gebirge und Meer eingezwängte Stadt aus den Nähten. Das Verkehrschaos ist vollkommen. Autos mit Wohnwagenanhängern und Booten quälen sich meterweise durch die Straßen der Innenstadt, und der Lärm steigt an den Fassaden der meist sechsstöckigen Häuser hoch. Ein neuer Straßentunnel, der unter dem Alten Hafen und der Zitadelle verläuft, wurde 1984 fertiggestellt und hat den Innenstadtverkehr spürbar entlastet.

Unberührt vom Streß des Autoverkehrs treffen sich die Korsen jeden Nachmittag an der Place Saint-Nicolas, wo sie sich leidenschaftlich dem Boule-Spiel hingeben und die Aufmerksamkeit einer großen Zuschauermenge auf sich lenken (Farbt. 19). Oder sie treffen ihre Bekannten und Freunde auf dem großen Platz oder in einem der zahlreichen Cafés unter den Platanen.

Die Altstadt um den Alten Hafen (Vieux Port) ist ein Labyrinth schmaler Gassen mit Bögen und Durchgängen zwischen hohen Wohnhäusern aus dem 16. bis 18. Jahrhundert (Farbt. 12, Abb. 109). Die Zeit hat im Mauerwerk Risse und Flecken abgebröckelten Putzes hinterlassen. Die Leitungs- und Abwasserrohre sowie WC-Häuschen, Zeichen einer ehemals fortschrittlichen Zivilisation, wurden nachträglich eingebaut und zieren notgedrungen die Fassaden (Farbt. 13). Treppen und sonnenlose Gassen und Hinterhöfe sind unbeschreibliche ›Müllabladeplätze‹, während zwischen den Häusern die Wäsche zum Trocknen in weißen und farbigen Fahnen flattert. Im Alten Hafen schwimmt der Unrat, und es riecht abscheulich nach Ölresten und Verwesung, auch ein Eindruck einer ›malerischen‹ Altstadt, in der kein Mitteleuropäer wohnen möchte, die aber allzu häufig nostalgischen Träumereien Nahrung gibt. Altes Gemäuer, Liebenswertes und Schmutziges wird schließlich von den glanzvollen Türmen der majestätischen Barockkirche Saint-Jean-Baptiste überragt (Abb 109).

Sehenswürdigkeiten von Bastia

1 Place Saint-Nicolas
(Parkplatz östlich des Platzes am Hafen.) Der Platz ist das Herz der Stadt, Treffpunkt der Bastianer zum allabendlichen Korso. Er ist 300 m lang und wird von Palmen und Platanen überschattet. Am *Boulevard de Gaulle* Bars, Restaurants und Straßencafés. Im nördlichen Teil des Platzes steht ein von einheimischen Künstlern entworfenes Gefallenendenkmal des Krieges von 1870/71. Das Standbild von Napoleon als römischer Kaiser im Südteil des Platzes stammt von dem Florentiner Bildhauer Bartolini. In der Mitte ein Musikpavillon für sommerliche Konzertveranstaltungen. Am nördlichen Ende des Platzes führt die Avenue Maréchal Sebastiani zum Bahnhof.

Parallel zum Boulevard de Gaulle verläuft der *Boulevard Paoli*, Hauptverkehrsader und wichtigste Geschäftsstraße der Stadt (Hotels, Restaurants, Hauptpostamt).

2 Palais de Justice (Justizpalast) aus dem 19. Jahrhundert

3 Theatre Municipal (Städtisches Theater) 19. Jahrhundert
In diesem Gebäude ist auch die Städtische Bibliothek untergebracht (Öffnungszeiten tägl. 13–17 Uhr, sonntags geschlossen). Die Bibliothek besitzt 50 000 z. T. sehr wertvolle Bände (Dokumente über Korsika, Wiegendrucke, Handschriften und seltene Ausgaben, z. B. Decamerone aus Florenz, 16. Jh.).

4 Chapelle Saint-Roch
Die Kapelle von 1604 liegt in der Rue Napoléon. Dekoration vom Florentiner Filiberto; schönes geschnitztes Chorgestühl.

5 Chapelle de l'Immaculée Conception (Unbefleckte Empfängnis)
Die Kapelle wurde 1611 gebaut; ihre Innenausstattung stammt aus dem 18. Jahrhundert. Sehenswerter genuesischer Wandteppich, Altargemälde aus der Schule Murillos; Kruzifix auf dem rechten Seitenaltar und Statue der Unbefleckten Empfängnis; links neben der Kanzel sind genuesische Arbeiten aus dem 18. Jahrhundert; Deckengemälde und Reliquienschreine Ludwigs XVI. Kleines Museum kirchlicher Kunst in der Sakristei. Alljährlich am 8. Dezember wird die Statue der Jungfrau auf einer Prozession durch die Altstadt bis zur Kirche Saint-Jean-Baptiste getragen.

6 Église Saint-Jean-Baptiste (Abb. 109)
Die Barockkirche wurde 1666 erbaut; ihre Türme überragen den Alten Hafen und sind die Wahrzeichen der Stadt. Die Innendekoration stammt aus dem 18. Jahrhundert: vergoldete Stuckarbeiten, prunkvolle Altäre, polychrome Marmorarbeiten (Hauptaltar, Kanzel, Taufstein); an den Wänden sehenswerte Gemälde italienischer Schulen, einige davon sind Geschenke des Kardinals Fesch (s. S. 141). Die Kirche ist wie die vorhin genannten Kapellen zwischen 12 und 14.30 Uhr sowie sonntagnachmittags geschlossen.

7 Place de l'Hôtel de Ville (Rathausplatz)
Der Platz liegt im Zentrum der Altstadt (Terra-Vecchia). Hier findet jeden Morgen Markt statt.

8 Vieux Port (Alter Hafen)
(Farbt. 12; Abb. 109)
Farbigster und malerischster Platz in Bastia. Sehr schöner Ausblick auf Fischerboote und Yachten, auf die Kirche Saint-Jean-Baptiste und die farbige Kulisse der hohen Stadthäuser von der Mole Jetée du Dragon unterhalb der Zitadelle oder von einem der vielen Lokale und Terrassenkneipen. Vom Quai du Sud führen die Stufen der ›escalier Romieu‹ zur Zitadelle hoch.

Am Fuße der nördlichen Festungsmauer liegt der Jardin Romieu, ein schön angelegter

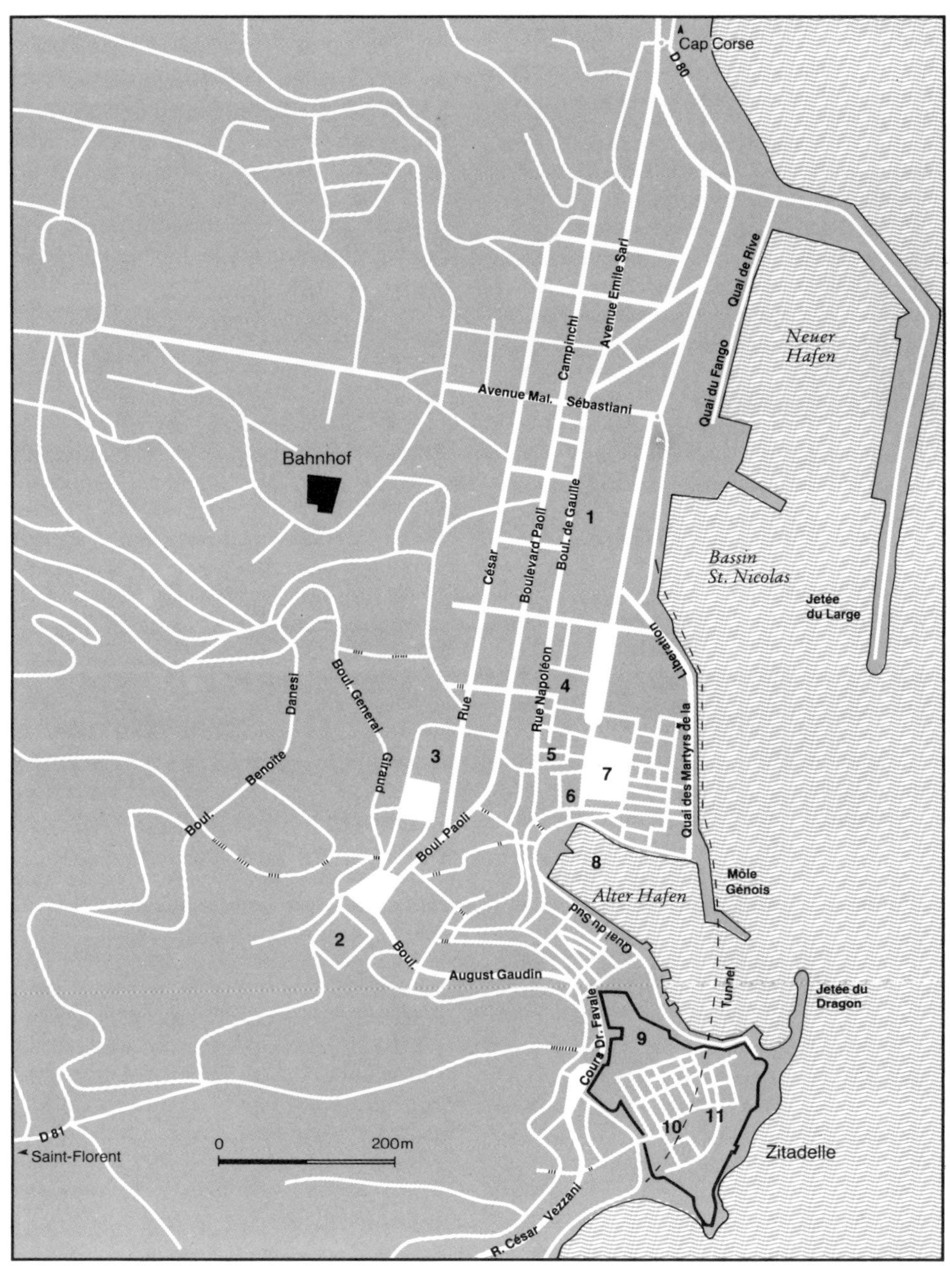

Stadtplan von Bastia

Garten mit Ausblick auf den Hafen, die Stadt und die Höhenzüge von Cap Corse.

9 Zitadelle

Sie liegt in dem von den Genuesen als Terra Nova bezeichneten Bereich Bastias, um ihn damit zu unterscheiden von dem älteren Stadtteil Terra-Vecchia um den Alten Hafen. In die Festung gelangt man durch eine unter Ludwig XVI. restaurierte Ausfalltüre, einige Meter oberhalb des Ausgangs vom Jardin Romieu (Hinweisschild). Die Mauern der Zitadelle wurden von den Genuesen im 15. und 16. Jahrhundert gebaut. Innerhalb des Mauergürtels wurden an Plätzen und engen Gassen Häuser und Kirchen errichtet, außerdem der Gouverneurspalast, den man über eine Zugbrücke erreicht. Im Palast ist heute das Museum für Völkerkunde Korsikas untergebracht:

Musée d'Ethnographie Corse
(Öffnungszeiten: 9–12 Uhr und 15–18 Uhr, von Oktober bis Ostern 9–12 Uhr und 14–17 Uhr, sonntags und feiertags geschlossen) Die Ausstellung zeigt einen guten Überblick über die Geologie, Botanik, Zoologie, Archäologie, Geschichte, Volks- und Wirtschaftskunde Korsikas, z. B. Gesteine wie der typische Kugeldiorit (s. S. 294), Fundstücke von der Steinzeit bis zum Mittelalter, alte Landkarten (Ptolemäus 1535, Mercator 1594) und landwirtschaftliche Geräte, Töpferwaren und Handwerk.

Im alten Pulvermagazin der Festung ist das *Meeresmuseum* zu besichtigen (Ölkrüge, Gefäße für Oliven und Salzlauge, griechisch-italienische Krüge mit doppelten Tragringen, Kannen, Bleibarren, Stockanker aus Wracks römischer Handelsschiffe). Im Hof des Museums der Turm des Unterseebootes ›Casabianca‹, das unter dem Kommando seines Kapitäns l'Herminier eine wesentliche Rolle bei der Befreiung Korsikas 1942 gespielt hat.

10 Église Sainte-Marie

Gegen Ende des 15. Jahrhunderts vom Bischof Octavio Fornari von Mariana gegründet, 1570 als Kathedrale errichtet, behielt sie diese Funktion bis zum Wechsel des Bischofssitzes nach Ajaccio 1801. Die drei Schiffe sind reich mit Gold und Marmor im Stil des Barock geschmückt. Im rechten Seitenschiff in einer Vitrine die ›Himmelfahrt der Jungfrau‹, eine Arbeit aus getriebenem Silber des italienischen Künstlers Gaetano Macchi aus Siena (1856). Alljährlich am 15. August wird diese Figur in einer Prozession durch die Terra-Nova getragen. Der Altar des Allerheiligsten wird von einer auf Holz gemalten ›Verkündigung‹ von 1512 überragt, die aus der alten Kathedrale ›La Canonica‹ (s. S. 203 ff.) stammt. Das Chorgestühl aus dem 19. Jahrhundert wurde von dem Pisaner Fontana geschnitzt, und die Orgel stammt aus dem Hause Serassi von Bergamo (19. Jh.). Einige Gemälde stammen aus der Sammlung des Kardinals Fesch (s. S. 141 f.).

11 Chapelle Sainte-Croix (Heilig-Kreuz-Kapelle; Abb. 110)

Durch ein einfaches, etwas zurückliegendes Hausportal in der Rue de l'Echêvé gelangt man in die Kirche. Überraschend ist der üppige, verschwenderische Dekor im Stil eines Konzert- oder Theatersaals Ludwigs XV. Das harmonische Deckengewölbe ist von Barockschmuck (goldene Arabesken, Engel vor einem hellblauen Hintergrund) überladen. Die Kirche hat ihren Namen nach einem ergreifenden Kruzifix ›Christ des Miracles‹ erhalten, das in der rechten Seitenkapelle steht. Fischer sollen 1428 das Eichenholzkreuz auf dem Meer treibend gefunden haben. Seit jener Zeit wird das Kruzifix von den Fischern und Seeleuten aus Bastia besonders verehrt. Alljährlich am 3. Mai findet eine Prozession durch die Zitadelle statt, wo Fischer vor ihm die Beute ihres ersten Fischfangs opfern.

Umgebung von Bastia

Oratorium von Monserrato
(Zufahrt: Vom Justizpalast auf der D 81 1,9 km
in Richtung Saint-Florent; kurz vor der Ab-
zweigung nach Cardo geht in einer scharfen
Rechtskurve ein schmaler, befahrbarer Weg
links ab, nach etwa 200 m die Kapelle.)
Die dem Heiligen Pankratius geweihte
Kapelle besitzt im Innern eine steile Trep-
pe, ›scala santa‹, die zu einem kleinen
Marmoraltar hinaufführt. Sie ist eine
Nachbildung der Treppe aus der Basilika
San Giovanni in Laterano in Rom. Nach
christlicher Tradion erinnert die scala
santa an die Treppe des Pilatur-Palastes in
Jerusalem, auf der die Christen am Pas-
sionstag hinaufsteigen. Weil die Einwoh-
ner von Bastia während der Herrschaft
Napoleons I. verbannten Priestern aus
Rom geholfen hatten, verlieh Papst Pius
VII. ihnen im Jahre 1816 das seltene
Recht, eine solche Treppe zu besitzen.
Wallfahrt am 12. Mai.

**Höhenstraße Cardo – Sainte-Lucie –
San-Martino-di-Lotta**
Empfehlenswert ist dieser Ausflug wegen
der schönen Aussichtspunkte.

Etang de Biguglia
Diese größte Lagune Korsikas (10 km
lang, bis 3 km breit) war einst ein ausgezeichneter Hafen, doch die Windverhältnisse und Meeresströmungen an der Ostküste haben immer mehr Material ange-
schwemmt, so daß die Bucht abgeschnürt
wurde und zu einem ›Teich‹ (étang) ver-
landete, der mit seinem ungesunden Klima, der Mückenplage und der Malariagefahr in den Sommermonaten die Kultivierung dieses Raumes lange Zeit verhin-

derte, bis man – angeregt durch die wirtschaftlich günstigen Aussichten des nahen Absatzmarktes Bastia – einen Teil des
Teiches trockenlegte und auf dem neuge-
wonnenen Land Tomaten, Paprika, Kür-
bisse, Melonen u. a. m. mit hohen Erträ-
gen anbaute. Ein Netz von Entwässe-
rungsgräben durchzieht die Landschaft;
dichtes Rohr begrenzt die Kulturflächen.
Der Teich ist außerordentlich fischreich
(besonders Aale). Auf dem Lido mit seinen Sandstränden wurden in den vergangenen Jahren mehrere Ferienkolonien
angelegt.

Mariana
**Alte Kathedrale Santa Maria Assunta,
›La Canonica‹** (Farbt. 24, Abb. 54–57)
Zugang: Von Bastia 17 km auf der N 193 in
Richtung Ajaccio; in Crocetta Abzweigung
links, auf der D 107 noch 5,5 km.
(Schlüssel zur Kirche in der kleinen Bar nahe
der Kirche) (vgl. Fig. S. 76)
Die Kirche steht auf dem Boden der ehemaligen römischen Siedlung Mariana (s.
S. 72), von der bisher nur wenig ausgegraben worden ist: Mauerreste eines Bades,
Mosaiken, Therme. Die Ablagerungen
des Golo deckten nach und nach die Reste
dieser Siedlung zu, die im 5. Jahrhundert
von Vandalen und Langobarden zerstört
und im 9. Jahrhundert wegen der Barba-
renüberfälle und der Malariagefahr verlassen worden waren.
Die Kirche Santa Maria gilt als Prototyp romanisch-pisanischer Kirchen auf
Korsika im 12. Jahrhundert. Sie ist eine
Basilika mit bescheidenen Ausmaßen
(35 m lang, 12 m breit, 13 m hoch). Das
Mittelschiff ist breiter und höher als die
Seitenschiffe; im Osten ist eine halbkreisförmige Apsis mit Halbkuppelgewölbe

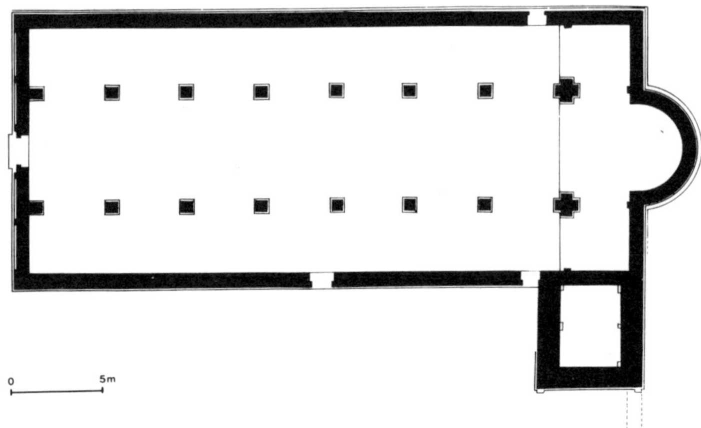

Mariana, Alte Kathedrale Santa Maria Assunta, Grundriß

vorgesetzt. Das davor liegende Joch ist als Tonnengewölbe konstruiert. Das Besondere der Kirche ist ihre schlichte Architektur, wobei dennoch die Wirkung durch die Verwendung eines marmorartigen, scharfkantig aneinandergefügten polychromen Steinmaterials verschiedener Größe erzielt wurde. Die Steinplatten, die beide Seiten des Mauerkerns, der aus Kieselsteinen und Kalkmörtel besteht, verkleiden, sind im Wechsel gemauerte breite und schmale Plattenschichten.

Westfassade: Ihre Wandaufteilung in drei Bereiche entspricht der Konstruktion des Innenraumes der Basilika in drei verschieden große Schiffe. Hier befindet sich auch der Haupteingang. Zwei schmale Pilaster stützen einen Halbkreisbogen mit einem in Hochrelief skulptierten Fries mit Tierdarstellungen (Hirschjagd), die stark an lombardischen Schmuck erinnern. Das Türbogenfeld wird von einem mit der Archivolte konzentrischen Fries und einem monolithischen Türsturz – beide mit Rankenornamentik – umgrenzt (Abb. 54).

Die *Seitenfassaden* sind fast schmucklos; nur schießschartenartige Fenster lockern die Seitenschiffe und den oberen Teil des Mittelschiffs auf. Zwischen den beiden Fenstern an der Südostecke sind drei Verkleidungsplatten mit Intarsiendekor eingefügt (Abb. 55, 56).

Besonders harmonisch erscheint die *Ostfassade:* das flache Chorhaupt, davor

Mariana, Alte Kathedrale Santa Maria Assunta, Aufriß

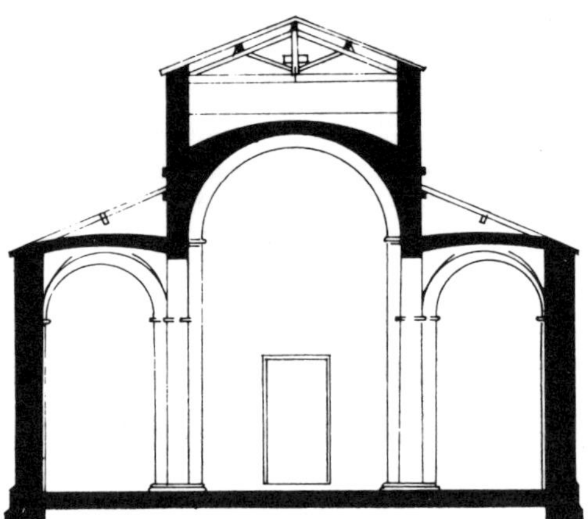

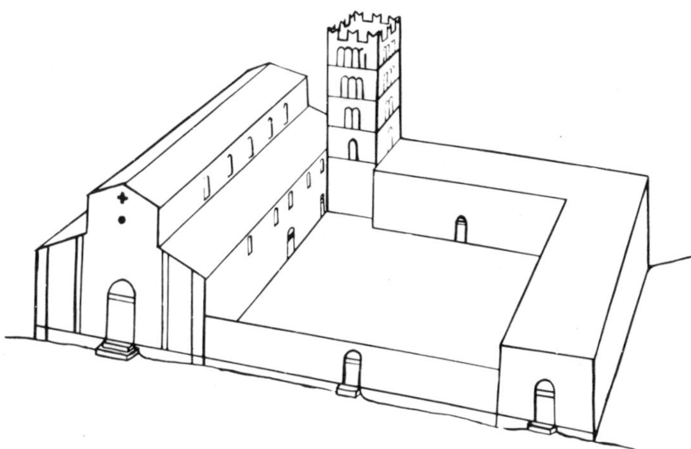

Mariana, Alte Kathedrale Santa Maria Assunta, Hypothetische Rekonstruktion des Glockenturms und des Bischofspalastes

die halbkreisförmige Apsis mit Arkaden über schmalen Pilastern. Das hohe Giebelfeld besitzt nochmals über einem Rundfenster elegante Arkaden (Farbt. 24).

Im *Kircheninnern* (Abb. 57) werden die drei Schiffe durch jeweils sieben in zwei Reihen stehenden rechteckigen Pfeilern getrennt, mit Ausnahme von zwei am Ostende vor dem Joch des Chores stehenden kreuzförmigen Pfeilern. Die an ihren Seiten hervorstehenden Pilaster stützen die Querbögen des Kreuzgratgewölbes über dem letzten Joch der beiden Seitenschiffe.

Ausgrabungen südlich der Kirche

Unter den Fundamenten des Bischofspalastes aus dem 12. Jahrhundert wurde der Unterbau einer frühchristlichen Basilika vom Ende des 4. Jahrhunderts, die mehrmals im 5. und 10. Jahrhundert erneuert worden war, entdeckt. Etwas abseits liegt das *Baptisterium,* ein kleines viereckiges Gebäude mit Apsiden. Der Boden des Beckens besteht aus schönen Mosaiken des 4. Jahrhunderts mit christlichen Symbolen: Fische, Delphine, Gänse, Hirsche und bärtige Köpfe in der Art der antiken Flußgötter, welche die vier Flüsse des Paradieses symbolisieren (Abb. 46, 47).

Kirche San Parteo (Abb. 53)

Die Kirche steht etwa 300 m südwestlich der Kathedrale Santa Maria inmitten eines von hohen Disteln überwucherten Friedhofes.

Gegen Mitte des 11. Jahrhunderts nähert sich die romanische Kunst unter dem Einfluß von Pisa einer gewissen Vollkommenheit, was vor allem an der Apsis

Mariana, Kirche San Parteo, Grundriß

Mariana, Kirche San Parteo,
Skulpturenschmuck an der
Apsis

Mariana, Kirche San Parteo,
Türsturz am Südeingang

sichtbar wird, wo die den Dekor bildenden Elemente nach ausgewogenen Proportionen streben. »Es gelang dem Baumeister dank der nüchternen und doch
nicht trockenen Linienführung, der
rhythmischen Verteilung der Wandsäu-
len und der Maueröffnungen, des spitz-
findigen Wechsels der in verschieden großen Ausmaßen gefertigten Steine, der
breiten Blattskulpturen der Kapitelle und
der feinen Ziselierung der Bögen ein
Werk voll Harmonie zu schaffen.«
G. Moracchini-Mazel[35]

Auf den Türstürzen des Westeingangs
und des südlichen Seitenportals Flachreliefs: geometrische Motive sowie Tiersze-
nen von reizender Naivität (zwei einander zugekehrte Löwen beiderseits eines
stilisierten Baumes) deuten auf ein frühes
Entstehungsdatum Mitte des 11. Jahrhunderts.

Im Innern an den Chorecken zwei kleine quadratische Säle, die von Kreuzgrat-
gewölben überspannt werden. Möglicherweise wollte man damit die Erinnerung an das Diakonikon und die Prothesis der altchristlichen Kultstätte aufrecht-

erhalten, denn Funde von Grundmauer-
resten bei Ausgrabungen im Jahre 1958
haben eine solche ehemalige Kultstätte
aus dem 5. Jahrhundert bewiesen. Jene
dem Heiligen Parteo gewidmete Kirche
war dreischiffig und besaß eine halbkreisförmige Apsis. Die Reliquien des Heiligen sollen im 8. Jahrhundert in die Kathedrale von Noli in Ligurien gebracht worden sein, als die Bewohner von Mariana
sich von den Sarazenen bedroht fühlten.
Man kann im Innern der Kirche auch
noch mit Ziegeln verschlossene Gräber
aus heidnischer und frühchristlicher Zeit
entdecken.

Eine schlechte Restaurierung durch Pariser Architekten veränderte manches zu
Ungunsten der Kirche: das Giebelfeld
wurde zu groß gebaut, die Seitenmauern
statt mit Steinblöcken mit Zement über-
höht, rote Dachziegel statt der ursprünglichen ›teghie‹ verwendet. G. Moracchini-
Mazel bedauert diese unglücklichen Bau-
maßnahmen, die man nicht verhindern
konnte, und weist darauf hin, daß es
bekanntlich nicht leicht sei, Einwände
gegen die zentralistische Entscheidung
geltend zu machen.

206

9 Cap Corse – Bergdörfer, Hafenplätze und einsame Badebuchten

(Farbt. 9, 10, 20; Abb. 51, 108, 126)

Wie einen Fühler streckt Korsika an seiner Nordseite nochmals eine Halbinsel, das Cap Corse, in einer Länge von 40 km und einer durchschnittlichen Breite von 15 km weit in das Ligurische Meer aus. Die Autostraße D 81 zwischen Bastia und Saint-Florent über den Col de Teghime bildet die südliche Landgrenze dieses ›Kaps‹, das mit seinen vielen kleinen idyllischen Bergdörfern und Hafenplätzen eher einer großen Landzunge gleicht.

Das Cap Corse wirkt in seiner Erscheinung anmutiger als das sonst so wilde Korsika. Der vorwiegend aus mesozoischen und tertiären kristallinen Schiefern aufgebaute nordsüdlich verlaufende Zentralgebirgskamm, zugleich Wasser- und Wetterscheide, mit fiederartig in westlicher wie in östlicher Richtung ausstrahlenden Seitenkammern, mit kurzen, aber dennoch verhältnismäßig weiten, von Wildbächen geformten Tallandschaften, besitzt im *Monte Stello* mit 1307 m seine größte Höhe. Diese kurzen Tallandschaften bilden jeweils kleine Gemeinden. Hoch an den Berghängen oder in den Quellmulden am Ende der Täler liegen die Dörfer, die zugehörigen Hafenplätze mit meist nur wenigen Häusern haben sich auf den Schotterflächen der ins Meer mündenden Bäche gebildet (vgl. S. 116), z. B. Marine de Pietracorbara der Kommune Pietracorbara, mit den Bergdörfern Cortina, Selmacci und Orneto oder Marine de Sisco der Kommune Sisco mit den Bergdörfern Barrigioni, Balba, Moline, Vicaja und Crosciano. Dem Reisenden, der das Cap Corse nur auf der Küstenstraße umfährt, bleiben die meisten Siedlungen verborgen, und er gewinnt den falschen Eindruck eines fast siedlungsleeren Raumes.

Die klimagünstigere Ostküste erweist sich weniger hoch als die Westküste; durch die alluvialen Ablagerungen der Bäche ist ihr Küstenverlauf geradliniger; dennoch gibt es kleine, aber geschützte Buchten und Ankerplätze. Teilweise sehr steil dagegen fällt die Westküste ins Meer hinab (z. B. bei Nonza) und ist durch tiefeingeschnittene ungeschützte Buchten charakterisiert.

Die Bevölkerung von Cap Corse, eine sehr dynamische Bevölkerung aus Bauern, Fischern und Händlern, hatte einst sehr starke Beziehungen nach Pisa, Livorno, Genua, Marseille und anderen europäischen Häfen. Dort verkaufte sie ihre guten Weine, Öl, Holz, Kork, Fische und Kohle und besorgte sich dafür Tuchwaren und Industriewaren, aber auch Lebensmittel, vor allem Korn, das dann in den zahlreich existierenden Windmühlen des Caps gemahlen wurde. So war Cap Corse bis zum Ende des vorigen Jahrhunderts eines der wohlhabendsten Gebiete Korsikas, wofür noch heute ansehnliche Herrenhäuser, große Kirchen und reiche Friedhofsgräber zeugen. Als jedoch die wirtschaftlichen Beziehungen zu Genua zu Ende gingen, die Reblaus die Weinernte vernichtete und der Weinexport zum Erliegen kam, gerieten die Einwohner in wirtschaftliche Schwierigkeiten. Der Asbestbergbau der Kommune

Canari am Westabfall des Monte Cuccaro (832 m) wurde 1965 eingestellt; er war ebenso wie der Antimonabbau von Ersa, Luri und Meria unrentabel. Auch der Abbau der übrigen Bodenschätze der Insel (Anthrazitkohle, Arsen, Bleiglanz, Schwefelkies, Silber und Kupfer) lohnt wegen Transportschwierigkeiten und fehlender Energie nicht mehr. Auch der ab 1974 geplante Abbau von Nickel scheiterte. Folge des wirtschaftlichen Niedergangs war eine Auswanderungswelle vorwiegend nach Übersee, dadurch kam es zu verödeten Dörfern, verfallenen Häusern und verwilderten Feldern. In den vergangenen Jahren begann man wieder Mut zu schöpfen, indem man auf den Tourismus und neue Flächen für den Weinanbau setzte.

Die seit der Antike berühmten Sonderkulturen ergeben ausgezeichnete Weine, z. B. der Malvasier und der Muskateller. Bekannt sind auch die Trauben der Weinberge von Rogliano, aus denen in Bastia der korsische Aperitif ›Cap Corse‹ gekeltert wird (nach E. Arnberger und L. Komma).

Der landschaftliche Reiz des Caps mit seinen einsamen Buchten, Steilabfällen, Bergnestern und kleinen natürlichen Häfen, den romantischen, oft stark verfallenen genuesischen Wachttürmen, aber auch die vielfältigen Möglichkeiten für den Wassersport tragen dazu bei, daß sich immer mehr Reisende für einen individuellen, noch nicht von Organisationen geplanten Urlaub in diesem Teil Korsikas entscheiden. Der enge Kontakt der Bevölkerung mit der Toskana, besonders mit Pisa und Livorno, hat sehr stark die Sprache und das Temperament dieser Menschen beeinflußt. So kann man feststellen, daß sich im Dialekt dieser Region besonders viele Idiome der italienischen Sprache finden.

Rundfahrt um das Cap Corse

Ausgangsort: Bastia. Die Fahrt kann an einem Tag durchgeführt werden, besser sind jedoch zwei Tage.

Miomo
Kleiner Hafenort mit genuesischem Wachtturm.

Lavasina
Wallfahrtsort (8. September). In der Pfarrkirche Notre-Dame des Grâces (17. Jh.) Altargemälde der Madonna von Lavasina, das der Schule des italienischen Meisters Perugino zugeschrieben wird (16. Jh.) und dem man Wundertätigkeit nachspricht.

Ausflugsmöglichkeit zum **Monte Stello** (1307 m), dem höchsten Berg des Caps mit herrlichem Panoramablick (mit dem Auto bis Pozzo, von hier 5 Stunden Fußmarsch hin und zurück).

Brando, Kirche Santa Maria delle Nevi, gravierter Türsturz mit vorromanischen Ornamenten

Routenkarte von Cap Corse

Erbalunga

Kleiner malerischer Hafenort mit alten Häusern. Am Ende auf einer felsigen Landzunge ein halbverfallener Genuesenturm. Karfreitagsprozession (s. S. 333).

Ausflug zur **Kapelle Notre-Dame-des-Neiges** (Santa Maria delle Nevi) (Schlüssel beim Bürgermeister in Erbalunga). Auf der D 54 in Richtung des Weilers Castello, links vor dem Weiler die kleine bescheidene präromanische Kapelle. Im Innern Fresken des 14. Jahrhunderts auf der Südmauer.

Sisco [Siscu]

Die **Kirche Saint-Martin** war im Mittelalter ein Platz großer Verehrung von Reliquien, die im 13. Jahrhundert in großer Zahl hierher gebracht wurden. In der Kirche wird eine Maske aus vergoldetem Kupfer mit der Reliquie des Heiligen Johannes Chrysostomus aufbewahrt (13. oder 14. Jahrhundert). Man vermutet als ihren Entstehungsort Sisco, da hier im Mittelalter das Werkzeug-, Waffen- und Kunstschmiedehandwerk blühten. Mit der Maske hat der Künstler eine sehr persönliche Arbeit vollendet, in das getriebene Metall wurden peinlich genau Haare, Bart und Augenbrauen graviert. Im Tresor befinden sich zwei weitere kleine Reliquien ähnlicher Machart, die wohl auch aus Sisco stammen, aber jüngeren Datums sind. Ein Prozessionskreuz von 1541 wurde von einem Meister François aus Barrigioni ausgeführt.

Kapelle San Michele (Abb. 51)

(Wegbeschreibung: Ausgangspunkt Kirche Saint-Martin in Sisco. Vom Kirchplatz (Parkmöglichkeit) schöner Blick auf die Kapelle am steilen Hang. Hinter der Kirche folgt man einer asphaltierten Straße 500 m, dann zweigt links eine Erdstraße (1980) in Serpentinen nach oben ab, vorbei an einem Automüllplatz. Nach 700 m folgt man rechts einer Erdstraße, die bald in einen schmalen Fußpfad übergeht. Diesem folgt man 12 Min. bis zu einem Bacheinschnitt mit Kastanienbäumen. Von dort sind es noch 5 Min. durch hohes Farnkraut bis zur Kapelle.)

Sisco, Kirche Saint-Martin, vergoldete Kupfermaske mit der Hauptreliquie des Hl. Johannes Chrysostomus

210

Die dem Erzengel Michael geweihte Kultstätte wurde auf einem dunklen Felsvorsprung errichtet (weiter Blick über das Meer). Vergleicht man die Apsiden der Kirchen Santa Maria von Valle-di-Rostino (s. S. 222 f.) und San Quilico bei Olcani (s. S. 214) mit dieser Apsis (1030 erbaut), so kann man den zu Beginn des 11. Jahrhunderts erzielten Fortschritt in der Technik der Mauerfügung erkennen. Die architektonische Gestaltung ist zwar die gleiche, doch hier in Sisco entdecken wir eine stärkere Präzision in der Bearbeitung der Steine und eine größere Ausgeglichenheit der den Dekor bildenden Elemente. Alljährlich am 29. September findet ein Kirchfest mit Prozession statt.

Kirche Sainte-Catherine
(Santa Catarina)
2 km nördlich von Marine de Sisco (15. Jh.) mit romanischen Bauelementen aus dem 12. Jahrhundert.

Tour de Losse
Gut erhaltener genuesischer Wachtturm.

Tomino
Barocke Kirche, Genuesenturm, nette Gassen, schöne Aussicht.

Macinaggio
Der Ort war lange Zeit ein wichtiger Hafen, weil er besser geschützt war als der von Bastia. Heute kleiner, aber moderner Yachthafen mit Hotels und Restaurants.

Nördlich von Macinaggio romanische Kapelle **Santa Maria della Chiappella** in Küstennähe gegenüber der Insel Finocchiarola (2½ Std. Fußweg hin und zurück). Im 18. Jahrhundert wurde die Kirche mit der seltenen doppelten Apsis restauriert. In der Nähe ein halb verfallener genuesischer Turm.

Rogliano, Kirche Santa Maria della Chiappella, Grundriß

Rogliano [Ruglianu]
Terrassenartig am Hang, am Fuße des Monte Poggio liegen die acht Weiler von Rogliano inmitten von Oliven- und Kastanienhainen, einer der schönsten Orte des Caps. Drei Burganlagen (heute Ruinen), ein Kloster, befestigte Türme (teil-

weise verfallen) erinnern an die einstige Bedeutung des Ortes, nur die Kirchen Saint-Agnel (16. Jh.) und Saint-Côme-et-Saint-Damien blieben erhalten. Die Etymologie des Ortsnamens Rogliano (Pagus Aurelianus) weist vermutlich auf eine ehemalige Römersiedlung hin. Seit dem 12. Jahrhundert war die berühmte Familie da Mare hier ansässig. Sie bewohnte die Burg San Colombano und herrschte über den größten Teil des Nordkaps. Großen Besuch hatte der Ort, als am 2. Dezember 1869 die Kaiserin Eugenie auf der kaiserlichen Yacht den Hafen von Macinaggio anlief, nachdem sie den Suezkanal eingeweiht hatte.

Ersa

Im Weiler Botticella in der Kirche Sainte-Marie ein schöner holzgeschnitzter Tabernakel (17. oder 18. Jh.).

Barcaggio und Tollare

Diese Rundfahrt von 17 km ist empfehlenswert, wenn man Natur und Ruhe sucht und einen Sandstrand für sich alleine haben möchte. In Tollare haben die Häuser aus Schiefer eine Außentreppe, die von Gewölbebögen getragen wird. Nicht weit entfernt die kleine Insel Giraglia aus grünem Serpentinfels, von einem mächtigen Leuchtturm überragt.

Col de Serra

Fußweg zur *Moulin Mattei* (389 m). Herrlicher Aussichtsplatz um eine alte Mühle, angelegt von der Familie Mattei (Herstellerfirma von Cédratine-Likör, Myrten-Likör und Cap-Corse-Aperitif).

Centuri-Port (Abb. 126)

Vielleicht der schönste Fischerhafen der Halbinsel, zu dem eine kurvenreiche Straße hinabführt.

Col de Sainte-Lucie und Seneca-Turm

9,5 km hinter Morsiglia zweigt eine Straße zum Paß ab. Kapelle Sainte-Lucie aus dem 19. Jahrhundert mit schönem Ausblick auf das Meer und den Golf von Aliso. Vom Paß (an einer Kirche von 1875) zweigt eine schmale Fahrstraße zum Seneca-Turm ab, zuerst durch Laricio-Kiefernwald, anschließend durch die baumhohe Macchia. Am Fuße des Turms ein Kinderheim mit Museum (Ausstellung von Funden, die bei Grabungen am Turm gemacht wurden). 30 Min. vom Heim entfernt der Seneca-Turm. Der Sage nach soll hier der verbannte Stoiker Seneca acht Jahre von 41 bis 49 n. Chr. gelebt haben. Ein Liebesabenteuer brachte Seneca seine Verbannung nach Korsika ein. Wo jedoch auf Korsika sein tatsächlicher Verbannungsort war, ist bis heute noch ungeklärt. Dieser Turm kommt jedoch kaum dafür in Frage, weil sein Entstehungsdatum wie die meisten Türme Korsikas erst ins 15. und 16. Jahrhundert zurückreicht; vorher existierte allerdings schon ein Gemäuer, über das man jedoch nichts Genaues weiß. Die mediterrane Brennesselart, die hier bis zu einer Höhenlage von 1200 m wächst, trägt den Namen dieses römischen Philosophen (›Ortica di Seneca‹), weil Seneca der Sage nach von korsischen Bauern bei einem Schäferstündchen mit einer schönen Korsin überrascht wurde, worauf die erbosten Bauern ihn mit diesen Brennesseln auspeitschten (nach L. Komma).

Der Verbannte schrieb über seinen Verbannungsort in einem Brief an seine Mutter:

»Du wirst keinen Verbannungsort finden, wo nicht einer oder der andere aus Liebhaberei weilte. Wo kann man etwas so Nacktes, so auf allen Seiten Abgerissenes finden, als dieses Felseneiland? Wo ist eines, das, wenn man an Produkte denkt, unwirtlicher, wenn man auf die Menschen sieht, nüchterner, wenn man die Lage berücksichtigt, schauerlicher, oder wenn man auf das Klima sieht, unfreundlicher wäre? Und doch halten sich hier mehr Fremde als Einheimische auf. Solang ich den Geist, der nach dem Schauen verwandter Naturen strebt, immer über der Erde halten kann: was liegt mir dann daran, worauf mein Fuß trete? So sei's denn, daß dieses Land nicht fruchtbare und liebliche Bäume trägt, daß es nicht von großen und schiffbaren Flüssen bewässert ist, daß es nichts erzeugt, was andere Völker haben möchten, daß es kaum zum Unterhalte seiner Bewohner fruchtbar ist, daß hier nicht kostbares Gestein gehauen, nicht Gold- und Silberadern aufgegraben werden. Das ist ein enger Geist, der seine Lust an irdischem Stoffe hat.«[36]

Luri

Typisches Beispiel für die Entvölkerung des Cap Corse: Im Jahre 1900 gab es noch 2000 Einwohner, heute nur noch 600! In der *Pfarrkirche* (17. Jh.) ein Altar-Tafelbild mit dem Leben des Hl. Petrus (Ende 15. Jh. oder Anfang 16. Jh.). Die architektonischen Details im Hintergrund sind möglicherweise Schlösser und Burgen der Adligen des Cap Corse aus dem 15. Jahrhundert, von denen es nur wenige Dokumente gibt (Schlüssel beim Bürgermeister am Platz).

Pino [Pinu] (Farbt. 10)

Einer der schönsten Orte des Caps in einer landschaftlich sehr eindrucksvollen Lage oberhalb einer Bucht. Seine schönen geräumigen Villen und Häuser, Kirche und genuesische Wachttürme sind umgeben von reicher Vegetation: von Oliven- und Feigenbäumen, Eichen und Platanen und den ernsten Zypressenreihen auf den Friedhöfen. Pino erinnert stark an die Riviera, weshalb die Korsen dieses Gebiet auch gerne als ›korsische Riviera‹ bezeichnen. Die *Pfarrkirche Sainte-Marie*, im 18. und 19. Jh. restauriert, besitzt eine schöne Barockfassade. Im linken Seitenschiff befindet sich ein Holztriptychon (16. Jh.) mit der Darstellung der Jungfrau mit dem Kind.

Eine schmale Fahrstraße führt hinunter zur kleinen **Marine de Pino.** Dort stehen fast nebeneinander ein alter verfallener Genuesenturm und das verlassene Franziskanerkloster aus dem 15. Jahrhundert. Hinter Pino wird die Landschaft wieder kahler.

Marine de Giottani

Schöne Bucht mit Genuesenturm (Tour de Castelluccio).

Canari

Der Ort besitzt zwei interessante Kirchen: die schlichte *Kirche Santa Maria Assunta* im romanisch-pisanischen Stil (3. Viertel des 12. Jh.) und die *Pfarrkirche Saint-François*, einst Kloster von Canari. In der Barockkirche einige sehenswerte Kunstwerke: Gemälde auf Holz des 16. Jhs., darunter eine volkstümliche Darstellung des Hl. Michael, 15. Jh., der die Seelen der Menschen wägt und den Drachen zu Boden wirft, vor dem Chor eine weiße marmorne Grabplatte der Vittoria de Gentile (16. Jh.) und ein Prozessionskreuz aus Kupfer von 1560.

Canari, Skulpturen an der romanischen Kirche Santa Maria Assunta

Am Westabfall des *Monte Cuccaro* (832 m) sind die Abraumhalden des Asbestbergbaus (1965 eingestellt) weithin sichtbar und beeinträchtigen den Anblick dieser Gegend zwischen Canari und Marine d'Albo.

Marine d'Albo (Farbt. 9)
Schöne Bucht mit Genuesenturm.

Olcani
Romanische *Kirche San Quilico* aus dem 10. Jahrhundert. (Schwieriger Zugang; man erkundige sich im Ort nach dem Weg zur Ruine.) Große Ähnlichkeit mit der Kirche Santa Maria von Valle-di-Rostino (s. S. 222f.), auch gleiche Zeit der Entstehung. Die Apsis ist zwar kleiner, zeigt aber die gleichen schmalen Lisenen und Bögen. Sie bilden ein reizvolles Bo-

gengehänge, das abwechselnd auf einem spitz zugeschlagenen Kragstein und einer Lisene ruht. Polychrome Gestaltung des Mauerwerks.

Nonza (Abb. 108, Farbt. 9, 20)
Dieser mittelalterliche Ort, Lehen der Familie Avogari de Gentile, ist einer der malerischsten und bedeutendsten an der Westküste des Caps. Schwindelerregend kleben die hellen, schiefergedeckten Häuser 150 m hoch über dem Meer auf dunklem Felsuntergrund, umgeben von steil zur Küste abfallenden Terrassenhängen.

Die Häuser des Ortes gruppieren sich um die *Kirche Sainte-Julie* (16. Jh.) mit ausgewogener Fassade. Über dem Barockaltar, eine marmorne Intarsienarbeit von 1693, ein Bild mit der Darstellung der gekreuzigten Heiligen Julia, die unter Kaiser Diocletian 303 n. Chr. den Märtyrertod starb. Die Unbeugsame, die ihren Glauben nicht aufgeben wollte, wurde nach vielen Foltern und Martern an einen Pfahl gefesselt; dort riß man ihr die Brüste ab und erwürgte sie. Aus dem Felsen aber, auf den Julias Brüste geworfen wurden, entsprangen zwei Quellen, deren Wasser lange Zeit als wundertätig galt.

Das Dorfleben von Nonza spielt sich auf dem kleinen schattigen Platz ab, zwischen den stattlichen Stufen, die zur Kirche hinaufführen, einem Brunnen mit stets reichlichem, kühlen Wasser und der viel zu kleinen Terrasse eines gerne von Touristen belagerten Bistros, wo die Stunden mühelos verstreichen.

Auf der höchsten Spitze des Felsvorsprungs steht der zinnenbewehrte Wachtturm hoch über dem Rand des Abgrunds (großartige Aussicht auf das Meer und die

214

Küste). Hier spielte sich eine heldenhafte Tat ab, die von der heroischen Vaterlandsliebe der Korsen zeugt.

»Im Jahre 1768 lag in ihm mit einem Häuflein Milizen der alte Kapitän Casella. Die Franzosen hatten bereits das Kap unterworfen und die übrigen Kapitäne hatten kapituliert. Casella wollte nicht das gleiche tun. Der Turm hatte eine Kanone und noch Munition genug, die Milizen hatten ihre Flinten. 'Damit könne man sich', sagte der Alte, 'gegen eine ganze Armee verteidigen, und im letzten Notfall müsse man sich in die Luft sprengen'. Die Milizen kannten den Mann und wußten, daß er tat, was er sagte. Sie machten sich deshalb nachts davon, mit Zurücklassung ihrer Gewehre, und der alte Kapitän fand sich allein. Er beschloß also, den Turm ganz allein zu verteidigen. Die Kanone war geladen; er lud sämtliche Gewehre, verteilte sie an den Schießscharten und erwartete die Franzosen. Sie kamen unterdessen, geführt von dem General Grandmaison. Wie sie in Schießweite waren, feuerte Casella erst die Kanone gegen sie ab und machte dann ein höllisch Feuern mit den Flinten. Die Franzosen schickten an den Turm einen Parlamentär, der dem Hauptmann zurief, daß sich das Kap ergeben habe und daß der General ihn auffordere, nutzloses Blutvergießen zu ersparen und mit seiner Mannschaft sich zu ergeben. Hierauf antwortete Casella, daß er Kriegsrat halten wolle und zog sich zurück. Nach einer Weile erschien er wieder und erklärte, die Besatzung des Turmes von Nonza wolle kapitulieren unter der Bedingung, mit kriegerischen Ehren, mit aller Bagage und Artillerie abziehen zu dürfen, wozu die Franzosen selber das Fuhrwerk zu liefern hätten. Die Bedingungen wurden zugestanden. Als nun die Franzosen sich vor dem Turme aufgestellt hatten, die Besatzung zu empfangen, kam heraus der alte Casella mit seiner Flinte, seinen Pistolen und seinem Degen. Die Franzosen warteten auf die Mannschaft und verwundert, daß sie noch nicht herauskomme, fragte der kommandierende Offizier: 'Nun, warum zögert Ihre Mannschaft?' 'Sie ist ja schon draußen', erwiderte der Korse, 'denn ich bin die Mannschaft des Turmes von Nonza.' Hierauf wurde der Offizier vor Scham wütend und wollte an Casella. Der Alte zog den Degen, sich zu wehren. Indes eilte Grandmaison selbst herbei, und wie er den Zusammenhang der Dinge erkannte, wurde er von Bewunderung hingerissen. Sofort schickte er seinen Offizier in strengen Arrest, dem alten Casella aber vollzog er nicht allein jede Bedingung Punkt für Punkt, sondern entsandte ihn mit einer Ehrenwache und mit einem bewundernden Schreiben ins Hauptquartier Paolis.«   Ferdinand Gregorovius[26]

Von der Straße in Richtung Pino, 50 m vor dem Ort Nonza (Fontaine Ste-Julie) führen 154 Stufen hinab zum dunklen, menschenleeren Strand. 2,5 km südlich von Nonza zweigt eine schmale Bergstraße (D 433) zum 3,5 km entfernten Dorf Celle der Gemeinde Olmeta-di-Capo-

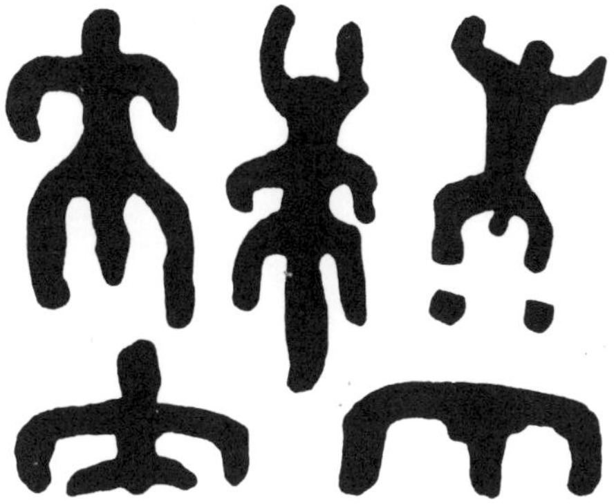

Felsmalereien in der Grotta-Scritta, Olmeta-di-Capocorso (nach Roger Grosjean)

corso ab. Von hier kann man zu Fuß die *Grotta Scritta* erreichen (Auskunft im Ort), eine Höhle mit schematischen Wandmalereien aus der Zeit nach dem Megalithikum.

Ab Nonza beginnt bald die zusammenhängende Garten- und Fruchthainlandschaft, die schließlich in der Talbeckenlandschaft des Nebbio (s. S. 191ff.) ihre größte Ausdehnung hat.

10 Historische Erinnerungen in der Castagniccia – Romanische Kapellen, Fresken und Barockkirchen

(Farbt. 14, 26–29; Abb. 52, 76–80, 86, 87, 118, 119, 133)

Eine grandiose Schluchtstrecke mußte sich der Golo zwischen Ponte Leccia und Casamozza graben. Er fließt zunächst durch eine wilde und kahle Landschaft und berührt talabwärts grüne Kastanienwälder, bevor er in die Küstenebene von Biguglia eintritt. Dort hat man ihn reguliert; ein Teil mündet ins Meer, der andere in den Etang de Biguglia. Durch diese Kanalisierung ist man in der Lage, die Ebene von Mariana mit Gemüsekulturen und Weinanbau zu bewässern. Das schmale Erosionstal des Golo, das die Trassen für die Straße (N 193) und die Eisenbahn aufnimmt, bietet nur ganz selten noch Platz für Siedlungen. Ponte Nuovo mit seiner mächtigen Genuesenbrücke, deren beide mittlere Bogen eingestürzt sind, erinnert an den letzten korsischen Widerstand im Jahre 1769 (s. S. 90).

Das südlich der Schluchtstrecke des Golo liegende Bergland ist die **Castagniccia** (kors. = Kastanienwald), die einstige Kernlandschaft der korsischen Kultur. Die westliche Abgrenzung zum Becken von Corte ist der Col de San Quilico, im Süden ist es der Fluß Tavignano. Im Osten grenzt die Castagniccia an flache Küstenbereiche mit kilometerlangen Sandstränden. Während noch zwischen Golo und Fium 'Alto diluviale und alluviale Ablagerungen einen breiten Küstensaum einnehmen, reicht das Schieferbergland zwischen Fium 'Alto und Alesani nahe an die Küste heran. Südlich davon treten die Berghänge dann wieder zurück und geben Platz für den südlichen Teil der östlichen Küstenebene, der größten Korsikas, die im Süden bei Solenzara endet.

Das Bergland der Castagniccia wird von mesozoischen und tertiären kristallinen Schiefern aufgebaut. Im Westen des Berglandes sind Diorite und Diabase weit verbreitet. Diese Bergrückenlandschaft – höchste Erhebung ist der *Monte San Petrone* mit 1767 m – ist weitgehend von herrlichen ausgedehnten Kastanienwäldern bedeckt, zum Teil auch von Macchia und selten von anstehenden Felsgruppen durchsetzt. Nur der *Monte Piano Maggiore* (1581 m) ist in seiner Gipfelregion weitgehend kahl.

Der Blick auf die Landkarte zeigt die windungsreichsten Straßen Korsikas durch ein dicht besiedeltes Gebiet; Dörfer und Weiler reihen sich aneinander. Viel Ausdehnung für die Entwicklung größerer Orte war in dem stark gegliederten Schiefermassiv nicht vorhanden. Bis in die Mitte des 19. Jahrhunderts war die Castagniccia eine der am dichtesten besiedelten Gegenden Korsikas (80–100 Einwohner pro qkm). Die vielen Ortschaften verdanken ihre Entstehung und ihren ehemaligen Reichtum den Kastanienwäldern, die von den Einheimischen unter genuesischer Planung zwischen dem Ende des 13. Jahrhunderts und der Mitte des 18. Jahrhunderts angelegt wurden. Die Früchte der Bäume dienten als Mehl für Brot und Kuchen (Polenta), das harte dauerhafte Holz wurde von Tischlern und Böttchern verarbeitet. Handwerk und Heimindustrie für Gebrauchsgegenstände aus Holz, Eisen und Leder entwickelten sich vor allem in den Kantonen um La Porta und Valle d'Alesani. Aus dem Quellgebiet des Fium 'Alto (Col d'Arcarotta) holte man den schönen grünen Marmor ›verde di Corsica‹, und auch die Mineralquellen mit ihren einstigen Kurorten, die heutigen Anforderungen jedoch nicht mehr gerecht werden, trugen zum Reichtum bei. Sehr beliebt sind die eisenhaltige Quelle von Caldane und die schon seit der Römerzeit bekannte kohlensäurehaltige Quelle von Orezza, deren Tafelwasser auf der ganzen Insel verkauft wird. Auch die Kirche profitierte von dem Reichtum der Castagniccia, was die Klöster und Kirchen bezeugen.

Im 20. Jahrhundert geriet die Castagniccia in Vergessenheit; für die Bevölkerung bedeutete dies wirtschaftliche und geistige Stagnation. Billige importierte Fabrikware vom Festland machte einheimische Erzeugnisse unrentabel; stagnierende Geburtenrate, Landflucht, Abwanderung nach Frankreich und in die französischen Kolonien ließen die Bevölkerung zurückgehen, die Orte vereinsamen, verfallen, überaltern, die Kastanienkulturen und Gartenkulturen verwildern und die Heimindustrie aussterben.

Bisher ist die moderne Zeit kaum in das Bergland vorgedrungen. In 500 bis 800 m Höhe klammern sich die alten von Wind und Wetter gezeichneten Häuser mit ihrem unverputzten Mauerwerk aus Schiefer oder Granit eng aneinandergebaut auf den Bergspornen, ohne bunte Farben, ohne Blumen vor den Fenstern, deren Läden meist verschlossen sind. Historische Erinnerungen tauchen an vielen Orten auf, in Cervione, der Residenz von König Theodor I. (s. S. 87f.), in Morosaglia, dem Geburtsort Pasquale Paolis, in Orezza, wo das Kloster Versammlungsort und Zentrum des korsischen Widerstandes war (s. S. 87f.), und schließlich in Ponte Nuovo (s. S. 90).

Beim Anblick dieser Orte fällt es schwer, an eine Zukunft der Castagniccia zu glauben. Doch auch hier will man auf den Fremdenverkehr setzen. Ein auch im Sommer wohltuendes Mittelgebirgsklima, die gesunde Luft der Wälder, die reizvolle Lage der Dörfer, Heilquellen und historische Denkmäler sind günstige Voraussetzungen. Schon haben einige Reiseveranstalter an der Küste mehrtägige Wanderungen mit einfachen Übernachtungsmöglichkeiten auf dem Programm stehen. Mit staatlicher Unterstützung versucht man auch eine Wiederbelebung des Handwerks durch Einrichten von Ateliers (z. B. Croce, Polveroso, La Porta, Sermano). Einige junge Leute sind nach ihrem Studium zurückgekehrt und versuchen, durch Neuorganisation aus den natürlichen Voraussetzungen Gewinne in der Landwirtschaft zu erzielen.

Sehenswürdigkeiten in der Castagniccia

San Nicolao [Santu Niculaiu]
Barockkirche mit schönem Turm (17. Jh.) inmitten von Kastanienwäldern.

Cervione [Cervioni]
Wenn man sich dem Ort nähert, be-kommt man durch die Anhäufung hoher Wohngebäude um die Kathedrale herum am Hang des Berges den Eindruck einer befestigten Stadt. Der 326 m hoch an den Ausläufern des Monte Castello (1109 m) gelegene Kantonsort mit seinen alten

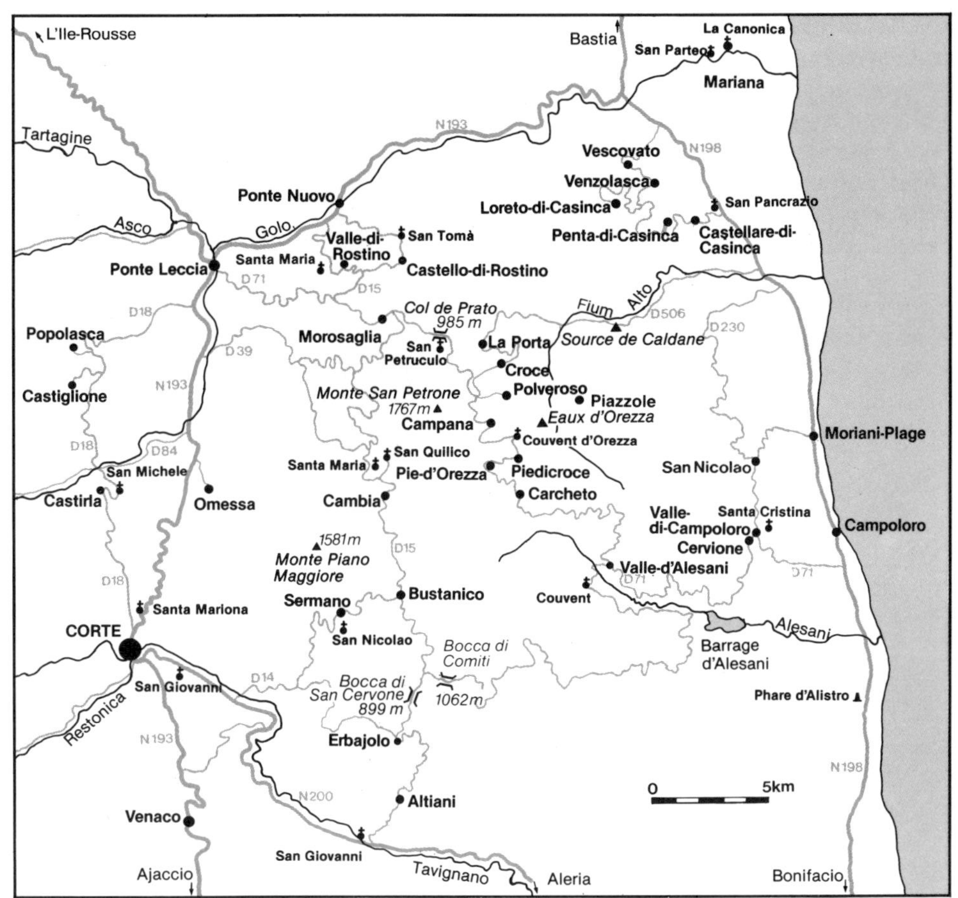

Routenkarte der Castagniccia, der Casinca und der Umgebung von Corte

Gassen und Plätzen, Terrassen und Cafés war einst ein bedeutender Marktort und 1736 die Residenz des Königs von Korsika, Theodor von Neuhoff (s. S. 88f.).

Der *Bischofspalast* (zeitweise königliche Residenz) und der mächtige Kuppelbau der barocken *Kathedrale Sainte-Marie et Saint-Erasme* wurde von Alexander Sauli, Bischof von Aleria, mit eigenen finanziellen Mitteln erbaut (Ende 16. Jh.). Beachtenswert sind im Innern der Kirche vor allem die Dekoration, die auf optische Täuschung zielt, die Bemalung der Deckengewölbe und Wände sowie ein kunstvoll geschnitztes, barockes Chorgestühl (17. Jh.) und schöne Möbel in der Sakristei. *Museum* für Etnographie, Archäologie und religiöse Kunst (Öffnungszei-

219

ten: 10–12 und 14.30–18 Uhr, sonntags und feiertags geschlossen).

Valle-di-Campoloro (Abb. 78–80)

Im Gemeindegebiet liegt unterhalb des Ortes die sehenswerte romanische **Kapelle Santa Cristina** (Schlüssel und Wegbeschreibung im Ort beim Bürgermeister; die Fußwanderung auf schmalem, manchmal felsigem Pfad dauert etwa 20 Min.; mit dem Auto in Richtung Santa Cristina/Le Port 1,2 km bergab, anschließend links auf schmalem Fahrweg 700 m). Die Besonderheit dieses Gebäudes ist die Zwillingsapsis, die im Innern eine Doppelwölbung bildet, die ebenso wie die östliche Mauer mit Fresken in schöner Farbgebung bedeckt ist (1473). In jeder Apsis thront die majestätische Gestalt des Christus Pantokrator, darunter eine Reihe von Aposteln und Heiligen. In der linken Apsis ist Christus von Maria und der Hl. Christina umgeben, zu seinen Füßen ein Mönch, vielleicht der Stifter. In der rechten Apsis neben Christus die Symbole der Evangelisten. Auf dem Triumphbogen die Szenen der Kreuzigung und Verkündigung, der Hl. Christophorus, wie er das Jususkind auf seinen Schultern über den Fluß trägt (links), und der Kampf des Hl. Michael mit dem Drachen (rechts); Johannes der Täufer in der Mitte.

Barrage d'Alesani

Das Wasser des 11 Mill. cbm fassenden Stausees dient zur Bewässerung von 4200 ha Land der östlichen Ebene zwischen Moriani-Plage und Bravone.

Valle-d'Alesani [E Valle d'Alisgiani]

4 km vom Ort auf der D 217 nach Piazzali

Jungfrau mit der Kirsche, 1450

liegt abseits das Franziskanerkloster, in dem Baron Theodor von Neuhoff 1736 zum König Theodor I. von Korsika gekrönt wurde. In der *Klosterkirche* hing vor einigen Jahren noch das wertvolle Bild der ›Jungfrau mit der Kirsche‹ von 1450, das dem Künstler Sano di Pietro aus Siena zugeschrieben wird. Im Jahre 1979 lebte im Kloster nur noch ein Priester, 1983 war das Kloster verlassen, und die Kirche war verschlossen; das wertvolle Gemälde wurde aus Sicherheitsgründen andernorts untergebracht. In der Klosterkirche kann man an Festtagen nur noch eine Kopie sehen.

Carcheto [Carchetu]

Sehenswerte *Barockkirche* mit schönem Glockenturm (Schlüssel beim Bürgermeister). Im Innern naive Malereien des Kreuzweges (1790). Man beachte eigenwillige malerische Details, z. B. das kleine Kind, das den Korb mit Hammer und Nägeln für den Mann hält, der Jesus ans Kreuz schlägt, oder die Grablegung mit den typischen korsischen Klageweibern. Eine Jungfrau mit Kind aus Alabaster (18. Jh.). Die Orgel stammt aus der Klosterkirche von Orezza.

Pie-d'Orezza [Ped'Orezza] (Farbt. 29)
Typischer Ort der Castagniccia, in dem nur noch etwa fünfzig Einwohner leben.

Piedicroce [Pedicroce]
Hoch über dem Orezza-Tal gelegener Ort. Die Barockkirche *Saint-Pierre et Saint-Paul* überrascht mit einer dekorativen Innenausstattung. Über dem Hauptaltar ein Gemälde auf Holz von einem der italienischen Primitiven des 16. Jahrhunderts: Jungfrau mit Kind zwischen musizierenden Engeln.

In Piedicroce Abzweigung auf der D 506 zur Mineralquelle Eaux d'Orezza.

Piazzole
Die Kirchentür, vermutlich das Schnitzwerk eines büßenden Banditen, ist ein Meisterwerk korsischer Volkskunst (1774): Banditenköpfe, Pflanzen u. a.

Couvent d'Orezza (Abb. 87)
Die Ruine des einst bedeutenden Franziskanerklosters (s. S. 87) liegt 1 km nördlich von Piedicroce. Seit der Französischen Revolution aufgegeben und im 2. Weltkrieg von den Deutschen zerstört.

Campana [A Campana]
Weiler unterhalb des Monte San Petrone. In der *Pfarrkirche Saint-André* (barocker Glockenturm in Naturstein) über dem Altar ein Gemälde, das dem spanischen Maler Francisco Zubaran (1598–1664) oder seiner Schule zugeschrieben wird: Anbetung der Hirten.

La Porta [A Porta] (Abb. 86)
Der Ort liegt auf der Sohle eines Tales (Abstecher auf der D 515). Sehenswerte **Barockkirche Saint-Jean-Baptiste** mit besonders schönem Glockenturm von 1720 und eleganter harmonischer Fassade von 1707. Pilaster und Säulen umgeben das Eingangsportal; Schnörkel, spitze Kegel, blinde offene Nischen weisen eine grazile Leichtigkeit auf. Im Innern fehlt diese Eleganz. An der Decke ornamentale, auf optische Täuschung angelegte Motive. Sehenswerte, holzgeschnitzte Christusfigur aus dem 17. Jahrhundert. Die Orgel gilt als Juwel des italienischen Orgelbaus des 18. Jahrhunderts und konnte 1963 wieder in Betrieb genommen werden (im Sommer Konzerte).

Couvent Saint-Antoine
Die Ruine des ehemaligen Klosters liegt landschaftlich sehr schön auf dem gleichnamigen Paß, 8 km nördlich von La Porta. In diesem Kloster verlas Pasquale Paoli (s. S. 89 f.) am 15. Juli 1755 die von ihm ausgearbeitete korsische Verfassung. Eine Mamortafel an der Ruine weist darauf hin. Im Innern des ehemaligen Kirchenschiffs befindet sich ein kleiner alter Friedhof.

Col de Prato (985 m)
Von hier führt ein Maultierpfad nach Süden zu den Ruinen der **Kapelle San Petruculo d'Accia** an der Flanke des

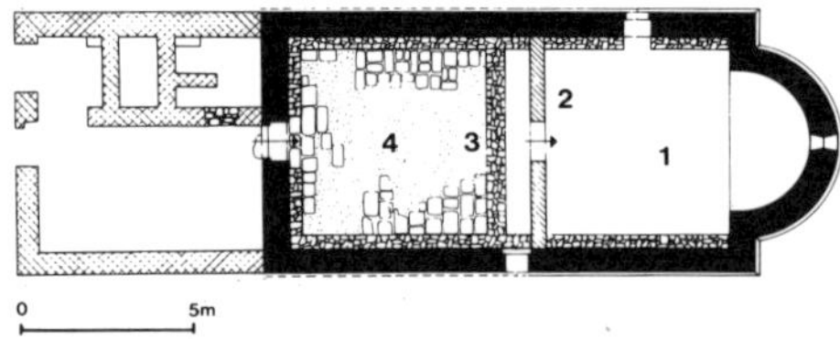

Quercitello, Kirche San Petruculo d'Accia, Grundriß
1 Heutige Kapelle   2 Moderne Mauer   3 Unterbau
einer Chorschranke   4 Überreste des Bodenbelages

Monte San Petrone (10 Min). Die Kapelle wurde auf Geheiß Papst Gregors des Großen 596 erbaut. Die Mauerreste und ein großer Teil der Apsis gehören dieser Epoche an. Wallfahrt am 1. August. (Zugang: Von der Telefonzelle schlägt man den Weg zwischen zwei Häusern nach Süden ein. Nach 1 Min. gabelt sich der Weg; man wählt den schmalen linken. Nach 7 Min. bemerkt man an einem Baum ein Hinweisschild, hält sich links, klettert über eine Mauer und erreicht nach weiteren 2 Min. die Kirchenruine auf einem Hügel.)

Vom Col de Prato erreicht man nach dreistündiger Wanderung (rote Markierung, Steinmännchen) den *Monte San Petrone* (1767 m), den ›schönsten Aussichtsberg Korsikas‹ (Schymik). Vor allem im Frühjahr ist das Panorama der schneebedeckten Zweitausender großartig.

Morosaglia [Merusaglia]

Der Kantonsort ist Geburtsort von Pasquale Paoli, geb. am 6. April 1725. Das Geburtshaus kann besichtigt werden (8 bis 13 Uhr); es liegt im Weiler Stretta. Zwei Stockwerke sind der Geschichte der korsischen Unabhängigkeit und der Persönlichkeit Paolis gewidmet: Stiche, Bücher, Karikaturen, das erste Buch ›La Justification de la révolution corse‹ (Recht-

fertigung der korsischen Revolution), das dank Paoli in Korsikas erster Druckerei in Oletta 1758 gedruckt wurde. In der Kapelle steht die Urne Paolis, die 1889 aus England hierher gebracht wurde. Es fallen zwei Fahnen aus weißer Seide mit dem Mohrenkopf auf: derjenige mit Binde über den Augen und Ohrring ist das Symbol der Sklaverei, der andere mit hochgeschobenem Stirnband ohne Ohrring – wie er seit Paoli dargestellt wird – das Symbol des Freien.

Die *Kirche Santa Reparata,* mehrmals restauriert, ist ursprünglich frühromanisch. Das Tympanon des Westportals wird von ineinander verschlungenen Schlangen geschmückt (12. Jh.). Der Kreuzweg im Innern ist eine volkstümliche Darstellung des 18. Jahrhunderts.

Castello-di-Rostino (Farbt. 27)

Am Col de Serna (696 m) zweigt die D 15 nach Pastoreccia ab. (Zufahrt von Ponte Nuovo: 100 m hinter der Tankstelle [Richtung Corte] zweigt links die schmale Straße D 115 ab nach Castello-di-Rostino [Hinweisschild], welche direkt zur Kapelle führt.)

Die **Kapelle San Tomà** steht auf einem Felsenvorsprung oberhalb des Flußtales des Golo in einem Friedhof. Die präromanische Kirche ist einschiffig mit Apsis. Leider wurde sie 1930 sehr schlecht restauriert, wobei auch Teile ihrer sehr schönen Fresken zerstört wurden. Diese zeigen in der Apsis Christus als Pantokrator, umgeben von Engeln und den Sinnbildern der vier Evangelisten, auf dem Triumphbogen die Verkündigung und den Hl. Michael, auf der nördlichen Mauer Szenen der Passion, auf der südlichen schöne Figuren von Heiligen und das Jüngste Gericht.

Die Wirkung der Perspektive wird durch zurücktretende Linien gegeben. Diese Tatsache sowie dekoratives Laubwerk weisen auf die Renaissance hin und erlauben, die Fresken in das Ende des 15. Jahrhunderts oder Anfang des 16. Jahrhunderts einzuordnen.

Valle-di-Rostino (Farbt. 28; Abb. 52)
Kirche Santa Maria und Taufkapelle San Giovanni Battista

Zugang: Vom Col de Serna Abzweigung auf der D 15, nach ca. 2 km links abwärts nach Valle-di-Rostino. Hinter den letzten Häusern folgt man noch etwas der Straße in Richtung Ponte Nuovo, bis nach einer scharfen Rechtskurve links eine neu angelegte Erdstraße beginnt (Auto parken). Dieser folgt man 850 m bis zu einer Linkskurve (schöne Aussicht auf das Golo-Tal). Rechts gewahrt man einen Felsen, einen einzelnen Baum und ein Eisenkreuz. Schon etwa 100 m vorher zweigt eine weitere Erdstraße rechts ab, die nach 5 Min. bergabwärts zur Kirche und Taufkapelle führt.

Valle-di-Rostino, Kirche Santa Maria und Baptisterium San Giovanni

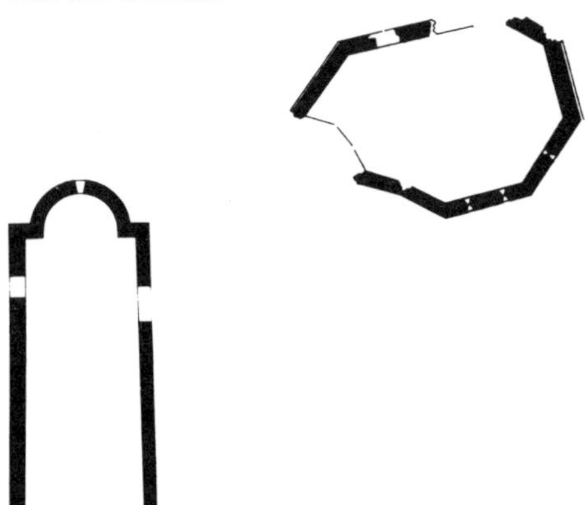

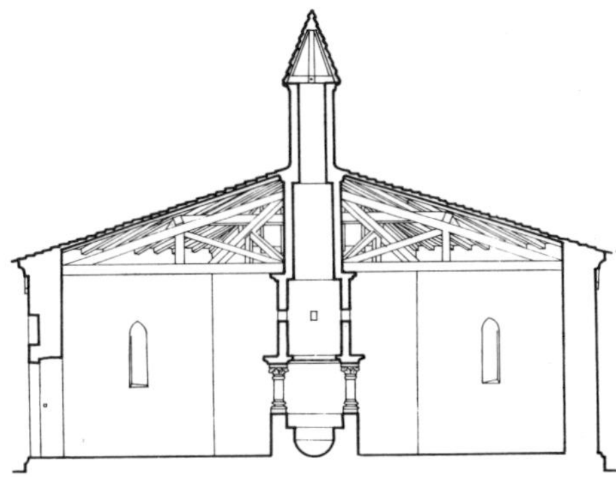

Valle-di-Rostino, zeichnerische Rekonstruktion des Inneren des Baptisteriums (nach M.-J. Piétri)

Die Kirche ist auch von Ponte Nuovo aus zu erreichen.

Kirche und Kapelle, beide Ruinen, liegen malerisch oberhalb des Golo an der Stelle einer frühen antiken Siedlung, was Funde römischer Ziegel und Backsteine beweisen. Während die Kirche im Laufe des 10. Jahrhunderts errichtet wurde, stammt die Taufkapelle aus der 1. Hälfte des 12. Jahrhunderts.

Kirche: Das Mauerwerk der Apsis aus schmalen braunen und graugrünen Schiefersteinen wird durch leicht vorstehende Lisenen unterteilt, die kleine Bögen aus weißen Tuffkeilsteinen stützen, dasselbe Material, aus dem auch das Kranzgesims hergestellt ist (vgl. Sisco S. 210f. und Olcani S. 214). Im 11. Jahrhundert wurden die Seitenfassaden der Kirche restauriert. Eine Erneuerung der Westfassade im romanisch-pisanischen Stil erfolgte etwas später in der 1. Hälfte des 12. Jahrhunderts.

Taufkapelle: Diese zeigt einen oktogonalen Grundriß mit zwei Eingängen, einen in der Westmauer, den anderen in der Nordmauer. Vier schießschartenartige Maueröffnungen mit halbkreisförmigem Sturz ließen Licht in das Innere der Kapelle ein. Die Kragsteine der Fensterstürze zeigen geometrische Motive und Menschenmasken. Über dem Westeingang befand sich einst ein halbkreisförmiger Türsturz, der heute am Boden liegt. Darauf ist die reizvoll naive Darstellung der Versuchung Adams und Evas durch die sich in einem Baum windende Schlange zu sehen. Man vermutet seine Herstellung in früherer Zeit, obwohl er erst seit dem 12. Jahrhundert als Tympanon über dem Eingang verwendet wurde. Auch das zerstörte Taufbecken mit dem eigenartigen Relief eines Menschengesichts scheint älter zu sein, während die Reliefs (Messer mit langem Griff und eine andere Waffendarstellung) auf der Rückseite der Fassade erst zur Zeit der Errichtung des Gebäudes entstanden sind.

Cambia
Kapelle San Quilico (Abb. 76, 77)
(Zugang: Von der D 15 zwischen San Lorenzo und Cambia zweigt links eine Straße nach Loriani ab; kurz vor diesem Ort nochmals eine Abzweigung nach San Quilico, der man bis zum Ende der Straße folgt (Auto parken). Hier beginnt ein Fußweg (schöne Aussicht auf die zwischen Bäumen versteckte Kapelle), vorbei an einem typischen Bauernhaus der Castagniccia – Abb. 118 – von 15 Min. bis zur Kapelle.)

Diese einsam in der Landschaft liegende Kultstätte wird in die 1. Hälfte des 13. Jahrhunderts datiert. Ihre Lage am Rande alter Maultierpfade läßt auf eine Paßkapelle schließen, ähnlich wie bei den Kapellen Santa Maria bei Cambia (s. S. 224) oder San Cesario bei Rapale (s. S. 195). Zu

Ehren des Heiligen Quilico finden noch Feste statt.

Die einschiffige Kirche mit Mauerwerk aus graugelben Schieferplatten besitzt nur wenig Skulpturenschmuck (Kranzgesimse und Bogenfelder der beiden Türen). Das Hochrelief im Tympanon des westlichen Eingangs ist voller Bewegung und Spannung: die Versuchung Evas im Beisein von Adam. Schwungvoll windet sich die Schlange um den Baum und läßt einen Apfel in Evas geöffnete Hand fallen. Die Skulptur im Tympanon des Südeingangs ist ebenfalls bemerkenswert: Unter einem Bogen aus drei Keilsteinen mit Geflechtsornamentik im Flachrelief steht ein Mann mit gespreizten Beinen. Er trägt ein langes Gewand, das vorne durch einen Gürtel zusammengehalten wird. Seine linke Hand umfaßt den Hals einer Schlange, in der rechten hält er einen nicht mehr genau erkennbaren Gegenstand, vermutlich ein Schwert zum Töten des Tieres. Man könnte dieses Relief als Sieg des Guten über das Böse interpretieren.

Die Apsis ist halbkreisförmig, mit zehn Arkaden und neun Kragsteinen mit einfachen Motiven: drei menschliche Köpfe, stilisierter Kopf eines jungen Stieres und eines Widders. Das östliche Giebelfeld ähnelt dem westlichen; hier Skulpturen einer Knospe, eines Rankenmotivs in Form eines gleicharmigen Kreuzes, zwei sich in den Schwanz beißende Schlangen und die Figur eines unbekleideten Mannes, die an Skulpturen von Murato oder Aregno erinnert. Im Innern der Kapelle sind Fresken aus dem 16. Jahrhundert in volkstümlicher Art erhalten.

Kapelle Santa Maria

Den Weg erfrage man im Weiler Corsoli (10 Min. Fußweg). Die romanische Kirche aus der ersten Hälfte des 13. Jahrhunderts dürfte ebenfalls wie San Quilico die Funktion einer Paßkapelle gehabt haben. Ihre Kranzgesimse werden von keinerlei Skulpturen geschmückt. Im Innenraum wird der Triumphbogen von sehr dicken Keilsteinen gebildet. Im vorderen Teil der Apsis finden wir einen großen aus Steinplatten gefügten romanischen Altar.

Bustanico [Bustanicu]

Das Bergland östlich von Corte ist sehr schwer zugänglich, so daß seine Bewohner über Jahrhunderte hindurch isoliert lebten. In der Pfarrkirche finden wir ein volkstümliches polychromes Holzkruzifix des 18. Jahrhunderts, das stark an romanische Skulpturen erinnert. Es zeigt, wie stark die Originalität des Künstlers war, frei von allen Konventionen seiner Zeit, die er nicht kennen konnte.

Sermano [Sermanu]
Kapelle San Nicolao (Farbt. 26)

(Den Schlüssel besorge man sich im Kunstatelier (l'atelier d'art) bei M. Paul Mariani in der Hauptstraße des Ortes. Hier frage man auch nach dem zur Kapelle abwärtsführenden Fußweg, 15 Min.)

Die bescheidene kleine romanische Bergkapelle liegt in einem Friedhof. Im Innern sehr schöne Fresken aus dem 15. Jahrhundert, die in harmonischen Pastelltönen gehalten sind. In der Apsis ein würdevoller Christus Pantokrator zwischen der Jungfrau Maria und Johannes dem Täufer, darunter die Apostel (Farbt. 26). Auf dem Triumphbogen ist ein Teil der Verkündigung erhalten (Maria), auf der Südmauer u. a. der Hl. Michael mit Waage im Kampf mit dem Drachen und der Hl. Christophorus mit dem Jesuskind auf der Schulter. (Das ikonographische Programm der Ausmalung in den Kirchen zeigt Übereinstimmungen, vgl. Santa Cristina S. 220f., San Tomà S. 222, San Michele S. 127f.)

Sermano ist einer der wenigen Orte auf Korsika, wo bei religiösen Festen noch Messen in ›paghiella‹ gesungen werden (insbesondere am 28. August), einem alten Tonsystem, ausgeführt in Chören von drei harten, nahezu schneidenden Männerstimmen. Die Pässe Col de Casardo (Bocca di Comiti) (1062 m), Bocca di San Cervone (899 m) und der Belvédère von *Erbajolo* bieten großartige Aussichten auf das tiefe Tal des Tavignano, den Monte Renoso und Monte d'Oro sowie auf den Etang de Diane und das Tyrrhenische Meer. Die auf dem Gebirgsgrat entlangführende Straße (D 116), schmal, windungsreich und manchmal schwindelerregend, verläuft auf dem alten Pfad der Mönche, der die Franziskanerklöster von Zuani und von Piedicorte verband.

Die Casinca

Der Ostabfall des Berglandes der Castagniccia gegen die nördliche Küstenebene und die sich anschließende Ebene zwischen den beiden Flüssen Golo und Fium 'Alto führen den Landschaftsnamen ›Casinca‹, mit dem jahrhundertelang die Vorstellung von Fruchtbarkeit und Wohlhabenheit verknüpft ist. Die Ebene ist fast unbesiedelt, die stolzen Dörfer liegen an den Berghängen oder auf vorspringenden

Bergspornen und sind durch kurvenreiche Sträßchen miteinander verbunden.

Castellare-di-Casinca, Penta-di-Casinca (Abb. 133), **Loreto-di-Casinca** und **Venzolasca** (Farbt. 14, Abb. 119) sind typische Orte der Casinca mit hohen, strengen Häusern aus grauem Schiefer (vgl. S. 114), von denen man eine herrliche Aussicht auf einen Teil der Ostküste, das Meer und die Inseln des Toskanischen Archipels hat.

Vescovato [U Viscuvatu], der Hauptort der Casinca (2000 Einwohner), liegt dagegen geduckt auf der Sohle eines kleinen Tales oberhalb eines schmalen Wildbaches. Vescovato war nach der Zerstörung von Mariana Bischofssitz von 1269–1570. Die hohen Häuser aus Schiefergestein gruppieren sich um einen zentralen Platz, von dem Gassen abzweigen. Nur die Tatsache der historischen Bedeutung rechtfertigt die Größe der *Kirche San Martino* im Verhältnis zu der sonst kleinen Siedlung. Im Innern der Barockkirche ein Tabernakel aus weißem Marmor, ein genuesisches Kunstwerk des 15. Jahrhunderts; bedeutendste Szene ist die Auferstehung, die vier Figuren unterhalb: die Jungfrau mit Kind, Hl. Petrus, Hl. Paulus und Hl. Martin, der Patron der Kirche.

Geburtshäuser von korsischen Persönlichkeiten: Andrea Colonna Ceccaldi (vgl. S. 87) und Anton Pietro Filippini, großer Historiker und Chronist des mittelalterlichen Korsika (16. Jh.).

Kirche San Pancrazio

Diese kunstgeschichtlich interessante romanische Kirche liegt wenig oberhalb der N 198 und gehört zu Castellare-di-Casinca. Sie ist einschiffig und weist für ein mit Holzgebälk überdachtes Gebäude eine außergewöhnliche Breite von 11 m auf, denn für solche Dimensionen ist es nicht leicht gewesen, Holz zu beschaffen. Das Schiff endet im Osten mit drei Apsiden, die mit ›teghie‹ gedeckt sind. Die mittlere Apsis ist größer und höher als die anderen; es ist die einzige Kirche dieser Architektur, die sich auf Korsika erhalten hat. Man vermutet ihre Entstehungszeit in der 2. Hälfte des 9. Jahrhunderts und die Fortführung des Baus gegen Ende des 9. oder Anfang des 10. Jahrhunderts.

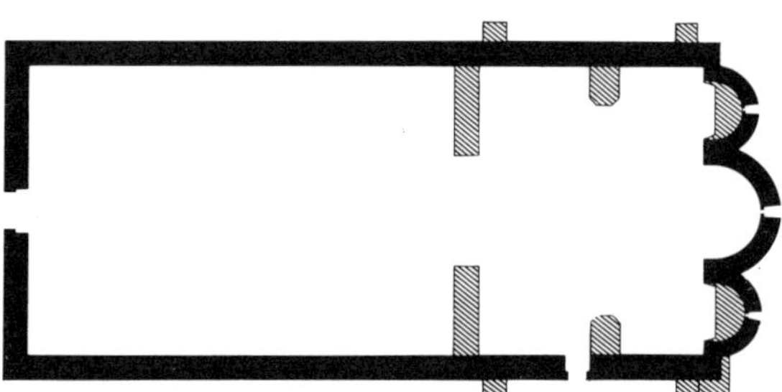

Castellare-di-Casinca, Kirche San Pancrazio, Grundriß

11 Aleria – Tausend Jahre Kultur der Antike
(Abb. 34–45)

Kein Besucher, der den heutigen Ort Aleria mit seinen wenigen Häusern sieht, ahnt etwas von der einstigen Größe und Bedeutung der antiken Kolonie, die fast ein Jahrtausend lang ein wichtiger Handelshafen, bedeutender strategischer Platz im westlichen Mittelmeer und Brennpunkt eines ununterbrochenen Kulturstroms gewesen ist (zur Geschichte Alerias s. S. 70ff.). Der Ort liegt in der südlichen ostkorsischen Küstenebene oberhalb der Mündung des Tavignano auf einer Anhöhe. Trotz der ungünstigen Voraussetzungen in den versumpften und malariagefährdeten Landstrichen hatten es die Kolonisten über längere Zeit hindurch geschafft, Teile der Ebene in ein Kulturland mit Getreideanbau, Ölbaumhainen und Weinfeldern zu verwandeln.

Von den antiken Stätten, die vom heutigen Dorf Aleria und seinem Ackerland überlagert werden, konnte seit dem Beginn der Ausgrabungen im Jahre 1958 erst ein Teil freigelegt werden. Die Funde von außerordentlichem historischem und archäologischem Wert werden im genuesischen Fort de Matra (1572) in der Nähe der Ausgrabungsstätte ausgestellt.

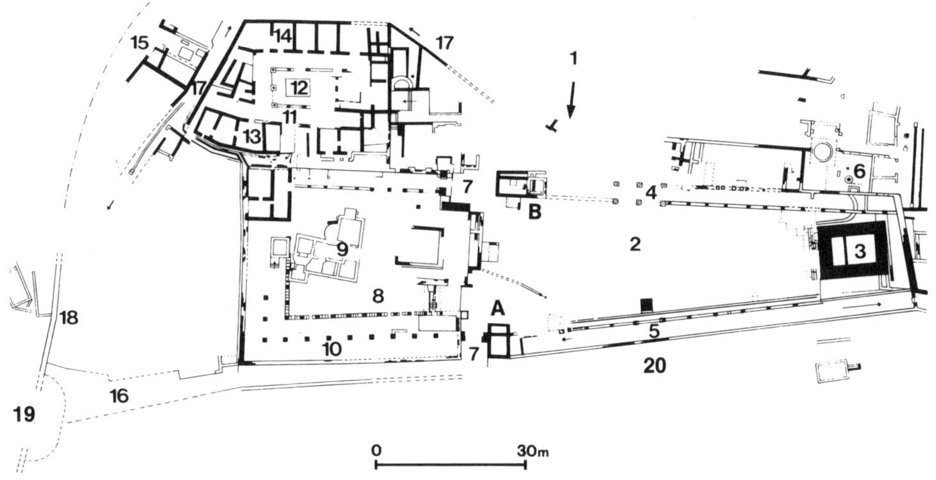

Aleria, Plan der antiken Stadt   1 Eingang (Cardo)   2 Forum   3 Tempel   4 Nördlicher Portikus   5 Südlicher Portikus   6 Domus mit Dolium   7 Torbogen   8 Prätorium   9 Becken   10 Portikus   11 Balneum 12 Becken   13 Caldarium und Hypokausten   14 Räume   15 Niederlassungen für industrielle Fertigung 16 Decumanus maximus   17 Straße   18 Wall   19 ehemaliges Tor   20 Grundmauern römischer Geschäfte

Beschreibung der Ausgrabungsstätte der römischen Stadt

(nach J. und L. Jehasse)

Hinweisschilder führen zur Ausgrabungsstätte und zum Museum. Auto auf dem Parkplatz links der Straße abstellen. Zu Fuß geht man auf der Straße weiter durch die Häuserreihe von Aleria bis zum Musée Jérôme Carcopino im Fort de Matra. Links des Forts führt ein schmaler Weg zu den Ausgrabungen. Öffnungszeiten: 8–12 Uhr und 14–19 Uhr; bis 17 Uhr vom 1. 10.–30. 4. Die Eintrittskarten, erhältlich im Fort de Matra, sind für Museum und Ausgrabungsstätte gültig.

Von den noch längst nicht abgeschlossenen Ausgrabungen können z. Z. nur Forum, Tempel, Prätorium und Balneum besichtigt werden. Das Amphitheater liegt teilweise auf privatem Grundstück und ist ebenso wie die vorrömische Nekropole von Aleria, die sich im Bereich der Strafanstalt von Casabianda befindet, nicht zur Besichtigung freigegeben.

In der Stadtanlage von Aleria haben alle Generationen der Antike ihre Spuren hinterlassen. Sicherlich konnte man von einem griechischen Stadtplan ausgehen, der später von römischen Architekten erweitert und verbessert wurde. In die Zeit Sullas datiert man den Tempel, den Sokkel des Forums und das Nordtor; die Ausgewogenheit der Anlage, die sich in der Konstruktion von Säulengängen des Tempels, im Monument A, im südlichen Torbogen und in der Erweiterung des Prätoriums zeigt, weisen in Cäsars Regierungszeit, der südliche Portikus, der Decumanus maximus, die ›Porte Prétorienne‹, das Balneum und die Erneuerung der Fassade des Prätoriums in die Epoche des Augustus.

Eingang (1) Man betritt das Stadtzentrum auf der Nordsüdachse (Cardo = Querachse und zweite Hauptstraße einer römischen Stadt).

Forum (2) Dieser Marktplatz als Mittelpunkt des öffentlichen Lebens (Volksversammlungen, Rechtsprechung, Haupttempel) besitzt die Form eines Trapezes (Seitenlänge 92 m, Länge der Basen 24 bzw. 39 m). An der Westseite des Forums stand das Prätorium, an der Ostseite der Haupttempel, die Nord- und Südseite wird von Säulengängen (Portikus) (4, 5) begrenzt, deren zylindrische Säulenreste aus verputzten Ziegeln noch sichtbar sind. Eine mit Ziegeln gepflasterte Rinne hatte die Aufgabe, das Regenwasser vom Dach aufzufangen. An das westliche Ende des Südportikus schließt das Monument A (Büro des Magistrats?) an. Ein Torbogen (Südtor), durch welchen der Cardo auf den Decumanus maximus mündet, verbindet Monument A mit dem Prätorium, dessen Südmauer gemeinsam mit dem Decumanus maximus in derselben Richtung verläuft wie die Südseite des Forums. Am östlichen Ende des Südportikus gelangte man durch einen Durchgang zu den östlichen Hügeln hinaus. An den Nordportikus schließen sich im Westen der Eingang und das Monument B (kleiner Tempel?) an.

Tempel (3) Dieses Bauwerk an der Ostseite des Forums (16,3 mal 10,6 m) zeigt ein Fundament aus schönem importiertem Kalkstein und Grundmauern aus bearbeitetem Geröll des Tavignano-Flußbettes. Die Entdeckung einer Inschrift läßt, darauf schließen, daß der Tempel dem kaiserlichen Kult Roms und Augustus geweiht war. Fundamentreste an der Nordseite des Tempels sowie der Fund eines Steines mit Christusmonogramm sind Hinweise auf eine ehemalige christliche Kapelle aus späterer Zeit.

Nördlich anschließend findet man die Spuren eines Hauses mit Mosaik, genannt ›**Domus mit Dolium**‹ (6), weil in der Mitte des Raumes auf einem Ziegelsteinboden ein großer irdener Krug aufgestellt war. Das Niveau der Domus liegt genau 50 cm höher und wird ins Ende des 1. Jh. n. Chr. datiert. Fünf große viereckige Pfeiler gehören zu einem zentralen Peristyl. Im Süden eines ostwestlich ausgerichteten Ganges gelangte man zu den Geschäftsräumen der Domus. Im Osten des Ganges sind noch die Reste eines Klärbeckens sichtbar, das sich in eine Senkgrube aus Muschelkalk ergoß. Außer dem bereits erwähnten irdenen Krug fand man noch eine kleine guterhaltene Kornmühle und eine Salzmühle aus Lavagestein, außerdem zahlreiche Münzen aus den Epochen von Tiberius bis Trajan, viele Gegenstände aus Bronze, Knochen und Keramik sowie Inschriften, die vom nördlichen Portikus stammen. Eine von ihnen vervollständigt glücklicherweise die Kenntnisse über die korsische Wirtschaft des 3. Jh. n. Chr.: PRIN(CIPI) / COL(ONIAE) ALER (IAE) / XV CIVITATES/SIBROAR(IAE)/(PA)TRONO (die korksteuerpflichtigen Städte dem Führer der Kolonie Aleria, ihrem Schutzherrn).

Prätorium (8) Dieses Gebäude war Verwaltungs- und Gerichtszentrum der Stadt, der Sitz des Statthalters, eine schattenspendende Anlage mit Wasserbecken und Wasserspielen. Nur durch den nördlichen Torbogen gelangte man ins Innere. Das Prätorium hatte die Form eines ungleichen Trapezes mit Säulengängen auf drei Seiten, deren Dächer zum offenen Zentrum hin geneigt waren, so daß das Regenwasser abfließen und in Zisternen gesammelt werden konnte. Besondere Aufmerksamkeit verdient das leider fast dem Erdboden gleichgemachte viereckige Gebäude in der Mitte der Ostseite des Prätoriums. Es handelt sich um einen großen Tempel (Kapitol?), der vom Forum aus über eine monumentale Treppe zu erreichen war. Man fand Spuren von Säulen, die eine Cella einfaßten. Eine Grube könnte vielleicht das Favissa sein, ein Aufbewahrungsplatz gottgeweihter Objekte, die tabu waren und auf keinen Fall profaniert werden durften. Der Tempel war einst von Säulengängen umgeben; im Süden stützten 1 m dicke Säulen sowie elf kleinere 80 cm dicke Säulen, die untereinander durch Kalkplatten verbunden waren, ein Eichendach. Unter dem Säulengang lagen Vorratsräume, zu denen man über eine Treppe hinabstieg.

Die zentral gelegenen Wasserbecken stammen aus dem 3. Jh. n. Chr. Sie speisten zum einen die Kanalisation der Westmauer, zum anderen das Balneum (11). In der Nordwestecke des Prätoriums lagen abgeschlossene Räume, die vermutlich Waffenkammer und Schatzkammer enthielten, aber möglicherweise später als Balneum oder Zisternen benutzt wurden.

Der gesamte Komplex zeigt bauliche Veränderungen bis ins 5. Jh. So kann man beispielsweise Umbauten am Nordportikus feststellen; dort wurde eine Schwelle eingebaut, außerdem ein Tor, was man durch eine gefundene Türangel bestätigt fand. Hier wird eine Abtrennung eines Raumes angenommen, der wahrscheinlich für den kaiserlichen Kult bestimmt war.

Balneum (11) Ein Durchgang in der Mauer des nördlichen Portikus des Prätoriums führt zu den Badeanlagen mit Zisternen, Baderäumen, Umkleideräumen und geheizten Räumen (Caldarium) mit einem System unterirdischer Kanalisation. Die Hügellage mit einer Neigung von mehr als fünf Metern wurde durch ein Treppensystem ausgeglichen. Wie für ein Impluvium üblich, findet man in der Mitte eines trapezoiden Raumes zwei Zisternen. (12) Die größere östliche Zisterne erscheint in der Mitte geteilt; der Boden war mit roten Ziegeln gepflastert. Die kleinere westliche Zisterne weist dagegen ein seltsam körniges Gesteinsmaterial auf, das teilweise ins 5. Jh. n. Chr. datiert wird. Man erkennt sechzehn Säulenreste aus Ziegelsteinen für die Dachkonstruktion, die denen des Prätoriums ähnlich sind. Ein 5 m breiter Gang begrenzte diesen zentralen Teil. Nördlich davon lagen vier Räume, die mit Mosaiken ausgelegt waren. (14) Einer von ihnen besaß zementierte Ölbehälter. An der Westseite des Balneums werden wiederum kleine Wasserbecken sichtbar, und in der Südwestecke befinden sich die geheizten Räume, das Caldarium. (13) Der aufgebrochene Boden läßt die antike Bodenheizung (Hypokausten) erkennen, kleine Pfeiler, durch die die Luft zirkulierte. Die Mauern zeigen hervortretende Ziegel der seitlichen Kanalisation; eine weite Öffnung im Süden verweist auf den

ehemaligen Ofen. Drei Räume waren einst mit blauem und weißem Mosaik im Schachbrettmuster ausgestattet, und der vierte Raum zeigte ein vielfarbiges Mosaik, das mit seinen verschiedenen Motiven (Vierecke, Dreiecke, Flechtwerk, Blattwerk) typisch für die Gestaltung im 3. Jh. war. Im Süden des Raumes befand sich ein halbrundes Becken, das von einem Ofen geheizt wurde, von dem noch das Ziegelgewölbe erhalten geblieben ist. Hinter dem Becken waren drei Wasserbehälter für kaltes, warmes und heißes Wasser installiert, wie es in den Thermen üblich war.

Das Balneum reicht bis in die Zeit Sullas zurück, die Räume stammen aus der augustinischen Zeit, die Innenkonstruktion vom Anfang des 5. Jh. Sicherlich war das Balneum nicht für die Allgemeinheit bestimmt, aber ob die Anlage ausschließlich dem Statthalter vorbehalten war, dessen Wohnräume in diesem Bereich lagen, ist ebenso ungewiß. An der Südwestecke des Balneums existiert ein Durchgang zu einer Straße (17), über die man das Holz zum Heizen der Badeanlage transportierte. Diese Straße paßt sich in ihrem Verlauf der Form des Balneums an, biegt an seiner Nordwestecke in östliche Richtung. An ihrer Abknickung in südöstliche Richtung fanden 1983 neue Ausgrabungen statt: ein Wasserreservoir mit Wasserleitungen zu zwölf Becken wurde entdeckt.

Die **Industriezone** (15) westlich des Balneums, wo man große Mengen von Austernschalen u. a. fand, war der Ort für die Verarbeitung und Konservierung von Muscheln, Krustentieren und Fischen.

Die Gebäude, die außerdem Geschäfte, Büros und Küchen des Prätoriums aufnahmen, gehen teilweise auf das 1. Jh. n. Chr. zurück.

Der **Decumanus maximus** (16), die wichtige Ost-West-Achse, und die Straße zwischen Industriezone und Balneum (letztere führt teilweise entlang eines Walles) treffen sich an einem Halbkreis, wo das westliche Stadttor (Porte Prétorienne) vermutet wird. (19) Ein **Mausoleum,** Grabstätte einer herausragenden Persönlichkeit, lag 5 m unterhalb der Wallanlagen. Nach Untersuchungen des Mauerverbandes und der gefundenen Keramik von Arezzo datiert man es auf das 1. Jh. n. Chr. Durch das Südtor (7) gelangte man zu dem etwa 200 m entfernten **Amphitheater,** das am Rande einer Befestigungsmauer der Stadt liegt. Es ist ebenso wie die unterhalb des Plateaus gelegene **Nekropole,** deren Funde im Museum ausgestellt sind, nicht zu besichtigen.

Die römischen **Thermen von Santa Laurina** aus dem 2. und 3. Jh. n. Chr. liegen auf der östlichen Seite der N 198 an der großen Flußschleife des Tavignano. Die Ruinen sind inzwischen so stark von der Macchia überwuchert, daß man ihre Lage nur noch vermuten kann.

Musée Jérôme Carcopino im Fort de Matra (Plan s. S. 249)
Die beachtenswerte Sammlung, die von den Ausgräbern von Aleria, Jean Jehasse und Laurence Jehasse, in zwölf Räumen didaktisch sehr übersichtlich zusammengestellt wurde, zeigt alle bisherigen Funde der antiken Kolonie und der vorrömischen Nekropole und ist von großer Bedeutung für die korsische Geschichte wie für die Geschichte des westlichen Mittelmeerraumes. Durch ein großes Eingangstor gelangt man in den Innenhof der Burg, um den sich die Ausstellungsräume gruppieren.

Raum 1 Die römische Kolonie
In den zwei Vitrinen Gegenstände des wirtschaftlichen, künstlerischen, religiösen und alltäglichen Lebens der Einwohner von Aleria in der spätrömischen Kaiserzeit (Metall- und Glaswaren, Amphoren, Salzmühlen, Ringe von Fischernetzen, Waagen u. a.). Das Fragment einer Öllampe (3. Jh. n. Chr.) mit eingraviertem kreuzförmigem Anker und eine Lampe mit Christusmonogramm erinnern an Alerias Funktion als ältesten und wichtigsten Bischofssitz der Insel.

Raum 2 Die römische Kolonie
Vitrine 1: Keramik aus Arezzo, aus Nord- und Süd-Gallien.
Vitrine 2: Zwei kleine Grabfunde aus der augustinischen Kolonie.
Vitrine 3: In einem alten Kamin die Rekonstruktion des Grabes eines Gefangenen, dessen Eisenfesseln noch erhalten blieben. Darüber eine besonders beachtenswerte Marmorbüste, der Kopf des Jupiter-Amon, eine römische Kopie aus der Zeit Trajans (Abb. 36).

Raum 3 Beziehungen von Aleria und Italien im 4. und 3. Jahrhundert v. Chr.
Vitrine 1: Aleria und Campanien. Rotfigurige, bemalte und schwarzglänzende Keramik; schöner Kopf eines bronzenen Satyrs, der wohl einst einen Henkel schmückte.

Vitrine 2: Keramik aus Latium. Besonders beachtenswert eine flache Schale mit Elefantendarstellung (Abb. 35).

Vitrine 3: Aleria und Apulien sowie Aleria und Etrurien. Zwei beachtenswerte Krüge: Krater der ›Gnathia‹-Gattung (Abb. 42) und etruskischer rotfiguriger Krater (Maler von Aleria) mit der Darstellung des an einen Baum angeketteten und von einem Drachen bewachten Peirithous; Rückseite: eine Erinnye (= Rachegöttin) trägt in einer Opferschale einen Kantharos.

Vitrine 4: Vasen von Cerveteri.

Raum 4 Vorrömisches Aleria, Grabfunde des 1. Viertels des 5. Jh. bis 2. Jh. v. Chr.

Vitrine 1: Der wertvollste Fund ist eine attische Trinkschale des Panaitios-Malers im rotfigurigen Stil (Abb. 37, 38).

Vitrinen 3, 4: Verschiedene Trinkgefäße (Kantharos, Skyphos) und Kannen (Olpe).

Raum 5 Älteste Funde Alerias, die von der Ausdehnung der antiken Welt im Mittelmeerraum zeugen.

Vitrine 2: Eine Stratigraphie unter einem römischen Haus des 1. Jh. zeigt die Chronologie der verschiedenen Kulturen vor dieser Zeit.

Vitrine 4: Krater des Dinos-Malers (Ende des 5. Jh. v. Chr.), Ehrerbietungsszene: zwei Satyrn und ein junges Mädchen vor dem sitzenden Dionysos; Rückseite: drei ins Gespräch vertiefte Personen.

Raum 6

In zwei Vitrinen Funde eines Kammergrabes (um 450 v. Chr.) mit attischer Keramik, Bronze- und Eisengegenständen, Fragmente aus Alabaster und Glasperlen.

Raum 7

In der größeren der beiden Vitrinen Gegenstände aus dem ältesten Kammergrab der Nekropole (475–450 v. Chr.): schwarzfigurige Keramik und attische rotfigurige Keramik. Besonders beachtenswert sind zwei Trinkgefäße in Form von Tierköpfen: Maultierkopf (Abb. 39) und Hundekopf; ersterer stammt von dem Brygos-Maler. Die weiteren Keramiken sind etruskisch-archaisch; unter den Bronzegegenständen eine Situla (Eimer), ein Spiegel, mehrere Schnabelkannen u. a. In der zweiten Vitrine Gegenstände eines kleineren Grabes, darunter ein attischer Kylix des Berliner-Malers.

Raum 8

Vitrine 2: Keramik von Chiusi-Volterra (4. Jh. v. Chr.). Beachtenswert ist ein schöner Kolonetten-Krater: ein nackter Jüngling mit Krummschwert und Schild und eine Tanz- oder Begräbnisszene (vgl. auch Abb. 43). Interessant auch ein Gefäß in Form einer Ente (Abb. 40).

Vitrine 3: rotfigurige Vasen aus Ateliers von Falerii zwischen 340 und 300 v. Chr.

Raum 9

Vitrine 1: Funde aus kleinen Gräbern des 4. Jh.: formschöne nichtglänzende Keramik, Eisenschwerter des Latène-Typs aus Gräbern zwischen 340 und 259 v. Chr., ein langer Eisenspeer aus dem 5. Jh. v. Chr., zwei Schnabelkannen, Armreife aus Bronze (Ende Bronzezeit).

Vitrine 2: mehrere attische rotfigurige Kylix-Fragmente und Skyphos-Fragmente.

Vitrine 3: nichtglänzende Keramik.

71   AREGNO   Dreifaltigkeitskirche, 2. Viertel des 12. Jh., Westfassade

72 Apsis und Südfassade; ursprünglicher Dachbelag: Granitschindeln (›teghie‹)

72–74 FIGARI Kapelle San Quilico von Montilati, 12. Jh.

73 Westportal mit Halbkreisbogen, ohne Türsturz und Türbogenfeld

74 Innenansicht: Tonnengewölbe (selten auf Korsika)

75 SANTA-MARIA-FIGANIELLA Kirche Santa Maria Assunta, 12. Jh., westliches Giebelfeld

76, 77 CAMBIA Kirche San Quilico, 13. Jh. Teilansicht des östlichen Giebelfeldes; Türbogenfeld des südlichen Seiteneingangs: Mann, der eine Schlange besiegt

78–80 VALLE-DI-CAMPOLORO Kirche Santa Cristina, 9. und 15. Jh. Ostwand und Zwillingsapsis mit Fresken von 1473; Heiliger Christophorus und ›Weib und Drache‹ (NT, Offenbarung des Johannes, Kap. 12, Vers 1–6)

81 LEVIE Pfarrhaus; Christusfigur aus Elfenbein, wahrscheinlich eine Arbeit aus der Schule Donatellos, 15 Jh.

82 QUENZA Kirche Sainte-Marie; Madonna mit Kind, polychrome Holzfigur, 15. Jh.

83 Genuesische Brücke von Altiani über den Tavignano und romanische Kapelle San Giovanni Battista, 10. Jh.

84 SAINTE-LUCIE-DE-TALLANO   Kreuzigung. Altar-Tafelbild des Meisters von Castelsardo
(Sardinien), 16. Jh.

85 SAINTE-LUCIE-DE-TALLANO Madonna mit Kind. Altar-Tafelbild aus der Schule des Meisters von Castelsardo, 16. Jh.

86 LA PORTA Barockkirche Saint-Jean-Baptiste; Fassade von 1707, Glockenturm von 1720

87 Ruine des barocken Klosters von OREZZA in der Castagniccia, zerstört 1943

88 CALENZANA Barockkirche Saint-Blaise, 17. und 18. Jh.

89 CASTIFAO bei Ponte Leccia, Friedhof in den Ruinen der Klosterkirche

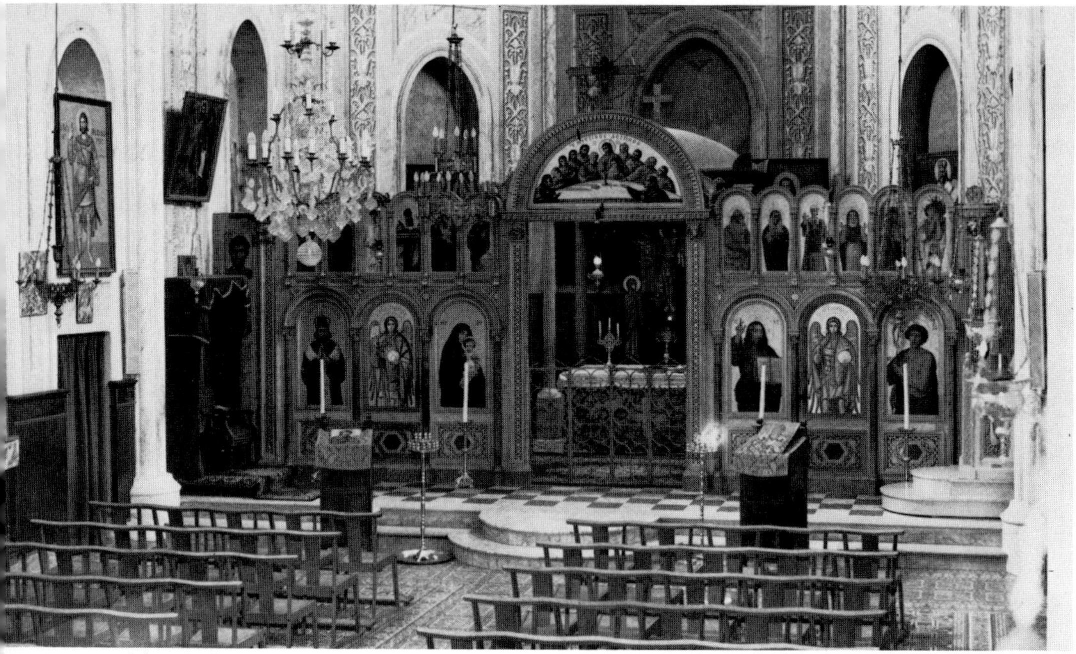

90 Innenansicht mit Ikonostase

90, 91 CARGÈSE Griechisch-orthodoxe Kirche, 19. Jh.

91 Johannes der Täufer, Ikone vom Berg Athos, 16. Jh.

92 CARGÈSE Römisch-katholische Kirche (vorn) und griechisch-orthodoxe Kirche (hinten), beide 19. Jh.

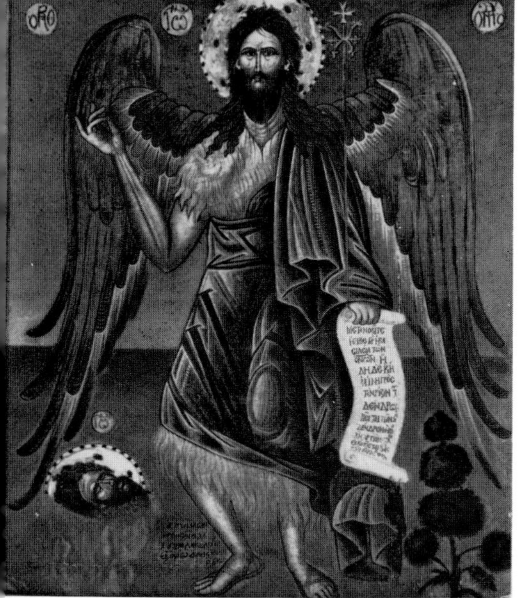

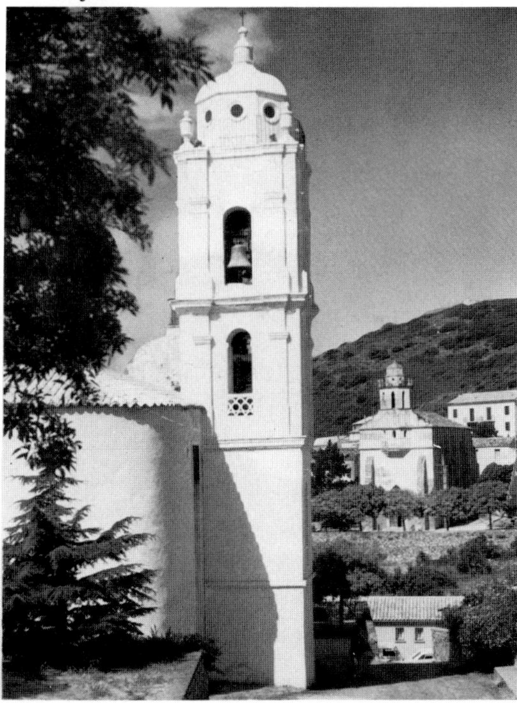

93   Riesenhohlblöcke (›tafoni‹) südlich von CALVI (Fahrweg zur Kapelle Madonna della Serra)

95   SCALA DI SANTA REGINA   Schlucht mit Golo-Fluß ▷

94   Tal des TAVIGNANO, südöstlich von Corte

96 AJACCIO   Hauptstadt Korsikas von 1811 bis 1975, Geburtsstadt von Napoleon Bonaparte; Teilansicht des
Hafens und der Stadt

97 AJACCIO   Place du Maréchal Foch

98 AJACCIO Place de Gaulle. Denkmal Napoleons als römischer Imperator, umgeben von seinen vier Brüdern (Teilansicht)

99 AJACCIO Löwenbrunnen und Marmorstatue Napoleons als Erster Konsul

100 AJACCIO Parade an der Place du Maréchal Foch

101 Carlo Maria Bonaparte, Vater Napoleons (1746–1785)

102 Letitia Ramolino, Mutter Napoleons (1750–1836)

103 Kardinal Joseph Fesch, Onkel Napoleons (1763–1839)

104 Napoleon Bonaparte (1769–1821), Gemälde von François Gérard

105   AJACCIO   Saal im Geburtshaus Napoleons

107   AJACCIO   Altstadtwinkel ▷

106   AJACCIO   Bibliothek, gegründet von Lucien Bonaparte, 1800

Raum 10

Vitrine 1: Funde aus Gräbern. Originell sind eine große Oinochoë mit der
Darstellung von Herakles, der einen Ken-
taur schlägt, und ein Ölgefäß in Tauben-
form.

Vitrine 2 enthält Gebrauchsgegenstände
aus der Zeit vor der Ankunft der Kolonisatoren: Bronzeaxt (Ende Bronzezeit),
schwarzglänzende Keramik aus Latium,
Metallgegenstände usw.

Raum 11

In neun Vitrinen griechische Gefäße.
Auch der größte Teil der Grabkammer-
funde aus dem 5. Jh. v. Chr. mit attischer
Keramik und etruskischen Bronzegegenständen ist hier aufbewahrt. Besonders
hervorzuheben in Vitrine 7 ein rotfiguriger Kolonetten-Krater des Pan-Malers
(Abb. 34, 41). Auf der Vorderseite eine
Weinernte: Dionysos spricht mit Silen
(Pferdemensch der griech. Sage, als älterer Satyr Erzieher des Dionysos), der eine
Weintraube hält. Hinter dem Gott trägt
ein Satyr eine Kiepe mit Weintrauben,
und er scheint betrunken zu sein. Auf
einer Kelterpresse tritt ein zweiter Satyr
Trauben in einem Weidenkorb, während
der Saft in einen Pithos (großes Vorrats-
gefäß aus Ton) rinnt. Auf der Rückseite
tanzen drei Jünglinge unter den Blicken
eines Zuschauers.

Raum 12

Hier ist die Rekonstruktion eines Kammergrabes aus dem 4. bis 3. Jh. v. Chr. geplant.

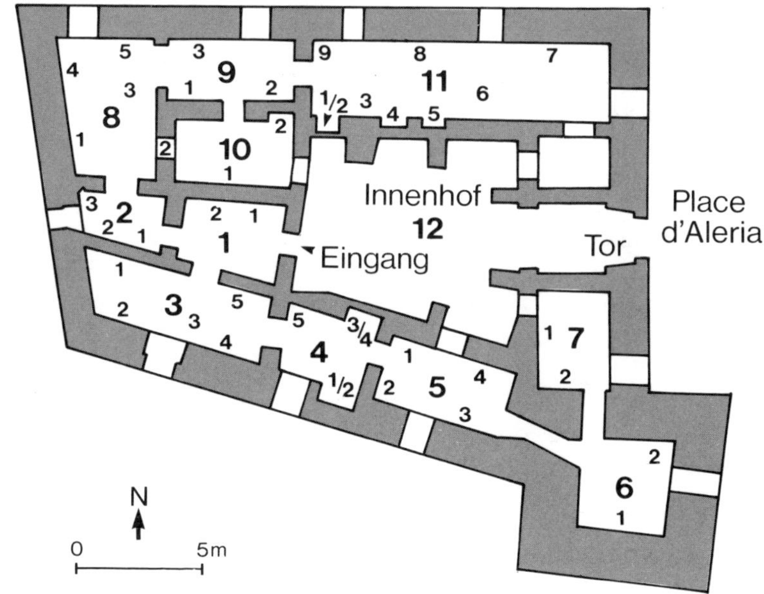

12 Das Fiumorbu, eine abgelegene Berglandschaft

Südlich an den Einzugsbereich des Tavignano schließt sich das stark bewaldete Bergland von Fiumorbu im Einzugsbereich des gleichnamigen Flusses an. Dieser hat seinen Ursprung in der südlichsten aller eiszeitlich vergletscherten Berggruppen Korsikas, im Renoso-Massiv (Monte Renoso 2352 m). Besonders in Küstennähe und im Unterlauf des Fium'Orbu sind diluviale Ablagerungen weit verbreitet. Im Altertum waren die Lagunen der Küste (Etangs) natürliche Hafenbecken; die sandigen Lidos haben die Zufahrten in den folgenden Jahrhunderten versperrt, so daß die küstennahen Orte heute keine Häfen mehr besitzen.

Die Bevölkerung des Fiumorbu ist zum großen Teil nicht seßhaft. Je nachdem, ob es sich um Bauern oder Hirten handelt, wandert die Bevölkerung, abhängig von den Jahreszeiten und der Vegetation, zwischen Küste, mittlerer Berglage und Hochweiden hin und her. Der Hauptort liegt häufig in den Kastanienwäldern der mittleren Berglage, die Tochtersiedlung in der Küstenebene. So ist beispielsweise Ghisonaccia in 17 m Höhe die Tochtersiedlung von Ghisoni in 658 m Höhe, was auch die Verwandtschaft der Ortsnamen nahelegt. Andererseits haben auch Küstenorte ihre Tochter(Sommer-)siedlungen im Gebirge, z. B. Solenzara und sein Barackendorf Bavella (s. S. 261; nach E. Arnberger).

Das Bergland des Fiumorbu gehörte während der Antike zur römischen Kolonie Aleria und war auch im Mittelalter eine historisch wichtige Landschaft, wovon heute noch die Ruinen romanischer Kirchen zeugen. Im Laufe der letzten Jahrhunderte wurde die isolierte Gegend ein Schlupfwinkel von Geächteten: der Giovannali (s. S. 299) ebenso wie der Irredentisten der Unabhängigkeit, der letzten Fanatiker des Kaiserreiches wie der letzten Banditen.

Ghisonaccia [Ghisunaccia]

Die ständig anwachsende Siedlung, 4,5 km vom Meer entfernt (Ruine des Tour de Vignale), bemüht sich, Hauptstadt des Fiumorbu zu werden und ist mittlerweile doch schon ein bedeutendes Landwirtschaftszentrum der Ebene. Lebte man einst ausschließlich von der Weidewirtschaft, so hat man das Land nach dem Zweiten Weltkrieg mit Hilfe der SOMIVAC (s. S. 120) urbar gemacht, weite Flächen der Macchia abgerungen, Sümpfe trockengelegt und in eine fruchtbare Gartenlandschaft (Weinanbau, Zitrusfrüchte) verwandelt. Auch der Fremdenverkehr an der Küste bringt neue Einnahmen.

Ghisoni

Durch die wilden Schluchten des Fium 'Orbu, *Défilé de l'Inzecca* und *Défilé des Strette,* die zu den landschaftlichen Wundern Korsikas gehören, vorbei an den beiden kahlen, sagenumwobenen Felszacken des *Christe-Eleïson* und *Kyrie-Eleïson,* gelangt man auf der D 344 zum Bergort Ghisoni. Im Gegensatz zu den meisten korsischen Dörfern auf Felsvorsprüngen nimmt dieser Ort in 658 m Höhe die Sohle eines tiefen Talkessels ein.

Serra-di-Fiumorbo

An einer Bergflanke gruppieren sich die Häuser des Ortes um die Pfarrkirche, von deren Terrasse man eine sehr schöne Aussicht hat.

Pietrapola

Die Heilkräfte seiner Thermalquellen (drei Schwefelquellen, 35–58 °C, gegen Rheumatismus, Gewebeschäden u. a.) waren schon den Römern bekannt. 1965 wurde das kleine Kurhaus renoviert; der Ort hat aber nur lokale Bedeutung (Jagd, Fischfang, Ausflugsmöglichkeiten in das bewaldete Bergland).

Prunelli-di-Fiumorbo [I Prunelli di Fiumorbu]

Der Kantonsort in 580 m Höhe bietet schöne Aussichten auf die Ostküste und die Etangs bis Aleria, in das Tal des Flusses Abatesco und über das Bergland. Unterhalb des Ortes liegen die Reste zweier Kirchen, die wahrscheinlich früher zu einer Abtei gehörten, deren Standort man jedoch nicht mehr feststellen konnte. Die vorromanische **Kirche San Giovanni Battista** (Ende 6. Jh.–7. Jh.) ist ein Beispiel der frühmittelalterlichen Baukunst auf Korsika, möglicherweise die älteste christliche Kirche auf der Insel. Beachtenswert sind das archaische Mauerwerk, der rechteckige Chor, ein einziger südlicher Seiteneingang (nur durch Öffnen der Türe und durch das schmale Ostfenster konnte der Innenraum erhellt werden) und der Dekor an den Archivolten des Fensters. Der bemerkenswerte dachförmige Türsturz mit graviertem Dekor, der das Symbol der Dreieinigkeit darstellen könnte, ist im Zusammenhang mit Restaurationsarbeiten leider zerstört worden und existiert nicht mehr.

Im 11. Jahrhundert wurde weiter oberhalb im Tal, in der **Cursa** genannten Gemarkung, eine größere und schönere Kirche gebaut. Archäologische Ausgrabungen haben von dieser Kultstätte die Fundamente mit interessantem Grundriß sowie mehrere skulptierte Bauelemente (aufbewahrt im Museum von Bastia) zutage gebracht. Im Rathaus von Prunelli-di-Fiumorbo befinden sich Zeichnungen mit Rekonstruktionen der Kirche in Cursa.

Prunelli-di-Fiumorbo, Kirche San Giovanni, Apsisfenster und Türsturz mit den Symbolen der Dreieinigkeit

Zugang: Man erreicht die beiden Kirchen, indem man von Prunelli-di-Fiumorbo zunächst 1,4 km in Richtung Pietrapola fährt. Dann beginnt links die D345, auf der man 4,8 km bis zu einer scharfen Rechtskurve abwärts fährt. An der Außenseite der Kurve befindet sich ein Tor. Man folgt dem dahinter liegenden Waldweg einige Minuten, bis dieser rechtwinklig nach links abbiegt. Dort befindet sich rechts ein Tor in einem Holzgatter. Durch das Tor und auf einem steilen Weg abwärts erreicht man an einer Hausruine vorbei bald die Reste der **Kirche von Cursa.**

Zum Besuch der Kirche **San Giovanni Battista** fährt man die D 345 noch 3,4 km ganz hinunter bis zur D 244 (bzw. man kommt von der N 198 4,1 km bis hierher), biegt links ab und folgt der D 244 noch 1,2 km. Nach einer Brücke geht links ein Weg ab, dem man 600 m bergauf bis zu einem verlassenen Wohnhaus folgt. Rechts unterhalb dieses Hauses liegt die Ruine.

13 Porto-Vecchio, der Wald von Ospédale und der Paß von Bavella – auf den Spuren der Torreaner

(Farbt. 32, 33; Abb. 21–27, 139)

Porto-Vecchio

Am Ende eines tief ins Land eindringenden Golfes, eingebettet in eine Landschaft mit lieblicheren und milderen Zügen als im Westen der Insel, liegt malerisch auf einem 70 m hohen Hügel aus rosafarbenem Porphyr und umgeben von einer teilweise noch erhaltenen mächtigen genuesischen Festungsmauer die Stadt Porto-Vecchio (kors. Porti Vechju oder Porti Vettiu = Alter Hafen). 883 v. Chr. gingen an diesem Platz schon Griechen aus Syrakus an Land und gründeten den Portus Syracusanus. 1539 ließen sich die ersten Genuesen nieder, von denen jedoch in dem von Malaria verseuchten Mündungsgebiet von Orso und Stabiacco viele starben; 1546 trafen aber erneut genuesische Siedler ein. Die Stadt wies jedoch von Anfang an nicht die charakteristischen Merkmale anderer genuesischer Stadtgründungen auf: Man beschränkte sich auf vier Bastionen – drei sind heute noch erhalten –, die in die Festungsmauer eingefügt wurden. Einige Häuser wurden an die Mauer angebaut; ansonsten gab es nur noch den Palast des genuesischen Obersten. Auch die städtische Organisation war nur unvollkommen entwickelt: es gab weder Bürgermeister noch Stadtrat.

Porto-Vecchio liegt im Zentrum einer Beckenlandschaft, am Ende des weitverzweigten Flußeinzugsbereiches des Stabiacco. Der gleichnamige Golf mit einer Länge von 8 km und einer Breite von 1,5 bis 2,5 km stellt einen der besten Naturhäfen der Insel dar, neben Bastia der einzige Hafen an der Ostküste. Stadt und Hafen waren während der Genuesenzeit von großer Bedeutung, letzterer nicht nur als Handelshafen, sondern auch als Kriegshafen an der ungeschützten Küste zwischen Bastia und Bonifacio. Heute hat Porto-Vecchio nur noch lokale Bedeutung und blieb eine Provinzstadt, die sich kaum über ihre Befestigungsmauer hinaus entwickelte (7800 Einwohner). Der Handelshafen dient fast ausschließlich dem Umschlag von land- und forstwirtschaftlichen Produkten der Region.

Eine neue Entwicklung hat für die Stadt und ihre Umgebung allerdings durch den Aufschwung des Fremdenverkehrs begonnen, der geradezu herausgefordert wurde durch die landschaftlich reizvolle Lage des Golfes, der benachbarten Buchten (z. B. Golf von Santa Giulia mit Club Méditerranée), die Felsenklippen und Sandstrände mit allen Möglichkeiten des Wassersports, die Ölbaum-, Pinien- und Korkeichenhaine. Gleichzeitig ist die Stadt ein idealer Ausgangsort für Exkursionen in den Wald von Ospédale, zum Paß von Bavella, nach Bonifacio oder ins Sartenais. Der windgeschützte, modern eingerichtete Yachthafen mit ca. 1500 Liegeplätzen lockt von Jahr zu Jahr mehr Gäste an; ein Ausbau auch als Fährhafen ist in Planung. Entlang der Bucht etablieren sich zunehmend touristische Einrichtungen: Campingplätze, Hotels, Restaurants, Feriendörfer. Das größte Projekt ist die 2,5 km nordöstlich von Porto-

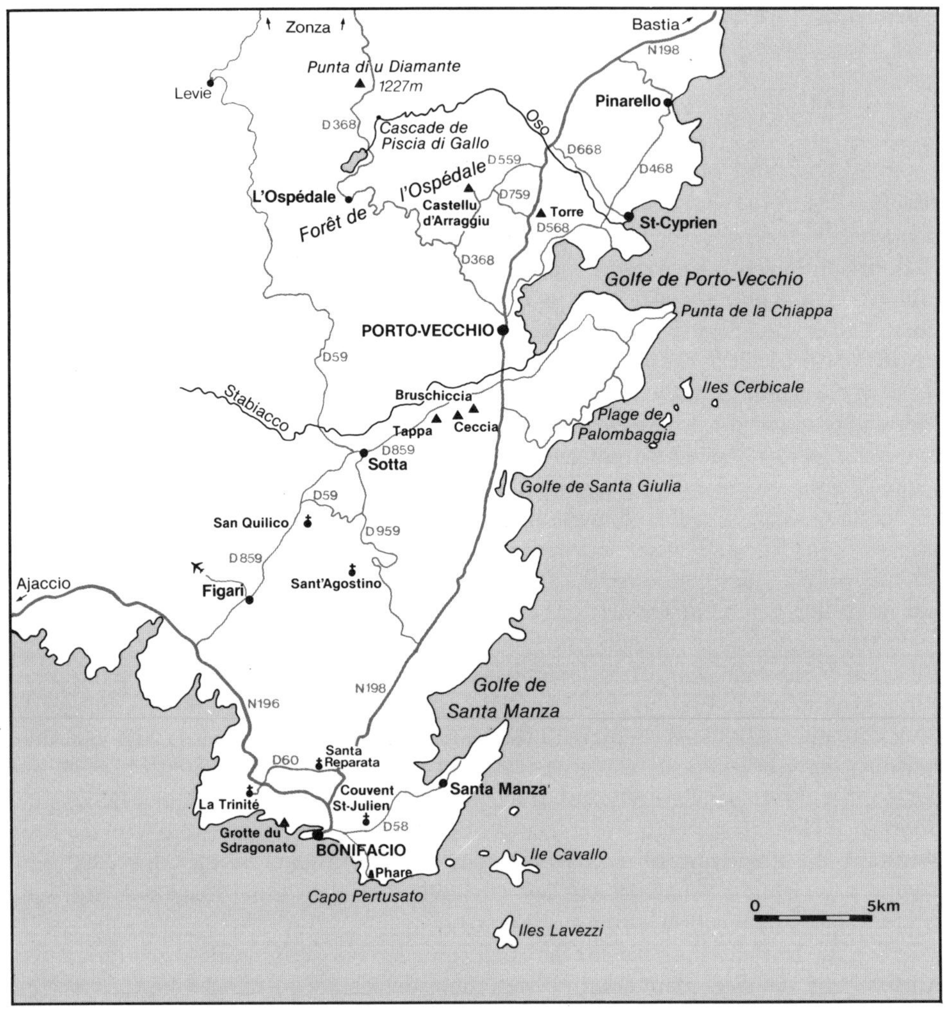

Routenkarte der Umgebung von Porto-Vecchio und Bonifacio

Vecchio geplante Marina dei Fiori mit Yachthafen und Wassersportzentren. Insgesamt versucht man zurückhaltend zu planen, um die Landschaft nicht zu verschandeln.

Eine besondere Einnahmequelle der Region ist heute noch der Verkauf der Korkeichenrinde. Ausgedehnte Korkeichenhaine – vielleicht die schönsten auf Korsika – erstrecken sich in der weiteren Umgebung der Stadt auf einem Gelände von etwa 8000 ha (Farbt. 33). Die Bäume bevorzugen die angeschwemmten Flußablagerungen und siliziumreichen Boden. Der qualitativ beste Kork, der an alten, bereits geschältenEichen in acht bis zwölf Jahren nachwächst, wird z. T. an Ort und Stelle zu Flaschenkorken und Schwimmern für die Fischernetze verarbeitet oder in Ballen gepreßt verschifft und auf dem französischen Festland zu Korkschrot für die Linoleumindustrie zermahlen. Eine gewisse Rolle spielt noch das in den Salinen der Stadt gewonnene Meersalz sowie eine bescheidene Fischerei.

Torreanische Kultmonumente und Festungsanlagen

Ceccia

(Zugang: Von Porto-Vecchio 2 km nach Süden, Abzweigung auf der D859 in Richtung Sotta, nach 3 km links Abzweigung zum Weiler Ceccia. Vom letzten Haus führt ein steiler Fußpfad durch einen Olivenbaumhain in etwa 15 Min. zum Kultmonument, das etwa 100 m höher liegt.)

Dieses unbefestigte Kultmonument liegt isoliert auf einem hohen steilabfallenden Sporn, der einen natürlichen Schutz bot. Außer als Kultmonument diente Ceccia auch zum Überwachen der Umgebung. Gegenüber anderen Torre besitzt Ceccia eine ungewöhnliche Architektur. Die Terrasse oben auf dem Monument ist von einer Schutzmauer aus großen Steinblöcken gesäumt, die für die Wachtposten durchbrochen angelegt wurde; hier wurden Feuer (kultische Zwecke?) angezündet. Gleichzeitig bildet von hier aus ein mit Steinplatten gedeckter Gang den Zugang zur runden, exzentrisch innerhalb des Monuments angelegten Cella, in die man auf Stufen herabsteigt. Diese Cella ist mit 2 m Durchmesser sehr klein und die verborgenste aller

Zentralkammern torreanischer Monumente auf Korsika, die bisher erfaßt wurden. Von dem Gewölbe der Cella ist noch ein Teil erhalten. Die Behausungen der

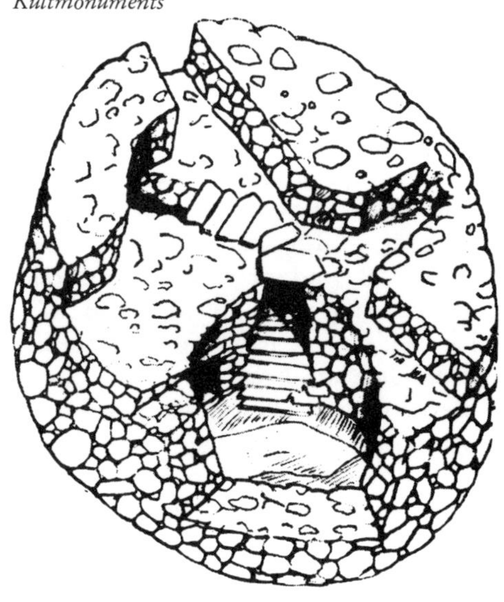

Ceccia, graphische Rekonstruktion des torreanischen Kultmonuments

Torreaner wurden weiter unterhalb in der Nähe des heutigen Weilers entdeckt.

Bei den Ausgrabungsarbeiten des Torre unter Leitung von Roger Grosjean im Jahre 1961 stellte man fest, daß die Nordost-, Nord- und Nordwestteile von einer zweiten pseudo-genuesischen Mauer überdeckt waren. Beim Abtragen dieser Mauer kam torreanische Keramik zutage. Der Fundort besitzt vier archäologische Schichten: die oberste erste ist genuesisch (Funde im Museum von Bastia), die zweite prähistorisch (gelbe und rote Tonerde), die dritte wurde anhand der Holzkohlenreste mit Hilfe der Radiokarbonmethode auf 1350–1300 v. Chr. datiert. Man fand viel Keramik (Urnen verschiedenster Form), die sich jünger als jene von Tappa erwies, von gleicher Art wie jene von Torre, und Obsidianstücke. Die vierte Schicht ist der Belag des höher liegenden Raumes, über der Bedeckung des inneren Ganges.

Eine Auswahl der torreanischen Fundstücke ist im Musée de Préhistoire Corse in Sartène ausgestellt.

Bruschiccia

Vom Monument Ceccia führt ein Pfad 600 m weiter. Die Grundmauern des kleinen runden Kultmonuments sind auf Felsen angelegt. Im Innern endet der durchlaufende Gang unter einem Felsen. Wie auch bei Ceccia haben die Genuesen nachträglich angebaut.

Bevor man zu diesem Monument gelangt, trifft man beim Durchqueren der Felder auf Mauerreste von großen rechteckigen Hütten (5 × 8 m). Die Funde (Obsidianreste, Pfeilspitzen, Schleifsteine und Keramik der Bronzezeit) sind im

Musée de Préhistoire Corse in Sartène aufbewahrt.

Tappa (Abb. 21, 22)

(Der Zugang zu diesem befestigten torreanischen Monument ist schwierig, weil die Macchia sich seit den Ausgrabungen von 1960 wieder stark ausgebreitet hat. Auf der N 859 in Richtung Sotta; 1,3 km hinter dem Ortsausgangsschild von Ceccia steht rechts an der Straße ein Bauernhaus. Gegenüber führt ein befahrbarer Weg (von diesem ist Tappa auf der Anhöhe rechts voraus gut sichtbar) durch ein Weinfeld, anschließend 50 m durch Macchia. Dahinter muß man sich rechts halten und sich einen Weg durch die Macchia suchen).

Der torreanische Komplex liegt in 60 m Meereshöhe – im Verhältnis zu den anderen Monumenten nicht allzu hoch gelegen – und besteht aus Grundmauern von Hütten, Feuerstätten, Befestigungsmauern (1,5–2 m Höhe, 2–3 m Breite), Bastionen und einem Kultmonument. Dieses Kultmonument im Süden des Komplexes gehört zu den ältesten torreanischen Bauwerken auf Korsika; man fand es ganz bedeckt mit Gesteinsmaterial seines Gewölbes. Der Gang ist in ansteigenden Stufen angelegt und war ursprünglich mit Platten bedeckt. Es ist die einzige Treppe dieser Art, die man in torreanischen Monumenten Korsikas entdeckte; sie war notwendig, um Felsen an der Basis der Cella zu überbrücken. Ein solcher Felsen in der Mitte der Cella war von mehreren Herdschichten bedeckt. Die Seitennischen dienten kultischen Zwecken.

Die oberste Schicht des Monuments bestand aus Humus, die zweite enthielt Steine und Ton aus dem zusammengebrochenen Gewölbe, das vielleicht sogar eine Öffnung für eine Feuerstelle hatte.

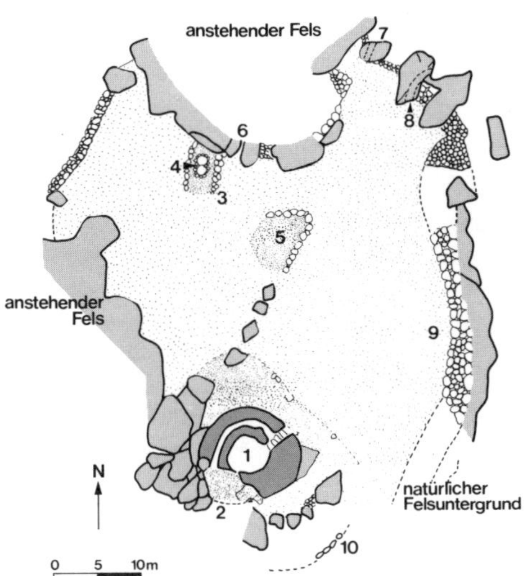

Tappa, Grundriß der torreanischen Festung
1 Hauptmonument   2 zerstörter Teil   3 Funda-
mente einer Hütte   4 Feuerstätten   5 aufgefüllte
Erde   6 Abri   7 unterirdischer Naturgang   8 Ta-
foni   9 Reste der Zyklopenmauer   10 Mauerreste

In der dritten Schicht fand man zahlreiche Feuerstellen, Mahl- und Schleifsteine
bzw. Bruchstücke davon. Mit der Radiokarbonmethode datierte man die letzte
Benutzung des Komplexes auf 1907 ± 100
v. Chr.; eine weitere Datierung ergab den
Wert 2218 ± 110 v. Chr. Daraus kann ge-
folgert werden, daß diese Anlage ungefähr dreihundert Jahre benutzt wurde.

Funde (u. a. Keramik, Fragment einer
bronzenen Schwertklinge, Urnen, Vasen) werden im Musée de Préhistoire
Corse in Sartène aufbewahrt.

Torre (Abb. 23–25)
(Zugang: Von Porto-Vecchio auf der N 198 in
Richtung Bastia; nach etwa 8 km rechts Ab-
zweigung zum Weiler Torre, hier endet die
Straße an einem kleinen Platz mit Parkmög-
lichkeiten. Kurzer ansteigender Fußweg.)

Dieses Monument, benannt nach dem
Weiler, hat der gesamten Kultur und seinen Trägern, den Torreanern, den Namen gegeben. Es erhebt sich auf einem
Granitfelsen und ist das beste Beispiel
eines Kultmonuments mit zentralem
Gang (ohne Cella!), von dem zwei Ne-
bengänge und eine Nische ausgehen.

Durch Hitzeeinwirkung zersprungene
Platten, Asche und verkohlte organische
Reste bestätigten die Funktion dieses Mo-
numents als Begräbnisstätte. Gegen eine
Behausung sprechen eindeutig die gerin-

Torre, Grundriß und Oberbau des torreanischen Kult-
monuments
1 Hauptgang   2 Nebengang   3 Nebengang   4 Nische
5 Rauchabzug   6 Steinplatten, aus Sicherheitsgründen
entfernt

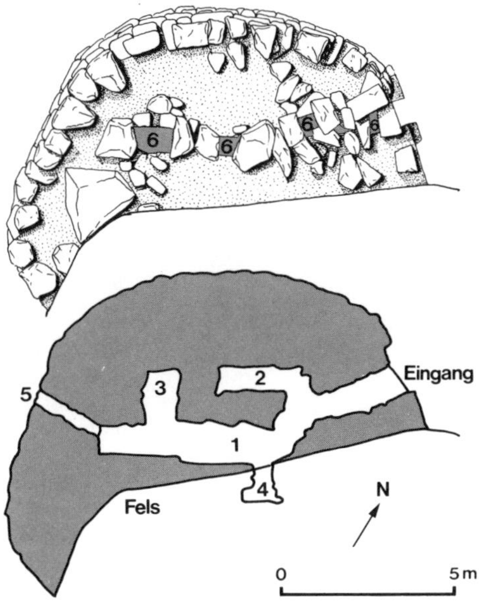

257

gen Ausmaße der Gänge. Ein wichtiger Hinweis für ein Krematorium ist auch der vorhandene Rauchabzug am Ende des Zentralganges. (Eine Interpretation als Schießscharte scheidet wegen der Lage und der geringen Maße aus.) Dieser sorgfältig gebaute Abzug liegt gegenüber dem Eingang und dem einfallenden Wind, so daß ein starker Zug gewährleistet war. Ein weiterer Beweis ist der erhitzte und abgesprungene Granit im Innern des Rauchabzuges und des Ganges. Schließlich liegt der Abzug auf der gegenüberliegenden Seite der 30 m tiefer gebauten torreanischen Wohnstätte.

Castellu d'Arraggiu [Araghju]
(Abb. 26, 27)

Zugang: Von Porto-Vecchio auf der N 198 in Richtung Bastia; 1,5 km hinter La Trinité links abzweigen und auf der D 759 bis zum zweiten Weiler von Arraggio (Hinweisschild an einer Hauswand). Zu Fuß weiter, nach 2 Min. gabelt sich der Weg; man hält sich rechts und erreicht nach etwa 30 Min. Aufstieg den Fundort.

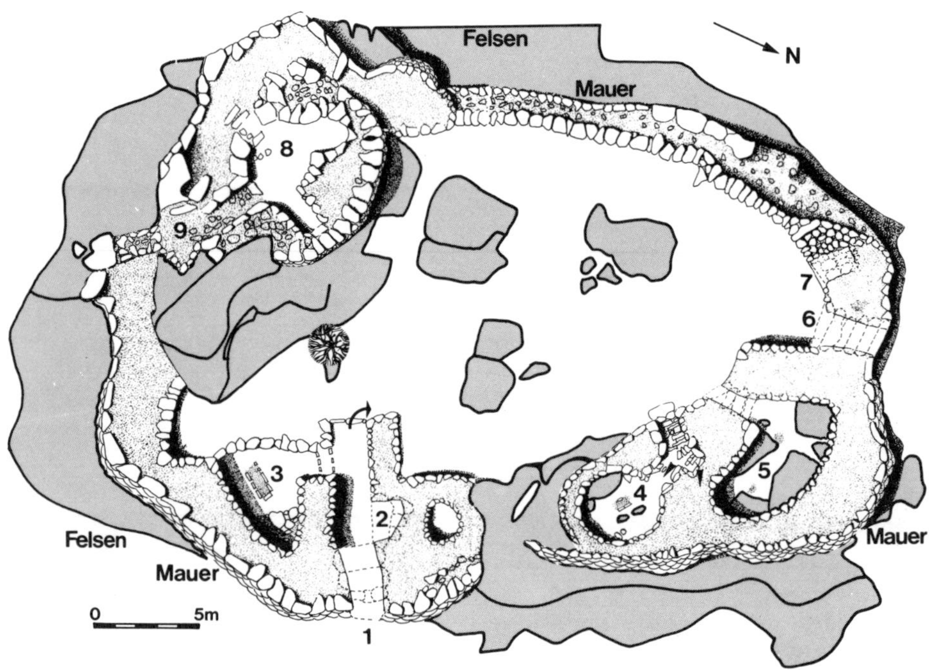

1 Großer Ost-Eingang (2,6 m hoch, 1,5 m breit), der von Steinplatten überdeckt ist
2 Platz für den Wachtposten am Ost-Eingang; der Türsturz wiegt mehr als zwei Tonnen
3 Raum für die Garde mit rechteckiger Feuerstelle
4 Eine Treppe führt in einen runden Raum mit Foyer und Feuerstelle
5 Ein Gang führt in einen großen Raum

(Wohnung des Stammesfürsten) mit zwei Feuerstellen. In einem Naturstein befindet sich eine Vertiefung durch Erosion; möglicherweise hat er als Wasserreservoir gedient

6 Nord-Eingang mit Deckplatten, der später von den Torreanern zugemauert wurde; nur eine kleine Öffnung blieb als Schießscharte offen

7 Platz für den Wachtposten am Nord-Eingang

8 Kultmonument mit doppeltausgebuchteter Cella. Bevor die Befestigungsmauer errichtet worden war, konnte man das Monument wahrscheinlich nur über eine Leiter erreichen

9 Zugang zum Kultmonument und Beobachtungsposten

Die torreanische Festung liegt auf einer Anhöhe von 245 m auf einem Felsvorsprung des Gebirges von Ospédale. Sie ist mit der Festung von Cucuruzzu (s. S. 295) das wichtigste und am besten erhaltene torreanische Monument Korsikas. 1967 begannen die Ausgrabungen unter R. Grosjean. Es zeigte sich, daß die Torreaner zunächst nur Monumente für Kultzwecke errichteten. Später wurden Wohnungen des religiösen Führers oder Stammesfürsten, zuletzt Mauern zu Verteidigungszwecken angebaut. Die Mauer von Arraggiu (3–5 m Höhe) hat einen Umfang von 120 m und setzt sich aus anstehenden Felsen und großen Blöcken zusammen.

Das Ospédale-Massiv mit dem Forêt de l'Ospédale und dem Col de Bavella

Dieses Gebiet erstreckt sich vom Col de Bavella im Norden über das Ospédale-Bergland bis zur Montagne de Cagna, die mit niedrigen Rücken zum Meer hin ausläuft. Wichtigste Gipfel sind von Norden nach Süden: Aiguilles de Bavella (1855 m), Punta Tafonata (1312 m), Punta Velaco (1483 m), Punta Quercitella (1461 m), Monte Calva (1377 m), Punta di u Diamante (1227 m), Monte Rossu (1058 m), Punta di Corbu (1213 m), Pointe de Vinaggiu (1058 m), Punta di a Vacca Morta (1314 m) und in der Montagne de Cagna die Punta di Compolelli (1377 m), Punta d'Ovace (1340 m) und Omu di Cagna (1217 m).

Das Gebirge baut sich ausschließlich aus Granit und Bavella-Granulit auf; es ist für Geologen und Bergsteiger ein großer Anziehungspunkt, stellt es doch für beide wegen seiner eigenartigen Granitverwitterungsformen eine Herausforderung dar. Glockenberge, Felsburgen, Blockmeere und Wackelsteine sind Wahrzeichen dieses Raumes, aber auch die verschiedenartigen bizarren Tafoniverwitterungen. Der *Omu di Cagna* in der einsamen Gegend ist ein besonders außergewöhnliches Exemplar von Wackelstein. Nach W. Klaer hat er einen Rauminhalt von 8–10 Kubikmetern, ein Gewicht von 20–25 Tonnen und eine Fußfläche von nur 7–8 Quadratzentimetern (s. Fig. S. 18)[38].

Daß sich der herrliche Wald von Ospédale und der von Barocaggio-Marghèse mit prächtigen Laricio-Kiefern und Farnkräutern mit Quellen und herausragenden Felsengruppen in so eindrucksvoller Größe und Stille erhalten hat, verdanken wir der rechtzeitigen Einrichtung eines großen Naturschutzgebietes, des ›Parc Naturel Régional de la Corse‹.

L'Ospédale

Dieser Weiler verdankt seine Existenz der Gründung eines Hospitals schon in der Römerzeit. Er liegt 800 m hoch auf einem natürlichen Felsvorsprung, von dem aus man einen weiten Ausblick zum Golf von Porto-Vecchio und Golf von Santa Manza, auf die Iles Cerbicale, die Ostküste und die Südspitze Korsikas hat, bei guter Fernsicht bis nach Sardinien. Hinter L'Ospédale beginnt der Forêt de Barocaggio-Marghèse, aus dem die Punta di u Diamante mit ihrer Pyramidenform hervorragt.

Cascade de Piscia di Gallo (= Hahnenpiß) und Marmites de Géant (= Riesenkochtöpfe)

Ein sehr schöner Spaziergang durch die Bergwelt endet bei dem Wasserfall Piscia di Gallo; aus 50 m Höhe stürzt das Wasser eine Felswand hinab und hat zahlreiche Strudellöcher geschaffen. Der Wasserfall ist die Quelle des Baches Oso, der am Strand von San Cipriano (nördlich von Porto-Vecchio) ins Meer mündet. Im Sommer ist der Wasserfall manchmal versiegt.

Wegbeschreibung: Von L'Ospédale auf der D 368 in Richtung Zonza. Nach Passieren des Staudamms noch 1 km, in einer Linkskurve rechts ein großer natürlicher Parkplatz unter Pinien. Man gehe auf der Straße 200 m zurück, bis links ein Forstweg (Schranke) beginnt. Dieser Weg quert nach ca. 12 Min. Fußmarsch ein geröllreiches Bachbett. Auf der anderen Seite des Baches beginnen Steinmännchen, die den weiteren Weg von ca. 25 Min. kennzeichnen. Hinter einem auffälligen großen Wackelstein windet sich der Weg nach rechts steil bergabwärts. Man hört den Wasserfall schon von weitem.

Zonza

Nach Passieren von zwei Pässen (Bocca d'Ilarata und Bocca di Pelza) erreicht man auf der D 368 das 784 m hoch gelegene Zentrum dieser Region, Zonza, nur 9 km vom Col de Bavella entfernt. Dieser korsische Gebirgsort ist eine erholsame Sommerfrische mit vielen Möglichkeiten für Ausflüge, Wanderungen und Bergtouren. Der terrassenartig ansteigende Ort ist von schönen Kiefern-, Steineichen-, vor allem aber von Kastanienwäldern umgeben. Zahlreiche Dickemessungen und Jahresringauszählungen der Stämme durch E. Arnberger haben ergeben, daß das durchschnittliche Alter der Edelkastanienbestände um Zonza 100 bis 150 Jahre beträgt. Stämme mit einem Durchmesser von 120 bis 180 cm und einem Umfang von 4 bis 6 m sind nicht selten, und bei einer einzelnen uralten Kastanie unterhalb der Ortschaft wurde sogar ein Stammumfang von 13,5 m gemessen.

Col de Bavella (Farbt. 32)

Das große landschaftliche Erlebnis einer Korsikareise ist der Col de Bavella (1218 m). Dieser schönste Paß Korsikas ist Treffpunkt für Wanderer und Bergsteiger aus allen Teilen Europas. Eine faszinierende Kulisse von Nadelspitzen und Türmen, entstanden durch die Erosion an den senkrechten Klüften des Gesteins, beherrscht die Nordseite des Passes. Die Bergsteiger nennen die Bavella-Felsen die ›Dolomiten Korsikas‹, obwohl sie nicht einmal die Höhe von 2000 m erreichen. Im korsischen Volksmund sind es die ›Cornes d'Asinao‹ (= Eselsohren). Einige mächtige Laricio-Kiefern haben sich hier oben behauptet, ansonsten gibt es zwischen den Felsbrocken Gräser, welche von den Schafen und Ziegen abgeweidet werden. Man müßte schon mehrere Tage hier oben verleben, um die verschiedensten Tagesstimmungen zu genießen: Sonnenaufgang und Sonnenuntergang, klare Fernsicht, Sturm und Regen oder tiefliegende Nebelschwaden, die zwischen den Wetterkiefern durchziehen und das Bild der Landschaft verzaubern. Möglichkeiten zum Wandern: z. B. zur Punta Velaco (2 Std.), zum Promontoire (2 Std.), zur Punta di Ferru (2 Std. von der Straße Zonza–Bavella am Kilometer 33,7).

Am Osthang des Passes stehen kleine häßliche Steinhäuser und Holzhütten mit Wellblechdächern, die das Landschaftsbild zerstören würden, wären sie nicht von Bäumen teilweise verdeckt. Es ist das Barackendorf von Bavella, in dem ein erheblicher Teil der Bevölkerung von Conca während der Sommermonate wohnt (Möglichkeit zur Verpflegung). Eine kehrenreiche schmale Straße führt mit starkem Gefälle durch den Forêt de Bavella (Reservat für Mufflonschafe) abwärts nach Solenzara. An der Bocca di Larone bietet sich nochmals ein großartiger Ausblick auf die Aiguilles de Ferriate an. Dann folgt die Straße den romantischen Wildbächen Fiumicello und Solenzara bis zum Meer.

Solenzara

Südlich der Mündung des Flusses Solenzara geht die langgestreckte Sandstrandküste der Ebene von Aleria in eine steile Klippenküste über. Nur noch kleine Buchten zwischen Solenzara und Porto-Vecchio (Canella, Favone u. a.) haben einen blendend weißen Sandstrand. Nördlich von Solenzara wachsen noch urwaldartig aussehende Eukalyptusbestände; die sumpfartigen Gebiete trocknen im August bis auf wenige Tümpel aus. Besonders abends belästigen Millionen von Stechmücken den Menschen, so daß man gerne höher gelegene Gebiete aufsucht. Auch die Macchia hat sich in der Umgebung von Solenzara waldartig entwickelt; sie breitet sich auf den groben diluvialen Schottern aus und ist nur ganz selten durch Kulturflächen aufgelöst. Baumheide und Erdbeerbaum als Hauptvertreter erreichen nicht selten eine Wuchshöhe von 6 bis 7 m.

14 Bonifacio, Felsenstadt über dem Meer
(Farbt. 15, 34–36, Abb. 50, 72–74, 124, 125)

»Bonifacio ist ein kleines Welttheater. Ein Arsenal von Käuzen und tragikomischen Helden, Fischweibern und Patrioten, Kindern, rauchenden Cafébesuchern und parlierenden Eckenstehern. Ein Trauerspiel der Langeweile. Ein Alltagsmärchen. Eine kleine Stadt am Rande Europas. Ein skurriles Idyll und ein wunderliches Gefängnis. Ein Treffpunkt von Händlern, Fischern und ehemaligen Meerfahrern, Bootsleuten, Schmugglern und Matrosen im Urlaub, alten Seemännern, die heute herumlungern und Arbeit suchen, Motorboote reparieren und Fischernetze flicken, Schnecken sammeln nach den Regengüssen und ihre ferne Vergangenheit rühmen.«

Christoph Meckel[39]

Diese gewaltigste Zitadelle Korsikas und südlichste Stadt Frankreichs ist für den Besucher ein Kuriosum, was die Anlage der Stadt betrifft. Sie liegt in 64 m Höhe auf einem teilweise überhängenden Fels miozäner Kalke mit horizontaler Lagerung, die von der Meeresbrandung stark unterspült und unterhöhlt sind. Etliche Häuser der Stadt sind der Abbruchkante schon gefährlich nahe gerückt und schweben über dem Abgrund. Die bereits ins Meer abgestürzten Felsenklippen halten die Gefahr ständig vor Augen.

Von zwei Seiten wird die Stadt von der Meerenge von Bonifacio umbrandet, von der dritten greift das Meer in einem ertrunkenen Flußtal 1600 m tief ins Land ein, so daß die Stadt wie eine Halbinsel vom Meer umgeben ist und sich dadurch eine geschützte Bucht mit idealer Voraussetzung für einen Hafen ergab. Schon Odysseus hatte auf seinen Irrfahrten den Naturhafen von Bonifacio kennengelernt. Während die Steilfelsen an der Hafeneinfahrt seinen Gefährten zum Verhängnis wurden, konnte er sich retten und entging den tödlichen Steinwürfen der gigantischen Laistrygonen.

Nähert man sich der Stadt vom Lande her, so ist der erste unvergeßliche Eindruck das bunte Bild des Hafens mit dem Wirrwarr von Masten internationaler Yachten; dahinter erstreckt sich die moderne Unterstadt, wo sich das touristische Leben an der Hafenmole, in den Bars, Restaurants und Boutiquen abspielt, während im Hintergrund die uneinnehmbar erscheinende Oberstadt mit ihren Festungsmauern und Bastionen über dem Ganzen thront (Farbt. 36). Eine Bootsfahrt um die Felsen ermöglicht die einmalige Sicht vom Meer aus.

Das Bild der Altstadt innerhalb der Zitadelle mit den teils recht baufälligen Häusern hat sich in den letzten Jahrhunderten wenig verändert. Die verwitterten Fassaden besitzen neue Schilder und Haustüren, die vom Einzug der modernen Zeit in diese alten engen Mauern zeugen. Der Mangel an Ausdehnungsmöglichkeit auf dem halbinselartigen Plateau zwang die Menschen dazu, die Häuser hoch zu bauen. Durch die Schluchten der Gassen weht häufig ein steifer Wind, und die Luft ist vom feinen Kalkstaub erfüllt.

Der Hafen ist für den Personen- und Frachttransport fast bedeutungslos. Außer der Schiffsverbindung mit dem nur 12 km entfernten Sardinien dient er in den Sommermonaten als Anlegeplatz für Yachten und für die Fischerboote. Doch der Fischfang ebenso wie die Gartenwirtschaft (Ölbaum, Weinstock und Obstbäume) dienen vorwiegend der Selbstversorgung. Die korkverarbeitende Industrie bietet nur bescheidene Einkünfte. Aus Mangel an Arbeitsplätzen wandern viele junge Leute ab. Durch die Entwicklung des Tourismus hofft man den niedrigen Lebensstandard der 3000 Einwohner heben zu können.

Die Geschichte der Stadt beginnt im Jahre 828, als der Graf Bonifacio aus Lucca in der Toskana zur Abwehr der räuberischen Sarazenen eine Zitadelle errichten ließ. Nach Vertreibung dieser Oberherren bildete die Stadt ein eigenes Gemeinwesen. 1195 bemächtigten sich die Genuesen der Stadt durch eine List. Die Einwohner wurden deportiert und der Ort von Liguriern besiedelt. Noch heute sprechen die Einwohner Bonifacios einen ligurischen Dialekt, der dem Genuesischen des 16. und 17. Jahrhunderts verwandt ist und von den Bewohnern der Nachbarorte kaum verstanden wird. Die genuesischen Okkupanten bauten Bonifacio zu einer hervorragenden Festung aus und verliehen ihr besondere Privilegien: eigene Verwaltung, Gerichtsbarkeit und Münzrecht. Das Verteidigungssystem umfaßte acht Festungen (die heute z. T. geschleift sind), die von einer prunkliebenden kriegerischen Vergangenheit zeugen.

1420 belagerte König Alfons V. von Aragonien die Stadt. An jene Zeit erinnert die ›Escalier du Roi d'Aragon‹, eine vom Meer zum hoch gelegenen Plateau hinaufführende Treppe von annähernd zweihundert Stufen. Es wird erzählt, Alfons habe sie in einer einzigen Nacht in den Felsen südlich der Stadt hauen lassen, um die Stadt vom Meer her zu erobern. Die Korsen verbreiten die Version, daß es die Bewohner von Bonifacio selber waren, die sie angelegt hätten, um eine Verbindung zum offenen Meer herzustellen, denn der Spanier hatte im Hafen mit seinen Schiffen eine Blockade errichtet. Als der Stadt von Genua Hilfe nahte, soll ein mutiger Einwohner die zusammengebundenen Schiffe voneinander gelöst haben, so daß sie ins offene Meer abgetrieben wurden und die Genuesen nunmehr mit Verstärkung den Hafen anlaufen konnten. Alfons mußte sich daraufhin zurückziehen.

1541 war Bonifacio für wenige Tage Aufenthaltsort für Kaiser Karl V., der auf seiner Rückreise vom fehlgeschlagenen Feldzug gegen Algier vom Sturm überrascht wurde und den geschützten Hafen anlief. Graf Filippo Cattacciolo bot ihm sein Haus an. Er schickte dem Fürsten ein Pferd entgegen, das – so wird erzählt –, nachdem der Gast abgestiegen war, getötet wurde, damit niemand mehr auf ihm reiten sollte.

1554 wurde Bonifacio kurzzeitig von den Türken erobert, die sich mit den Franzosen verbündet hatten, gelangte 1559 aber bereits wieder in die Hände Genuas (Vertrag von Cateau-Cambrésis). Ein zweiter hoher Gast war Napoleon Bonaparte, damals Oberstleutnant und Kommandeur des zweiten Bataillons korsischer Freiwilliger, der sich vom 22. Januar bis 3. März 1793 in Bonifacio aufhielt.

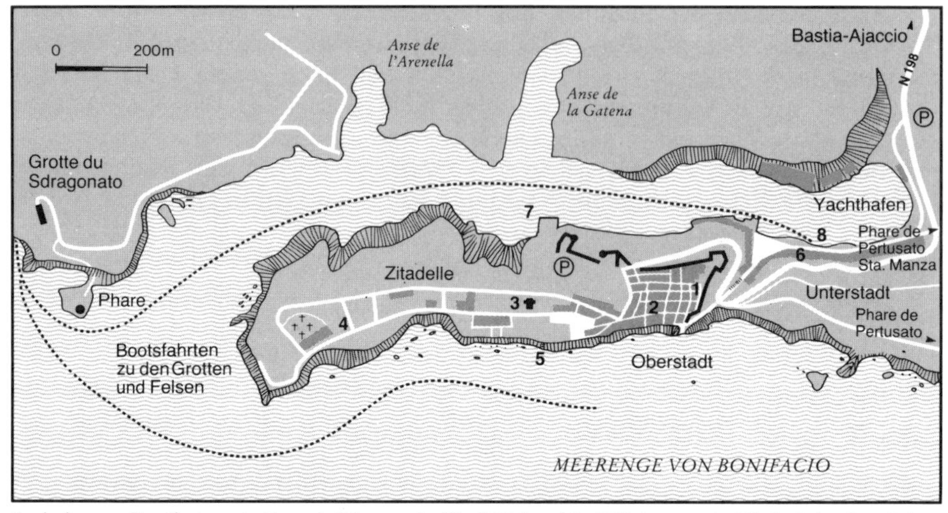

Stadtplan von Bonifacio   1 Porte de Gênes   2 Kirche Sainte-Marie-Majeure   3 Kirche Saint-Dominique   4 Kloster Saint-François   5 Escalier du Roi d'Aragon   6 Aquarium   7 Autofähre nach Sardinien   8 Boots-anlegestelle für Fahrten zu den Grotten und zu den Iles Lavezzi

Stadtrundgang

Über Fahrstraße oder Fußweg gelangt man von der Unterstadt (Parkplatz im Hafen) in die befestigte obere Altstadt, deren meiste Straßen aber für den Autoverkehr zu eng sind. Als Fußgänger steigt man die zahlreichen Stufen am Ende der Unterstadt hoch und betritt die Festung durch die *Porte de Gênes* mit der alten Zugbrücke. Bis ins 19. Jahrhundert war dieses Tor der einzige Zugang; man mußte acht Tore und eine Zugbrücke passieren, um zur Place Grandval zu gelangen.

Auf pisanischen Ursprung geht die **Kirche Sainte-Marie-Majeure** zurück, die im 13. Jahrhundert begonnen und später von den Genuesen mehrfach umgestaltet wurde. Von ihren Mauern aus überspannen Strebebögen die engen Gassen. Sie haben die Aufgabe, Regenwasser von den Dächern der Häuser zum Sammelbecken unter dem Vorhof der Kirche zu leiten (Abb. 124). Die dreischiffige Kirche besitzt drei Apsiden und eine Loggia als ehemaligen Versammlungsplatz. Über der nordöstlichen Apsis erhebt sich ein eleganter viereckiger Glockenturm, der mit arabeskenartigen Ornamenten, Symbolen der vier Evangelisten in Hochrelief, fein skulptiert ist. Das Kircheninnere beweist den einstigen Reichtum der Stadt: Beachtenswert sind ein reichverzierter Hochaltar (15. Jh.), Kanzel und Taufbecken von einem genuesischen Künstler, klassisch-barocker Schmuck, Heiligenbilder, Tabernakel (1465) und ein römischer Sarkophag aus Marmor (3. Jh. v. Chr.).

Im einstigen *Gouverneurspalast* mit Loggia und zwei Arkaden ist heute das

109   BASTIA   Alter Hafen mit der Barockkirche Saint-Jean-Baptiste, 1666

111 Kapelle NOTRE-DAME DE LA SERRA bei Calvi mit Blick nach Südosten zum schneebedeckten Cinto-Massiv

112 Elfenbeinerner Christus, der dem Florentiner Bildhauer Sansovino zugeschrieben wird, 16. Jh.

112–115 CALVI Ausstellung kirchlicher Kunst der Balagne in der Saint-Antoine-Kapelle

113–115 Triptychon. Kreuzigung mit Maria und Johannes. Auf den Seitenteilen die Szene der Verkündigung: Erzengel Gabriel (links) und Maria (rechts), Ende 15 Jh. oder Anfang 16. Jh.

116   MONTEMAGGIORE in der Balagne

117   ALGAJOLA   Genuesische Zitadelle

118 Korsisches Wohnhaus in der Castagniccia

119 VENZOLASCA Typisches Bergdorf in der Casinca

120 CORTE Zitadelle und Altstadt (s. Farbt. 1)

121 CORTE Place Paoli mit dem Bronzestandbild des großen korsischen Freiheitskämpfers Pasquale Paoli (1725–1807)

123 SARTÈNE Altstadtwinkel ▷

122 CORTE Standbild des Generals Gaffori in der Altstadt

125   Segelyachten vor dem Hafen von BONIFACIO

◁ 124   BONIFACIO   Rue Sainte-Croix mit Strebebögen (Wasserleitungen von den Dächern zu den Zisternen)
126   CENTURI-PORT   Fischerhafen am Cap Corse

127 Hochzeit in Murato. Als Zeichen der Fruchtbarkeit werden Reiskörner auf das Brautpaar geworfen

128 Salon eines reichen Bürgerhauses in Occiglioni, Balagne

129 Schäfer mit Herde

130 Herstellung von Töpferwaren in der Casa di l'Artigiani in Pigna, Balagne

131 In einer ›bergerie‹, Herstellung des ›brocciu‹

132 Korsisches Schwein

133 Kellergewölbe mit geräucherten Würsten in Penta-
di-Casinca
134 Ziege

135   EVISA in den Bergen östlich von Porto, im Hintergrund der Capu d'Orto (1294 m)

136   Kaskaden im WALD VON AITONE bei Evisa

137   Hafen von PORTO

139   Strand von Palombaggia bei PORTO-VECCHIO ▷

138   Straße durch die CALANCHE zwischen Piana und Porto, links Tafonifelsen (vgl. Farbt. 3)

Bürgermeisteramt untergebracht. In der Rue Noël Beretti steht das Haus mit Renaissanceportal, in dem Kaiser Karl V. wohnte. Von dem Belvédère de la Manichella hat man einen sehr schönen Ausblick auf die Steilküste bis zum Capo Pertusato, auf die Meerenge und hinüber nach Sardinien.

Die *Zitadelle* war bis 1983 der Fremdenlegion vorbehalten und für den Besucher gesperrt. Nachdem ein großes Gebiet des ehemals militärischen Bereichs an die Stadt zurückgegeben worden ist, kann man wieder die einzige gotische Kirche Korsikas, *Saint-Dominique* (1270–1343) besichtigen, deren Spitzbögen, Arkaden und hohe Fenster an genuesische Bauwerke des 13. und 14. Jahrhunderts erinnern (geöffnet: 10–12 und 16–18 Uhr), außerdem das ehemalige Kloster *Saint-François*, den Friedhof und einige z.T. restaurierte Kornmühlen. Ein Spaziergang führt bis zu den westlichen Steilfelsen der Halbinsel mit Blick auf den Ausgang der Bucht von Bonifacio und den Leuchtturm La Madonetta (Abb. 125).

Ausflüge von Bonifacio
(s. Karte S. 254)

Bootsausflug zur **Grotte du Sdragonato** (Abb. 125)
(In der Saison mehrmals täglich; Fahrtdauer 1 Std.)
Die Höhlen in verschiedenen Küstenniveaus sind durch die abtragenden Kräfte der Meeresbrandung entstanden, einige sind mit Tropfsteinen geschmückt (z. B. die Grotte von Saint-Antoine). Die Grotte du Sdragonato liegt westlich der Hafeneinfahrt. Sie ist nach oben hin offen, so daß schöne Lichtreflexe durch die Bewegung des Wassers auf den farbigen Felsen entstehen. Die Boote setzen ihre Fahrt ein Stück auf der Meerseite der Stadt fort, so daß man die Stadt auf dem Kalkkliff und die Stufen von Alfons V. gut beobachten kann.

Bootsausflüge bei ruhiger See zu den **Iles Lavezzi** (Naturschutzgebiet) und zur **Ile Cavallo** (deren Granit schon von den Römern abgebaut wurde), die seit 1977 für den Fremdenverkehr erschlossen wird.

Autofähre nach **Sardinien** (Santa Teresa, mehrmals täglich, Fahrzeit ca. 1 Std.) mit ›Tirrenia‹ und ›NAVARMA Lines‹.

Leuchtturm von Pertusato und **Capo Pertusato** (Farbt. 34)
(Besichtigung: 10–12 Uhr und 14–18 Uhr vom 1. 4. bis 30. 9.; in der übrigen Jahreszeit von 10–12 Uhr und 14–16 Uhr)
Rundblick vom Leuchtturm auf Bonifacio, Montagne de Cagna, die Inseln Cavallo und Lavezzi und die Küste Sardiniens.

Ermitage de la Trinité
Wallfahrtskapelle aus Kalkstein mit schönem Ausblick zum Meer.

Ancien Couvent Saint-Julien
Das alte Kloster ist heute im Privatbesitz. Die Kirche aus dem 13. Jahrhundert wurde ebenso wie der Rest des Klosters renoviert. Hier soll Franz von Assisi einige Zeit nach seiner Rückkehr aus Spanien 1214 gelebt haben.

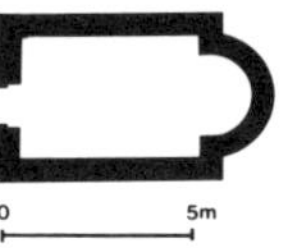

Sotta, Kirche Sant'Agostino de Chera, Grundriß

Kapelle Sant'Agostino de Chera
(Abb. 50)

(Zugang: Auf der N 198 12 km hinter Bonifacio Abzweigung links; auf der D 59 6 km bis Chera; von dort führt ein Fußpfad – Hinweisschild am gelben Haus – in ca. 20 Min. zur einsam gelegenen Ruine.)

Die Kapelle ist möglicherweise eine Herrenstiftung vom Ende des 9. oder Beginn des 10. Jahrhunderts.

Das Farbwechselspiel des Baumaterials (rosafarbener Granit und weißer Kalkstein) ist ein Hinweis für die Entwicklung zum polychromen Mauerwerk. Ein schöner Glockengiebel erhebt sich über der Westfassade. Das östliche Giebelfeld mit dem durchbrochenen griechischen Kreuz ist nur noch teilweise erhalten. Besonders beachtenswert ist der große Halbkreisbogen an der Chorwand mit seinen sorgfältig behauenen Keilsteinen.

Kapelle San Quilico de Montilati
(Abb. 72–74)

(Zugang: Von Chera auf der D 59 8 km weiter bis zur D 859; links in Richtung Figari abbiegen; nach 1,5 km links zum oberhalb der Straße gelegenen Weiler Montilati abbiegen. Der befahrbare Weg endet an einem Haus, wo die Kapelle steht.)

Die malerische Kapelle ist möglicherweise eine Herrenstiftung und könnte im dritten Viertel des 12. Jahrhunderts erbaut worden sein. Die einschiffige Kapelle überrascht durch ihre geringen Ausmaße (7,45 m lang, 3,1 m breit). Selten für Korsikas romanische Kirchen ist das Tonnengewölbe; das Dach zeigt noch den ursprünglichen Belag mit flachen Granitschindeln (›teghie‹). Die kleine halbkreisförmige Apsis besitzt in der Mitte ein schießschartenartiges Fenster, das als einzige Fensteröffnung den Innenraum erhellt. Zusätzlich konnte nur noch Licht einfallen, wenn man das heute nicht mehr vorhandene Tor öffnete. Dieser Eingang, ein Halbkreisbogen ohne Türsturz und ohne Türbogenfeld, entspricht der schlichten Architektur. Bandgesimse umlaufen das Schiff und erstrecken sich entlang des Daches der Apsis.

Kapelle Santa Reparata

(Zugang: Von Bonifacio auf der N 198 in Richtung Bastia. 2 km hinter der Abzweigung der N 196 nach Ajaccio zweigt von der N 198 links die D 60 ab, der man 700 m folgt. Hinweisschild!)

Das vorromanische, aus dem 9. Jahrhundert stammende Bauwerk wurde 1983/84 restauriert. Die Mauern der einschiffigen Kapelle bestehen aus Granit und Kalkstein. Über der Tür ein Türsturz mit Kreuz und zwei Fabelwesen in Flachrelief. Licht konnte nur durch zwei schießschartenartige Fenster und die geöffnete Tür eindringen. Die halbrunde Apsis besitzt noch den ursprünglichen Dachbelag (›teghie‹).

15 Das Sartenais – zu den vorgeschichtlichen Fundstätten von Cauria und Cucuruzzu – Dolmen, Steinreihen und torreanische Festungen

(Abb. 2, 4–7, 28–30, 31, 32, 59, 60, 75, 81, 82, 84, 85, 123)

Der südwestliche Küstenabschnitt zwischen der Punta di Senetosa und dem Golfe de Figari wird durch zahlreiche kleine Buchten gegliedert. Quer zum Küstenverlauf streichen niedrige Granitrücken in südwestlich-nordöstlicher Richtung und schließen sich später zu höheren Rücken und Kammlandschaften zusammen. Der Ortolo ist der einzige größere Fluß in diesem unwirtlichen, vegetationsarmen und sehr dünn besiedelten Küstenland.

Große Tallandschaften beginnen erst weiter nördlich mit dem Rizzanèse-Flußgebiet, dessen weitverzweigter Einzugsbereich tief in die Gebirgslandschaften des Monte Incudine (2134 m) und der Punta di u Pargolu (1790 m) der Bavella-Gruppe hineinreicht. Niederschläge und Luftfeuchtigkeit sind in den Hochtälern der Südwestabdachung, an der Wetterseite Korsikas, so hoch, daß das Landschaftsbild mit den grünen saftigen Wiesen und den Heuschobern an die Alpentäler erinnert. Somit gehören die Täler des Gravona-, Taravo-, Rizzanèse- und Fiumicicoli-Flusses zu den wichtigsten Gebieten einer insgesamt aber nur bescheidenen Rinderhaltung auf Korsika. Auch die Zahl der Siedlungen und die Bevölkerungsdichte ist mit über 50 Einwohnern pro qkm im Einzugsgebiet von Rizzanèse und Fiumicicoli relativ hoch; die fünf größten Orte sind Sartène, Levie, Zonza, Sainte-Lucie-de-Tallano und Serra di Scopamène. Der Unterlauf des Rizzanèse war teilweise versumpft, so daß die Siedlungen an den Berghängen gebaut wurden, so auch Sartène, die größte Stadt des Sartenais. Dennoch wird der Unterlauf des Rizzanèse durch Garten- und Ackerwirtschaft mannigfaltig genutzt. Inmitten einer Landschaft ausgedehnter Weinkulturen gehört Sartène heute zu den großen Weinanbaugebieten Korsikas und kann sich eines hervorragenden Prädikatsweines ›Vin délimité de qualité supérieure‹ (V.D.Q.S.) (s. S. 337) rühmen.

Nördlich der Rizzanèse-Mündung fließt der Baracci in den Golf von Valinco. Wegen seines kleinen Einzugsbereichs hat dieser Fluß an seiner Mündung keine gefährlichen Sumpfgebiete entwickeln können. Deshalb bestehen auch für die junge Stadt Propriano günstigere gesundheitliche Lebensbedingungen als im ehemals versumpften, malariagefährdeten und deshalb siedlungsleeren Mündungsgebiet des Rizzanèse. Zahlreiche Funde von Dolmen, Menhiren und torreanischen Bauten (Fontanaccia, Cauria, Palaggiu, Alo-Bisucce, Cucuruzzu u. a.) sind Zeugnisse einer sehr frühen vorgeschichtlichen Besiedlung des Sartenais (nach E. Arnberger).

Sartène, Karfreitagsprozession des Catenacciu (Gaston Vuilliers, 1890)

Sartène und Umgebung (Abb. 123)

Als die ›korsischste Stadt Korsikas‹ empfand schon Prosper Mérimée die in 305 m Höhe auf einem Felssporn erbaute Bergstadt (kors. Sartè), die amphitheatrisch an den Hängen des Monte Rosso hochsteigt und die Talung des Rizzanèse beherrscht. Die mit 6050 Einwohnern fünftgrößte Stadt Korsikas hat auch heute noch ihren ursprünglichen mittelalterlichen Charakter bewahrt, und das nicht allein wegen der alljährlich stattfindenden Karfreitagsprozession, die die Züge mittelalterlichen Kultes trägt, sondern auch wegen des mittelalterlichen Stadtbildes. Ein Grund dafür mag in der geographischen Lage der Stadt zu suchen sein, abseits der wichtigen diagonalen Verkehrswege zwischen den beiden Departementshauptstädten bzw. zwischen diesen und der Balagne mit L'Ile-Rousse und Calvi. Sartène ist die einzige korsische Unterpräfektur ohne Eisenbahnanschluß. Und während Ajaccio, Bastia und Calvi Hafenstädte sind und Corte zentraler Ort einer Beckenlandschaft – also von ihrer Lage begünstigte Städte –, ist Sartène eine Bergstadt, die von Propriano als Hafenort abhängig ist. Den wirtschaftlich genutzten Talgauen verdankt Sartène dennoch seine Bedeutung, und selbst nach schweren Einbußen an Mensch und Gut durch Seeräubereinfälle in den Jahren 1583 und 1732 konnte sich die Stadt relativ schnell erholen.

Sartène und seine Umgebung war einst die Residenz mächtiger Feudalherren, die sich lange erfolgreich gegen die Besetzung durch Genua wehrten. Auf der Place de la Libération im Zentrum der Stadt begann die Erhebung der Bürger gegen die despotische Willkür einzelner Feudalherren, die sich im 19. Jahrhundert zu einem blutigen Bürgerkrieg ausweitete. Die ewigen Fehden unter den verfeindeten Familien, Blutrache und Banditentum herrschten hier heftiger als im übrigen Korsika, so daß der Stadt bis zum heutigen Tag immer noch der Name ›Hauptstadt der Vendetta‹ anhängt.

Stolz ragen über der Talung die fünf- bis sechsgeschossigen festungsartigen Häuser auf, mit schmucklosen Fassaden aus grauen Granitblöcken und meist geschlossenen Schlagläden. Dennoch wirken sie originell, fast malerisch mit ihren stumpfwinkligen Dächern und den vielen Schornsteinen italienischen Stils, die bald säulenartig mit bizarrem Knauf, bald als Spitzturm, bald in Obeliskenform aufgesetzt sind.

Zwischen der Kirche Sainte-Marie und dem Rathaus, dem alten Palast des genuesischen Gouverneurs, gelangt man durch einen Torbogen in die Altstadt mit ihren schmalen, steilen und verwinkelten Treppen und Gassen, die sich zwischen den kargen Häuserfronten verlieren. Malerisch gewölbte Durchgänge werden nachts von stilvollen Laternen beleuchtet und unterstreichen die romantische Atmosphäre. Aber es gibt auch armselige Hinterhöfe, und der Geruch von Moder und Katzenurin beherrscht die sanierungsbedürftigen Gemäuer. Reste einer Befestigungsmauer, ein kleiner Wachtturm aus dem 12. Jahrhundert (Echauguette) bezeugen die einstige mittelalterliche Burganlage.

Alljährlich zu Karfreitag findet die Prozession des Catenaccio (kors. Catenacciu = der Gekettete, Kettentragende) statt, deren Ursprung mittelalterlich ist. Dann belebt sich der sonst eher stille Ort, der bisher nur vom Durchgangstourismus berührt wird. Das französische Fernsehen erscheint, Menschen aus allen Teilen der Insel reisen an, und auch die Reiseunternehmen bieten den Besuch schon in ihren Osterprogrammen an. Während die einen darin ein folkloristisches Spektakel sehen, ist es für die Beteiligten eine aufrichtige religiöse Handlung mit dem Ausdruck tiefster Frömmigkeit. Die Prozession des Catenacciu wird häufig mit der Prozession der Semana Santa von Sevilla verglichen, doch beide Prozessionen werden aus verschiedenen Hintergründen veranstaltet. Äußerlich wirkt die Prozession von Sartène ursprünglicher und ernster. Die Zeremonie soll den Gegensatz zwischen dem lebenden und dem toten Christus veranschaulichen.

Die Prozession beginnt in der Karfreitagsnacht um 21.30 Uhr vor der Kirche Sainte-Marie und bewegt sich sodann langsam zu den einzelnen Kapellen durch die nächtliche Stadt. Alle elektrischen Straßenlaternen sind ausgeschaltet, nur in die Fenster gestellte Kerzen flackern gespenstisch in der Dunkelheit. Der Prozession voran hinkt ein wahrhaft Büßender, der ›Große Sünder‹, der Catenacciu (›Grand Pénitent‹) im roten Kapuzenmantel, den außer dem Pfarrer niemand kennt. Die Auswahl fiel auf ihn unter einer Anzahl von Bußwilligen, die hier am Karfreitag das Kreuz auf sich nehmen wollen. Eine Identifizierung des Büßers wird durch die vollschließende, nur mit Augenschlitzen versehene Kapuze unmöglich gemacht. Der Catenacciu läuft barfuß und hinkend, weil sein rechter Fuß eine 14 kg schwere klirrende Kette (kors. catena) über das Pflaster schleift, welche der Zeremonie ihren Namen verlieh. Auf seiner Schulter bereitet ihm ein 30 kg schweres Kreuz zusätzliche Qual. Auch der ›Kleine Büßer‹ (›Petit Pénitent‹) im weißen Kapuzenmantel bleibt dem Publikum unbekannt. Er darf dem ›Großen Büßer‹ behilflich sein, wie einst Simon von Kyrene Christus half, doch die große Last muß der ›Große Büßer‹ schon alleine ertragen. Dreimal fällt der Catenacciu zu Boden, genauso wie es Christus auf seinem Leidensweg zur Stätte Golgatha tat. Es folgen zehn Totenbrüder in schwarzem Büßergewand, die einen holzgeschnitzten ›toten Christus‹ in ihrer Mitte tragen. Im Anschluß daran kommen die Geistlichen in ihren schwarzen Talaren, die Honoratioren und zuletzt das Volk. Unablässig hört man das alte korsische Lied ›Perdono mio Dio . . .‹, das eher einem Schreien als einer Melodie ähnelt. Vor den Kapellen Manighella und Saint-Sébastien und unter dem Bogengewölbe des Rathauses erfährt es eine besondere Steigerung. Schließlich findet sich die Prozession wieder auf der Place de la Libération ein, wo der Pfarrer seine Predigt verkündet und den Segen mit dem ›toten Christus‹ der knienden Menge erteilt.

Vor dem großen Holzkreuz und der Kette des Catenacciu, die in der Kirche Sainte-Marie links vom Eingang aufbewahrt werden, überfällt den Betrachter leichtes Schaudern: wir fragen nach dem Motiv der Büßer, die solche großen Strapazen auf sich nehmen. Nur der Pfarrer kennt die ungesühnte Tat; das Motiv kann aber auch ein Dankbarkeitsgelübde sein. In früheren Zeiten handelte es sich meist um reumütige Banditen aus der Vendettaszene.

Routenkarte des Sartenais und des Ornano

Musée de Préhistoire Corse (Abb. 31)
(Öffnungszeiten: 10–12 Uhr und 14–18 Uhr vom 15. Juni bis 14. September; in der übrigen Jahreszeit 10–12 Uhr und 14–16 Uhr, samstags, sonntags und an Festtagen geschlossen)

Das Museum bietet einen ausgezeichneten Überblick über die archäologischen Funde des Sartenais vom 8. Jahrtausend bis zum 6. Jahrhundert vor Chr.

Belvédère de Foce
5 km östlich von Sartène auf der D 65. Man lasse den Wagen im Ort stehen und folge links einem Anstieg durch einen Steineichenwald; nach 50 m herrlicher Ausblick über das Rizzanèse-Tal zum Golf von Valinco.

Mola
8,5 km südöstlich von Sartène auf der D 50. Die serpentinenreiche Straße führt durch die Macchia mit herrlichen Ausblicken auf Sartène und den Golf von Valinco. Man passiert die Bocca di Suara (477 m) und erreicht alsbald das kleine Örtchen Mola, das versteckt zwischen Ölbäumen liegt und vom höchsten Gebirgsmassiv des Südens, der *Montagne de Cagna* (1377 m), überragt wird.

Route der Megalithen –
Dolmen und Steinreihen

Von Sartène auf der N 196 in Richtung Bonifacio; nach 2,5 km rechts Abzweigung nach Tizzano. Die Straße führt hinab ins Tal des Loreto und quert ein Macchiengebiet mit großen Felsblöcken. Nach weiteren 7,4 km links Abzweigung zum

4,5 km entfernten Plateau von Cauria. Die Weiden der Umgebung sind durch Lesesteinmäuerchen abgegrenzt. Einem befahrbaren Sandweg folgt man etwa 1 km und stellt den Wagen am Hinweisschild ›Alignement de Stantari‹ ab. (Vergleiche zu den folgenden Beschreibungen auch S. 65 ff.)

Alignement de Stantari
(kors. = stehende Steine; Abb. 6, 7)
Die beiden Steinreihen, die man in die Zeit zwischen Anfang und Mitte des 2. Jahrtausends v. Chr. datiert, bestehen aus mehr als zwanzig aufrechtstehenden oder umgestürzten Menhiren bzw. Menhirstatuen; ihr Vorderseite ist nach Osten zur aufgehenden Sonne ausgerichtet. Lange Zeit waren die Steine unter einer alten Mauer verborgen, bis sie durch die Ausgrabungen von Roger Grosjean 1964 freigelegt wurden. Einige stellen nach Meinung des Forschers bildliche Darstellungen der torreanischen Krieger dar (s. S. 64). Dafür zeugen die beiden von Grosjean als Cauria II (2,78 m hoch) und Cauria IV (2,91 m hoch) bezeichneten Menhirstatuen, die sich im nördlichen Bereich der Steinreihe befinden. Auf Korsika sind es die einzigen Statuen mit angedeuteten Armen und Händen. Als weitere Attribute kriegerischen Aussehens erkennt man in der Mitte ein Dolchschwert, das in einem über die Schulter verlaufenden Schwertgehänge aufbewahrt wird. Senkrecht an die Spitze des Schwertes schließt sich ein Lendenschurz an, auf der Rückseite des Menhirs ein krummliniges Bekleidungsmotiv. In der vertikalen Eingravierung auf dem Rücken könnte man entweder die Wir-

belsäule oder aber Gurte des Schwertge-
hänges vermuten. Interessant sind auch
die beiden Löcher (Durchmesser 7 cm,
Tiefe 3 cm) an den Seiten des Kopfes oberhalb der Stirn. Nach Grosjeans Meinung
(La Corse avant l'Histoire, S. 69) dienten
sie wahrscheinlich zur Befestigung von
Hörnern (s. Relief Medinet Habu S. 65).
Rote Farbspuren, die man an Cauria II
und IV entdeckte, könnten neben anderen Hinweisen darauf hindeuten, daß die
Menhirstatuen wahrscheinlich mit ro-
tem Ocker bemalt waren.

Alignement de Renaggiu

(Renaggio, Rinaiu; Abb. 5) Ein Fußweg
führt von Stantari 400 m in südlicher
Richtung (Hinweisschild). 46 Menhire
sind wieder aufgerichtet worden oder liegen umgestürzt in einem kleinen Stein-
eichengehölz am Fuße der Felsen von
Cauria (Halbkreis und zwei Reihen in
Nord-Süd-Richtung). Die meisten Menhire sind weniger als 1 m hoch. Sie waren
einst von dichter Macchia überwuchert.

Dolmen von Fontanaccia (Abb. 2)

(Ein Fußweg beginnt bei Stantari mit
Hinweisschild; unter einem Baum sind
Holzstufen zum Überqueren der Lese-
steinmauer angebracht.) Der Dolmen ist
der schönste, größte und besterhaltene
Korsikas und erhebt sich im Norden der
Punta Cauria (276 m); er ist vom ganzen
Plateau aus sichtbar. Prosper Mérimée
entdeckte ihn im Jahre 1840. Die Korsen
nennen ihn auch ›Stazzona del Diavolo‹
(= Teufelsschmiede). Das Grab besteht
aus sechs vertikalen Steinplatten aus Gra-
nit und einer über drei Tonnen schweren
Deckplatte (3,4 m lang, 2,9 m breit). Die

Grabkammer ist 2,6 m lang, 1,6 m breit
und 1,8 m hoch. Leider fand man keine
Grabbeigaben, weil Schatzsucher den
Dolmen geplündert hatten. A. Graf v.
Keyserlingk hat die Lage und Ausrichtung des Dolmens untersucht. Er steht
zwischen Drehfelsen und Cicali (vgl. S.
66), mit freier Aussicht nach allen Seiten,
so daß er für die Beobachtung von Sonne,
Mond und Sternen ausgezeichnet diente.
Die Ausrichtung der Anlage orientiert
sich am Sonnenstand: während der Wintersonnenwende scheint die aufgehende
Sonne direkt in den Dolmen hinein und
erleuchtet die hintere Wand. v. Keyserlingk sieht in dem Dolmen einen Schu-
lungsraum, in dem »ein Schüler an der
Rückwand des Dolmens sitzend vor der
Urne eines großen Lehrers meditierte«.
Wenn er dann zur Wintersonnenwende
die aufgehende Sonne erblickte, »fühlte er
sich wie neu geboren aus dem todähnli-
chen Wintererlebnis. Die Zeit der Dunkelheit ging zu Ende, das geteilte Jahr wurde
neu erhellt und belebt von dem großen Er-
leuchter und Lebensspender aus dem Kos-
mos, dem Gott, dem er diente.«[40]

Alignements de Palaggiu (Paddadiu)

[Pagliaiu]; (Abb. 4) Die Steinreihen liegen
nahe der D 48 von Sartène nach Tizzano
(Hinweisschild). Rechts von der Straße,
2,2 km nach der Abzweigung zum Plateau
von Cauria, führt eine Erdpiste (zunächst
900 m, dann links ab) zu den Alignements, die von den Einheimischen auch
als ›Campu dei Morti‹ (Friedhof) bezeichnet werden. Hier finden wir die größte
Ansammlung von Menhiren auf Korsika
und im Mittelmeerraum. 258 Monolithen wurden zwischen 1964 und 1968

durch Roger Grosjean ausgegraben. Es sind 76 frühanthropomorphe Menhire (1900–1400 v. Chr.), sechs anthropomorphe Menhire der bronzezeitlichen Torreanerzeit und drei Stelen (1600–1000 v.Chr.). Der Rest ist nicht zu bestimmen.

Die Alignements bestehen aus sieben Gruppen, deren Achsen bis auf eine Ausnahme wie üblich in Nord-Süd-Richtung verlaufen, mit der Vorderseite nach Osten ausgerichtet, der aufgehenden Sonne zu, was möglicherweise die Hoffnung auf eine Wiedergeburt der Toten ausdrückt (S. v. Reden). Nur die westliche, viel kleinere Steinreihe ist rechtwinklig dazu in West-Ost-Richtung angeordnet, was R. Grosjean dadurch erklärt, daß diese Gruppe unvollkommen bearbeiteter Menhire vermutlich als Vorratslager oder aber als Lager für ausgemusterte Steine gedient habe. Andererseits ist nur von dieser Stelle aus im Osten die Montagne de Cagna mit dem Omu di Cagna zu sehen (v. Keyserlingk). Am Rande der Fundstätte liegen fünf Steinkistengräber (coffres), z. T. mit Gravierungen, von denen vier geplündert und zerstört wurden. Das fünfte liegt einige Meter von der nördlichen Gruppe der Alignements entfernt in einem Felsenchaos. Die drei Stelen sind mit den Menhirstatuen Filitosa V und Cauria IV die einzigen der Insel, auf denen zwei Waffen, Schwert und Dolch, dargestellt sind; allerdings finden wir hier nur gravierte Details und keine skulptierten Darstellungen, weshalb Grosjean sie im Unterschied zu den ›statues-menhirs‹ als ›statues-stèles‹ bezeichnet.

Grosjean ordnet die drei gravierten Stelen trotz ihrer primitiveren Darstellungsart in die Endphase der Megalithkultur

ein, weil er vermutet, daß die megalithischen Künstler wegen des zu Ende gehenden Krieges gegen die eindringenden Torreaner (vgl. S. 63) nicht mehr so sehr wie ihre Vorfahren das Bedürfnis verspürten, ein genaues Abbild des Gegners darzustellen. Hochinteressant ist auch Grosjeans Feststellung, daß die auf den Stelen eingravierten Waffen keinesfalls mit denen übereinstimmen, die in dem einzigen noch weitgehend erhaltenen Steinkistengrab der Megalithiker gefunden wurden. In dieser Tatsache sieht Grosjean den Beweis für seine Hypothese, daß die Megalithiker in ihren Menhirstatuen bzw. Stelen Abbilder der Feinde herstellten und daß die Wut der Torreaner über diese Darstellungen schließlich zur Zerstörung der Bildnisse an diesem wie an anderen Orten führte. (Darstellung, insbesondere der Theorien von R. Grosjean nach L. Komma.)[41]

Alignement d'Apazzu

Auf der rechten Flußseite der Avena, nahe der Straße nach Tizzano, etwa 1 km südwestlich von Palaggiu, liegt die Steinreihe von Apazzu mit etwa 20 Menhiren, die teilweise wieder aufgestellt wurden (1974 Ausgrabungen von Roger Grosjean). Besonders auffällig sind zwei Menhirstatuen, eine größere mit Langschwert, daneben eine kleinere mit seitlich geneigtem Kopf und Kurzschwert.

Torreanische Festung
Site de Castiddacciu

(Zufahrt: Auf der D 48 12,6 km in Richtung Tizzano. Kurz vor dem Ort biegt man links zum Campingplatz L'Avena ab, 1 km. Den Campingplatz rechts liegen lassend, fährt man links knapp 1 km bis zur Paßhöhe – 1983 schlechte Wegstrecke. Hier parkt man und geht an der Weggabelung links 3 Min. bergan, biegt in einer Linkskurve rechts ab und folgt dem Weg 4 Min. nach oben. Kurz vor dem Wasserreservoir führt links ein Saumpfad durch die Macchia in 3 Min. zur Fundstätte. Die Festung beherrscht weithin sichtbar die Umgebung.)

Die megalithische Anlage mit Tafonifelsen wurde 1977 von P. Nebbia und J. C. Ottaviani ausgegraben; sie stammt aus der Bronzezeit (1000 v. Chr.). Die Felsburg ist von Zyklopenmauerwerk umgeben, der Eingang ist befestigt und wird von einer Steinplatte überdacht. Hinter dem Eingang befindet sich links eine ummauerte Plattform mit rechteckiger Feuerstelle. Rechts steigt man zu einer großen natürlichen Plattform (ca. 8 mal 10 m) hoch. Weite Aussicht auf die Meeresbuchten, den Löwen von Roccapina und den Omu di Cagna. Funde, Grundrißzeichnungen und Erläuterungen findet man im Museum von Sartène (Abb. 31 i).

Tizzano
Der kleine Ort liegt an einer schönen Badebucht; am Ende steht die Ruine eines alten Wachtturmes (Wassersport und Unterwasserjagd).

Löwe von Roccapina
(Rocher du Lion) Vom Col de Coralli (107 m), Straße Sartène – Bonifacio N 196, schöner Ausblick auf den Golf von Roccapina mit dem alten Genuesenturm und dem löwenähnlichen Felsgebilde aus rosafarbenem Granit (Fußweg 2,5 km).

Torreanische Festungen und romanische Kirchen

Alo-Bisucce, torreanische Festung
(Von Sartène auf der N 196 2,5 km in Richtung Bonifacio, rechts abbiegen in Richtung Tizzano, 1,2 km weiter rechts abbiegen und genau 5 km auf der D 21 in Richtung Grossa. Von einer Schäferei, rechts der Straße, führt ein von Macchia überwucherter Weg zur Ausgrabungsstätte hinauf.)

Der Komplex wurde 1963 entdeckt und 1964–65 unter Leitung von Roger Grosjean ausgegraben. Der Kern des gesamten Monuments im Südwesten ist,

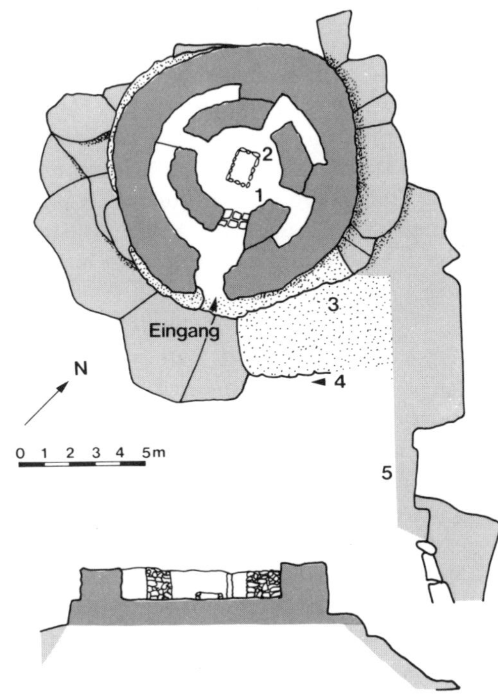

Alo-Bisucce, Grundriß und Aufriß des torreanischen Kultmonuments
1 Cella   2 Feuerstätte   3 Unterbau   4 Randsteine
5 Hauptbefestigungsmauer

was seine Architektur anbelangt, prätorreanisch und scheint nicht Kultzwecken gedient zu haben – denn man fand eine häusliche Feuerstätte und Mühlsteine. Später wurde das Monument von den Torreanern weiterbewirtschaftet. Auffallend ist das Kultmonument aus der torreanischen Epoche. Sein Durchmesser beträgt 8 m. Im Eintrittsgang ermöglicht eine Rampe den Zugang zu einem höheren Rundgang. Im Zentrum der runden Cella mit 3,4 m Durchmesser ist eine Fläche mit gebrannten Tonplatten bedeckt und durch schmale hochgestellte Steine begrenzt (1,2 m mal 0,75 m); diese Fläche hatte vermutlich eine rituelle Funktion. An die Cella schließen drei schmale Gänge an, die dann nach rechts abknicken, so daß man an das Dekormotiv des Hakenkreuzes erinnert wird. Die Gewölbe sind heute zerstört. Das typische torreanische Inventar erinnert an andere Ausgrabungsstätten dieser Epoche und weist auf die 2. Hälfte des 2. Jahrtausends v. Chr. hin.

Grossa, San Giovanni Battista (Abb. 59) Die Kirche liegt 1,6 km östlich von Grossa, etwa 300 m rechts von der D 21 (Richtung Sartène), einsam in einem Tal.

Türken verwüsteten einst dieses Gebiet und die Kirche, und die Malaria trug zur weiteren Entvölkerung mit bei. Zur Römerzeit befand sich hier eine kleine Siedlung, an deren Stelle zu Beginn des 12. Jahrhunderts die Kirche erbaut wurde. Sie wurde etwa zwei Jahrhunderte als Kultstätte genutzt und diente vermutlich seit dem 19. Jahrhundert als Bauernhof. Das Gebäude ist relativ gut erhalten und könnte leicht restauriert werden (s. S. 75).

Die Westfassade ist in ihrer Proportion und Gliederung ausgewogen. Oberhalb des Türbogens sind ein Kreis und zwei Rauten mit der Spitze nach unten ins Mauerwerk eingelassen, Ornamente, die durch ihre unterschiedlichen Vertiefungen die Licht- und Schattenwirkungen verstärken. Zwischen den neun Arkaden des Giebelfeldes und unter dem Bogen des Haupteingangs befinden sich kreisförmige Hohlräume, in denen ursprünglich Keramikschalen eingesetzt waren, die heute aber fehlen. Das ehemals durchbrochene griechische Kreuz im Giebelfeld ist heute zugemauert. Apsis und Seitenfassaden zeigen ein Kranzgesims.

Die Zierarkaden des Tympanon sind ähnlich jenen zwischen 1115 und 1120 im pisanischen Stil errichteten Kirchen Sardiniens (Kirche von Semestene und San Michele di Plaisano in Sassari). G. Moracchini-Mazel vermutet deshalb, daß die Kirche von Grossa ebenfalls im 1. Viertel des 12. Jh. erbaut wurde.

Portiglioni, Belvédère und **Campomoro** sind schön gelegene Fischer- bzw. Bergdörfer mit lohnender Aussicht auf den Golf von Valinco. An der Pointe de Campomoro steht ein genuesischer Wachtturm (½ Std. Fußweg von Campomoro aus).

Propriano
Ehemals ein Fischerdorf, entwickelt sich der architektonisch wenig reizvolle Ort aus dem 19. Jahrhundert heute zunehmend zu einem modernen Seebad mit Yachthafen, komfortablen Hotels und

zahlreichen Sport- und Ausflugsmöglichkeiten (Fährverbindungen im Sommer
nach Marseille, Toulon und Nizza, Flug-
platz).

Olmeto

In dem sehr schön am Hang zwischen
Olivenbäumen gelegenen Ort lebt die Erinnerung an die Heldin Colomba Carabelli der Erzählung ›Colomba‹ von Prosper Mérimée. Auf einer Anhöhe stehen
die Ruinen des *Castello della Rocca*. Hier
residierte der Graf Arrigo della Rocca,
verjagte mit spanischer Unterstützung
1376 die Genuesen von der Insel (bis auf
deren Festungen Bonifacio und Calvi)
und regierte Korsika vier Jahre lang mit
großer Weisheit.

Die 1973 von Jägern entdeckte *Menhirstatue ›Santa-Naria‹* ist die größte bisher
gefundene Statue auf Korsika (3,75 m
lang). Sie lag mit dem Gesicht zur Erde
und wurde später zur Seite gedreht, und
so liegt sie auch heute noch dort. Charakteristische Merkmale sind der runde geöffnete Mund, der hohe, deutlich ausgeprägte Brustabschluß und das schräge
Schwert. Nach der Waffendarstellung
wird die Menhirstatue von Grosjean um
1350 v. Chr. datiert.
(Zufahrt: Von Olmeto 3,5 km auf der N 196 in
Richtung Propriano. 700 m nach der Abzweigung der D 157 nach Porto-Pollo – etwa 100 m
unterhalb eines großen Wasserreservoirs –
biegt in einer Rechtskurve links ein schmaler
Fahrweg von der N 196 zum Weiler Cannes
ab. Diesem folgt man 600 m. Rechts hinter
einem Zaun aus Flechtwerk – Anhaltspunkt
ist der Briefkasten von J. Peretti – liegt die
Menhirstatue; Zugang über das Privatgrundstück von M. Leonetti).

Menhire U Frate e a Suora

Dort, wo die Straße von Sartène (N 196)
in Richtung Propriano an den Fluß Rizzanèse gelangt, stehen auf einer Wiese die
beiden Menhire ›Mönch und Nonne‹
(Hinweisschild). Sie sind 2,6 m und 1,25 m
hoch. Mancherlei Legenden sind mit
den korsischen Menhiren verbunden.
Stets sind Vorstellungen eines menschlichen Wesens mit den Steinmalen verknüpft. Hier sollen die beiden dicht nebeneinander aufgestellten Monolithe einmal ein Liebespaar gewesen sein, das aus
dem Kloster in Sartène geflohen war und
bei der ersten Rast zur Strafe für seinen
Frevel zu Stein wurde.

Spin' A Cavallu (= Pferderücken)

Die einbogige genuesische Brücke aus
dem 13. Jahrhundert liegt links der D 268,
etwa 4 km von der Einmündung der Straße in die N 196 (Propriano – Sartène) entfernt.

Fozzano

Kleines Dorf mit alten festungsartigen
Turmhäusern, ehemals berühmt-berüch-
tigt durch die Blutrache und Heimat der
Colomba Carabelli.

Santa Maria-Figaniella [Santa Maria Figaniedda] (Abb. 75)

Die einschiffige romanische Kirche Santa
Maria Assunta aus der Mitte des 12. Jahrhunderts liegt mitten im Dorf und ist ein
Beispiel für das Verschlossensein gegenüber eindringenden Neuerungen; sie ist
eine Nachahmung älterer Sakralbauten
auf Korsika (Carbini). Während man im
Nebbio und in der Balagne nach Perfek-
tion und Neuerungen suchte (z. B. Poly-

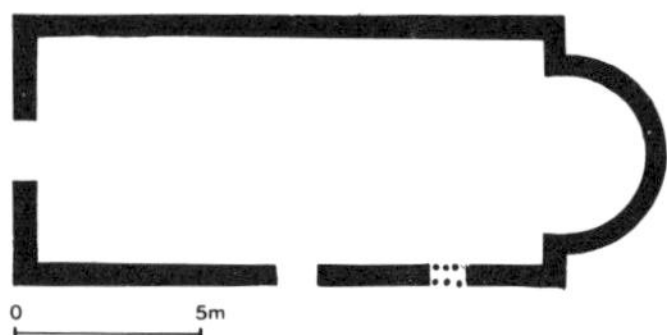

Santa Maria-Figaniella, Kirche Santa Maria Assunta, Grundriß

chromie des Mauerwerks, Proportionen u. a.), verharrten die Kirchen des Südens in der Monochromie und in erprobten Mustern. Die *Westfassade* besitzt einen Eingang mit monolithischem Türsturz und Halbkreisbogen, der von einem zweiten Bogen aus langen schmalen Keilsteinen verstärkt wird. Das Türbogenfeld wurde später als Fenster durchbrochen. Ein Gesimsband verläuft rings um die Kirche unterhalb des Daches, darunter ein Zahnmotiv und eine Arkadenreihe auf Kragsteinen, die unterschiedlichen Skulpturenschmuck zeigen: menschliche Masken, zusammengerollte Schlangen, Widderköpfe und geometrische Motive. Im Giebelfeld, rechts und links eines halbkreisförmigen Mittelbogens, je drei kleine, leicht zugespitzte Bögen. Die *Apsis* wird zum Teil von einem im 18. Jahrhundert errichteten Glockenturm verdeckt; hier findet man noch den ursprünglichen Dachbelag.

Source de Caldane

Die schwefel- und kohlensäurehaltige Quelle (Badebecken im Freien, gegen Rheuma und Hautkrankheiten; 38 °C) erreicht man über die D 148. Nach Überqueren des Flusses Fiumicicoli links weiterfahren bis zu einer Bar ›U vecchiu Mulinu‹.

Poggio-di-Tallano

Die romanische Kirche **San Giovanni Battista** liegt versteckt inmitten dichter Vegetation und ist auf einem alten Maultierpfad nach 30 Min. Fußweg zu erreichen (den genauen Weg erfrage man im Dorf). Die Kirche dürfte zwischen 1125 und 1140 erbaut sein. Ein Vergleich mit der Kirche von Carbini ist naheliegend, besonders bei der Westfassade mit weitgehend gleichem Aufbau des Giebelfeldes: sieben Arkaden unter den Dachschenkeln, aber zehn statt neun unter dem darunter liegenden Gesimsband. Auffallend hoch ist der Eingang mit dem monolithischen Türsturz und dem darüberliegenden Halbkreisbogen. In den Giebelfeldern und an den Fassaden kommen bekannte Motive vor: Köpfe von Kälbern, menschliche Masken, knospentragendes Blattwerk, Tierköpfe. An der Südostecke ein interessantes Gesims: Skulpturen fünf kleiner Köpfe in Hochrelief.

Sainte-Lucie-de-Tallano

[Santa-Lucia-di-Tallà] (Abb. 84, 85)
Hoch über den sich im Gebiet der Flußoberläufe von Rizzanèse und Fiumicicoli zum Teil schluchtartig verengenden Talgründen liegen in 500 bis 900 m Höhe einige wohlhabende Siedlungen, darunter auch dieser Kantonsort mit 1200 Einwohnern, inmitten einer Landschaft mit Obstbäumen, Ölbäumen und Weingärten.

Eine geologische Rarität ist der *Kugeldiorit* (›Diorite orbiculaire‹) mit konzentrisch gebauten Kugeln in der Grundmasse, die durch Teilaufschmelzen und Wiederauskristallisieren anderer Gesteinsteile entstanden sind. Er kommt außer

Kugeldiorit von Sainte-Lucie-de-Tallano

auf Korsika (Steinbruch südlich von Sainte-Lucie, Zugang verboten) nur noch in Finnland vor und wird in der Andenkenindustrie verarbeitet.

Oberhalb des Ortes liegt das **Franziskanerkloster** (Saint-François), das 1492 von einem der bedeutendsten korsischen Feudalherren des 15. Jahrhunderts, Graf Rinuccio della Rocca, gegründet wurde. In der Kirche waren einst die zwei sehr schönen vom Gründer gestifteten *Altar-Tafelbilder* (Abb. 84, 85) aufgestellt, die heute im Rathaus (l'hôtel de ville) des Ortes zu besichtigen sind. Ein weiteres Tafelbild mit der Krönung der Jungfrau wurde 1928 gestohlen. Die Bilder aus dem 16. Jahrhundert (1956 restauriert) zeigen die Kreuzigung und die Jungfrau mit dem Kind, die dem wenig bekannten Meister von Castelsardo bzw. seiner Schule zugeschrieben werden. Dieser Maler arbeitete zwar in Sardinien, stammt wahrscheinlich aber aus Katalonien oder Valencia. Spanische Einflüsse entdeckt man auf beiden Gemälden: nachdenkliche Gesichter, zierliche Nasen, starke Augenlider, anatomische Details wie die Stilisierung der Rippen und der Knie, prächtige Gewän-

der; die Landschaft, die Architektur und realistische Details bezeugen eher flämischen Einfluß. Sind die Tafelbilder zwar noch im Geiste des Mittelalters entstanden und mystisch, so kündigt das Vorhandensein der menschlichen Details schon die Renaissance an.

In der **Pfarrkirche** des Ortes befindet sich an einem Pfeiler zur Linken ein Flachrelief aus weißem Marmor, das von Rinuccio della Rocca 1498 gestiftet wurde. Die dargestellte graziöse Jungfrau mit dem Kind auf ihrem Schoß erinnert an florentinische Skulpturen des 15. Jahrhunderts. Hinter der Kirche steht ein befestigtes Haus mit Pecherkern und Schießscharten, in dem sich früher die Bewohner des Ortes bei Gefahr verschanzten.

Castellu di Cucuruzzu (Abb. 28–30)
(Zufahrt auf der D 268, 5 km nach Sainte-Lucie-de-Tallano; 3,5 km vor Levie, Abzweigung links. Die Straße endet nach 3,5 km (Auto parken). Links ein Fußweg von 15 Min. zum Castellu di Cucuruzzu, geradeaus Fußweg von 10 Min. zum Castellu di Capula; Besichtigung von 9–12 Uhr und 14–18 Uhr.)

Diese erst 1959 bei Luftaufnahmen entdeckte torreanische Festung liegt auf einem etwa 900 m hohen Granitplateau ›Pianu di Levie‹ in einsamer Landschaft am Rande eines Waldes, von wo man den gesamten Bergkessel des Rizzanèse überblicken kann. Wir haben hier eine Festung und Siedlung von Volksstämmen der Bronze- und Eisenzeit vor uns, die in Cucuruzzu zwischen dem 9. und 4. Jahrhundert v. Chr. gelebt haben. Datierungen mit Hilfe der Radiokarbonmethode haben folgende Werte gebracht: Sektor A

– 660 ± 150 v. Chr.; Sektor B – 880 ± 150 v. Chr.; Sektor C – 825 ± 150 v. Chr.

Die Menschen lebten von Viehzucht (Schaf, Ziege, Schwein, Rind) und jagten Hirsche und Wildschweine, was Knochenfunde unter dem Felsvorsprung (Abri) im nördlichen Teil beweisen. Sie kannten aber auch schon Getreideanbau, wofür die gefundenen Mahlsteine zeugen. Leider fand man nur wenig Inventar bei den Ausgrabungen 1963–64, da die Anlage offensichtlich schon vorher geplündert worden war.

Der gesamte Komplex gliedert sich deutlich in drei Bereiche: die **Festung** mit hoher zyklopischer Mauer ist nach Westen orientiert, das **Kultmonument** liegt im Osten, unterhalb davon das torreanische **Dorf.** Die Festung nimmt eine Fläche von etwa 30 mal 40 m ein und besteht aus Felsblöcken von einer halben bis einer Tonne Gewicht; die Durchschnittshöhe beträgt 5 m, die Mauerstärke 2 bis 5 m.

Die militärische Kontrolle des torreanischen Bauwerks von innen zeugt von einer geistreichen und wirksamen Konzeption mit Hilfe von Kasematten, unterirdischen Bereichen, Wehrgängen, schießschartenartigen Öffnungen, Überwachungsposten und Arsenalen für die Schleudersteine.

Rundgang

1   Im Westen befindet sich der einzige Zugang zwischen den Hälften eines geborstenen riesigen Granitblocks; hier wurde eine Steintreppe eingebaut (Abb. 28).

2   Den Laufsteg aus Holz versuchte man möglichst genau zu rekonstruieren; er gehört zu einem Teil von Aufbauten, die eine

viereckige Kammer Bb bedeckten. Von dort war eine gute Überwachung des Eingangs möglich.

3   Im Westen befinden sich zwei Logen Bb und Ba in der Befestigungsmauer. Die Funktion ihrer Öffnungen b 1–b 4 ist noch unklar (Lichteinfall? Rauchabzug?). Aufgrund der Funde von Tonklumpen vermutet man auch Orte für die Herstellung von Töpferwaren oder aber eine Räumlichkeit, wo Korn zu Mehl verarbeitet wurde, was gefundene Mahlsteine und andere Zerkleinerungswerkzeuge vermuten lassen.

4   Großer Felsentisch mit runder Vertiefung in der Mitte, die beim Kornmahlen benutzt wurde. Jenseits die Loge A; die Festungsmauer erweitert sich hier und bildet zusammen mit dem Felsen eine runde Loge ohne Öffnung.

5   Das höher gelegene Kultmonument diente wahrscheinlich dem Totenkult. Sein Eingang mit Blick nach Osten liegt etwa 10 m über dem Niveau des torreanischen Dorfes. Im Gang rechts eine Nische N, links ein Nebengang D1 (Abb. 29). Im Gangabschnitt 2 und 3 ist die Überdachung spitzbogig angelegt. Der Gang führt zu einer runden Cella von 3 bis 4 m Durchmesser, die sich an die Naturfelsen anschließt. Ihr Gewölbe von 3 m Höhe ist in Form eines falschen Gewölbes (Bienenkorbkuppel) ausgeführt, wie man es überall im Mittelmeerraum antrifft. Auf Korsika ist dies das einzige intakte torreanische Gewölbe (Abb. 30).

6   Ein riesiger Felsblock wurde auf eine halbrunde, mit Platten bedeckte Konstruktion gelegt. Unter diesem Abri fand man viel Keramik: Schalen, Krüge, Schüsseln u. a.

7   Sektor der Kasematten. Hier wurden aufgeschichtete Steine in die Befestigungsmauer eingefügt. Im Bereich der drei überdeckten Gänge C 1–C 3 ist das Mauerwerk sehr sorgfältig ausgeführt.

296

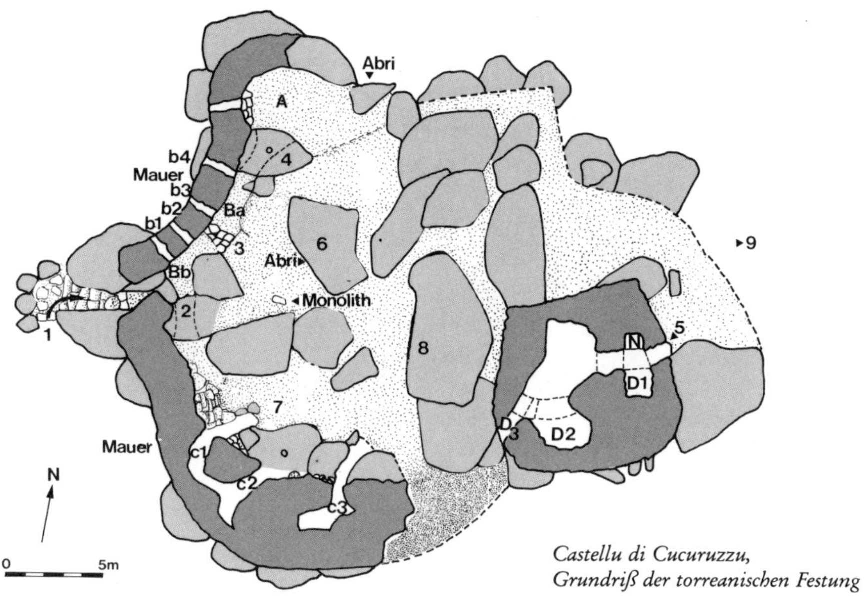

*Castellu di Cucuruzzu,
Grundriß der torreanischen Festung*

8 Von der höher gelegenen Plattform ist ein Überblick über die Gesamtanlage möglich. Den östlichen Horizont nehmen die Felsnadeln der Bavella-Gruppe ein.

9 Das befestigte torreanische Dorf zeigt Grundrisse von Hütten.

Castellu di Capula

Torreanische Stätte, die bis ins Mittelalter besiedelt war.

Leiter der noch nicht abgeschlossenen Ausgrabungen ist François de Lanfranchi, Direktor des ›Institut Corse d'Etudes Préhistoriques‹. (Wegbeschreibung s. Castellu di Cucuruzzu)

1 Kapelle Saint-Laurent, 1917 aus den Steinen der mittelalterlichen Kapelle erbaut, von der nur noch Grundmauern existieren.

2 Ruine der mittelalterlichen Kapelle aus dem 13. Jahrhundert, die außerhalb der Befestigungsmauer von Capula liegt.

3 Eingang zur Festung. Der Weg ist von Felsblöcken gesäumt, einige von ihnen mit Tafonibildungen (s. S. 20). Die Anlage ist eine der seltenen Befestigungen des Mittelalters, die Reitern den Zugang erlaubte.

4 Basis der Festungsmauer. Zwei Abschnitte in der Mauer zeigen horizontale Gesteinslagen aus kleinen viereckigen Steinen, die eine Art Brüstung darstellen. Diese Steine wurden mit Kalkmörtel an die Naturfelsblöcke angemauert. Der höhere Teil der zwei Mauern, aus größeren Steinen erbaut, bildet eine Art Stützmauer der Eingangsrampe zur mittelalterlichen Terrasse.

5 Menhirstatue. Sie besteht aus zwei Fragmenten und zeigt die Bewaffnung mit einem Langschwert (94 cm).

6 Kleine Terrasse.

297

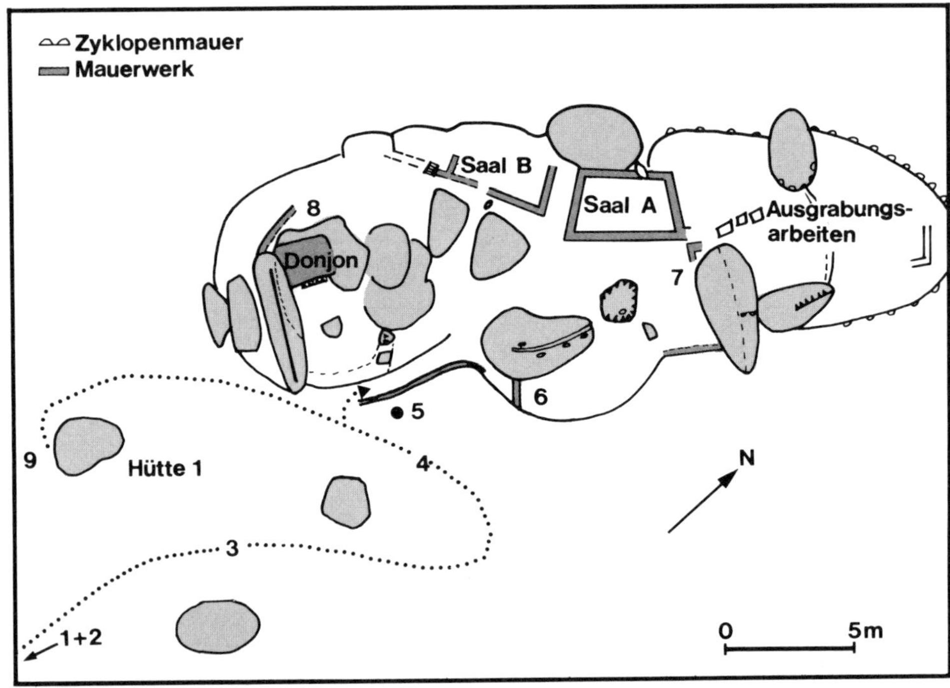

Plan der torreanischen Fundstätte Capula

7   Zentrum von Castellu di Capula. Saal A: viereckiger Grundriß. Die Mauern wurden mit Kalkmörtel zusammengefügt. Saal B: Konstruktion wie Saal A. Die Ecken werden aus behauenen Blöcken gebildet, sonst Trockenmauerwerk.

8   Höher gelegenes Monument (Donjon). Bis heute ist die Funktion unbekannt (Turm? Zisterne? Grab?).

9   Abri 1. Benutzung vom Ende des Neolithikums bis zum Mittelalter. Elemente einer mittelalterlichen Konstruktion sind noch sichtbar. Im Süden ein Eingang mit einer Schwelle, mit Platten belegt. Im Osten grenzt eine Mauer mit zweifacher Verblendung an einen Herd aus Platten, an den eine Fläche aus gebranntem Ton angrenzt. Man fand hier eigenständige, aber auch importierte Keramik. Besonders beachtenswert ein kleiner pisanischer Krug aus dem 14. Jahrhundert (heute im Museum Levie, Abb. 32h). Nahe der Schwelle fand man zahlreiche Nägel, die auf eine Holztür schließen lassen, die das Haus verschloß.

Wegen Ausgrabungen ist dem Publikum die Anlage nicht mehr zur Besichtigung freigegeben.

Steinkistengrab von Caleca
(Lage: Etwa 1,5 km vor dem Parkplatz von Cucuruzzu, südlich der Straße. Ein Grenzstein auf der Böschung zeigt den Anfang eines Weges zum Grab an; der Öffentlichkeit nicht zugänglich, da Privatgrundstück.)
Das Steinkistengrab (coffre) mißt 3,2 m mal 1,7 m. Steinkistengräber (und Dol-

men) waren im 3. Jahrtausend v. Chr. kollektive Bestattungsplätze. Dieses Steinkistengrab von Caleca unterscheidet sich jedoch von den anderen Steinkistengräbern der Jungsteinzeit im Süden Korsikas. Man fand weder Pfeilspitzen noch Obsidian, und die Architektur des Grabes war für das 3. Jahrtausend v. Chr. völlig ungewöhnlich. Außerdem fand man Teile von Bronzeschmuck im Grab, ähnlich jenem, der für Gräber der Eisenzeit üblich war, so daß man glauben könnte, die Begräbnisstätte sei in gleicher Form wie die anderen, aber erst zu Anfang des 1. Jahrtausends v. Chr. benutzt worden.

Levie [Livia] (Abb. 32, 81)

Der Ort mit seinen Häusern aus Granit liegt auf einem 800 bis 900 m hohen Granitplateau, das von den Tälern des Rizzanèse und Fiumicicoli begrenzt wird. Spuren der Besiedlung reichen in die Jungsteinzeit und Bronzezeit zurück.

Musée Archéologique im Rathaus des Ortes, 1963 von F. de Lanfranchi gegründet und didaktisch gut aufgebaut. Man erhält Informationen über die präneolithische und neolithische Zivilisation bis zur Besiedlung im Mittelalter, mit archäologischen Dokumenten, die fast ausschließlich von den Fundstätten des ›Pianu di Levie‹ stammen. (Öffnungszeiten: 10–12 Uhr und 15–19 Uhr; außerhalb der Saison von 10–12 Uhr und 14–16 Uhr; sonntags geschlossen.)

Berühmt ist ein *Kruzifix* aus Elfenbein (Abb 81; aufbewahrt im Pfarrhaus gegenüber der Kirche; man wende sich an den Pfarrer), ein Geschenk des Papstes Sixtus V. (1585–90), dessen Vorfahren aus Levie stammen sollen. Es scheint aber älter zu sein, möglicherweise eine Arbeit aus der Schule des florentinischen Bildhauers Donatello (15. Jh.). Beachtenswert sind die exakten Proportionen und die hervorragende Anatomie, der Realismus in den Details, die den Schmerz Jesu zeigen, z. B. die Mundwinkel, der gespreizte große Zeh u. a.

Carbini (s. S. 300/301; Abb. 60)

Die romanische Kirche **San Giovanni Battista** (12. Jh.) war einst Versammlungsort der ›Giovannali‹; das waren jene Korsen, die sich im 14. Jahrhundert unter Führung von Sambucuccio d'Alando gegen den korsischen Adel erhoben, die daraufhin als Ketzer verfolgt und getötet wurden. Von den beiden ursprünglichen Kirchen, San Quilico und San Giovanni Battista, ist nur noch die letztere erhalten; eine vermutete Taufkapelle ist ebenfalls verschwunden. Beschreibung des abseits stehenden Glockenturmes s. S. 75 f.

Die Kirche ist einschiffig und schließt im Osten mit einer halbkreisförmigen Apsis mit Halbkuppel ab. Der Dachstuhl wurde stilwidrig renoviert: statt graufarbener Granitschindeln verwendete man rote Ziegel. Die Dekoration der sorgfältig gefügten Mauern beschränkt sich im wesentlichen auf die Kranzgesimse der Außenwände. Zierarkaden schmücken das Giebelfeld der Westfassade wie auch des Chorhauptes. Die Arkaden der Seitenmauern gleichen denen der Fassade. Unter manchen Bögen befinden sich Motive von Tieren, Vierfüßlern und Greifen. Die polychromen Keramikschalen an den Wänden sind verschwunden.

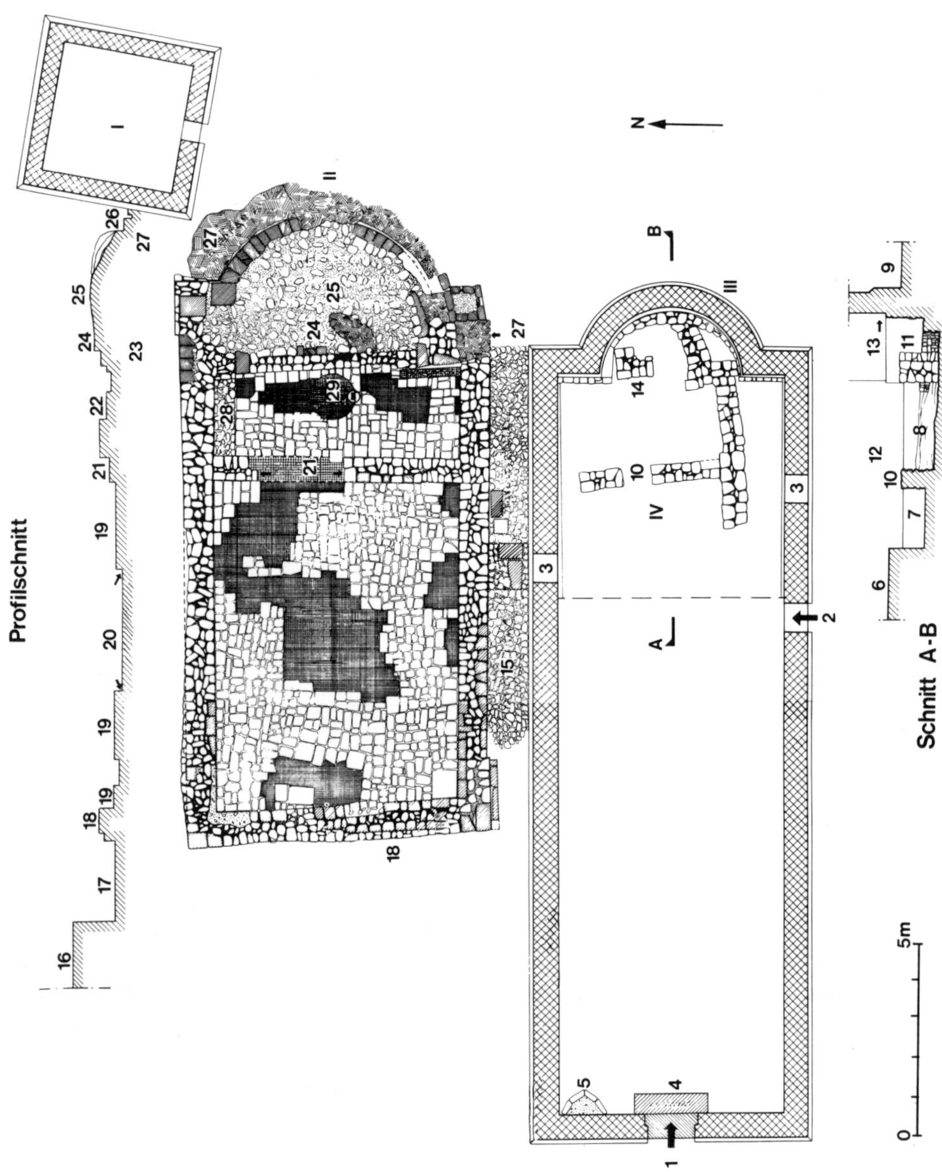
Profilschnitt
Schnitt A-B
N
I
II
III
IV
A
B
5m

Quenza (Abb. 82)

Die Ortschaft liegt auf einem Plateau in der Umgebung von Kastanienbäumen und Steineichen, im Hintergrund die Felsnadeln der Bavella-Gruppe (s. S. 240f.). In der Kirche **Sainte-Marie** steht eine polychrome Holzfigur der Jungfrau mit dem Kind (15. Jh.), die sehr archaisch wirkt. Die Holzkanzel, von Drachen getragen und mit einer maurischen Maske geschmückt, ähnelt jener von Aullène (s. u.). Schönes Chorgestühl aus Holz mit volkstümlicher Kunst; amüsante Skulpturen in den Winkeln der beiden letzten Träger neben dem Chor.

Aullène [Auddè]

In der Pfarrkirche eine kurios geschnitzte Kanzel aus Kastanienholz (17. Jh.); drachenartige Tiere als Tragpfeiler ruhen auf einem Kopf aus schwarzem Holz, dem Maurenkopf. Zweifellos hat sich der Künstler dabei von den Einfällen der Sarazenen inspiriert gefühlt (s. a. Quenza).

Carbini, Kirchen San Giovanni Battista und San Quilico. Stand der Ausgrabungen von Geneviève Morrachini-Mazel, 1959, aufgezeichnet durch P. Pironin
I Heutiger restaurierter Glockenturm   II Freigelegtes Gebäude der Kirche San Quilico   III Heutige Kirche San Giovanni   IV Ausgegrabener Teil der ursprünglichen Kirche

1 Westeingang   2 Eingang   3 Zugemauerte bzw. aufgefüllte Tür   4 zwei Stufen   5 Fragmente von einem Taufbecken   6 Bodenhöhe im Innern   7 Boden der Ausgrabung   8 Archäologisches Niveau   9 Aktuelle Bodenhöhe   10 Ursprüngliche Chorschranke   11 Ursprüngliche Apsis   12 Nördliche Seitenmauer (romanisch)   13 Mauer des romanischen Chores   14 Altar   15 Steinplatten zwischen den beiden Gebäuden   16 Aktuelle Bodenhöhe   17 Bodenhöhe der Ausgrabung   18 Herausragende Mauer   19 Plattenbelag   20 Befestigung unter verschwundenem Plattenbelag   21 Abgrenzung des Chors   22 Befestigung   23 Zerstörter Teil   24 Unterbau von 2 Stufen   25 Wahrscheinliches Podium, Steine und Mörtel aus Kalk   26 Zubehauene Steine   27 Anstehender Fels   28 Unterbau einer Bank   29 Grüner Stein

16 Das Ornano – Filitosa, Brennpunkt der vorgeschichtlichen Zivilisation Korsikas
(s. Karte S. 287)

Zwischen dem Golf von Ajaccio und dem Golf von Valinco erhebt sich ein langge-streckter Gebirgszug vom Monte Renoso nach Südwesten zur Küste, wo er halbinsel-artig mit dem Capo di Muro und dem Capo Nero ins Meer hinausragt. Es ist ein zwar sehr früh besiedeltes Gebiet, was vor allem die steinernen Zeugen von Filitosa bewei-sen, heute aber nur eine dünn besiedelte, sehr abgeschlossene Landschaft.

Cauro (370 m) ist eine beliebte Sommerfrische für die Einwohner Ajaccios. Hier stehen auch noch die Ruinen der Schlösser der Grafen Rocca und Bianca, die im Mit-telalter diesen Landstrich beherrschten. In **Bastelica** (770 m) wurde Sampiero Corso (s. S. 85 f.) am 23. Mai 1498 im Weiler Dominicacci geboren. Sein Geburtshaus, einst von seinen Feinden, den Genuesen, niedergebrannt, wurde im 18. Jahrhundert wieder aufgebaut. Die Fassade trägt eine Gedenkschrift des Dichters William Wyse, des En-kels von Lucien Bonaparte. Vor der Kirche von Bastelica erinnert eine Bronzestatue an den großen korsischen Freiheitskämpfer.

Die Südostabdachung des Gebirgszuges, der die Kernlandschaft des Ornano ein-nimmt, ist durch kleine Nebenflüsse des schluchtenreichen Taravo stark gegliedert. Dieser ist mit ca. 60 km der längste Fluß Westkorsikas. Auffallend ist, daß sein Tal-boden unbesiedelt ist, ausgenommen das Thermalbad *Bains-de-Guitera*. Dagegen thronen mehr als dreißig malerische kleine Orte oberhalb des Flusses auf Bergspor-nen, und einige von ihnen, darunter **Santa Maria-Siché** (525 m) und **Zicavo** (730 m), entwickelten sich langsam zu kleinen Touristenorten, Zicavo z. B. als Ausgangspunkt für die Besteigung des Monte Incudine (2134 m). Anziehungspunkte sind aber auch die großen Forste und Bergwälder, die sich bis zu einer Höhe von 1700 m ausdehnen.

In **Vico**, einem Weiler von Santa Maria-Siché, wurde Vannina d'Ornano, die Gat-tin Sampiero Corsos, geboren. Die Heirat des damals 47jährigen mit der erst 15 Jahre alten Tochter von Francesco d'Ornano eröffnete dem Bauernsohn, der bereits eine ehrenvolle kriegerische Laufbahn eingeschlagen hatte, den Eintritt in eine der reich-sten und angesehensten Familien des Landes. Als Vannina sich später von ihrem Mann lösen will, zu dem sie wohl nie einen Funken Zuneigung verspürt hatte, und sich aus Angst vor der Zukunft ihrer Kinder und um ihrer eigenen Ruhe willen von ihrer bestochenen Dienerschaft zur Flucht nach Genua bewegen läßt, erwürgt sie der in seinem Stolz gedemütigte Sampiero.

Filitosa (Farbt. 22, Abb. 8–18)

Die Landschaft um Filitosa ist ein hügeliges Gelände mit silbrigschimmernden Oli-venbäumen. Hier im Hauptgebiet der korsischen Megalithkultur im Südwesten der

Insel, im fruchtbaren Taravo-Tal, wurden die meisten Funde gemacht, die sich besonders im Bereich von Filitosa häufen. Mit ungefähr zwanzig Menhirstatuen umfaßt Filitosa die Hälfte aller auf Korsika gefundenen bewaffneten Monolithen. Wo sie einst standen und wie sie angeordnet waren, wird man kaum noch rekonstruieren können, da sie von den torreanischen Eroberern zerstört wurden, um die Glaubensvorstellungen der Megalithvölker auszulöschen. Mit Filitosa konnte man beweisen, daß die Menhirstatuen älter sind als die torreanischen Bauwerke, denn nur hier fand man Bruchstücke von Statuen der Megalithiker, die als Bausteine in die torreanischen Kultstätten eingefügt waren. Diese Menhire wurden in der äußeren Umfassungsmauer der torreanischen Anlage gefunden, die mit Hilfe der Radiokarbonmethode auf 1300 v. Chr. datiert wird.

Filitosa ist durch drei Siedlungsepochen gekennzeichnet:

Die **Epoche 1** ist die des Neolithikums. Keramikfunde bezeugen die Ankunft der ersten Siedler zu Beginn des 6. Jahrtausends v. Chr. Die Epoche dauert in Filitosa bis zum Ende des 2. Jahrtausends v. Chr. und duldete neue Siedler einer kupfer- und bronzezeitlichen Kultur ohne Bruch der alten Tradition.

Die **Epoche 2** ist die wichtige Epoche der künstlerischen Entwicklung der Menhirstatuen während der Endphase der korsischen Megalithkultur (um 1400 v. Chr.; Megalithikum III, Stadium 3 und 4). Künstlerischer Höhepunkt ist die anthropomorphe Menhirstatue ›Filitosa IX‹ (Abb. 8). Zwar zeigt das Werk »noch symbolische und schematische Züge, kündigt jedoch schon Realismus und Naturalismus an. Zum erstenmal in Westeuropa geht die monumentale Bildkunst um viele Jahrhunderte den archaischen griechischen und etruskischen Statuen voraus«.   R. Grosjean[42]

Die **Epoche 3** ist die Besetzungszeit durch die Torreaner (um 1300–800 v. Chr.). Die bewaffneten Menhirstatuen sind die Antwort der einheimischen Megalithvölker; deutlich sind die Anzeichen eines schweren Kampfes zwischen den Fremden der Bronzezeit und den noch zum Neolithikum gehörenden Einheimischen. Ergebnis sind die zyklopischen Kult- und Festungsanlagen der Sieger (s. S. 62 ff.; Abb. 10–12).

In der Nähe des Weilers Filitosa wurden auf dem Grundstück von Charles-Antoine Cesari vier Menhirstatuen mit dem Gesicht nach unten liegend gefunden. Cesari sorgte dafür, daß die Funde in der archäologischen Forschung bekannt wurden und unterstützte die seit 1954 eingeleiteten Grabungsarbeiten unter Roger Grosjean, die bis heute noch nicht abgeschlossen sind. Neben der Freilegung der Sakral- und Festungsanlagen wurde das gesamte Tal nach prähistorischen Monumenten abgesucht. Man fand die Menhire manchmal an den merkwürdigsten Stellen, z.B. als Türstein in einem Haus verbaut.

Die Fundstätte Filitosa liegt an der D 57 und ist gut ausgeschildert. Öffnungszeiten von 8 Uhr bis Sonnenuntergang. Die vorteilhafteste Beleuchtung zum Betrachten und Fotografieren der Menhirstatuen ist der späte Vormittag (11–13 Uhr).

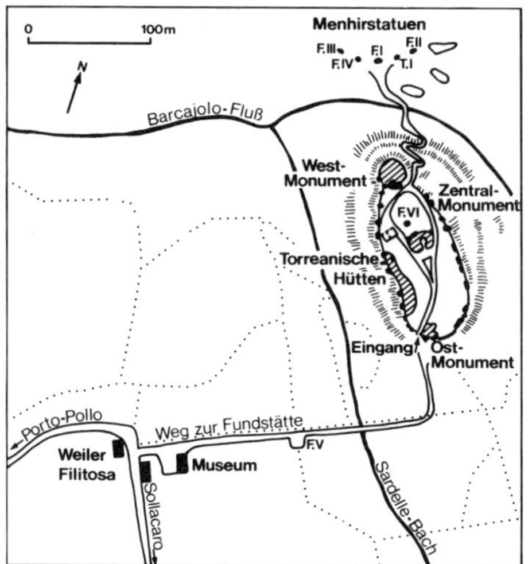

Filitosa, Gesamtplan

Rechts vom Eingang das ›Centre de documentation archéologique‹, dessen Besuch man an den Schluß der Besichtigung stellen sollte. Nach 75 m rechts *Filitosa V* (Farbt. 22, Abb. 15), mit 3 m Höhe und 1 m Breite die zweitgrößte Menhirstatue Korsikas (2 Tonnen). Die Vorderseite zeigt unter dem Kinn ein Langschwert und einen Dolch in verzierter Scheide, die Rückseite anatomische Details oder Teile der Bekleidung. Das Kopfende ist nicht mehr erhalten.

Nach 250 m erreicht man die zyklopische Ringmauer, die den Hügel von Filitosa aus Ostmonument, Zentralmonument und Westmonument umfaßt.

Folgende Beschreibung des Planes nach R. Grosjean: Filitosa, Hochburg des prähistorischen Korsika (in der Übersetzung von L. Komma)
(Plan s. S. 305)

I und II	Zyklopische Umfassungsmauer, die den Hügel an seiner schmalsten Stelle absperrt
III	Felsen mit Tafonibildung
IV	Ostmonument (Abb. 11) aus der torreanischen Epoche, ein tumulusartiger, von Steinen eingefaßter Rundbau, dessen Bedeutung noch unklar ist
V	Zugangsrampe zum oberen Teil des Ostmonuments
VI	Felsblock von 15 Tonnen, der an zwei Stellen auf Steinplatten ruht und in die Mauer des Monuments eingebaut wurde
VII	Fundort von Menhiren
VIII	Fundament einer Mauer der torreanischen Epoche 3
IX	Zentralmonument der Torreaner für Kultzwecke (Abb. 10). Hier sind zwei der in Filitosa vertretenen Epochen vereint: Megalithikum III sowie mittlere und späte torreanische Epoche
X	Senkrechter Polierstein mit Doppelmulde (Megalithikum II oder III), in die Mauer eingefügt
XI	Gebrannter Lehmboden in der Mitte der Cella (Opferstelle)
XII	Sechs Bruchstücke, Oberteile von Menhirstatuen, von links nach rechts:

Filitosa VIII
affenartiges Gesicht mit engstehenden Augen
Filitosa XI
ziemlich verwittert
Filitosa VII
wie die Statue Scalsa-Murta mit senkrechtem, von einem hinter dem Hals verlaufenden Schultergehänge gehaltenen Schwert
Filitosa IX (Abb. 8)
künstlerisch entwickelte Statue mit den regelmäßigsten Gesichtszügen

und deutlich herausgearbeitetem Rücken, der dem von Filitosa VI gleicht

Filitosa X

einfache Gravierung könnte das Gesichtsoval andeuten; auf der Rückseite sechs Rechtecke zu beiden Seiten der Wirbelsäule, vielleicht eine schematische Darstellung einer Tunika

Filitosa XIII (Abb. 9)

mit asymmetrischem Gesicht und kräftigem Kinn (Bart?), senkrechter Dolch in Flachrelief; auf der Rückseite Darstellung des Schutzpanzers wie bei Scalsa-Murta

XIII — Sechs Bruchstücke, Mittelteile von Menhirstatuen (mit Dolch, Gesichtsoval, senkrechter Schwertspitze, eingraviertem Dreieck, Wirbelsäule, Gürtel und Schwert

XIV — 32 Bruchstücke von wiederverwendeten Menhiren und Menhirstatuen des Megalithikums III, die einst von den Torreanern zerschlagen und als Bausteine in die Ringmauer des Zentralmonuments eingebaut worden waren (Abb. 10)

XV — Menhirstatue *Filitosa VI*, von der nur drei Bruchstücke gefunden wurden. Vorderseite künstlerisch und detailliert dargestellt mit senkrechtem Langschwert, Rückseite mit Rückenpartie wie Filitosa IX (Abb. 17, 18)

XVI — Felsunterschlupf Nr. 2; dolmenartige, nach Süden geöffnete Höhle

XVII — Felsunterschlupf Nr. 1; wurde im Verlauf der verschiedenen Besiedlungen der Anhöhe abwechselnd als Wohn- oder Grabstätte verwendet

XVIII — Felsblock, der ursprünglich zum Fundament der Umfassungsmauer gehörte

XIX — Mächtiger Felsblock, der das westliche Ende des Hügels bezeichnet; an seinem Fuß ein bedeutender Monumentalkomplex, der von den Torreanern nach ihrem Sieg über die Megalithiker errichtet wurde

XX — Westmonument (Abb. 12): es handelt sich hier um eine in zwei Hauptteile gegliederte Anlage, die aus einem zentralen Hauptbau und südlichen Anbauten besteht; Durchmesser 16 bis 18 m

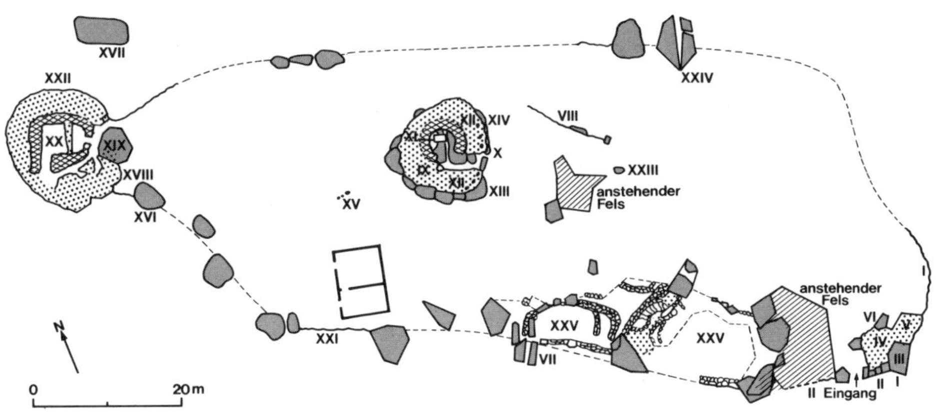

Filitosa, Plan der befestigten Fundstätte

»Der eine Teil umfaßt die durch den Eingang A und den Hauptgang B erreichbaren südlichen Anbauten. Sie bestehen auf der einen Seite aus dem Nebengang C, dem mit Platten überdachten Gang D und der Felsenhöhle F, auf der anderen Seite aus dem Brunnen E, dem Verschlag Ea und der nach außen geöffneten Kammer Eb, die durch ringsum verlaufende Bankette abgeteilt sind. – Der andere, eigentliche Hauptteil der Anlage besteht aus dem Mittelbau mit der östlichen Kammer K, die durch den Gang B und den unter einem Felsensturz gelegenen Eingang G zugänglich ist. Sie war ursprünglich mit Steinen angefüllt und dann von außen bei G durch eine Quermauer der Kammer I zugemauert worden. Auf ihrem verbrannten Boden fanden sich lediglich Spuren einer Feuerstelle und ein konischer Stein in der Art eines Baitylos (ß). Wahrscheinlich war die Kammer aus rituellen Gründen zugemauert worden. An der Südseite des Monuments gelangt man über eine Plattform auf gleicher Höhe wie die Bankette durch den

Gang H in den Teil I der Cella, deren Boden ebenfalls starke Feuerspuren zeigt. Sie ist wahrscheinlich um 1200 v. Chr. zum letztenmal benutzt worden. Unter dem aus Steinen und Erde bestehenden Schutt, der das Innere des Monuments ausfüllte und vom Einsturz der Decke stammte, kamen die Reste eines einzelnen menschlichen Schädels zutage. Neben der Trennungsmauer unter einem Türsturz der Zugang zur unterirdischen, ausgehauenen Höhle J. – Die archäologischen Feststellungen, die komplizierte Architektur und das gefundene Siedlungsinventar lassen darauf schließen, daß es sich bei dieser Anlage wie bei den übrigen Torre um eine Kultstätte oder ein religiöses Bauwerk handelt, das kaum als dauernde Wohnstätte, sondern höchstens gelegentlich zur kollektiven Verteidigung gedient haben mag.«   Roger Grosjean[43]

XXI   Unterhalb der Hütte ein Teil der ältesten megalithischen oder neolithischen Mauer

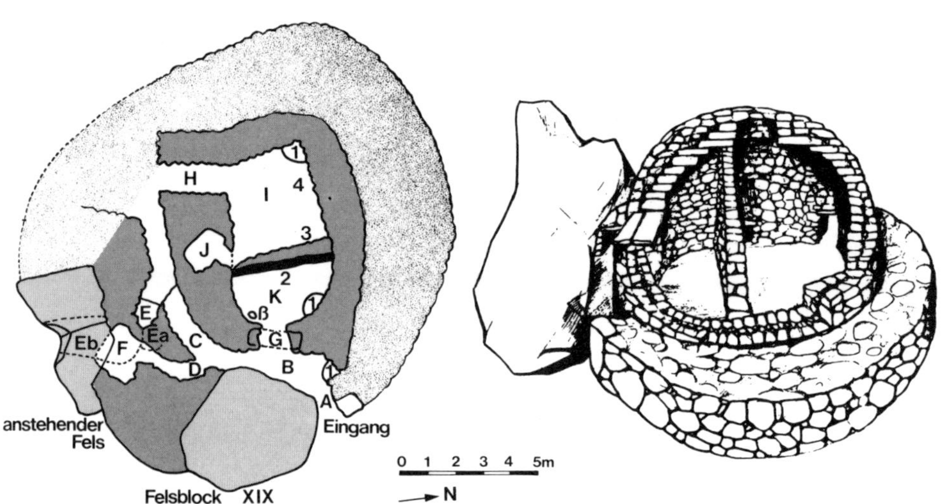

Filitosa, Grundriß des torreanischen Westmonuments und graphische Rekonstruktion   1 Feuerstätte   2 Stützmauer   3 erhaltene Mauer   4 Fundort eines Schädels

XXII   Natürliche Felsformationen an den Hängen des Hügels; hier auch Abstieg zu den fünf im Tal aufgestellten Menhirstatuen

XXIII   Felsen mit Umrissen eines menschlichen Gesichts

XXIV   Flache Felsen mit Vertiefungen

XXV   Fundamente torreanischer Hütten während ihrer Freilegung; sie überragen ältere archäologische Schichten, die augenblicklich zum Schutz mit Erde bedeckt sind. Diese Schichten gehören vor allem den Epochen 1 und 2 an, in denen Fundamente selten sind. Das ist wohl dadurch zu erklären, daß die Anhöhe in der Epoche 1 des Neolithikums nicht ständig bewohnt und während der Epoche 2 der megalithischen Kultur ausschließlich dem Kultdienst vorbehalten war. Erst seit der torreanischen Epoche 3 erscheinen die Wohnbauten, die bis in die ersten Jahrhunderte des 1. Jahrtausends v. Chr. benutzt wurden.

Südöstlich der torreanischen Hütten XXV fand man Kardium-Keramik des frühen Neolithikums (s. S. 56).

Am Westmonument rechts Abstieg ins Tal des Flusses Barcajolo. Nach seiner Überquerung gelangt man zu den fünf aufgestellten Menhirstatuen, den ersten, die man verstreut in Filitosa und seiner Umgebung fand. Von links nach rechts:

Filitosa III und *Filitosa IV:* beide mit schrägem Dolch

Filitosa I: mit schrägem Schwert (Abb. 14)

Tappa I (Abb. 13): benannt nach dem 400 m entfernt liegenden Fundort; sehr eigenartig durch den tief eingemeißelten Hals, der den Kopf mit dem Gesichtsoval vom Rumpf abhebt; auf der Rückseite Darstellung des Nackens oder Helmes

Filitosa II (Abb. 13): verwittert, Gesicht aber erkennbar; mit gekrümmter Wirbelsäule

Museum ›Centre de documentation archéologique‹

Hier sind folgende Menhirstatuen ausgestellt:

Scalsa-Murta (Abb. 16): (restauriert) sie hat wesentlich zur Identifizierung der bewaffneten korsischen Menhirstatuen beigetragen; an der Oberseite des Kopfes befinden sich kleine Vertiefungen, in die als Symbol des Helmschmucks Hörner gesteckt werden konnten. Der rippenartige Brustharnisch, Schwertgriff, Schulter-Wehrgehänge unterstreichen die Vorstellung, daß es sich bei den bewaffneten Menhirstatuen um die Darstellung torreanisch-shardanischer Krieger handelt (Theorie von R. Grosjean, s. S. 64 f.)

Filitosa XII: (restauriert) als Bruchstück gefunden, war der Länge nach gespalten und für die beiden Eingänge der auf der Fundstätte errichteten Hirtenhütte als Türsturz verwendet worden; seltene Darstellung von Armen und Händen

Tappa II: (restauriert) der Kopf ist in archaischem Stil behauen

Das Museum zeigt außerdem Fotografien (Luftbilder) der archäologischen Stätte Filitosa, stratigraphische Darstellungen der Siedlungsgeschichte und in den einzelnen Vitrinen Überreste der Besiedlung vom frühen Neolithikum bis zum Mittelalter sowie Überblicke über charakteristische Techniken, Industrie und Siedlungsinventar.

Porto-Pollo

Kleines Fischerörtchen mit großem Sandstrand an der Mündung des Taravo.

Eine Menhirstatue ›Le Paladin‹ (2,9 m hoch, 1,5 t) steht im Garten des dritten Hauses vom Weiler Favallelo, 4 km von Porto-Pollo entfernt, links der D 757.

Balestra

Torreanisches Kultmonument in Rundform, mit Trockenmauerwerk und zyklopischen ›Felsblöcken. Der Fundort liegt

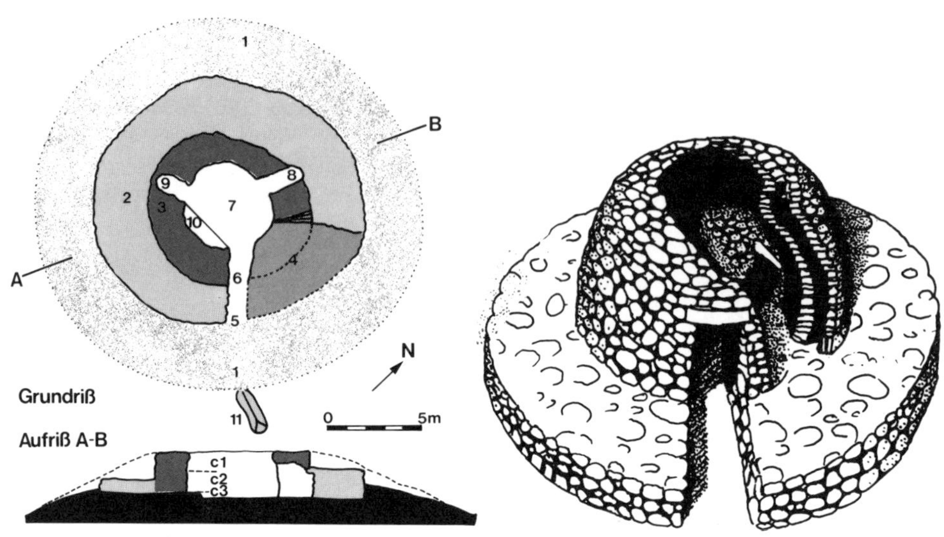

Balestra, Grundriß, Aufriß und graphische Rekonstruktion des torreanischen Kultmonuments   1 Hügel vor den Ausgrabungen   2 Sockel und Außenmauer   3 Innenmauer   4 Zerstörter Teil   5 Eingang   6 Ostgang 7 Cella   8 Nordkammer   9 Südwestkammer   10 Reste der dritten archäologischen Schicht (C 3) 11 Monolith

in der Gemeinde Moca-Croce, 14 km von Filitosa. (Zugang: Hinter Petreto-Bicchisano folgt man der D 757 2 km in Richtung Moca. Hinter dem letzten Haus des Weilers Calo führt ein Pfad durch den Wald bergauf. Nach wenigen Minuten teilt sich der Pfad; man wählt den rechten stark zugewachsenen, quert ein Reisiggatter und erreicht einen vom Regen ausgespülten Hohlweg. Diesem folgt man links ca. 300 m bergauf. In einer Linkskurve verläßt man ihn, läuft nach rechts auf einem stark zugewachsenen Pfad, vorbei an einem Holzgatter, dann an einem kleinen verfallenen Steinhaus und wendet sich dahinter nach rechts bergauf bis zur Fundstätte.)

Der Hügel mit einem Durchmesser von 22 m und 3 m Höhe war vor den Ausgrabungen von Macchia überwuchert und

besaß einen höher liegenden ebenen Teil mit zwei Vertiefungen, die durch Schatzgräber verursacht wurden. Der Osten des Hügels war sorgfältig angeschnitten; hier befand sich ein Steinbruch, dessen herausgenommenes Material zum Bau von Grenzmauern gedient hatte.

Im Südosten befindet sich ein großer Monolith (2,52 m lang, 0,9–1,1 m stark); er lag umgeworfen nur wenige Meter vom Steingeröll entfernt. Seine Funktion könnte die eines Menhirs gewesen sein; möglicherweise könnte er auch zum Verschließen des Eingangs gedient haben. Bei den Ausgrabungen im Innern des Monuments wurden drei archäologische Schichten festgestellt: Die oberste Schicht war etwa 1 m mächtig, bestand aus Humus und schwarzer Erde, mit römischer Keramik. Die zweite Schicht war 1,3 m stark und enthielt gelbe Tonerde und eine entsprechende Keramik. Die dritte Schicht unmittelbar über dem ursprünglichen Boden war 30 cm dick und enthielt gebrannten Ton als Platten und Scheiben. Im höher liegenden Teil des Monuments stellte man in dieser Schicht eine Feuerstelle fest; man fand Holzkohle, Asche, Knochenreste und organisches Material. Im Bereich 10 ließ Grosjean einen Rest der untersten Schicht liegen.

Foce

Torreanisches Kultmonument. Es ist eines der eindrucksvollsten und vollständigsten Kultmonumente für Begräbnisse und Prototyp dieser Art auf Korsika. Vier archäologische Schichten (C_1–C_4) wurden nachgewiesen; die oberste mit römischer Keramik, die beiden mittleren mit Keramik ›à forme caré ée‹. (Sollte man aus Zeitgründen zwischen Balestra und Foce wählen müssen, so sollte man Foce bevorzugen!) Der Fundort liegt 7,9 km hinter Balestra. Auf der D 757 fährt man von Argiusta-Moriccio (Ortsausgangsschild) 1,3 km in Richtung Olivèse. Ein schmaler Fahrweg zweigt links ab; diesem folgt man 150 m bis zu einem Steinhäuschen, wo man sich links hält und nach wenigen Minuten das Kultmonument auf dem Hügel Bocca della Foce erreicht.

1 Hügel vor den Ausgrabungen
2 Befestigungsmauer
3 Eingang. Hier fand man einen großen Mahlstein

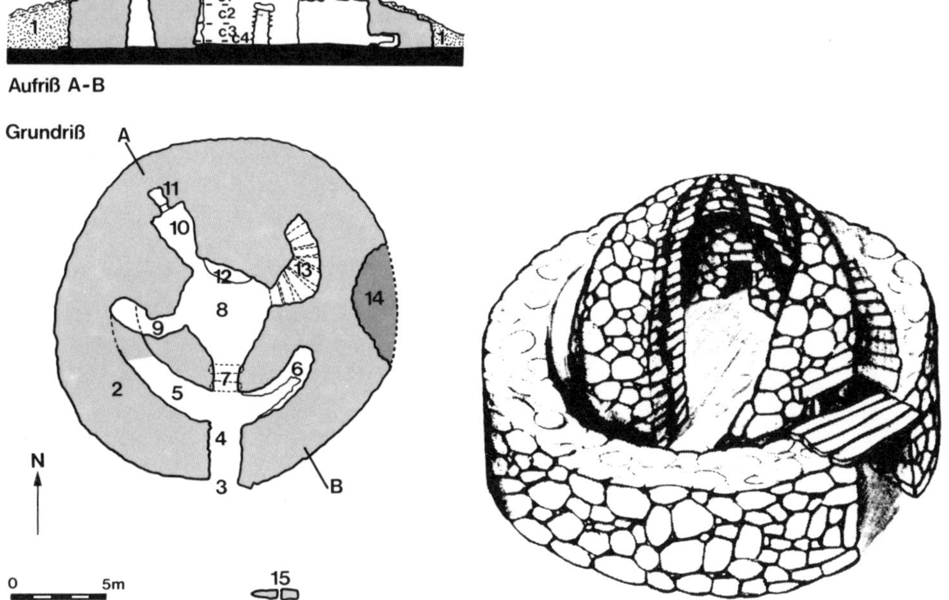

Foce, Grundriß, Aufriß und graphische Rekonstruktion des torreanischen Kultmonuments

4 Gang

5 Nebengang im Südwesten. In seinen zwei oberen archäologischen Schichten kamen Scherben verschiedener Form bzw. Profile zutage, in der obersten außerdem eine zylindrische, geritzte Perle ohne Loch und ein Ohrgehänge aus Schiefer. Der Boden dieses Nebenganges steigt an, um das Ende der Westkammer (9) an Höhe zu überwinden

6 Südost-Kammer. C_1: Skelettfunde (wahrscheinlich aus der römischen Epoche) und Keramik; C_2: zwei Becher; C_3: Skelette und zugehörige Keramik; C_4: Zwei Scherben mit Kannelierungen und zwei Obsidiansplitter, außerdem weitere Keramikbruchstücke

7 Gang. Zwei Deckplatten blieben an ihrem Platz erhalten (die innere Deckplatte 1983 nicht mehr vorhanden), die hauptsächlich von der Steinfüllung des Ganges gehalten wurden; C_1: römische rote Keramik, in den anderen Schichten Fragmente großer Vasen mit flachem Boden

8 Zentrale Kammer (Cella); C_1 (95 cm): schwarze Erde auf Humusbasis, Keramikscherben; gefundene Steine stimmen in ihren Dimensionen mit denen der Cellawand überein. C_2 (85 cm): gelbe Tonerde.

Steine und Blöcke waren hier von allen Schichten am größten; C_3 (70–80 cm): gelbe Tonerde, Keramikscherben von Vasen mit großem Durchmesser; C_4: gedeckt mit einer Schicht gebrannter Tonplatten; hier fand man Keramik, Asche, Knochenreste, Holzkohle, Schmuck Wie auch bei Balestra fand man keine Anhaltspunkte, wie die Cella überdacht war. Grosjean vermutet ein ›falsches Gewölbe‹

9 Westkammer. In zwei Schichten wurden Tierknochen gefunden

10 Nordkammer. In C_1 zahlreiche Keramikscherben, ein polierter Hämatit, ein zerbrochenes Ohrgehänge

11 Nische mit Holzkohle und Knochenresten

12 Hier wurden nach den Ausgrabungen Reste der Schicht C_4 erhalten

13 Ostkammer. An drei Stellen fand man Skelette, eines aus C_1, die zwei anderen aus C_3, außerdem Obsidianklingen, ein Fragment eines polierten Steines, eine Perle aus Bronze und Tierknochenreste

14 Wie bei Balestra war der Hügel sorgfältig angeschnitten, um Baumaterial zu gewinnen

15 Monolith

Abschied von Korsika

Ölbaumsilber, Myrte, Lorbeer, Pinie,
bald im Schnee der Heimat denk' ich euer –
sanfte Buchten, blaue Meereslinie,
auf dem Abend dunkelnd Burggemäuer!
Aus der Schlucht erstrahlend Hirtenfeuer!

Lebet, Korsen, wohl, mir liebgeworden!
Vor den Kirchen lüpft ihr leicht die Hüte!
Gerne knallt ihr, und ein bißchen morden
steckt seit alter Zeit euch im Geblüte –
daß die heil'ge Jungfrau euch behüte!

Klimmend am Gestein des Insellandes,
lebet wohl, ihr hitz'gen kleinen Pferde!
Wallend um die Krümmungen des Strandes,
lebet, Schafe, wohl! Gedrängte Herde
mit den weich'sten Vliesen auf der Erde!

Lebet wohl, ihr grellen Hirtenflöten,
um die Gunst der jungen Korsin werbend!
Lebet wohl, ihr warmen Abendröten,
in den weiten Himmeln selig sterbend,
erst die Wolken, dann die Fluten färbend.

Märchen, aus dem Tageslicht verschollen,
an Ajaccios nächt'ger Hafenstiege.
Töne fort im dumpfen Wogenrollen!
Ehernes Gedröhn der hundert Siege
um des toten Welteroberers Wiege!

Schwer entsagt das Aug' der offnen Ferne,
schwer das Ohr dem Meereswellenschlage –
unter kält're Sonnen, blaß're Sterne
folget mir, ihr Inselwandertage,
und umklingt mich dort, wie eine Sage...

(Conrad Ferdinand Meyer,
geb. 11. X. 1825; gest. 28. XI. 1898)

Anmerkungen

1 Angaben über die Einwohnerzahl schwanken sehr stark (150 000–270 000). Das hängt damit zusammen, daß viele Korsen auf dem Festland arbeiten bzw. zeitweise nicht auf der Insel wohnen, zum andern mit nicht korrekt geführten Wahllisten. Stand 1982: 240 178 Einwohner, Anfang 1990: 250 000 Einwohner (Angaben: Institut National des Statistiques et Etudes Economiques I.N.S.E.E.)

2 nach Sauson (1945), zitiert bei Wendelin Klaer: Verwitterungsformen im Granit auf Korsika. Petermanns geogr. Mitt., Erg.-Heft 261, Gotha 1956, S. 15

3 Sibylle von Reden: Die Megalith-Kulturen, Köln 1978, S. 182

4 Adalbert Graf von Keyserlingk: Und sie erstarrten in Stein. Frühe Mysterienstätten in Korsika als Keime unserer Zeit, Basel 1983, S. 257

5 Adalbert Graf von Keyserlingk, S. 258f.

6 Adalbert Graf von Keyserlingk, S. 262f.

7 Adalbert Graf von Keyserlingk, S. 272

8 Erik Arnberger: Korsika. Die Landschaften einer Mittelmeerinsel, Wien 1960, S. 53

9 Prosper Mérimée: Notes d'un Voyage en Corse. In: Notes de voyage, Nachdruck, Paris 1971, S. 691

10 Ferdinand Gregorovius: Korsika. Historische Skizzen und Wanderungen im Jahre 1852, Neuauflage, Frankfurt 1975, S. 51f.

11 zitiert nach MERIAN-Heft: Korsika, Hamburg 1962, S. 30

12 zitiert nach W. Hörstel: Die Napoleoninseln Korsika und Elba, Berlin 1908, S. 228

13 zitiert nach W. Hörstel, S. 235

14 W. Hörstel, S. 235

15 W. Hörstel, S. 240

16 W. Hörstel, S. 117f.

17 Ferdinand Gregorovius, S. 315f.

18 Ferdinand Gregorovius, S. 320f., 341f.

19 Hartmut Lücke: Beobachtungen zur Verbreitung, Gestalt und zum Wandel traditioneller Orts- und Hausformen auf Korsika. In: Beiträge zur Kulturgeographie der Mittelmeerländer IV, hrsg. von A. Pletsch und W. Döpp; Marburger Geogr. Schriften, H. 84, Marburg 1981, S. 72

20 Als Quelle zu diesem Kapitel diente vor allem der Aufsatz von Hartmut Lücke: Korsika – eine unterentwickelte Mittelmeerinsel. Ökonomische Möglichkeiten und Grenzen ihrer Selbstverwaltung. In: Geographische Rundschau, H. 10, Braunschweig 1980

21 Hartmut Lücke: Korsika – eine unterentwickelte Mittelmeerinsel, S. 451

22 Hartmut Lücke: Korsika – eine unterentwickelte Mittelmeerinsel, S. 446

23 Hartmut Lücke: Korsika – eine unterentwickelte Mittelmeerinsel, S. 452

24 Ferdinand Gregorovius, S. 348

25 W. Hörstel, S. 237

26 Ferdinand Gregorovius, S. 349f.

27 Ferdinand Gregorovius, S. 366

28 Erik Arnberger, S. 30

29 Ferdinand Gregorovius, S. 378

30 zitiert bei E. Leca: Die Gemäldesammlung des Kardinals Fesch. In: MERIAN-Heft: Korsika, 1962, S. 22

31 Guy de Maupassant: Ein Frauenschicksal

32 Erik Arnberger, S. 84f.

33 Hans Schymik: Schnee auf dem Monte Cinto. In: MERIAN-Heft: Korsika, 1962, S. 76f.

34 Erik Arnberger, S. 33

35 Geneviève Moracchini-Mazel: Corse romane, Paris 1972, S. 264

36 zitiert nach MERIAN-Heft: Korsika, 1962, S.72
37 Ferdinand Gregorovius, S. 179f.
38 Diese Maßangaben scheinen nach jüngsten Hinweisen von Bergsteigern nicht realistisch. K. Henke, München, schätzt den Omu di Cagna bei einem Volumen von etwa 80 m³ 200 Tonnen schwer (freundl. Mitteilung), H. Schymik, Aalen, gibt ein Gewicht von 450 Tonnen an, wobei der Stein auf einer Grundfläche von 1–1,5 m² ruht (Hinweis bei Keyserlingk, S. 470).

39 Christoph Meckel: Bonifacio – ein Alltagsmärchen. In: MERIAN-Heft: Korsika, 1962, S. 10
40 Adalbert Graf von Keyserlingk, S. 224
41 Lotte Komma: Korsika. Schroeder Reiseführer, Leichlingen 1980, S. 241 ff.
42 Roger Grosjean: Filitosa. Hochburg des prähistorischen Korsika, Straßburg 1978, S. 10
43 Roger Grosjean, S. 24, 26
44 zitiert nach Hans Schymik: Korsika für Bergsteiger, 3. Aufl. Aalen 1974, S. 18

Glossar
(Geologie, Geographie, Botanik, Archäologie, Architektur)

Alluvionen junge geologische Sedimente (Ablagerungen), die durch Abspülung und Flußablagerung entstanden sind

Alluvium jüngere Abteilung des Quartärs

Ammonit ausgestorbener Kopffüßler und dessen spiralförmige gekammerte Schale

Archivolte plastische Bogenläufe im Gewände von Portalen und nach innen abgetreppte Gliederung von Rundbögen

Askos schlauchförmiges Gefäß, häufig in Tierform, mit großer Einfüllöffnung am Schwanzende und kleiner Ausgußöffnung im Schnabel oder Maul

Ausgleichsküste Küstentyp, der dadurch entsteht, daß die Strandversetzung zwischen alten Landvorsprüngen Nehrungen (schmale, langgestreckte Landzungen) aufbaut, während die Vorsprünge selbst durch Abtragung durch die Brandung zurückversetzt werden

Baitylos heiliger Stein (oft Meteorstein)

Baptisterium Taufkirche

Blendbogen Bogen ohne Öffnung auf Wandfläche

Blockmeere s. S. 19

Caldarium Warmbad in römischen Badeanlagen

Campanile frei stehender Glockenturm italienischer Kirchen

Cardo Nordsüdachse römischer Legionslager

Cella geschlossener Kernraum antiker Tempel mit Götterbild; hier: Hauptraum des torreanischen Kultmonuments

Ciborium ein steinerner, auf Säulen ruhender, runder, quadratischer oder polygonaler Altarüberbau in Form eines Baldachins

Diabas ein Basalt, dessen Hauptbestandteile Plagioklas und Augit umgewandelt sind; Chloritisierung führt zu Grünfärbung (Grünstein)

Diakonikon ein neben der Apsis gelegener Raum der frühchristlichen Basilika und der byzantinischen Kirche

Decumanus Ostwestachse römischer Legionslager

Diluvium Eiszeitalter, ältere Abteilung des Quartärs

Diorit körniges Tiefengestein von dunkelgrüner Farbe, Gemenge aus Plagioklas, Hornblende oder Biotit oder Augit

Endemismus Beschränkung einer Pflanzen- oder Tierart auf ein enges Gebiet. Er kann Überrest eines früher größeren Areals sein (regressiver Endemismus) oder durch Neuentwicklung einer Art an einem isolierten Standort (Insel oder Gebirge) entstanden sein

Etang (franz.) Teich, Weiher; hier: Haff (Lagune), eine durch eine Nehrung (Lido) abgeschnittene ehemalige Meeresbucht an einer Flachküste. Völlig abgeschnittene Haffe werden als Strandseen bezeichnet

Felsburgen   s. S. 17 f.

Fossilien   versteinerte Reste von Tieren oder Pflanzen der erdgeschichtlichen Vergangenheit

Gesims   waagerechte streifenförmige Gliederung und Abschlüsse eines Baus

Granit   s. S. 13 f.

Griechisches Kreuz   Kreuz mit vier gleich langen Armen

Hypokausten   unter dem Fußboden sich befindende Räume oder Kanäle des römischen Warmluftheizsystems

Insolation   Einstrahlung der Sonne auf die Erdoberfläche; hat großen Einfluß auf die mechanische Zerstörung der Gesteine

Jura   erdgeschichtliche Formation des Mesozoikums (Erdmittelalter), umfaßt Lias, Dogger, Malm

Kalktuff   (Kalksinter) poröser Kalk, entsteht als Mineralabsatz aus Quellwasser und wandernden Lösungen

Kantharos   Trinkgefäß mit zwei bandförmigen, senkrecht hochgezogenen Schlaufenhenkeln und abgesetztem Fuß

Kar   Hohlform in den Steilhängen ehemals vergletscherter Täler, an der Talseite häufig von einer Karschwelle abgeriegelt, so daß ein Karsee entsteht

Karbon   ›Steinkohlenformation‹; auf das Devon folgende Periode des Paläozoikums (Erdaltertum)

Kataklase   Zerbrechung in und an den einzelnen Mineralien eines Gesteins

Krater   zweihenkliges Gefäß zum Mischen von Wasser und Wein

Kristalline Schiefer   metamorphe Gesteine, deren Entstehung auf mechanische Verformung und chemische Umkristallisation zurückzuführen ist

Kugeldiorit   s. S. 294

Kylix   bei Weingelagen verwendete flache Trinkschale mit zwei Horizontalhenkeln und anfangs niedrigem, später hohem Fuß, gebräuchlich im 7.–4. Jh. v. Chr.

Liparit   ein Rhyolith (s. d.), Ergußgestein mit Einsprenglingen (Sanidin, Plagioklas, Quarz, Biotit) in dichter Grundmasse aus denselben Bestandteilen

Lisene   wenig vortretender vertikaler Mauerstreifen

Mesozoikum   Erdmittelalter

Metamorphe Gesteine   durch großen Druck und hohe Temperaturen umgewandelte Gesteine; dabei bleibt die Gesteinsmasse in festem Aggregatzustand

Miozän   geologischer Zeitabschnitt, zweitjüngste Abteilung des Tertiärs

Oinochoë   Weinkanne mit abgesetztem Hals und Kleeblattmündung

Olpe   Schlauchkanne mit fließender Kontur und meist runder Mündung

Oratorium   Betsaal, Hauskapelle in kirchlichen Gebäuden

Pantokrator   Christus als Weltenrichter und Lehrer der Menschheit mit Evangelienbuch und erhobener Rechten in Rede- oder Segnungsgestus

Phyllit   grünlichgrauer, feinblättriger kristalliner Schiefer, vorwiegend aus Quarz und Serizit bestehend

Porphyr   Struktur eines Gesteins, bei dem in einer dichten oder feinkörnigen Grundmasse größere Kristalle als Einsprenglinge sitzen

Portikus   von Säulen oder Pfeilern getragene offene Vorhalle

Prothesis   Nebenraum der byzantinischen Kirche, in dem Gaben des Eucharistischen Mahls aufbewahrt und zubereitet werden

Protogengneis   am Fundort entstandener Gneis (kristalliner Schiefer)

Quarzporphyr ein Rhyolith (s. d.); Ergußgestein granitischer Zusammensetzung; Einsprenglinge von Kalifeldspat, Quarz, wenig Plagioklas und Biotit, in dichter Grundmasse

Radiokarbonmethode (C_{14}-Methode); Altersbestimmung organischer Stoffe durch Messung des Zerfalls des radioaktiven Kohlenstoffisotops C 14

Reliefenergie von dem Geographen J. Partsch eingeführte Bezeichnung für das Maß der relativen Höhen innerhalb eines Gebietes. Man ermittelt die Reliefenergie, indem man für kleine Flächeneinheiten den Höhenunterschied zwischen dem niedrigsten und dem höchsten Punkt feststellt

Riasküste Form der Küste, bei der das Meer in die Unterläufe der Flußtäler eingedrungen ist; benannt nach span. ria (Flußmündung), besonders ausgeprägt an der spanischen Nordwestküste

Rhyolith s. S. 151; Sammelbegriff für Liparite und Quarzporphyre, welche die Ergußform der Granite darstellen

Rhyton Trink- oder Spendengefäß, das die Form eines Tierkopfes, eines Hornes oder eines Bechers haben kann

Serpentinit (Serpentinfels); metamorphes Gestein, hauptsächlich aus Peridotiten und Pyroxeniten gebildet. Das schwärzlichgrüne Gestein läßt sich leicht schneiden, drechseln und polieren

Skyphos zweihenkliger Becher

Tafoni s. S. 20f.

Teghie Bezeichnung auf Korsika für den ursprünglichen Dachbelag der Kirchen, und zwar Steinplatten (z. B. Granitschindeln)

Tertiär erdgeschichtliche Formation des Känozoikums (Erdneuzeit)

Thermen römische öffentliche Badeanlagen

Transhumanz bäuerliche Wirtschaftsform, bei der das Vieh von Hirten auf entfernte Sommerweiden (z. B. Almen) gebracht wird

Trias erdgeschichtliche Formation des Mesozoikums (Erdmittelalter), umfaßt Buntsandstein, Muschelkalk und Keuper

Triptychon dreiteiliges Altarbild

Tympanon Bogenfeld über einem mittelalterlichen Portal bzw. Giebelfeld eines antiken Tempels

variskische Gebirgsbildung Gebirgsbildungsvorgang im Oberkarbon, im jüngeren Erdaltertum

Wackelstein s. S. 18f.

Wüstung verlassene Siedlung und Flur

Abbildungsnachweis

Farbtafeln und Schwarzweiß-Abbildungen
Geneviève Moracchini/Dorothy Carrington:
Trésors oubliés des églises de Corse, Paris
1959   Abb. 91
Photo Globe, Ajaccio   Abb. 1, 107
Alle übrigen Aufnahmen (45 Farbfotos und
136 Schwarzweißfotos) stammen von Frank
Rother

Zeichnungen, Fotos und Pläne im Text
(Die Zahlen bezeichnen die Seiten im Buch)
Arnberger, E.: Korsika. Die Landschaften
einer Mittelmeerinsel, Wien 1960   15
Calvi, ses églises et ses chapelles, o. O., o. J.
Galletti, J. A.: Histoire illustrée de la Corse,
Paris 1863   86, 88, 89, 91, 92, 93, 192
Grosjean, R.: Filitosa. Hochburg des prähisto-
rischen Korsika, Straßburg 1978   304, 305
Grosjean, R.: La Corse avant l'histoire, Paris
1966   58, 60, 62, 65
Keyserlingk, A. v.: Und sie erstarrten in Stein.
Frühe Mysterienstätten in Korsika als Keime
unserer Zeit. Basel 1983   66, 67
Lücke, H.: Korsika – eine unterentwickelte
Mittelmeerinsel. In: Geogr. Rundschau,
H. 10, Braunschweig 1980   14
Lücke, H.: Beobachtungen zur Verbreitung,
Gestalt und zum Wandel traditioneller Orts-
und Hausformen auf Korsika. In: Beiträge
zur Kulturgeographie der Mittelmeerländer

IV. Marburger Geographische Schriften,
H. 84, S. 45–74. Marburg 1981   113–116
Moracchini-Mazel, G.: Corse romane, Paris
1972   126, 193, 204, 223
Moracchini-Mazel, G.: Les églises romanes de
Corse, Paris 1967   76, 78, 82, 127, 185, 186,
189, 194, 195, 196, 205, 206, 208, 211, 214,
222, 226, 251, 281, 294, 300
Moracchini, G. und Carrington, D.: Trésors
oubliés des églises de Corse, Paris 1959
159, 210
Parc Naturel Régional de la Corse, Itin. No. 9,
Civilisation perdues en Alta Rocca   298
Santa Ristiduta di Calenzana o. O., o. J.   160
Schroeder-Reiseführer: Korsika, Leichlingen
1980   227
Virili, F. L. und Grosjean, J. (Hg.): Guide des
sites torréens de l'âge du bronze corse, Paris
1979   57, 64, 255, 257, 258, 291, 297, 306,
308, 309
Vuillier, G.: La Corse, 1890   94, 122, 134, 284
Rother, F.:   155, 215, 220, 295
Rother, A.:   2, 18, 31, 132, 312

Karten in den Umschlagklappen:
Ingenieurbüro für Landkartentechnik Ing.-
Kart. Arnulf Milch, Lüdenscheid

Karten und Pläne: DuMont Buchverlag

Literaturhinweise

Spezielle Führer, Reisebücher und Bildbände

ADAC-Reiseführer, Die Badeplätze in Frankreich, Bd. 1: Mittelmeer, München 1979

Barrault, J. M.: Die Häfen um Korsika, Elba und Sardinien, Bielefeld 1977

Carrington, Dorothy: Granite Island, a Portrait of Corsica, London 1971
französische Übersetzung: La Corse, île de granit, Arthaud, Paris 1980

Corse. Guides Géologogiques Régionaux (M. Durand Delga u. a.), Masson, Paris 1978

Fabrikant, Michel: Guide des Montagnes Corses, Didier u. Richard, Grenoble 1982 (dazu vom selben Verlag 2 Wanderkarten IGN 1:50 000: Corse Nord, Corse Sud)

Gregorovius, Ferdinand: Korsika. Historische Skizzen und Wanderungen im Jahre 1852. Neuauflage Frankfurt 1975

Guadagna, Ingeborg: Auf Korsika, München 1963

Guide de la Corse mysterieuse, Paris 1978

Komma, Lotte: Korsika. Schroeder-Reiseführer, 5. Aufl., Leichlingen 1980

Komma, Lotte: Korsika für Kenner, München 1981

Leca, Etienne: Corse, Arthaud, Paris 1977

Parc Naturel Régional de la Corse, A.R.P.E. G.E., Ajaccio
Civilisations perdues en Alta Rocca, 1975

Les Oiseaux, 1979

Plantes et Fleurs recontrées, 1980

Poissons de Corse et de Méditerranée, 1980

Roches et Paysages de la Corse, 1983

Rother, Almut und Frank: Korsika, Bildband, München 1989

Schreiber, Hermann und Wagner, Bernhard: Korsika, Bern 1977

MERIAN-Heft: Korsika, Hamburg 2/1980

Schymik, Hans: Bergwelt Korsika. Führer für Wanderer und Bergsteiger, 4. Aufl., Stuttgart 1982

Schymik, Hans: Korsika für Bergsteiger und Kletterer, 4. Aufl., Aalen 1981

Sédillot, René und Tétrel, Pierre: La Corse, Sun, Paris 1979

Geographie und Geologie

Arnberger, Erik: Korsika. Die Landschaften einer Mittelmeerinsel, Wien 1960

Klaer, Wendelin: Verwitterungsformen im Granit auf Korsika. Petermanns geogr. Mitt., Erg.-Heft 161, Gotha 1956

Lücke, Hartmut: Korsika – eine unterentwickelte Mittelmeerinsel. Ökonomische Möglichkeiten und Grenzen ihrer Selbstverwaltung. In: Geogr. Rundschau, H. 10, Braunschweig 1980

Lücke, Hartmut: Beobachtungen zur Verbreitung, Gestalt und zum Wandel traditioneller Orts- und Hausformen auf Korsika. In: Beiträge zur Kulturgeographie der Mittelmeerländer IV. Marburger Geogr. Schriften, H. 84, S. 45–74, Marburg 1981

Wilhelmy, Herbert: Klimamorphologie der Massengesteine, Braunschweig 1958

Pflanzen- und Tierwelt

Brun, B. und L., Conrad, M., Gamisans, J.: Corse (La nature en France), Horizons de France, 1975

Polunin, O. und Huxley, Anthony: Blumen am Mittelmeer (BLV-Bestimmungsbuch), München 1976

Schönfelder, Ingrid und Peter: Die Kosmos-Mittelmeerflora, Stuttgart 1984

Zbuzek, H.: Pflanzen Korsikas, Wien 1975

Geschichte

Arrighi, Paul: Histoire de la Corse, Sammelband, Toulouse 1971

Arrighi, Paul und Pomponi, Francis: Histoire de la Corse (Reihe: Que sais-je?), o. O. 1978

Bastia, regards sur son passé, Berger-Levrault: Paris 1983

Hörstel, W.: Die Napoleoninseln Korsika und Elba, Berlin 1908

Le Memorial des Corses, 6 Bände, Ajaccio 1982

Pomponi, Francis: Histoire de la Corse, Paris 1979

Archäologie und Kunstgeschichte

Grosjean, Roger: Die Megalithkultur von Korsika. In: Die Umschau in Wissenschaft und Technik, H. 13, Juli 1964

Grosjean, Roger: Filitosa. Hochburg des prähistorischen Korsika. In: Promenades Archéologiques, Straßburg 1978

Grosjean, Roger: Torre et Torréens, âge du Bronze de l'Ile de Corse. In: Promenades Archéologiques, Straßburg 1957

Grosjean, Roger: La Corse avant l'histoire, Paris 1966

Jehasse, Jean und Laurence: Aleria antique, Lyon 1982 (mit umfangreicher Bibliographie)

Keyserlingk, Adalbert Graf von: Und sie erstarrten in Stein. Frühe Mysterienstätten in Korsika als Keime unserer Zeit, Basel 1983

Lanfranchi, François de und Weiss, Michel Claude: La civilisation des Corses: Les peuplades de l'age du fer, Bastia 1975

Mérimée, Prosper: Notes d'un voyage en Corse (1840), Neuauflage Paris 1971

Moracchini-Mazel, Geneviève: Corse romane, Paris 1972

Moracchini-Mazel, Geneviève: Les églises romanes de Corse, 2 Bde., Paris 1967

Moracchini, Geneviève und Carrington, Dorothy: Trésors oubliés des églises de Corse, Paris 1959

Raulin, Henri u. Ravis-Giordani, Georges: L'architecture rurale francaise. Corse, Berger-Levrault: Paris 1978

Reden, Sibylle von: Die Megalith-Kulturen, Köln 1978

Riba, Daniel: Mystère des statues-menhirs de Corse, Paris 1979

Virili, F. L., Grosjean, J.: Guide des sites torréens de l'âge du bronze corse, Paris 1979

Filippini, Maria Nunzia: La Cuisine Corse, Ajaccio 1978

Lingua Corsa: Dictionnaire Français-Corse, 3 Bde., Bastia 1960–1971

Kieselsteinbrunnen

Praktische Reisehinweise

Auskünfte

Informationen für eine Reise nach Korsika, Prospekte, Hotelverzeichnisse usw. liefert
in der **Bundesrepublik Deutschland**
das **Amtliche Französische Verkehrsbüro**
4000 Düsseldorf, Berliner Allee 26,
✆ (0211) 803 75
6000 Frankfurt/Main, Westendstraße 47
und Auskunftsbüro *6000 Frankfurt/Main,*
Kaiserstraße 12, Postfach 100128,
✆ (069) 75 60 83–0
in **Österreich**
das **Amtliche Französische Verkehrsbüro**
1030 Wien, Hilton Center 259,
Landstraßer Hauptstraße 2,
✆ (0222) 75 70 62
in der **Schweiz**
das **Amtliche Französische Verkehrsbüro**
8022 Zürich, Bahnhofstraße 16, Postfach 4979,
✆ (01) 211 30 85
1201 Genf, 2, rue Thalberg
✆ (022) 32 86 10

Informationen auf **Korsika** erteilen:
Secrétariat d'Etat au Tourisme:
Délégation Régionale, 38, Cours Napoléon,
20178 Ajaccio
✆ 95 21 55 31 und 95 21 55 32
Verkehrsämter (Syndicats d'Initiative):
Ajaccio: Hôtel de Ville, ✆ 95 21 40 87
Bastia: 35, Cours Paoli, ✆ 95 31 02 04
Bastia: Office du Tourisme, Place St-Nicolas,
✆ 95 31 00 89
Bonifacio: Quai Camparetti B.P. 17,
✆ 95 73 03 48

Calvi: Chemin de la Plage, ✆ 95 65 05 87
Cargèse: Rue du Docteur Dragacci,
✆ 95 26 41 31
Corte: 19 ter Cours Paoli, ✆ (49 91 11) 11 62
Ghisonaccia: Mairie, ✆ 95 56 15 10
L'Ile-Rousse: Rue J. Galizi, ✆ 95 60 04 35
Porto: La Marine, ✆ 95 26 10 55
Porto-Vecchio: Rue Jean Nicoli,
✆ (75 91 11) 159
Propriano: 2, Avenue Napoléon,
✆ 95 76 01 40
Saint-Florent: Capitainerie du port,
✆ 95 37 00 79
Sartène: Rue Tavera
Solenzara: Mairie annexe, ✆ 95 57 41 51

Landkarten (Auswahl)

Michelin Nr. 90 Corse; 1:200 000, jährliche Neuauflage
Institut Géographique National (I.G.N.), Paris: Carte touristique 1:100 000, Nr. 73 Corse Nord und Nr. 74 Corse Sud
Nr. 9 Parc Naturel Régional de la Corse (mit Angaben über Sehenswürdigkeiten), 1:100 000
I.G.N. Carte de France 1:50 000 – Einzelblätter
I.G.N. Carte de France 1:25 000 – Einzelblätter
Itinéraires pédestres, Nr. 20 Corse Nord, Nr. 23 Corse Sud, 1:50 000, Editions Didier et Richard (Wanderkarte auf der Grundlage der I.G.N.-Karte)

Carte de la Végétation de la France, Nr. 80–81 Corse (C.N.R.S.) 1:250 000
Carte de la Corse préhistorique 1:200 000 (Soc. archéol. du centre corse und Inst. Corse d'études préhistoriques)

Anreise

Trotz der hohen Transportkosten empfiehlt sich die Mitnahme des eigenen Autos, wenn Rundfahrten und ein längerer Aufenthalt auf Korsika geplant sind.

Autofähren

(s. vordere und hintere Umschlaginnenklappe) Korsika kann von Italien und von Frankreich aus mit dem Fährschiff erreicht werden. Die Schiffahrtsgesellschaften behalten sich das Recht vor, Fahrpläne, Tarife sowie Fahrtrouten ohne Vorankündigung zu ändern. Deshalb sollte man sich immer nach den neuesten Informationen bei den Buchungsstellen und Agenturen der jeweiligen Gesellschaft erkundigen.

Buchungen sind bei den Reisebüros und ADAC-Geschäftsstellen so früh wie möglich vorzunehmen. Folgende Angaben sind erforderlich.

- Vor- und Zuname sowie vollständige Anschrift und Telefonnummer des Bestellers
- Fabrikat und Typenbezeichnung des Kraftfahrzeugs
- Polizeiliches Kennzeichen bzw. Zulassungsnummer des Kfz
- Gesamtgewicht und Länge des Kfz
- Anzahl der Fahrzeuginsassen
- Bei Kindern: Alter, Geschlecht und Angabe, ob ein eigener Schlafplatz erwünscht ist
- Tage der Hin- und Rückfahrt und Uhrzeit

Verladung: Bei den aufgeführten Linien besteht direkte Auffahrt. Die Verladung erfolgt in der Regel 1 Stunde vor Abfahrt.

Versicherung: Allgemein werden Fahrzeuge nur auf Gefahr des Eigentümers verladen und befördert. Die üblichen Vollkaskoversicherungen für Kraftfahrzeuge decken keine Seetransportschäden ab. Dafür gibt es eine besondere Seetransportversicherung.

Die einzelnen Schiffahrtsgesellschaften

Corsica Ferries (italienische Gesellschaft)
Zentrale Buchungsstelle:
Bastia: 5 bis, Rue Chanoine Leschi, 20294 Bastia, ✆ 95 31 18 09, Telex: 4 60 092 (GEMAR)
Büros:
München: Georgenstraße 38, ✆ (0 89) 33 73 83
Ajaccio: Port de Commerce, ✆ 95 51 06 39
Calvi: Port de Commerce, ✆ 95 65 10 84
Genua: 1, Piazza Dante, ✆ (0 10) 59 33 01
Genua-Hafen: Ponte Caracciolo, ✆ (0 10) 25 34 73
La Spezia: Corsica Line s.r.l., Molo Italia, ✆ (01 87) 2 12 82
Livorno: Nuova Stazione Marittima, Calata Carrara, ✆ (05 86) 88 13 80, 88 63 28
NAV.AR.MA (italienische Gesellschaft)
Buchungsstelle in Deutschland: Seatours International, Seilerstraße 23, 6000 Frankfurt/Main, ✆ (0 69) 13 33–2 60
Société Nationale Maritime Corse-Méditerranée S.N.C.M. (französische Gesellschaft)
Generalagentur in Deutschland:
Seepassagen- und Touristik Agentur GmbH u. Co, Postfach 11 18 21, 6000 Frankfurt 1, ✆ (0 69) 73 04 71

Hafenagenturen der S.N.C.M. in:
Livorno: Stazione Marittima, Calata Carrara, ✆ (05 86) 89 78 51

Marseille: 61, boulevard des Dames,
℘ 91 56 32 00
Nice: S.N.C.M. Bureau de ventes passages:
3, avenue Gustave-V. et Gare Maritime, quai
du Commerce, ℘ 93 13 66 66
Toulon: S.N.C.M./C.M.T., 21 et 49, avenue
de l'Infanterie-de-Marine,
℘ 94 41 25 76, 94 41 01 76
Ajaccio: Quai L'Herminier, ℘ 95 21 90 70
Bastia: Nouveau Port, B. P. 40, ℘ 95 31 36 63
Calvi: Quai Landry, ℘ 95 65 01 38
L'Ile-Rousse: Avenue J.-Calizi, ℘ 95 60 09 56
Propriano: Quai Commandant-L'Herninier,
℘ 95 76 04 36

Verbindungen nach Ajaccio

Genua – Ajaccio (Corsica Ferries), 9 Std.
Nachtfahrt, Sommerhalbjahr
Marseille – Ajaccio (S.N.C.M.), mind. 8½
Std., ganzjährig
Nizza (Nice) – Ajaccio (S.N.C.M.), mind. 6¾
Std., ganzjährig

Verbindungen nach Bastia

Genua – Bastia (Corsica Ferries), 8 Std.
Nachtfahrt, Kabinen, ganzjährig
La Spezia – Bastia (Corsica Ferries),
(NAV.AR.MA), 5 Std. Tagesfahrt, ganzjährig
und Sommerhalbjahr (Autobahn führt bis
zum Hafen)
Livorno – Bastia (Corsica Ferries), 4 Std.
Tagesfahrt (preiswerteste Linie zwischen
Italien und Korsika), ganzjährig
(Corsica Marittima=S.N.C.M.), 3¼ Std.
Tagesfahrt, Sommerhalbjahr
(NAV.AR.MA), 4 Std. Tagesfahrt, Sommer-
halbjahr
Piombino – Bastia (NAV.AR.MA), 3 Std.
Tagesfahrt, Ostern bis Oktober (kürzeste
Linie zwischen Italien und Korsika)

Porto S. Stefano – Bastia (NAV.AR.MA),
4½ Std., Tagesfahrt, Sommerhalbjahr
Marseille – Bastia (S.N.C.M.), mind. 10 Std.,
ganzjährig
Nizza (Nice) – Bastia (S.N.C.M.), mind.
6¼ Std., ganzjährig
Toulon – Bastia (S.N.C.M.), mind. 8½ Std.,
Sommerhalbjahr

Verbindungen nach Calvi

Genua – Calvi (Corsica Ferries), 10 Std.,
Sommerhalbjahr
Nizza (Nice) – Calvi (S.N.C.M.), mind.
5 Std., Sommerhalbjahr
Toulon – Calvi (S.N.C.M.), mind. 7 Std.,
Sommerhalbjahr

Verbindung nach L'Ile-Rousse

Nizza (Nice) – L'Ile-Rousse (S.N.C.M.),
mind. 5 Std., ganzjährig

Verbindung nach Porto-Vecchio

Porto S. Stefano – Porto Vecchio (Corsica
Ferries), 8 Std., Sommerhalbjahr

Verbindung nach Propriano

Marseille/Nizza/Toulon – Propriano
(S.N.C.M.), 7 bis 10 Std.
bis zu zehnmal monatlich von April bis September

Verbindung Korsika – Sardinien

Ajaccio – Porto Torres (Corsica Ferries),
4 Std., Sommerhalbjahr
Bonifacio – Santa Teresa Gallura (Tirrenia),
1 Std., ganzjährig, Reserv.: ℘ 95 73 00 96;
(NAV.AR.MA), 50 Min., nur im Sommer
Porto-Vecchio – Palau (Corsica Ferries),
2 Std., Sommerhalbjahr
Die Abfahrtszeiten sind hier nicht aufgeführt,
da sie sich von Jahr zu Jahr und zwischen
Haupt- und Nebensaison ändern.

Flugverbindungen

Das ganze Jahr hindurch wird Korsika von den französischen Fluggesellschaften ›Air France‹ und ›Air Inter‹ im regelmäßigen Linienflug täglich angeflogen. Während der Sommersaison gibt es zusätzliche Flüge von ›Air Alpes‹ und ›Air Alsace‹. Es bestehen Verbindungen zwischen Paris, Lyon, Marseille, Nizza und Ajaccio, Bastia, Calvi, Propriano, Figari. Buchungen bei den Reisebüros. Vertretung von *Air France* in der Bundesrepublik, Österreich und Schweiz.

6000 Frankfurt/Main, Friedensstraße 11,
✆ (0 69) 23 05 01 (am Flughafen 6 90 26 25)
1010 Wien, Kärntnerstraße 49,
✆ (02 22) 52 66 55/6
8039 Zürich, Talstraße 70,
✆ (01) 2 11 13 77
Air Inter
12, rue de Castiglione, *75001, Paris,*
✆ 15 39 25 25
Air France
119, Champs Elysées, *75008 Paris,*
✆ 15 35 61 61
Air Alpes
Chambéry Airport, *Aix-les-Bains,*
73420 Vivier du Lac, ✆ 79 61 26 00
Air Alsace
Flughafen Colmar, *68000 Colmar,*
✆ 89 41 43 95, Auskunft und Reservierung
✆ 89 23 23 22

Die großen Flughäfen Ajaccio, Bastia und Calvi werden von deutschen, österreichischen und schweizerischen Reiseveranstaltern mit Chartermaschinen angeflogen. Auskünfte erteilen die Reisebüros.

Auch von den italienischen Flughäfen Genua, Florenz und Elba gibt es Flugverbindungen nach Bastia.

Reisemöglichkeiten auf Korsika

Innerkorsischer Flugdienst

Die Fluggesellschaft ›Kallistair‹ unterhält während des ganzen Jahres regelmäßige Flüge zwischen den einzelnen Flughäfen Korsikas. Buchungen in den Reisebüros und bei den Fluggesellschaften Air France und Air Inter (s. oben).

Lufttaxis

Dieser individuelle Flugdienst ist ganzjährig zu jeder Zeit mit beliebigem Ziel möglich. Es sind Maschinen mit begrenzter Personenzahl, geflogen von Piloten mit Erfahrung im öffentlichen Flugdienst.
Buchung und Reservierung:
Air Service Méditerranée, B. P. 58
20137 Porto-Vecchio, ✆ 95 71 01 13
Corse Aéro Service
Aéroport de Campo dell'Oro
20178 Ajaccio, ✆ 95 23 21 42
Calvi, ✆ 95 65 08 09
Figari, ✆ 95 77 08 67
Propriano, ✆ 95 76 00 87

Eisenbahnfahrten

Die S.N.C.F., früher C.F.T.A. (Chemin de Fer de la Corse), unterhält auf Korsika zwei schmalspurige Eisenbahnlinien:
Zentrale Linie: Bastia – Ponte Leccia – Ajaccio, 158 km, 4 Std.
Balagne-Linie: Bastia – Calvi, 120 km, 3½ Std. Beide Linien bilden zwischen Bastia und Ponte Leccia eine gemeinsame Strecke.

Je nach Jahreszeit verkehren auf den Strecken zwei bis sechs Züge täglich. Zwischen Calvi und L'Ile-Rousse verkehren außerdem bis zu dreißig Schienenbusse (›Le Tramway de la Balagne‹), ebenso besteht reger Schienenverkehr zwischen Bastia und Biguglia (›Metro bastiais‹).

Besonders die Strecke zwischen Corte und Ajaccio ist empfehlenswert, führt sie doch durch das Hochgebirge Korsikas, vorbei an gepflegten Sommerfrischen und stillen Ortschaften, gewaltigen Felsstöcken und Abgründen in die Einsamkeit des Gravona-Tales, überbrückt es mit Viadukten und durchquert Gebirge in Tunneln. Die abwechslungsreiche Fahrt bietet Ausblicke, welche diejenigen von der Straße N 193 noch weit übertreffen. Die Gefahr, daß die Eisenbahnstrecken – diese Meisterleistung der Ingenieurkunst des vergangenen Jahrhunderts – wegen Unrentabilität stillgelegt werden, scheint z. Zt. nicht mehr aktuell, weil in den letzten Jahren ein stetig steigendes Fahrgastaufkommen festzustellen ist. Auch wurden neue Triebwagen eingesetzt. – Auskünfte erteilt:

S.N.C.F., B. P. 170
20294 Bastia, ✆ 95 31 06 00 und 95 31 00 61
Gare de Bastia: ✆ 95 31 20 09
Gare d'Ajaccio: ✆ 95 23 11 03
Gare de Calvi: ✆ 95 65 00 61
Gare de Ponte Leccia: ✆ 95 47 61 29

Busverbindungen

Die Französische Eisenbahn (S.N.C.F.) sowie andere staatliche und private Omnibusunternehmen unterhalten regelmäßige Verbindungen zwischen den meisten Orten auf der Insel. Die Busse fahren meist nur einmal täglich, selten auch sonntags. Fahrpläne gibt es bei den Fremdenverkehrsämtern (Syndicats d'Initiative). Während der Hauptsaison empfiehlt es sich, einige Tage im voraus zu buchen.

Von **Ajaccio** fahren Busse nach: Bastia über Corte, Bastelica über Cauro, Bonifacio über Sartène, Evisa, Guagno-les-Bains, Porto, Porto-Vecchio über Zonza, Zicavo.

Von **Bastia** fahren Busse nach: Ajaccio über Corte, Bonifacio über Porto-Vecchio, Calacuccia über Francardo, Calvi über Ponte Leccia und L'Ile-Rousse, Cap Corse, Cervione, Corte, Moriani-Plage, Oletta über Lancone, Orezza über Folelli, Porto-Vecchio über Côte Orientale, Saint-Florent-Oletta, Pietrabrugno-Sainte-Lucie, Santo-Pietro-di-Tenda, Solenzara.

Autovermietung für Selbstfahrer
Ajaccio
AVIS (Ollandini), 3, place de Gaulle, ✆ 95 21 01 86; boulevard Sampiero, ✆ 95 21 43 60; aéroport, ✆ 95 23 25 14
HERTZ, 8, cours Grandval, ✆ 95 21 70 94; aéroport, ✆ 95 23 24 17
Bastia
AVIS (Schaller), 2, rue Notre-Dame de Lourdes, ✆ 95 31 25 84; aéroport, ✆ 95 36 03 56
HERTZ (Filippi) square Saint-Victor, ✆ 95 31 14 24; aéroport, ✆ 95 36 02 46
Calvi
AVIS, place Christophe Colomb, ✆ 95 65 06 74
HERTZ, 2, rue du Maréchal Joffre, ✆ 95 65 06 64; aéroport, ✆ 95 65 02 98

Außer den genannten Mietwagengesellschaften gibt es in Ajaccio, Bastia, Bonifacio, Calvi, Corte, L'Ile-Rousse, Porto, Porto-Vecchio, Propriano, St-Florent und Sartène auch noch weitere Firmen (ALFA CITAL, BALESI, CORSOTO, EMMANUELLI, EUROCARS, MAGGIORE, MATTEL, SOLVET u. a.).

Taxi
Taxi können in allen größeren Orten preiswert gemietet werden. Für Ausflugsfahrten gibt es meist feststehende Tarife, doch sollte man sie vorher absprechen.
Taxiruf
Ajaccio, ✆ 95 21 48 32 oder 95 21 00 89 oder 95 21 28 14
Bastia, ✆ 95 31 03 02

Reisevorschlag
Eintägiger Ausflug mit Flugzeug und Eisenbahn von Ajaccio nach Calvi – Berge, Buchten, Täler und Tunnels

Juli 1983. Ein Erlebnis besonderer Art war für uns die Faszination der korsischen Berge aus der Vogelperspektive, die kunsthistorischen Streifzüge durch die Zitadelle von Calvi und die abschließende Eisenbahnfahrt durch kontrastreiche Landschaften – insgesamt ein außergewöhnlich reichhaltiges Tagesprogramm.

Einen Tag vor dem Ausflug hatten wir im Aero Service neben dem Aero Club des Flughafens von Ajaccio vorgesprochen, die kleinen einmotorigen Propellerflugzeuge begutachtet und mit dem Piloten einen Flug Ajaccio – Calvi (Luftlinie: 68 km) für den nächsten Morgen 8 Uhr für den Preis von 680 Francs (4 Personen) vereinbart.

Vorfreude und Ungeduld trieben uns am nächsten Tag schon frühzeitig zum Flugfeld. Schließlich tauchte der Pilot auf, kontrollierte die Funktionen der Cessna-Maschine und ließ von einem Mechaniker noch eine Batterie auswechseln. Wir beobachteten derweil einen aufsteigenden Wetterballon: es sollte ein heißer Tag mit Temperaturen von 37°C werden. Und dann war es endlich soweit! Wir kletterten über den rechten Flügel der Cessna in die enge Kabine, die Autorin mit den Kindern nach hinten, der Autor durfte sich als »Co-Pilot« vorne plazieren. Nochmals wurden Schalter und Knöpfe betätigt, die Steuerung geprüft, ein Hinweis auf unsere Sitzgurte. Nach den für uns unverständlich klingenden Fluganweisungen aus dem Tower schaukelte die Maschine mit aufheulendem Motor auf die Startbahn zu und setzte kurz darauf vom Boden ab, wir Passagiere mit unguten Gefühlen angesichts der von uns ausgemalten möglichen Flugakrobatik.

Doch der Flug verlief ruhig und ließ jede Angst vergessen. Unter uns lag die Bucht von Ajaccio, im Hafen das weiße Fährschiff »Napoleon«; links voraus auf dem Berg entdeckten wir das Château de la Punta, und schon schwebten wir über dem Golf von Sagone und verfolgten die weiße Strandlinie. Dann ein Schrei des Entzückens: unter dem linken Flügel tauchte Porto mit dem Wachtturm auf dem Felsen auf, ein Stück von Korsika, was mit dem Auto nur mühsam auf kurvenreichen Straßen anzusteuern ist. Jetzt schwebten wir so leicht und problemlos in etwa 2000 m Höhe über diese einsame Berglandschaft hinweg. Auf der rechten Seite hob sich deutlich im Gegenlicht der noch tief stehenden Sonne der dunkle Fels der Paglia Orba ab, dahinter das Cinto-Massiv. Aber zum Bewundern dieser großartigen Szenerie aus Blautönen blieb nur wenig Zeit, schon flog die Maschine knapp über die letzten Bergkämme hinweg. Unter uns lag der Kessel von Bonifatu, und voraus schimmerte hell die Landebahn des Flughafens Calvi-Sainte Catherine. Wenige Minuten später setzten wir auf der Piste auf, rollten etwas abseits, standen; der Pilot schrie uns noch zu, die Maschine wegen des laufenden Propellers nur nach hinten zu verlassen, ein kurzes Winken, und schon sahen wir unserem Flugzeug nach, wie es Kurs auf Ajaccio nahm. Der erste aufregende Teil des Tages war nach knapp 30 Minuten schon zu Ende.

Wir standen alleine auf dem weiten Feld, weder Flugzeuge noch Menschen waren zu sehen. Als wir dann am Zollschalter des Terminals eintrafen, musterte uns der Beamte überrascht; vier Personen zu ungewöhnlicher Zeit und ohne Gepäck kommen nicht alle Tage hier an. Ein telefonisch herbeigerufenes Taxi brachte uns schließlich in rasendem Tempo von 120 Stundenkilometern nach Calvi. Der

Fahrer schien die Strecke im Traum zu kennen, und korsisches Temperament schien wohl auch mit im Spiel zu sein.

Kurz nach neun Uhr begannen unsere Streifzüge durch die Zitadelle von Calvi mit dem obligatorischen Besuch der Kirche Saint-Jean-Baptiste und dem Museum der Balagne im Oratorium Saint-Antoine.

Nach dem ausgedehnten Mittagessen in einem der schön gelegenen Hafenrestaurants Calvis begann der dritte Abschnitt unseres Tagesausflugs. Um 14.27 Uhr war die Abfahrt des Zuges von Calvi über Ponte Leccia nach Ajaccio (etwa 180 km) im Fahrplan angegeben. Nach dem Kauf der Fahrkarten (84 Francs pro Person) gesellten wir uns zu einer Gruppe Rucksackwanderer, die auf dem Bahnsteig lagerte. Fast pünktlich setzte sich die Zugeinheit aus zwei Personenwagen und zwei Gepäckanhängern in Bewegung. Sehr schnell sollten wir erfahren, was Reisen in hochsommerlicher Hitze in einer korsischen Schmalspurbahn bedeutet. Die Schwüle wurde in den schlecht belüfteten Waggons unerträglich – unsere Wasservorräte schmeckten warm und schal –, und der Zug schlingerte und schüttelte die Passagiere unsanft hin und her. Außerdem klatschten die Macchiensträucher von Zeit zu Zeit gegen die Glasfenster. Ein Blick auf die Bahnstrecke voraus genügte, um das sonderbare Verhalten des Zuges leicht zu erklären: Pflanzen überwucherten den Bahnkörper, so daß man sich des Eindrucks nicht erwehren konnte, daß die Bahnstrecke schon jahrelang nicht mehr befahren wurde, und auch die Schienenstränge selbst ließen jede Parallelität vermissen. Für die unkomfortable Reise entschädigte uns aber das Landschaftsbild. Die Strecke führt zunächst an der Küste entlang, und es boten sich uns farbenprächtige Ausblicke auf tiefblaue und türkisfarbene Meeresbuchten.

Hinter L'Ile-Rousse verläßt der Zug das Meer und steigt in großen Schleifen hinauf in eine einsame Berglandschaft. Viele Bahnhofsgebäude, die einst mit großem Aufwand in gleichartiger Architektur erbaut worden waren, spiegeln heute als eingefallene Ruinen die Armut und Entvölkerung der korsischen Berglandschaft wider.

Gegen 16.30 Uhr wurde Ponte Leccia erreicht. Hier hieß es umsteigen in den schon wartenden Zug von Bastia nach Ajaccio. Die Hitze in diesem abgeschlossenen Tal von Korsika, wo ein guter Wein reift, war an diesem Tage mörderisch. Scharen jugendlicher Wanderer umlagerten den einzigen Wasserhahn am Bahnhofsgebäude; Wasserflaschen wurden abgefüllt, und für eine Schnellkühlung spritzte das Wasser auch gleich über die Köpfe. Die Hitze war auch manchen Leuten im Zug in den Kopf gestiegen. Weil ein Wanderer seinen Rucksack entgegen den Vorschriften der korsischen Eisenbahn nicht im Gepäckanhänger untergebracht, sondern auf einen Sitzplatz abgestellt hatte, entwickelte sich zwischen dem Schaffner und dem Unglücklichen ein heftiger Streit, der in wenigen Augenblicken zum brutalen blutigen Faustkampf ausartete, der nur durch beherztes Dazwischentreten anderer Fahrgäste mit Mühe beendet werden konnte. Den beanstandeten Rucksack hatte der Schaffner quer durch den Wagen zu Boden geschleudert, wo er dann auch weiterhin liegenblieb. Übrigens gaben sich die beiden Kampfhähne später wieder die Hände zum Zeichen der Versöhnung. In Corte stiegen noch einmal viele Wanderer zu, aber auch Tagesausflügler von Ajaccio. Die Strecke zwischen Corte und Bocognano über Viadukte und durch Tunnels, vorbei an schwindelerregenden Abgründen und mit hinreißenden Blicken auf die korsischen Berge wurde dann der landschaftliche

Höhepunkt der Zugfahrt. Gegen 19.30 Uhr erreichte der Zug mit den doch einigermaßen strapazierten Fahrgästen den Bahnhof von Ajaccio, und ein Taxi brachte uns zum Ausgangspunkt unseres Tagesausflugs, zum Flughafen, wo wir unseren Wagen abgestellt hatten. Zwölf Stunden ›Korsika total‹ waren zu Ende.

Unterkünfte und Reisezeit

Hotels sind auf Korsika nur in geringer Anzahl vorhanden. Es gibt zur Zeit je ein Luxushotel in Ajaccio (Eden Roc) und in Calvi (Grand Hotel), außerdem etwa sechzig Hotels mit drei Sternen (sehr guter Komfort). Neben Zwei-Sterne-Hotels (guter Komfort) und Ein-Sterne-Hotels, die gutbürgerlich geführt werden, gibt es **Auberges** (nicht klassifizierte Gasthöfe und Pensionen) ohne besonderen Komfort, aber sauber und mit oft guter Küche. Die Adressen von **Privatzimmern** erhält man über die lokalen Fremdenverkehrsbüros. Alljährlich nimmt auch das Angebot an **Ferienhäusern** und **Ferienappartements** in den Touristenzentren zu.

Auskünfte und Verzeichnisse gibt es durch die Amtlichen Französischen Verkehrsbüros.

Reservierungsdienst für Ferienhäuser bei Bauernhöfen und Dörfern:
Relais Régional des Gîtes Ruraux, 22, boulevard Paoli, *20177 Ajaccio,* ✆ (95) 20 51 34

Camping

Korsika ist ein Paradies für Campingfreunde, die am Meer, im Gebirge und in den Wäldern eine große Auswahl an Plätzen finden, von ganz kleinen mit zwanzig bis zu großen mit zweitausend Stellplätzen. Entlang der Küste befinden sich große Feriendörfer mit Zelten, Wohnwagen, leicht gebauten Hütten und Bungalows. Einige von ihnen gehören Clubs an, denen man vor Reisebeginn beitreten sollte. Bei einem Aufenthalt während der Hochsaison empfiehlt sich eine frühzeitige Reservierung. Wo es keinen Zeltplatz gibt, sollte man vorher eine Erlaubnis beim Gemeindeamt einholen, bevor man sein Zelt aufschlägt.

Für Camping in den Gebirgswäldern Süd-Korsikas ist eine Genehmigung der Conservation des Eaux et Forêts, 4, boulevard Marcaggio, Ajaccio, erforderlich mit Vorlage einer Mitgliedskarte eines internationalen Campingclubs.

Auskünfte
Fédération Régionale de l'Hôtellerie de Plein Air, 34, Cours Napoléon, *2000 Ajaccio,* ✆ 95 21 52 23

Keine Genehmigung für das Zelten in den Wäldern von Haute-Corse!

Korsika-Reisende, welche die Insel nicht nur wegen der herrlichen Strände und der damit verbundenen Badefreuden aufsuchen, sondern wegen der korsischen Kunst und Kultur und der Eigenart der Menschen, sollten die Monate Juli und August, die Zeit der großen Ferien in Frankreich meiden. Unangemeldete Gäste werden zu dieser Zeit kaum noch ein Zimmer oder einen Stellplatz für den Caravan an der Küste bekommen. Besonders empfehlenswert sind die Monate April, Mai und Juni, wenn auf Korsika die Macchia blüht, oder September und Oktober, wenn sich das Laub der Wälder färbt. (Klimadaten s. S. 22) Für Bergwanderungen sind nach der Schneeschmelze schon ab Mai die meisten Gipfel auf den leichten Routen zu besteigen, für ausgesprochen bergsteigerische Unternehmungen sind die Monate Juli bis September vorzuziehen.

Sprache und Verständigung

Der Ursprung des Korsischen, eine reiche, konkrete und wohlklingende Sprache, die Jahrhunderte hindurch bis ins 19. Jahrhundert weder geschrieben noch gelehrt, sondern nur mündlich überliefert wurde, ist bis heute noch nicht sicher geklärt. Das Korsische zeigt in den beiden Landschaftsräumen beiderseits der trennenden Hochgebirge eine unterschiedliche Ausprägung und spiegelt auch die historische Gegnerschaft zwischen En-Deça (= östlich) und Au-Delà-des-Monts (= westlich) wider. So ist die Sprache des Nordostens sehr musikalisch und steht dem Toskanischen sehr nahe, während die Sprache des Südwestens in ihrem Vokabelschatz und in ihrer Aussprache viel ursprünglicher klingt (vgl. Vocero S. 95).

Bis heute rätselt man, ob die korsische Sprache ein toskanisch-pisanischer oder ein lateinischer Dialekt ist. Die Anhänger der zweiten Theorie meinen, daß sich in dem Zeitraum von sechs Jahrhunderten zwischen dem Ende des Römischen Reiches und dem Beginn der Pisanerherrschaft auf Korsika eine Sprache entwickelt hat, die sich direkt aus dem Spätlateinischen ableiten läßt, so daß das Korsische ebenso wie das Sardische, Katalanische oder Provenzalische als eigenständige romanische Sprache aufzufassen sei, in der dann erst später italienische Einflüsse wirksam wurden.

Bis zum Anschluß Korsikas an Frankreich im Jahre 1768 war das Italienische die Sprache der Ämter, der Geistlichkeit und der Gelehrten, was sich auch in den Ortsnamen u. ä. niederschlägt. Dann wurde das Französische die Amtssprache der Insel. Der Forderung der Autonomisten, die korsische Sprache zu erhalten, ist man von staatlicher Seite entgegengekommen, indem man sie an den höheren Schulen als Wahl- und Prüfungsfach zuließ (vgl. S. 117f.).

Für den Reisenden auf Korsika ist für ein intensiveres Kennenlernen der Insel und ihrer Menschen die Beherrschung der französischen Sprache notwendig. In den Küstenorten kann man sich auch mit Englisch und Italienisch, seltener mit Deutsch verständigen.

Wichtige Hinweise

Reisedokumente

Für die Einreise nach Frankreich sind gültig der Reisepaß oder Personalausweis. Für Kinder unter 16 Jahren gilt der Kinderausweis oder eine Eintragung im Familienpaß.

Devisen

Die Einfuhr von Zahlungsmitteln ist nicht beschränkt. Ausfuhr bis zu 5000 F., ausländische Banknoten in unbegrenzter Höhe, wenn sie bei der Einreise deklariert werden, sonst nur bis zu einem Gegenwert von 5000 F.

Zoll/Reisegepäck

Der Reisebedarf für den persönlichen Gebrauch darf vorübergehend zollfrei eingeführt werden. Für Fernsehgeräte ist eine Kaution zu hinterlegen. Zwei Jagdgewehre mit je 100 Patronen dürfen mitgeführt werden. Für Funksprechgeräte ist Rückfrage erforderlich (ADAC).

Abgabenfrei bleiben ferner bei der Einfuhr aus EG-Ländern: 300 Zigaretten oder 150 Zigarillos oder 75 Zigarren oder 400 g Tabak, 1½ l Spirituosen über 22% oder 3 l Spirituosen unter 22% Alkoholgehalt oder 3 l Schaumwein und 4 l sonstiger Wein, 750 g Kaffee oder 300 g Kaffeeauszüge, 150 g Tee oder 60 g Teeauszüge (Tabak und Alkohol nur für Personen über 15 Jahre), Geschenke bis zum Wert von 1030 F., von Kindern unter 15 Jahren bis 290 F. Bei Einfuhren aus Nicht-EG-Ländern gelten geringere Mengen.

Tiere
Für Tiere, die älter als ein Jahr sind, genügt ein Tollwutimpfzeugnis (Internationaler Impfpaß). Die Impfung muß mindestens einen Monat, darf aber nicht länger als ein Jahr zurückliegen.

Konsulate
Für die Bundesrepublik Deutschland, Österreich und die Schweiz gibt es auf Korsika keine Konsulate; es sind die französischen Konsulate zuständig. Deutsche, österreichische und Schweizer Konsulate gibt es in Marseille.

Kraftfahrzeugpapiere
Nationaler Führerschein und Kraftfahrzeugschein, Nationalitätskennzeichen am Fahrzeug. Mitnahme der Internationalen Grünen Versicherungskarte ist nur noch für Fahrzeuge mit Zollkennzeichen erforderlich, der ADAC empfiehlt sie jedoch trotzdem.

Verkehrsbestimmungen
Höchstgeschwindigkeit innerhalb geschlossener Ortschaften 60 km/h, außerhalb 90 km/h, auf Straßen mit zwei Fahrstreifen in jeder Richtung (Fahrbahnen baulich getrennt) 110 km/h, auf Autobahnen 130 km/h. Wer seinen Führerschein noch kein ganzes Jahr besitzt, darf nicht schneller als 90 km/h fahren. Sicherheitsgurt- und Anschnallpflicht. Bei Regen- und Schneefällen muß mit Abblendlicht gefahren werden. Motorrad- und Mopedfahrer müssen Schutzhelme tragen und auch am Tag mit Abblendlicht fahren.

Straßenverhältnisse
Abgesehen vom Streckenabschnitt Bastia–Bonifacio an der Ostküste sind Korsikas Straßen meist Gebirgsstraßen, häufig sehr schmal und unbefestigt, teilweise in schlechtem Zustand und vor allem ungeheuer kurvenreich. Meist kann eine Strecke nur mit 30–40 km/h befahren werden. Äußerste Konzentration ist notwendig, denn hinter jeder Kurve können Hindernisse wie Schweine, Esel und Rinder auftauchen. Außerdem besteht Erdrutsch- und Steinschlaggefahr. Vor jeder Kurve sollte man unbedingt hupen (Zweiklanghorn ist sehr wirksam!), obwohl die Erfahrung zeigt, daß entgegenkommende Fahrzeuge nicht immer antworten, also rechts bleiben und Vorsicht!

Vor jeder Fahrt sollte man sich über den Straßenzustand erkundigen. In der Michelin-Karte sind Hinweise über schwer und gefährlich zu befahrende Straßen oder über Strecken, auf denen Ausweichen schwierig oder unmöglich ist, eingetragen. Besonders bei Fahrten mit Wohnanhänger oder Bootsanhänger ist sorgfältig der Routenverlauf zu planen; manche Strecken sind für Anhängerbetrieb völlig ungeeignet.

Treibstoff
Normalbenzin 90 Oktan, Superbenzin 98 Oktan, Dieselkraftstoff. Bleifreies Benzin 95 Oktan gibt es entlang der gesamten korsischen Küste; an der Ostküste häufiger als an der Westküste (Calvi, Porto, Ajaccio, Propriano, Bonifacio). Tankstellen sind sonntags meist geschlossen. Tankautomaten nehmen nur 10 F-Scheine an. Treibstoff in Kanistern ist bei der Einreise zu versteuern.

Kleidung
Wegen der starken Temperaturunterschiede zwischen Tag und Nacht, zwischen der Küste

und dem Landesinnern ist auch im Sommer ein wärmeres Kleidungsstück erforderlich. Für Bergwanderungen und Bergsteigen ist gutes Schuhwerk notwendig, bei Wanderungen durch Macchiengestrüpp eine strapazierfähige lange Hose. Da im Inselinnern je nach Jahreszeit heftige Gewitter (Hagel) in der Mittagszeit vorkommen, schütze man sich mit der entsprechenden Regenkleidung.

FKK

Die wilde Unberührtheit der Natur, die man in weiten Teilen Korsikas noch antrifft, bedeutet einen besonderen Anziehungspunkt für die Anhänger der Freikörperkultur. Die offiziellen Naturistenstrände liegen fast ausschließlich an der Ostküste (s. S. 342).
Auskünfte: Deutscher Verband für Freikörperkultur e.V., Königstraße 22, 3000 Hannover 1
Spezialveranstalter für FKK-Reisen: Oböna-Reisen, 6350 Bad Nauheim, ✆ (0 60 32) 89 84

Gefahr im Gebirge

Gefährlich sind für den Bergwanderer und Bersteiger die sommerlichen Gewitter, die häufig um die Mittagszeit entstehen. Dabei kann es manchmal auch zu Schneefall oder Hagelschlag kommen; starke Temperaturstürze können für unerfahrene Touristen tödliche Folgen haben. Bergwanderungen sollte man deshalb schon am frühen Morgen antreten. Zur Ausrüstung des Rucksacks gehört auch warme Kleidung und ein Regenumhang. Schutz findet man meist unter den auf Korsika zahlreich vorkommenden Felsüberhängen, keinesfalls unter Bäumen!

Stromstärke

Größere Ortschaften im Küstengebiet 220 Volt, im Landesinneren 110 Volt Wechselstrom. Schukostecker sind nicht verwendbar.

Veranstaltungen

Ajaccio
18. März: Fest der Schutzpatronin der Stadt ›Notre-Dame de la Miséricorde‹
Karfreitag: Prozession durch die Stadt
2. Juni: Fest des Saint-Erasme, Prozession durch die Stadt zu Ehren des Schutzheiligen der Fischer
24. Juni: Johannisfest
Juli: Tag des Kunsthandwerks
Internationales Festival der Mittelmeerfolklore
1.–15. August: Theaterfestspiele (jedes zweite Jahr in Bastia)
15. August: Feiern aus Anlaß des Geburtstages von Napoleon Bonaparte
Erste Novemberhälfte: Automobil-Rallye der ›10 000 Kurven‹. Veranstalter: Automobilclub von Korsika. Start: Ajaccio oder Bastia

Bastia
19. März: Prozession zu Ehren von Saint-Joseph
24. Juni: Fest des Schutzheiligen Saint-Jean-Baptiste
8. September: Wallfahrt zur Notre-Dame-de-Lavasina
Sommer: Orgelkonzerte unter der Schirmherrschaft der Vereinigung ›Renaissance de l'Orgue‹ (Auskünfte bei M. Chailley Pompei, ✆ 95 31 57 43, Bastia)

Bonifacio
Karfreitag: Morgendliche und abendliche Prozession (Farbt. 15). Die Mitglieder von fünf Bruderschaften ziehen auf verschiedenen Wegen durch die Straßen der Stadt und treffen sich vor der Pfarrkirche, wo sie vor dem Kreuzreliquiar den Segen empfangen. Jede Bruderschaft trägt eine Gruppe von bemalten

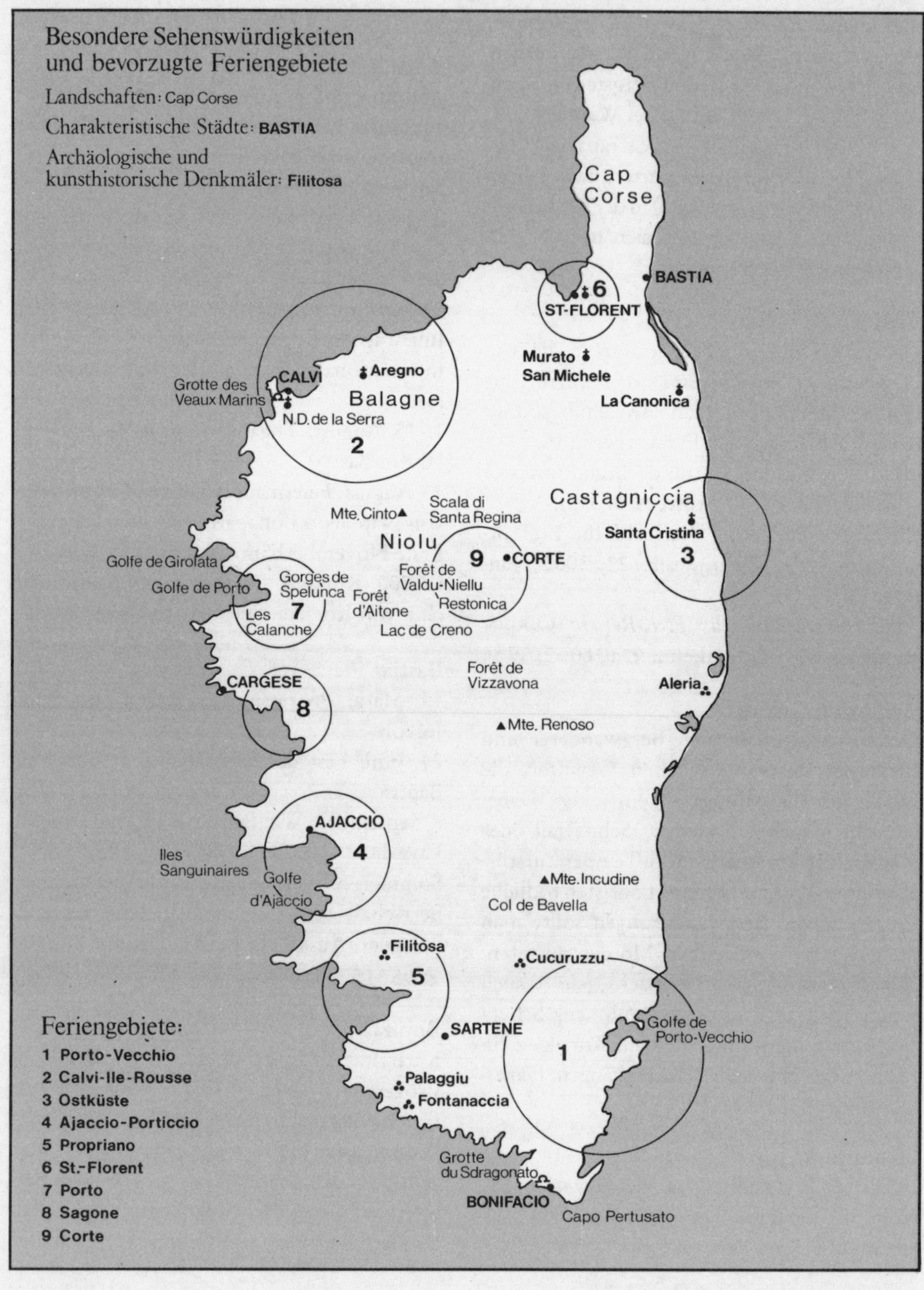
Besondere Sehenswürdigkeiten
und bevorzugte Feriengebiete
Landschaften: Cap Corse
Charakteristische Städte: BASTIA
Archäologische und
kunsthistorische Denkmäler: Filitosa

Cap Corse
BASTIA
ST-FLORENT
Murato
San Michele
La Canonica
Grotte des
Veaux Marins
CALVI
Aregno
Balagne
N.D. de la Serra
2
Mte. Cinto
Scala di
Santa Regina
Castagniccia
Santa Cristina
3
Niolu
9
CORTE
Golfe de Girolata
Gorges de
Spelunca
Forêt de
Valdu-Niellu
Golfe de Porto
Forêt
d'Aitone
Restonica
Les
Calanche
7
Lac de Creno
Forêt de
Vizzavona
CARGESE
Aleria
8
Mte. Renoso
AJACCIO
4
Iles
Sanguinaires
Mte. Incudine
Golfe
d'Ajaccio
Col de Bavella
Filitosa
Cucuruzzu
5
1
Golfe de
Porto-Vecchio
SARTENE
Feriengebiete:
1 Porto-Vecchio
2 Calvi-Ile-Rousse
3 Ostküste
4 Ajaccio-Porticcio
5 Propriano
6 St.-Florent
7 Porto
8 Sagone
9 Corte
Palaggiu
Fontanaccia
Grotte
du Sdragonato
BONIFACIO
Capo Pertusato

barocken Holzskulpturen, die von Fackeln und Laternen beleuchtet werden. Altüberlieferte Volksgesänge begleiten die Prozession.

Calvi

Gründonnerstag: Prozession der ›Canistrelli‹, benannt nach dem berühmten korsischen Kuchen.

Karfreitag: Abendliche Büßerprozession. Umzug mit alten Gesängen der Bruderschaften des Saint-Antoine und Saint-Erasme. Barfüßige, mit Mönchskapuzen bekleidete Büßer, deren Identität unbekannt bleibt, tragen schwere Kreuze durch die Stadt (vgl. Sartène). Die Prozession geht von der Pfarrkirche beim Hafen bis zur Kathedrale; sie hält dreimal an, um die Granitola auszuführen (s. unter Erbalunga).

15. August: Festtage von Calvi. Den religiösen Feierlichkeiten zu Mariä Himmelfahrt folgt ein dreitägiges Volksfest.

8. September: Wallfahrt zur Notre-Dame de la Serra

Cargèse

Karwoche: Besondere Osterzeremonien in der griechisch-orthodoxen Kirche. Klagegesänge in der am Karfreitag nicht beleuchteten Kirche. Kerzenanzündungsfeier am Karsamstag um Mitternacht. Die Chorgesänge haben typisch griechischen Charakter.

Casamaccioli

8.–10. September: Volksfest und religiöse Feiern zu Ehren der Heiligen des Niolu (bedeutendste Veranstaltung dieser Art von ganz Korsika). Am 8. September wird eine wundertätige Marienstatue – die ›Santa‹ – von der Kirche aus durch den Bereich des Volksfestes getragen, wobei der Brauch der Granitola (s. Erbalunga) ausgeübt wird. Beim anschließenden Sängerwettstreit sind die improvisierten Lieder und Wechselgesänge ein einzigartiges Schauspiel archaisch anmutender Musik und Poesie.

Corte

Fastnacht: Karnevalsumzüge und Maskenbälle.

Karfreitag: Abendliche Prozession durch die von Kerzenschein erhellte Altstadt.

Erbalunga

Karfreitagmorgen: Prozession ›La Cerca‹ (die Suche). Der über 7 km lange Prozessionsweg führt zu Kirchen und Kapellen der umliegenden Dörfer.

Karfreitagabend: ›La Granitola‹. Büßer in Mönchskutten und -kapuzen führen die traditionelle Zeremonie der Granitola aus. Zunächst bilden sie die Figur einer Spirale, gefolgt von der eines Kreuzes, lösen diese komplizierten Figuren auf und nehmen sie anschließend wieder auf.

Porto

14. Juli: Volksfest, Kirmes und Volkstanz.

Propriano

2. Juni: Fest des Saint-Erasme, des Schutzpatrons der Fischer.

Sartène

Karfreitag: Prozession des ›Catenacciu‹ (genaue Beschreibung s. S. 285 f., Fig. S. 284).

Korsisches Kunsthandwerk

Die im Oktober 1964 von korsischen Kunsthandwerkern gegründete Vereinigung CORSICADA (Communauté d'organisation rurale

pour le service, l'information et la création) hat sich zum Ziel gesetzt, das durch billige Importware verdrängte schlichte, aber geschmackvolle Kunsthandwerk der Korsen wiederzubeleben. Die Vereinigung bietet Ateliers an, bildet Nachwuchs aus, veranstaltet Ausstellungen und hat an vielen Orten Verkaufsstellen, die sogenannten ›Casa di l'Artigiani‹ (Abb. 130).
Ajaccio, 9, rue Notre-Dame
Bastia, 5, rue des Terrasses
Cargèse, Corte, Evisa, Marato, Pigna, Sartène, Zonza (s. hintere Umschlaginnenklappe)

Angeboten werden: Keramikarbeiten, Korbflechtereien, Webwaren, Strick- und Häkelarbeiten, Bildhauerarbeiten, Gemälde, Holzschnitzereien, Tischlerarbeiten, Schmiedearbeiten, Leder-, Fell- und Wachsarbeiten, alles nach traditionellen Mustern ausgeführt. Eine besondere Art des korsischen Kunstgewerbes sind Figuren, die aus Kieselsteinen, Wurzeln und Holzstücken zusammengesetzt sind, die sogenannte ›Art Galtique‹ (= Kieselsteinkunst); auch die Brunnen in einigen Landstrichen bestehen aus solchen Kieselsteinen (s. Fig. S. 312).

Die korsische Küche

Korsikas gastronomischer Ruf beruht nicht so sehr wie der des französischen Festlandes auf raffinierten Rezepten. Die traditionellen Gerichte entstehen meist auf der Basis von lokalen Produkten, die nach Landschaft und Jahreszeit wechseln. Das Essen wird pikant und delikat zubereitet, doch kann man es eher als einfach und kräftig einstufen. In den Touristenzentren speist man natürlich auch ›à la française‹ und ›international‹; überraschend sind auch die Einflüsse der italienischen, spanischen und nordafrikanischen Küche.

Um aber auf den ganz typisch korsischen Geschmack zu kommen, muß man die Restaurants aufsuchen, die meist fernab von den Ferienorten der Küste liegen. Manchmal wirken sie von außen verfallen, kaum daß ein Schild auf sie aufmerksam macht, wie z. B. in Murato. Um so gemütlicher ist die Innenatmosphäre, einfach und alt, mit offenem Kamin und Jagdtrophäen an den Wänden. Die Auberge de Bonifatu erinnerte uns eher an eine bayrische Hütte; neben den korsischen Gerichten gab es Tomatenmarmelade und den wildaromatischen korsischen Macchienhonig. Die Auberge im Restonica-Tal, kurz hinter Corte, überrascht nicht nur durch die intime Atmosphäre ihrer Innenarchitektur, sondern auch durch das exzellente Essen und besonders durch die Art des aufwendigen Service. Das Paesotel ›E Caselle‹ bei Venaco mit seiner wohl einmaligen Architektur aus abgerundeten Flußsteinen aus dem Tavignano-Bett bietet auch korsische Spezialitäten an, ebenso wie die Lokale ›Bec Fin‹, ›Pardi‹, ›Plat d'Or‹, ›Les Palmiers‹ in Ajaccio, das Restaurant ›Prunelli‹ in Pisciatelle bei Ajaccio, die Restaurants ›Maquis‹ und ›U Mulinu‹ in Porticcio, ›Ile de Beauté‹ in Calvi, ›Chez Mémé‹ und ›Assunta‹ in Bastia, wobei gesagt werden muß, daß noch viele andere entdeckt werden können.

Die Liste der korsischen Gerichte ist nicht allzu lang. Für die traditionellen Rezepte werden fast nur Olivenöl, Speck und Schmalz verwendet, fast nie Butter. Die bekannte Knoblauch-Mayonnaise (l'agliolu) wird mit einem Mörser frisch zubereitet. Die gekonnte Verwendung der köstlichen Macchiengewürze – Thymian, Majoran, Rosmarin, Myrte, Salbei, Basilikum, Fenchel, Wacholder und Borretsch – macht das charakteristische Aroma der korsischen Küche aus.

Korsika ist vom Meer umgeben, doch wird der **Fisch** in größeren Mengen nur in der Gegend von Bonifacio, Cap Corse, Saint-Florent und Porto-Vecchio gefangen, so daß er häufig importiert werden muß. **Meeresfrüchte** (fruits de mer) sind Muscheln (moules), Seeigel (oursins), Krabben (crabes), Austern (huîtres); sie gelten als Ouvertüre eines Mahls. Nicht überall können wir damit rechnen, daß die Langusten frisch gefangen sind, denn die Fangbeute reicht keinesfalls aus, um alle Restaurants damit zu beliefern. Auf Cap Corse und in Bonifacio können Sie auf die Frische dieser teuren Leckerbissen rechnen. Sie werden zubereitet ›à l'américaine‹, ›à la mayonnaise‹, ›à la vinaigrette‹ oder auf Calveser Art mit Tomaten und Piment. Die Meeresfische wie Seezunge (sole), Goldbrasse (dorade), Rotbrasse (pagout), Meerbarbe (rouget), Wolfsbarsch (loup) werden gedämpft, gegrillt oder frittiert serviert. Eine besondere Delikatesse ist die Forelle der Gebirgsflüsse (truite), die frisch gefangen und mit Macchienkräutern und Gewürzen gegrillt, gebraten oder gekocht ein unvergeßlicher Gaumengenuß bleiben wird. In der korsischen Fischsuppe (l'aziminu), der ›bouillabaisse de bianchetti‹ (poutine), oder der ›bouillabaisse de morne‹ findet man alle heimischen Meeresfische wieder.

Zu den Fischgerichten gesellen sich vielerlei **Fleischgerichte:** vom Lamm (agneau), Schaf (mouton), Ziege (chevreau), Zicklein (cabri) oder vom Schwein (porc). Die Schweine Korsikas leben in weitgehender Freiheit. Bei ihren Streifzügen durch die Kastanienwälder ernähren sie sich von deren Früchten, außerdem von Eicheln, Wurzeln, Farn und Kräutern. Das über würzig duftenden Kräutern geräucherte Schweinefleisch erhält einen außergewöhnlichen Geschmack. Die Koteletts (côtelettes) dieser Tiere werden mit den bekannten Macchiengewürzen gegrillt oder geröstet.

Einige Fleischspezialitäten seien hier genannt: ›Riffia‹ ist ein Bratspieß mit Innereien vom Lamm, ›piverunata‹ ein Lammragout auf Paprikaschoten. Zu den traditionellen Festessen zu Ostern oder Weihnachten gehört Zicklein mit Kastanien-Polenta, scharf gewürzt als ›piverunata di caprettu‹, als Ragout ›caprettu a l'istrettu‹ oder am Spieß gebraten ›caprettu arustitu‹. Beliebt ist auch ›tianu di fave‹, ein Schweineragout mit weißen Bohnen, oder verschiedene Gerichte aus Kutteln, z. B. ›tripette à la Balanina‹. Tierinnereien werden verarbeitet mit Zwiebeln ›à la mode de Bastia‹ oder in kleinen Würstchen (andouilettes). ›Lonzu‹ ist ein in Salz eingelegtes Schweinefilet, das täglich gewendet wird, nach einer Woche mit Wasser und Wein abgespült, abgetrocknet, mit Rosmarin und Pfeffer gewürzt und nach weiteren 24 Stunden in einen Darm gefüllt, eng umwickelt und schließlich abgetrocknet wird. ›Prisuttu‹ ist ein geräucherter Schinken, ›coppa‹ eine gerollte geräucherte Schweineschulter. ›Figatelli‹ sind kleine Würstchen aus feingeschnittener Schweineleber, die in Wein eingelegt, mit zerstoßenem Knoblauch und Pfeffer gewürzt und in Därme gefüllt wurde; man ißt sie roh, gebraten oder gegrillt. ›Sanguin boudiu‹, eine Blutwurst mit feingehacktem Kohl, Speckwürfeln, Zwiebeln und Rosinen, gibt es nur im Winter, ›formaghiu di porcu‹ ist eine Sülze aus Schweinekopffleisch, mit Zwiebeln, Knoblauch, Pfeffer und Kräutern gewürzt, ›rifreda‹ Leber und Lunge vom Lamm mit einer scharfen Soße, ›stufatu‹ gebratenes Zicklein, Lamm- oder Amselfleisch mit Nudeln, Zwiebeln und geriebenem Käse, ›misgisca‹ ist Ziegenfilet, das mit Myrtenzweigen über einem Feuer aus Wacholder-, Mastix- und Erdbeerbaumholz gegrillt wird. ›Tianu d'agnellu‹ und ›tianu di cignale‹ sind Eintopfgerichte mit Lammfleisch oder mit geröstetem Wildschweinragout, Zwiebeln, Kartoffeln und Knoblauch.

Die Jagdzeit auf Korsika ist die Saison des Jagdschmauses. Dann gibt es Gerichte von der Schnepfe (bécasse), vom Rebhuhn (perdrix), von der Ringeltaube (ramier) und Wildschweinspezialitäten (sanglier).

Die Amsel (merle) gilt als besondere Delikatesse; ›Merle à l'usu corsu‹, Amsel nach korsischem Brauch, wird über Myrten und Erikazweigen gebraten. Die Amselpastete (pâté de merle) ist ein fester Bestandteil der korsischen Küche. Hausgemacht ist sie von ungleich höherer Qualität als die Dosenkonserve. ›Escargots aux anchovis‹ sind auf Anchovis servierte Schnecken; sie werden aber auch gerne mit einer Minzesoße gegessen (›escargots à la mente‹).

Herzhafte und kräftige **Suppen** können dem Korsen ein volles Essen ersetzen. Ihre Zusammensetzung variiert nach saisonalem Angebot und nach Phantasie des Kochs: getrocknete rote und frische grüne Bohnen, Kartoffeln, Kohl, Zwiebeln, Tomaten, dicke Bohnen, Nudeln, verschiedene Kräuter, eine Art italienische Minestrone.

Korsikas **Käse** vom Schaf oder von der Ziege sind berühmt, stark aromatisch und teuer. Der König der korsischen Käse ist ein Ziegenkäse, der ›brocciu‹, ein frischer quarkähnlicher Weichkäse, der mit aromatischen Kräutern gewürzt ist (Abb. 131). Besonders gut schmeckt er zu Krapfen aus Kastanienmehl, zu frischem Obst, getrockneten Feigen, gezuckert und mit etwas Schnaps serviert, oder zu ›embrocciata‹, köstlichen Weißkäsetörtchen, zu einem Käsekuchen (›fiadone‹) oder zu einer pfefferminzgewürzten Omelette verarbeitet. Auch wird er zu Suppen verwendet. Der bekannte ›Roquefort‹ wird zum größten Teil aus korsischem Käse hergestellt. Viele weitere Käsesorten gibt es auf Korsika; die besten kommen aus Bastelicaccia, Niolu, Coscione und Venaco. ›Formaghiu frescu‹ ist frischer Käse, ›formaghiu in cerbella‹ Streichkäse, ›Formaghiu maccu‹ abgelagerter, sehr stark gewürzter Ziegenkäse.

Zum Abschluß des reichhaltigen Essens werden **Süßspeisen und Gebäck** serviert. Das Kastanienmehl ist Grundbestandteil zahlreicher korsischer Kuchen. Genannt seien ›fritelli‹, in Olivenöl gebackene Kastanienmehlkrapfen, ›fiadone‹, eine Art Quarkkuchen aus ›brocciu‹, mit Rum, Branntwein oder Zitronensaft, ›canestrelli‹ oder ›canestrani‹, ein Hefegebäck mit Anisschnaps, und ›pisticcini‹, Törtchen in Olivenöl gebacken.

Eine Spezialität sind schließlich kandierte Zedratfrüchte (›cédrat confit‹).

Rezepte

Cabri au strettu (junge Ziege)
Ein 6–7 Pfund schweres ›cabri‹ in gleich große Stücke schneiden und in siedendheißes Öl geben. Kleingehackten Speck, Knoblauch, Petersilie und Lorbeerblätter zugeben. Ein wenig Tomatenmark mit Weißwein verrühren und dem gebräunten Fleisch zufügen. Auf kleinem Feuer garen, bis die Flüssigkeit fast eingekocht ist (daher der Name ›strettu‹, was auf korsisch in diesem Fall ›reduziert‹ bedeutet). Pikant würzen.

Aziminu (Bouillabaisse)
In einen großen Topf Zwiebeln, Knoblauch, geschälte Tomaten, Thymian, Petersilie, Lorbeer, Fenchel und Orangenschale geben. Darauf die Mittelmeerfische mit dem festeren Fleisch legen, eine Kelle Olivenöl darübergießen und das Ganze mit kochendem Wasser bedecken. Salz, Pfeffer und Safran zufügen. Aufkochen und fünf Minuten sieden lassen, dann die zarten Fische dazugeben und nochmals fünf Minuten kochen lassen. Die Bouillon in eine große Schale mit gerösteten Brotwürfeln gießen und die Fische gesondert reichen.

Fiadone
1 kg ›brocciu‹, 5 Eier, 250 g Zucker, 1 Glas Milch, 1 geriebene Zitronenschale, 1 Glas Branntwein.

Den Käse mit einer Gabel ›zerdrücken‹. Mit den ganzen Eiern, Zucker, Milch und Zitronenschale gut verrühren. Eine Backform mit Butter ausreiben und eine knapp 2 cm hohe Schicht Teig hineingeben. Bei geringer Hitze 30 Minuten gar werden lassen.

Korsische Weine

Auf Korsika wird heute mehr Wein angebaut als vor hundert Jahren. Von 6000 ha im Jahr 1960 ist der Weinbau im Jahre 1971 auf 28 000 ha gestiegen. Zum einen haben Flüchtlinge aus Nordafrika (s. S. 120) im Ostteil der Insel große Weinkulturen angelegt, die vor allem Tafel- und Landweine produzieren, zum anderen wurden an den Hängen der altkorsischen Anbaugebiete wieder die typischen korsischen Rebsorten gezogen, die heute Korsikas Qualitätsweine der Appellation-Contrôlée-Klasse (A.O.C.) hervorbringen. Diese Weine sind ständiger Kontrolle unterworfen. Zu den Auswahlkriterien gehört, daß die korsischen A.O.C.-Weine nur von trockenen Rebhängen und -feldern stammen dürfen. Sie müssen einen natürlichen Alkoholgehalt besitzen und nach altem Brauch hergestellt sein. Außerdem ist ihre Produktion streng begrenzt, d. h. weniger als 50 Hektoliter pro Hektar bei der Bezeichnung »Vin de Corse« und 45 Hektoliter pro Hektar für örtliche Bezeichnungen: Ajaccio, Figari, Patrimonio u. a. Das besondere Prädikat V.D.Q.S. (Vin délimité de qualité supérieure) – das sind Weine mit Produktionsgrenze von ausgezeichneter Qualität – haben bisher nur die Weine der Region Sartène verliehen bekommen.

Der Anbau in den Hanglagen ist schwierig, der Hektarertrag geringer als in der Ebene, und daher werden diese Weine zu relativ hohem Preis gehandelt. Seit 1967 ist die Trockenzuckerung verboten. Damit versuchte man den Most durch Zuckerhinzufügung vor der Gärung zu verbessern.

Gegenwärtig ist wieder eine Verminderung der Anbaufläche wegen nicht ausreichender Exportqualität, Vermeidung der Monokultur und allgemeiner EG-Umschichtung der Landwirtschaft festzustellen.

Die Rebsorten Korsikas:

Nielluciu: Diese blaue Traube ergibt einen tiefroten, körper- und bukettreichen lagerfähigen Wein, in Patrimonio und in der Casinca hauptsächlich angebaut, aber auch sonst überall auf Korsika anzutreffen. Der Nielluciu soll identisch sein mit der besten Chianti-Traube, der Sangiovese, die in die Klasse der besten Rebsorten gehört.

Sciacarellu ist auch überall auf Korsika anzutreffen, vor allem aber in der Gegend von Ajaccio und Sartène, und dient auch als Tafeltraube. Der aus ihr hergestellte Wein – immer mit anderen Trauben gemischt – ist bukettreich, wenig farbstark, aber sehr distinguiert.

Vermentinu oder **Malvoisie** (Malvasier) ist die in Spanien und Portugal sehr bekannte weiße Traube, die einen frischen trockenen Weißwein ergibt. Sie wird meist mit der Ugni Blanc und auch mit blauen Sorten gemischt.

Daneben gibt es noch: Riminese, Biancone, Carcajolo, Genovese, Barbarossa u. a. sowie die im Mittelmeergebiet bekannten und angebauten Sorten Grenache, Carignan, Cinsault, Ugni Blanc, Clairette, Muscat usw.

Wichtige Weingegenden:

Patrimonio: Hervorragende Rebsorten wie Malvoisie und Nielluciu; Muscat und Aleático als Dessertweine.

Cap Corse: Alte und bekannte Weingegend; weniger Wingerte, aber ausgezeichnete Weine. Die Sorte Malvoisie ergibt einen delikaten trockenen, fruchtigen Wein. Bekannt ist auch der Muscat.

Golo: Im Herzen der Berge bei Ponte Leccia auf 150 ha hervorragende Weine (Weißwein, Rotwein, Roséwein).

Balagne: Zwei Rebsorten dominieren (Sciacarellu, Nielluciu), daneben gibt es die Sorte Malvoisie für Weißweine.

Ajaccio: Renommierte Weine von außergewöhnlichem Aroma, besonders hervorzuheben ist Vermentinu.

Sartène: Landstrich mit kleinen, terrassenartig ansteigenden Weingärten; milde edle Rotweine.

Figari: Weinanbau schon 340 v. Chr. Die Weine der Sorten Carcajolo, Sciacarellu und Vermentinu gehören zu den besten Korsikas.

Porto-Vecchio: Vor allem Rotweine guter Qualität. Trockene und fruchtige Weißweine werden gerne zum Fischessen serviert.

Ostküste von Bastia bis Solenzara: Größte Weinproduktionsgegend Korsikas. Besondere Rebsorten sind Nielluciu und Vermentinu. Roséweine haben den Charakter der Rosé-Sorten aus dem Süden Frankreichs. Leichte Tafelweine, die schon im ersten Jahr angenehm zu trinken sind.

Bergwandern im Naturpark Korsikas

»Wer in Korsika die breiten Straßen wandelt, sieht nicht die Einsamkeit und die Großartigkeit seines Hochgebirges; er darf Mühe, Zeit und Entbehrung nicht scheuen, in die verborgensten Winkel und verlassenen Hochtäler einzudringen, er muß vorlieb nehmen mit einem dürftigen Lager auf hartem Fels unter freiem Himmel, dann wird auch er die seltenen Reize Korsikas kennenlernen.«

Felix von Cube, Pionier der Berge Korsikas 1899–1904[44]

Klettertouren und Wanderungen in Korsikas Bergwelt erfreuen sich von Jahr zu Jahr immer größerer Beliebtheit, denn unzweifelhaft zeigt sich die Insel dabei von ihrer reizvollsten Seite. Unberührtheit der Natur, Reizklima, eine Vielfalt der Landschaft, unbeschreibliche Gipfelblicke sind wesentliche Beweggründe. Die bekanntesten Gipfel sind in Ein- bzw. Zweitagestouren von Orten aus zu erreichen, die auf Bergwanderer eingerichtet sind (Hotels, Führer). Ausgangspunkt für den *Monte Cinto* sind Asco oder Calacuccia (s. S. 135), für den *Capu Tafunatu* und die *Paglia Orba* (Abb. 33), Calacuccia oder Evisa; den *Monte Rotondo* erreicht man am besten von Corte aus (s. S. 131), den *Monte d'Oro* von Vizzavona (s. S. 144), den *Monte Renoso* von Ghisoni, den *Monte Incudine* von Zicavo. Empfehlenswerte Tagestouren sind die zum *Nino-See* von Calacuccia aus (s. S. 135), zum *Melo-See* und *Capitello-See* (Farbt. 4, 5, Abb. 70, s. S. 131) und *Monte Rotondo-See* von Corte aus oder zum *Creno-See* von Soccia aus (s. S. 146).

Genaue Angaben, Routenbeschreibungen, Marschzeiten, Schwierigkeitsgrade, Höhenunterschiede, Unterkünfte, günstigste Zeit zum Bergwandern u. v. m. findet man in den Bergführern von Hans Schymik und Michel Fabrikant. Weitere Auskünfte: Club Montagne-Corse, 1, boulevard Auguste-Gaudin, Bastia.

Im Jahre 1969, zum 200. Geburtstag Napoléon Bonapartes, wurde der 200 000 ha große *Parc Naturel Régional de la Corse* eingerichtet. Dieser Naturpark reicht vom Meer bis zu den höchsten Berggipfeln und schließt die schönsten Waldregionen und wildesten Felsenschluchten Korsikas mit ein. Als Ziele stehen im Vordergrund: Schutz der Natur, Erhaltung der Landschaft und Schutz vor Zersiedlung – geplant sind ›paesoli‹, Häuser im korsischen Baustil –, Wiederbelebung und Modernisierung der korsischen Landwirtschaft, vor allem des Hirtenwesens, und eine maßvolle Erschließung des Inselinneren für den Tourismus (s. hintere Umschlaginnenklappe).

Zeitschrift: ›Courier du Parc de la Corse‹, Palais Lantivy, 20188 Ajaccio.

Der Wanderweg G.R. 20
(s. hintere Umschlaginnenklappe)

Der **G.R. 20** (= *Sentier de Grande Randonée;* 20 ist die Postleitzahl Korsikas) ist einer der sportlichsten Wanderwege Frankreichs. Er führt durch die ursprüngliche Bergwelt Korsikas mit der wilden Felsenszenerie des seit 1969 eingerichteten Parc Naturel Régional de la Corse. Dieser alpine Wanderweg durchquert die Insel von Calenzana im Nordwesten bis Conca im Südosten der Insel und ist fast identisch mit dem Verlauf des klassischen Höhenweges der ›Haute Route Corse‹ und zugleich der Wasserscheide. Die 170 km lange Strecke berührt fast alle Berggruppen, führt durch einsame wilde Gegenden und trifft nur viermal auf eine Fahrstraße (Col de Verghio, Col de Vizzavona, Col de Verde und Col de Bavella) bzw. einmal auf eine Ortschaft (Vizzavona). Für die gesamte Strecke sollte man bei strammer Wanderung 12 bis 14 Tage einplanen, wobei persönliche Kondition und auch die Wetterlage eine entscheidende Rolle spielen. Fast alle Unterkünfte entlang des G.R. 20 sind Selbstversorgerhütten, die im Sommer meist überfüllt sind, so daß ein Biwak notwendig ist. Die Markierung des G.R. 20 ist weiß-rot.

Eine ausführliche Beschreibung des Wanderweges und Hilfe bei der Planung und Durchführung dieser Wanderung entnehme man den Führern von Hans Schymik ›Bergwelt Korsika für Wanderer‹ und ›Korsika für Bergsteiger und Kletterer‹ (s. Literaturhinweise).

Sportmöglichkeiten und Adressen

Die Möglichkeiten, sich auf Korsika sportlich zu betätigen, sind sehr umfangreich und vielfältig. Nähere Auskünfte geben die Fremdenverkehrsbüros.

Yachtsport (s. hintere Umschlaginnenklappe) Korsika besitzt elf ausgebaute Yachthäfen (Bastia, Campoloro, Porto-Vecchio, Bonifacio, Propriano, Ajaccio, Calvi, Sant'Ambroggio, Saint-Florent, Centuri-Port, Macinaggio) und darüber hinaus viele kleinere Häfen und Buchten mit einem sicheren Ankerplatz. Die Wassersportclubs veranstalten im Sommer Regatten und Hochseekreuzfahrten.
Auskünfte und Broschüre ›Corse Nautique‹:
Comité Régional du Tourisme, 38, Cours Napoléon, 20000 Ajaccio sowie die Fremdenverkehrsbüros
Fédération Corse des Ports de Plaisance, 20230 San Nicolao

Unterwasserfischfang und Sporttauchen
Klares Wasser, hohe Wassertemperaturen und eine reiche Meeresfauna sind die idealen Vor-

aussetzungen. Die geeignetsten Regionen sind die Felsenküsten im Westen, Calvi, Galéria, Tiuccia, der Golf von Ajaccio, Porto-Pollo, Tizzano, Santa Manza und Porto-Vecchio sowie die vielen kleinen Buchten am Cap Corse und die vorgelagerten Inseln. In Ajaccio, Bastia, Bonifacio, Calvi, Propriano, Sagone und Saint-Florent werden Tauchsportkurse erteilt; hier stehen auch Preßluftflaschen zur Verfügung.

Auskünfte in der Broschüre ›Praktische Informationen‹ der Verkehrsbüros.

Kanusport
Auf mehreren Flüssen kann man diesen Sport das ganze Jahr über betreiben.
Auskünfte: M. Santonacci, 5, rue Davin, 20000 Ajaccio, ℡ 95 21 08 24

Jagd
Korsika wird von Jägern wegen des Klimas und der herrlichen Landschaft sehr geschätzt. Gäste sind bei den allwöchentlich stattfindenden Treibjagden mit Hunden willkommen. Auskünfte:
Fédération départementale de la Corse Sud: Präsident M. Graziani, Ajaccio, ℡ 95 23 16 91

Fédération départementale de la Haute-Corse:
Präsident M. Mezzadri, Bastia, ☎ 95 32 25 99

Flußfischfang

Angelzeit für Forellen von der 3. Februarwoche bis zum letzten Montag im September, die beste Zeit liegt zwischen Anfang März und Ende Juni. Die Aale der Wildbäche dürfen das ganze Jahr über gefangen werden. Der Angelsportler kann überall angeln, wenn er sich einem örtlichen Verein angeschlossen hat.

Auskünfte: *Fédération Département de Pêche et de Pisciculture,* M. Martini, 7, Boulevard Paoli, Bastia, ☎ 95 31 47 31

Reiterferien

Auf 300 km Reitwegen kann man Korsika kennenlernen; diese berühren Orte, zu denen keine Straßen führen. Etappenziele sind einfache Gebirgsgasthäuser.

Auskünfte: Association Régionale de Tourisme, Equestre Corse; Casa di Muntagna, 9, rue du Colonel Ferraci, 20250 Corte

Flugsport

Auskünfte bei den Flughäfen von Ajaccio, ☎ 95 21 28 57, Bastia-Poretta, ☎ 95 36 03 52 und Calvi, ☎ 95 65 02 97

Wintersport

Von Dezember bis April herrschen im Inselinneren ab 1400 m gute Schneeverhältnisse. Besondere Wintersporteinrichtungen gibt es am Col de Verghio und Asco mit Stagno-Hochebene. In Ghisoni-Capanelle ist ein Wintersportzentrum im Aufbau. Erfahrene Skiwanderer können Korsika auch auf Skiern durchqueren; der Weg stimmt in etwa mit dem G.R. 20 überein. Genaue Hinweise findet man in dem Führer von Francis Burelli: ›Randonnées pédestres, raids à ski en Corse‹.

Höhlenforschung

Im Landesinneren und an der Küste Korsikas gibt es Höhlen, die bisher noch kaum erforscht sind. Die bekanntesten sind die Meeresgrotten bei Calvi *(Grotte de Veaux Marins)* und bei Bonifacio *(Grotte du Sdragonato)* sowie die *Grotte de Piètrabello* im Asco-Tal. In einigen Höhlen sollen seit Jahrtausenden Insektenarten leben, zu deren Erforschung Insektenkundler aus ganz Europa nach Korsika kommen. Eine Gruppe von Höhlenforschern hat eine speläologische Karte Korsikas erstellt, in die 172 von 200 bekannten und besichtigten Grotten aufgenommen wurden. Da bei manchen Höhlen Einsturzgefahr droht, benachrichtige man die unten genannte Adresse oder besorge sich einen Führer aus der nächstgelegenen Ortschaft.

Auskünfte:
Association Spéléologique, 5, place de Gaulle, 20188 Ajaccio
oder Präsident M. Zafrilla, 1, rue Major-Lambruschini, Ajaccio

---

Badestrände

(s. hintere Umschlagklappe)

An den Stränden Korsikas kann man sich noch frei fühlen. Der Zugang zum Meer ist fast überall kostenlos, und das Ordnungsprinzip der vom Festland her bekannten Liegestuhlreihen ist noch nicht auf die Insel vorgedrungen. Die meisten Strände unterliegen keiner Aufsicht und besitzen nicht die üblichen Einrichtungen wie Umkleidekabinen, Sonnenschirme usw. Das bedeutet, daß man sich die notwendigen Dinge selbst mitbringen muß. Auch muß man an den Stränden mit Seetang und Muscheln rechnen, doch läuft man nicht

Gefahr, in den Abwässern von Städten und Industrie zu baden.

Die folgende Aufzählung von Stränden ist nur eine Auswahl. Korsika besitzt eine weitaus größere Zahl; viele kleine Buchten sind nur von der See her erreichbar.

Ostküste von Bastia bis Solenzara

Dieser etwa 100 km lange helle Sandstrand fällt flach zum Meer ab (kindergeeignet), daran schließt sich die eintönige ostkorsische Küstenebene an. Die touristische Erschließung des Gebietes steht noch in den Anfängen. Es gibt unharmonische Häuseransammlungen, vereinzelt Hotels, einsam gelegene Nachtclubs, Feriendörfer, FKK-Siedlungen und Campingplätze. Die Strände sind nur in Hotel- oder Feriendorfumgebung gepflegt.

Bastia: Zum Baden ungeeignet, Yachthafen (Abb. 109)
La Marana: Sportmöglichkeiten (Segeln, Motor-/Tretboote, Wasserski, Reiten, Tennis)
Mariana-Plage: einsamer Strand
Moriani-Plage: bescheidener Strandservice
Corsicana, Tropica, Riva Bella: Feriendörfer (Camping, Bungalows) für FKK-Anhänger, Sportmöglichkeiten, sauberer Strand, der landeinwärts in Dünen übergeht, dahinter Macchia und etwas Wald
Solenzara: sauberer, ruhiger Sandstrand mit Bucht, im anschließenden Eukalyptuswald Campingplatz mit Sportmöglichkeiten

Südostküste zwischen Solenzara und Bonifacio

Dieser Küstenabschnitt ist sehr abwechslungsreich; Golfe und Buchten wechseln mit Gebirgsvorsprüngen, Sandstrände mit Felsklippen. Hinzu kommt ein schönes Hinterland mit Ausflugsmöglichkeiten.

Canella: Bucht mit 500 m langem sauberem Sandstrand, zwischen Felsenklippen
Porto-Vecchio: Betriebsamer Ferienort an einem schönen Golf, Yachthafen
Plage de Saint-Cyprien (San Cipriano): 10 km nordöstlich von Porto-Vecchio, 500 m langer sauberer Strand in einer Bucht
Plage de Golfo di Sogno: 1200 m langer Sandstrand, keine Einrichtungen
Plage de la Chiappa: FKK-Gelände (Camping) mit gröberem Sandstrand und Felsküste, Sportmöglichkeiten
Plage de Palombaggia (Abb. 139): Durch mehrere Buchten gegliederter sehr schöner Sandstrand, anschließend Dünen mit Schirmpinien. Sehr sauberes Wasser, türkisfarben, Sportmöglichkeiten; Iles Cerbicale
Plage de Santa Giulia: Club Méditerranée in wunderschöner gleichnamiger Sandbucht, Sportmöglichkeiten
Bonifacio: Betriebsamer Ausflugsort, Yachthafen (Farbt. 36, Abb. 125)
Plage Sud: belebter, stark verschmutzter Strand im Golf von Santa Manza
Plage Maora: 300 m langer grobkörniger, verschmutzter Sandstrand im Golf von Santa Manza, sauberes Wasser

Westküste zwischen Propriano und L'Ile-Rousse

Dieser Küstenabschnitt ist wildromantisch; Golfe und Buchten mit feinem oder grobkörnigem Sand oder abgerundeten Granit-Kieseln wechseln mit steil abfallenden Felsenklippen ab.

Propriano: Lage am schönen Golf von Valinco, Yachthafen
Plage de Capo Lavoroso: 3 km langer, grobkörniger sauberer Sandstrand in schöner Bucht

Plage de Arena Bianca: 400 m langer grobkörniger Sandstrand mit schnell zunehmender Wassertiefe

Plage Corsaire: 500 m langer grobkörniger sauberer Sandstrand; häufig starke Brandung und gefährliche Strömungen!

Plage Lido: 3 km langer, grobkörniger, sauberer Sandstrand mit schnell zunehmender Wassertiefe

Plage de Marzollo: 500 m langer Sandstrand

Plage Baracci: An der Flußmündung des Baracci, ungepflegt

Porto-Pollo: Dorf mit wenigen Hotels und Campingplatz im Norden des Golfes von Valinco

Plage Grise: 4 km langer sauberer Sandstrand an der Flußmündung des Taravo

Plage de Porto-Pollo: 600 m langer, schöner, sauberer Sandstrand

Porticcio: Zentrum für Meerwassertherapie

Plage d'Agosta (Abb. 1): 1,5 km langer feiner Sandstrand, schnell zunehmende Wassertiefe

Plage de Capitello: 5 km langer Sandstrand, schnell zunehmende Wassertiefe

Ajaccio: Lage am gleichnamigen schönen Golf, Yachthafen

Plage Saint-François: Zentrum von Ajaccio, 300 m langer Sandstrand, wegen Abwässer nicht empfehlenswert

Plage d'Ariadne: Südwestlich der Stadt, 400 m langer Sandstrand, algenreich

Sagone: Lage in schöner Bucht, einsame Strände

Plage de la Liscia: 1000 m langer Sandstrand in schöner Bucht. Gefährliche Brandung und Strömung! Schnell zunehmende Wassertiefe

Plage du Liamone: 3 km, in Dünen übergehender schöner Sandstrand, starke Brandung!

Plage de Sagone: 1000 m langer, felsumrandeter, in Dünen übergehender grobkörniger Sandstrand am Ort

Cargèse: *Plage de Ménasina:* 300 m langer, von Felsen durchsetzter Sandstrand, schnell zunehmende Wassertiefe

Plage de Pero: Im gleichnamigen Golf 1000 m langer sauberer Sandstrand mit schnell zunehmender Wassertiefe

Plage de Chiuni: Im gleichnamigen Golf 800 m langer grobkörniger sauberer Sandstrand des Feriendorfes Club Méditerranée

Porto: Lage am schönsten und wildesten Golf Korsikas (Umschlagvorderseite)

Plage de Porto (Farbt. 2): An der Mündung des Porto, 500 m langer Kieselstrand und Felsenklippen, schnell zunehmende Wassertiefe, häufig starke Brandung!

Plage de Bussaglia: 300 m langer Kieselstrand in schöner Felsenbucht, schnell zunehmende Wassertiefe

Plage de Caspio: Schöne einsame Sandbucht

Plage de Girolata: Im Golf von Girolata, stark verschmutzt

Galéria: 500 m langer, wenig besuchter, grobkörniger Strand am Ort

Calvi: Lage am weiten Golf, Yachthafen (Farbt. 6)

Plage de Calvi: 5 km feiner, seichter und sauberer Sandstrand, von Dünen gesäumt, schöne Pinien, Strandservice

Sant'Ambroggio: Drei Feriensiedlungen (Cocody Village, Marine de Sant'Ambroggio, Club Méditerranée), 300 m langer schöner und sauberer Sandstrand, schnell zunehmende Wassertiefe

Algajola: 2 km langer grobkörniger und sauberer Sandstrand am Ort mit schnell zunehmender Wassertiefe, Sportmöglichkeiten

L'Ile-Rousse: 1000 m langer sauberer Sandstrand am Ort, Strandservice

Lozari: Feriendorf mit 800 m langem sauberem Sandstrand, der in Dünen übergeht

Saint-Florent und Cap Corse

Während Saint-Florent noch in einer weiten Bucht liegt, ändert sich die Küstenlandschaft am Cap Corse wesentlich: es sind schroff abfallende Berge, vor allem an der Westküste, mit einigen einsamen, oft schwer zugänglichen Buchten.

Saint-Florent: Yachthafen
Plage de la Roya: 2 km langer schmaler Strand, algenreich
Plage Aliso: 1000 m ungepflegter Kiesstrand. algenreich

Nonza: 1000 m langer, einsamer, sauberer und dunkler Kieselstrand unterhalb des Ortes. Vom Baden wird wegen gesundheitlicher Gefährdung abgeraten.
Marine de Giottani: kleine Sandbucht (Ft. 9)
Centuri-Port: Kleiner Yachthafen (Abb. 126)
Macinaggio: Yachthafen
Porticciolo: algenreicher Strand
Pietracorbara: 400 m langer von Kieselsteinen durchsetzter Sandstrand in schöner Bucht
Sisco: Zwei kleine Buchten mit je 100 m langem grobkörnigem Strand
Erbalunga: 300 m unsauberer Kieselstrand
Miomo: 200 m langer unsauberer Kieselstrand

Rufnummern für Notfälle

Feuerwehr (pompiers)		18
Polizei (police)		17
Gendarmerie	Ajaccio	95 23 20 36
	Bastia	95 31 42 81
Erste Hilfe (Service des urgences)	Ajaccio	95 23 24 01
	Bastia	95 31 64 45 und 95 31 42 95
Abschleppdienst (remorquage)	Ajaccio	95 21 20 11
	Bastia	95 31 27 23
Straßendienst/Pannenhilfe (dépannage routier)	Bastia	95 31 70 71

Achtung!

Wegen der großen Brandgefahr ist auf Korsika in den Wäldern und in der Macchia offenes Feuer verboten. Verstöße werden bestraft. Auch beim Lagerfeuer oben in den Bergen ist größte Vorsicht geboten. Man achte peinlich darauf, keine glühenden Zigarettenkippen aus dem Autofenster zu werfen.

Laut Statistik entstehen im Sommer täglich mindestens sechs Brände auf Korsika. Wenn Sie ein Feuer entdecken, verständigen Sie bitte sofort telefonisch den nächsten Gendarmerieposten (der Anruf ist kostenlos)!

Register

Personen

Orte

Bitte beachten Sie auch folgende Reiseführer zu Frankreich:

Das Elsaß

Wegzeichen europäischer Geschichte und Kultur zwischen Oberrhein und Vogesen. Von Karlheinz Ebert.

»Richtig reisen«: Elsaß

Von Uwe Anhäuser.

Lothringen

Kunst, Geschichte, Landschaft. Von Uwe Anhäuser.

Burgund

Kunst, Geschichte, Landschaft. Burgen, Klöster und Kathedralen im Herzen Frankreichs: Das Land um Dijon, Auxerre, Nevers, Autun und Tournus. Von Klaus Bußmann.

»Richtig wandern«: Burgund

Von Susanne Feess.

Savoyen

Zwischen Montblanc und Rhône – Natur und Kunst in den französischen Alpen. Von Ruth und Jean Yves Mariotte.

Auvergne und Zentralmassiv

Entdeckungsreisen von Clermont-Ferrand über die Vulkane und Schluchten des Zentralmassivs zum Cevennen-Nationalpark. Von Ulrich Rosenbaum.

Die Provence

Ein Begleiter zu den Kunststätten und Naturschönheiten im Sonnenland Frankreichs. Von Thorsten Droste.

Languedoc – Roussillon

Von der Rhône zu den Pyrenäen. Von Rolf Legler.

Côte d'Azur

Frankreichs Mittelmeerküste von Marseille bis Menton. Von Rolf Legler.

Südwest-Frankreich

Vom Zentralmassiv zu den Pyrenäen – Kunst, Kultur und Geschichte. Von Rolf Legler.

Périgord und Atlantikküste

Kunst und Natur im Tal der Dordogne und an der Côte d'Argent von Bordeaux bis Biarritz. Von Thorsten Droste.

Die Normandie

Vom Seine-Tal zum Mont St. Michel. Von Werner Schäfke.

»Richtig wandern«: Bretagne

Von Karin Lucke.

»Richtig reisen«: Paris

Von Ursula von Kardorff und Helga Sittl.

Paris und die Ile de France

Die Metropole und das Herzland Frankreichs. Von der antiken Lutetia bis zur Millionenstadt. Von Klaus Bußmann.

Paris

Von Uwe Anhäuser (DuMont Reise-Taschenbücher, Band 2008).

Das Tal der Loire

Schlösser, Kirchen und Städte im ›Garten Frankreichs‹. Von Wilfried Hansmann.

Das Poitou

Westfrankreich zwischen Poitiers, La Rochelle und Angoulême – die Atlantikküste von der Loire-Mündung bis zur Gironde. Von Thorsten Droste.

»Richtig reisen«: Frankreich für Feinschmecker

Ein kulinarischer Führer. Ausgesuchte Schlemmerlokale und ihre besten Originalrezepte, Restaurants, Bistros, Cafés, Märkte, Spezialitätenläden. Von Patricia Wells.

Romanische Kunst in Frankreich

Ein Reisebegleiter zu allen bedeutenden romanischen Kirchen und Klöster. Von Thorsten Droste.

Frankreichs gotische Kathedralen

Eine Reise zu den Höhepunkten mittelalterlicher Architektur in Frankreich. Von Werner Schäfke.

Frankreich für Pferdefreunde

Kulturgeschichte des Pferdes von den Höhlenmalereien bis zur Gegenwart. Camargue, Pyrenäen-Vorland, Périgord, Burgund, Loire-Tal, Bretagne, Normandie, Lothringen. Von Gerhard Kapitzke.

DuMont Kunst-Reiseführer

Ägypten und Sinai – Geschichte, Kunst und Kultur im Niltal
Vom Reich der Pharaonen bis zur Gegenwart

Albanien Kunstreise durch das Land der Skipetaren

Algerien – Kunst, Kultur und Landschaft Von den Stätten der Römer zu den Tuareg der zentralen Sahara

Belgien – Spiegelbild Europas Eine Einladung nach Brüssel, Gent, Brügge, Antwerpen, Lüttich und zu anderen Kunststätten

Die Ardennen Eine alte Kulturlandschaft im Herzen Europas

Bhutan Kunst und Kultur im Reich des Drachen

Brasilien Völker und Kulturen zwischen Amazonas und Atlantik

Bulgarien Kunstdenkmäler aus vier Jahrtausenden von den Thrakern bis zur Gegenwart

Volksrepublik China Kunstreisen durch das Reich der Mitte

Dänemark Land zwischen den Meeren

Deutsche Demokratische Republik Geschichte und Kunst von der Romanik bis zur Gegenwart

Bundesrepublik Deutschland

Das Allgäu Städte, Klöster und Wallfahrtskirchen zwischen Bodensee und Lech

Das Bergische Land Kultur, Geschichte, Landschaft zwischen Ruhr und Sieg

Bodensee und Oberschwaben Zwischen Donau und Alpen: Wege und Wunder im ›Himmelreich des Barock‹

Bonn Von der römischen Garnison zur Bundeshauptstadt. Kunst und Kultur zwischen Voreifel und Siebengebirge

Bremen, Bremerhaven und das nördliche Niedersachsen Kultur, Geschichte und Landschaft zwischen Unterweser und Elbe

Düsseldorf Eine moderne Landeshauptstadt mit 700jähriger Geschichte und Kultur

Die Eifel Entdeckungsfahrten durch Landschaft, Geschichte, Kultur und Kunst

Franken – Kunst, Geschichte und Landschaft Würzburg, Rothenburg, Bamberg, Nürnberg und die Kunststätten der Umgebung

Freie und Hansestadt Hamburg Geschichte, Kultur und Stadtbaukunst an Elbe und Alster

Hannover und das südliche Niedersachsen Geschichte, Kunst und Landschaft zwischen Harz und Weser, Braunschweig und Göttingen

Hessen Vom Edersee zur Bergstraße. Die Vielfalt von Kunst und Landschaft zwischen Kassel und Darmstadt

Hunsrück und Naheland Entdeckungsfahrten zwischen Mosel, Nahe, Saar und Rhein

Köln Zwei Jahrtausende Kunst, Geschichte und Kultur

Kölns romanische Kirchen Architektur, Ausstattung, Geschichte

Die Mosel Von der Mündung bei Koblenz bis zur Quelle in den Vogesen

München Von der welfischen Gründung Heinrichs des Löwen bis zur Gegenwart: Kunst, Kultur, Geschichte

Münster und das Münsterland Ein Reisebegleiter in das Herz Westfalens

Zwischen Neckar und Donau Kunst, Kultur und Landschaft von Heidelberg bis Heilbronn, im Hohenloher Land, Ries, Altmühltal und an der oberen Donau

Der Niederrhein Landschaft, Geschichte und Kultur am unteren Rhein

Oberbayern Kultur, Geschichte, Landschaft zwischen Donau und Alpen, Lech und Salzach

Oberpfalz, Bayerischer Wald, Niederbayern Regensburg und das nordöstliche Bayern

Osnabrück, Oldenburg und das westliche Niedersachsen Kultur, Geschichte, Landschaft zwischen Weser und Ems

Ostfriesland mit Jever- und Wangerland Über Moor, Geest und Marsch zum Wattenmeer und zu den Inseln Borkum, Juist, Norderney, Baltrum, Langeoog, Spiekeroog und Wangerooge

Die Pfalz Die Weinstraße – Der Pfälzer Wald – Wasgau und Westrich

Der Rhein von Mainz bis Köln Eine Reise durch das Rheintal

Das Ruhrgebiet Kultur und Geschichte im ›Revier‹ zwischen Ruhr und Lippe

Sauerland mit Siegerland und Wittgensteiner Land

Schleswig-Holstein Zwischen Nordsee und Ostsee

Der Schwarzwald und das Oberrheinland Wege zur Kunst zwischen Karlsruhe und Waldshut: Ortenau, Breisgau, Kaiserstuhl und Markgräflerland

Sylt, Amrum, Föhr, Helgoland, Pellworm, Nordstrand und Halligen Natur und Kultur auf Helgoland und den Nordfriesischen Inseln

Der Westerwald Vom Siebengebirge zum Hessischen Hinterland

Östliches Westfalen Vom Hellweg zur Weser. Kunst und Kultur zwischen Soest und Paderborn, Minden und Warburg

Württemberg-Hohenzollern Kunst und Kultur zwischen Schwarzwald, Donautal und Hohenloher Land: Stuttgart, Heilbronn, Schwäbisch Gmünd, Tübingen, Rottweil, Sigmaringen

Die Färöer Inselwelt im Nordatlantik

Frankreich

Auvergne und Zentralmassiv Entdeckungsreisen von Clermont-Ferrand über die Vulkane und Schluchten des Zentralmassivs zum Cevennen-Nationalpark

Die Bretagne Im Land der Dolmen, Menhire und Calvaires

Burgund Burgen, Klöster und Kathedralen im Herzen Frankreichs: Das Land um Dijon, Auxerre, Nevers, Autun und Tournus

Côte d'Azur Frankreichs Mittelmeer-Küste von Marseille bis Menton

»Richtig reisen«